長澤規矩也著

和刻本漢籍分類目録

増補補正版

汲古書院

序

和刻本漢籍の目録を作つて見ようと思ひ立つてから、早三十年に近い。私は若い頃、宋元古版の調査に沒頭し、和刻本などは眼中になかつた。わが古活字版の漢籍さへも、私の調査の對象とはせず、わが國に傳存する宋元版及び舊刊本外典の目録を作つた。年をとると、自國の事物に心が引かれるものであるといふことは、中年の頃、年輩の方から聞いたことであるが、その通りらしい。學生時代に一顧もしなかつた江戸文學の書物にも關心を持つようになつたのは戰後のことであつた。

和刻本漢籍の調査をしようとした時、同志に、大西寛・小林花子・阿部隆一の各氏を得て、二年間、文部省の研究助成金を受けて、一應の目録を作り、その中で集部を謄寫版にして發表した。しかし、調査が進むにつれて、この調査は非常な難事であり、四五年間に完成しうるものではないと痛感し、爾來、助成金などの申請はしないで、もともと研究費を産み出す資源として、一方、檢索に不便な、明清以來蹈襲し來つた配列法を根本的に合理化して世に問ふ手段として、三省堂から公刊した漢和辭典の印税を有効に使ひ、自費自力で完成しようと決心した。自力と言つても、全く獨力ですることは不可能である。爾來、二十餘年、諸館諸庫の藏書目錄を編むこと三十有餘、自ら資料の購求にも努力し、補正の箇所は數百項、殆ど盡くる所を知らなかつた。その間、大西・阿部兩氏を始め、福井保氏その他も教示を惜まれず、志岐・山田兩女も大いに助力して吳れた。このまゝでは何時定稿となるか、全く豫測は出來さうもない。途中で、不完全でも公刊して欲しいと言はれて、更に史部を公表したが、それさへ、今では朱筆滿紙の狀態である。このまゝでは何時完成するか判らず、同志の懇望もだし難く、こゝに恥を忍んで、公表に踏み切つた。後學の諸氏に懇望する些少、なりとも、示教を賜はらんことを。

抑、和刻本漢籍と飜刻本漢籍とは同じやうで、實は違ふ。飜刻といふと、少くも一度は支那に於て出版されたものに限られるが、和刻本といふと、支那に於て刊行されたことの有無は問はない。㈠それまで久しく寫本のみで傳來してゐたものや、㈡明治年間に本邦に在留してゐた淸國人の編著を邦人が出版したものも含まれる。但し、㈢本邦在留中の淸國人が日本で印刷出版したものはやはり淸刊本であり、これは、和刻本にも飜刻にも入らない。この三例を具體的に列擧すれば、次のやうな各書がある。

㈠古文孝經孔氏傳・論語義疏・羣書治要
㈡衡華館詩錄・舟江雜詠詩
㈢敝帚齋主人年譜・古逸叢書
しかし、この中で、㈡㈢の判別は難しいことがある。
(A)漢籍を白文のまゝ出版したもの
は純粋の飜刻本であるが、
(B)漢籍に句讀返點送假名の全部又は一部を加へたもの
も入れることにする。
之に對して、邦人が注釋批評等を加へたものは、原則としては入れ難いが、
(C)本文が(A)又は(B)の形態を存して、頭注（首書）を加へたもの
(D)本文の旁に注釋又は批評の文字を加へたもので、巻頭等に新しい特殊の書名が附いて
ゐないもの
も入れることにする。邦人が本文の間に注釋校語等を插入したものの內、春臺の古文孝經孔氏傳などは判然としてゐるが、揚州十日記のように、插入部分が僅少なものは辨別も難

しいし、特殊の書名が加へられてゐない限り、一應本目中に入れることにした。文章軌範や唐宋八家文讀本の中にも一々唐本と比較しないと決し難いものがある。

原來、和刻本漢籍の利用價値は、支那に亡んだテキストとか、唐本の傳來が稀であるとかいふことの外、和刻本には訓點が加へられてゐるといふ點にある。その訓點には誤脱も往往見えるが、とにかく、漢文の讀解力が鈍くなつてゐる今日の研究家にとつては便利な資料である。この點では、多くが白文のまゝ出版された舊刊本や古活字印本の利用價値は低い。

既發表の舊刊本漢籍外典分類目錄は、今日では多少の、補訂を要する。特に所藏者については、補ふべきものの外、變動したものが少くない。「五山版の研究」の著者とは、見解を異にする所もある。古活字印本の版種については、異植字版の定義が問題である。巻首巻尾、又は序文中に組替部分があつても、それは整版に於ける補修本に當たるもので、一部の書物全部を同種活字で組替へたものが甫めて異植字版である。

諸館諸庫には同一內容の圖書の所藏はさう多くないのが當然である。しかし、私は幸にも、例外とも言へる、これらの多い內閣文庫・神宮文庫・靜嘉堂文庫の古書整理に從事したため、一々實査する機會を得た。一面、東大・京大・東北大の附屬圖書館の古書についても、比較する便宜を得た。その上、家藏のものは、比較の必要が生じた時には、之を携へ往いて、版の同異の解明に努めた。これは全く予の惠まれた環境に由來する。

東大卒業の前後—今から五十年も前—靜嘉堂文庫の藏書の編目に從事した際にも、版の同異に就いては、已に細心の注意を拂つた。刊年については、既成のカードに據れと文庫長から命ぜられた通りにして、特に疑問が生じない限りは舊に從つたが、目中の版の同異の明示に關する限りは、九分通り誤はないと信ずる。戰後編修したものについては更に一層の確信を持つ。ただし、出版年月、特に和刻本については多少の訂正を要する。

刊か印かの辨別は容易ではない。寫眞特に流行のマイクロ利用の引延し寫眞は全く役立たぬことがある。具體的に立證すると、名著「古活字版の研究」の圖版と比較した龍龕手鑑の注の部分の小活字間に空隙が見えたので、マイクロに撮つて貰つたが、引伸し燒附にはその空隙は出なかつた。一度縮寫して微小の空白が潰れてしまつたものは、引伸しても、潰れたままとなるのである。

江戶時代には、國學よりも漢學の方が世に普及してゐたから、出版についても、國書よりも漢籍の方が度々行はれ、従つて版種の鑑別も漢籍の方が難しい。保存さへよければ、版木の壽命は意外に長く、一方、前後して同一書の刊刻が實現してゐたから、版の同異は、實物の對査以外、正確には決し難い。

この點からは、清刊本についても同様で、既刊の漢籍目錄著錄の清刊本に就いては、和刻本同様の誤謬がある。私が靜嘉堂の目錄を編んだ當時でも、例へば明末汲古閣刊本の清代覆刻本の見返とか版心下部とかには、猶「汲古閣」の文字があるといふことは知つてゐたので、清刊本についても、版の同異の調査以外は省略して、單に清刊と記載した。之に對して、之を不備であると難ぜられた方があつたが、私は疑はしきは之を闕く方が研究者を誤らせないと今でも信じてゐる。最近この評者の流を汲む人達が作つた目錄と實物とを對査して益然るを感じた。二部同版と記載されてゐる一隅草堂刊本白香山詩集が實は同版でなく、一は他の覆刻本であつたので、念の爲、靜嘉堂文庫に赴いて調べたが、文庫本の記載は正しかつた。目錄に原刻本と著錄されてゐて、實は重刻本である例は多かつた。私の和刻本調査のやうな對査をするならば、この種の實例は多からうと信ずる。しかし、わが國內には、ある種の流布が多い本を除いては、傳本が少い爲、實證は至難である。目錄には、確證を得ないで詳記することは禁物である。

本目には、句讀訓點の有無についても記入したいが、調査初期に作つたカードに未記入のものがあり、不統一となるため、子集は之を省略した。行款に就いても、無刊記本の一部を除いて、同樣にした。

今回之を纏めるに際しては、私が常時加除するのに使ふ稿本とカードとを、多年私に從つて、編目の助手をして呉れた小女に託して、編纂淨書させた。それは昨夏のことであつたが、その後、之を訂補する暇を得ない間に、更に刪補訂正する資料多數を得た。今夏、十餘日間、之に沒頭して、加除を行つた。

版の同異の鑑識眼は、多年の體驗の結果もさることながら、畏友某も言はれる如く、天性素質に左右されることが多いやうである。多年體驗してゐても、刊か印かの判別が出來ない人もゐる。又、視力が衰へて來る老年になると、困難になる。今では、私も娘に一歩讓るやうになつた。又、大阪天滿宮御文庫の編目以來私を助けてくれてゐる女壻孝三も次第に斯の道に熟しつゝあるのは、私事ながら嬉しい。私は今後もこの目錄の補訂を續けたいが、我が亡き跡は、この二人に遺業を託したいと念願してゐる。

國書に就いても、このやうな版種の目録が欲しい。私は暇を得たら、せめて地誌類だけでも作つて見たいと思つてゐる。この種の業は、例へば岩波の國書總目錄のやうに、經驗の淺薄な人達が、既成の目録のみから作業しては駄目である。鑑識眼を持つた人が、一々實物に當つて、比較調査をしない限りは誤謬のみ出る。併し、それは、私のやうな惠まれた環境にゐないと空望に近い。この點に就いて、私は常に先王父の家恩に感じ、衆知友の學恩に謝してゐる。

この目錄は、下記の凡例中に例示してゐる以外、誤脱がまだまだ多いと考へる。特に、後進の諸氏の、忌憚のない示教を竢つ。補訂の一册と索引を加へて續刊したいと思つてゐる。索引は、單に書名索引のみに止らず、點校邦儒や出版者に就いても、本姓名や堂屋號からも檢索しうるやうにしたいと思つてゐる。

又、全國の諸館諸庫で、漢籍の編目に惱んでゐられる所があるなら、御遠慮なく御連絡願ふ。私に暇がある限り、目錄作製を奉仕する。從來の體驗では、數千册の程度なら、二、三日で纒め得る。

最後に、最初わが業に物質的に援助して下さつた文部省關係者や調査に便宜を與へて下さつた諸館諸庫の當事者、特に資料提供を惜まれなかつた大西・阿部兩氏ならびに福井保氏に重ねて深甚の謝意を表するとともに、古書整理法の初歩的指導をして下さった、元靜嘉堂文庫司書飯田良平翁の在天の靈に感謝の微忱を捧げる。

長澤規矩也識

昭和五十一年八月

目次

「和刻本漢籍分類目録稿」

序……長澤規矩也　一
圖版……一
解説……一七
凡例……二一

一　經部

1易類……一
2書類……五
3詩類……八
4禮類……一一
㈠周禮　㈡儀禮　㈢禮記　㈣三禮總義類　㈤通禮　㈥雜禮
5春秋類……一四
㈠左氏傳　㈣春秋・諸傳・合傳
6孝經類……一九
㈠古文　㈡今文　附今古文折衷本
7群經總義類……二六
㈠群經　㈡總義　㈢石經
8四書類……三二
㈠大學　㈡中庸　㈢論語　㈣孟子　㈤學庸　㈥論孟　㈦四書
9樂類……四九
10小學類……四九
㈠訓詁　㈡字書　㈢韻書　㈣語學

二　史部

1正史類……六三
2編年類……六八
3紀事本末類……七二
4別史類……七二
5雜史類……七三
6載記類……七六
7史鈔類……七六
8傳記類……七七
㈠聖賢　㈡名人　㈢總録
9史評類……八一
10外國史類……八一
11地理類……八二
㈡總志　㈢都會郡縣　㈥山水　㈦古蹟　㈧雜記　㈨遊記　㈩外紀
⑾地圖

12 時令類……八六
13 職官類……八六
(一)官制 (二)官箴
14 政書類……八八
(一)通制 (二)各制 (三)邦計 (五)法令 (六)通交
15 詔令奏議類……八九
(一)詔令 (二)奏議
16 目録類……九一
(一)書目 (二)金石

三 子部

1 儒家類……九三
2 兵家類……一一一
3 法家類……一一五
4 農家類……一一六
6 天文算法……一一七
(一)推歩 (二)算書
7 術數類……一一八
(一)數學 (三)相宅・相墓 (四)占卜 (五)命書・相書 (六)陰陽・五行
8 藝術類……一二〇
(一)書畫 (二)法帖 (三)音樂 (四)篆刻 (五)雜技
9 譜録類……一二八
(一)器物 (二)食譜
10 雜家類……一三一
(一)雜學 (二)雜考 (三)雜説 (四)雜品 (五)雜纂 (六)雜編 (七)西學
11 小説家類……一四四
(一)雜事 (二)異聞 (三)瑣語 (四)傳奇小説
12 類書類……一五一
14 道家類……一五六

四 集部

1 楚辭類……一六三
2 別集類……一六三
(一)漢・魏・六朝 (二)唐 (三)宋 (四)金・元 (五)明 (六)清
3 總集類……一九〇
(一)斷代 (二)通代
4 尺牘類……二一一
(一)別集 (二)總集 (三)文例 (附)對聯
5 詩文評類……二一四
7 戲曲小説類……二三〇
(一)戲曲 (二)小説

五 叢書部

五 叢書部……二三一

「和刻本漢籍分類目録稿」補正

生愛敬之心加以尊嚴又有君臣之義也
父母生之續莫大焉
父母生子傳體相續人倫之道莫大於斯也
君親臨之厚無重焉
謂父為君以臨於已恩義之厚莫重於斯也
故不愛其親而愛他人者謂之悖德不敬其親而敬他人者謂之悖礼
言盡愛敬之道然後施教於人違此則於德礼為悖也
以順則逆民無則焉
行孝以順民心今自逆之則下无所

親猶愛也膝下謂孩幼之時也言親愛之心生於孩幼比及年長漸識義方則日加尊嚴能致敬於父母也聖人因嚴以教敬因親以
教愛聖人因其親嚴之心敦以愛敬之教故出以就傅趨而過庭以教敬也抑搔癢痛縣衾篋枕以教愛也聖人之教不肅而
成其政不嚴而治聖人順羣心以行愛敬制禮則以施政教亦不待嚴肅而成理也其所因者本也本謂
孝也父子之道天性也君臣之義也父子之道天性之常加以尊嚴又有君臣之義父母生之續莫
大焉父母生子傳體相續人倫之道莫大於斯君親臨之厚莫重焉謂父為君以臨於己恩義之厚莫重於斯故
不愛其親而愛他人者謂之悖德不敬其親而敬他人者謂之
悖禮言盡愛敬之道然後施教於人違此則於德禮為悖也以順則逆民無則焉行教以順人心今自逆之則下
無所法則也不在於善而皆在於凶德善謂身行愛敬也凶謂悖其德禮也雖得之君子
不貴也言悖其德禮雖得志於人上君子之不貴也君子則不然不悖德禮也言思可道行思
可樂思可道而後言人必信也思可樂而後行人必悅也德義可尊作事可法立德行義不違道正故可尊也制作事業
動得物宜故可法也容止可觀進退可度容止威儀也必合規矩則可觀也進退動靜也不越禮法則可度也以臨其
民是以其民畏而愛之則而象之君行六事臨撫其人則下畏其威愛其德皆放象於君也故能成
其德教而行其政令上正身以率下下順上而法之則德教成政令行也詩云淑人君子其儀不
忒淑善也忒差也義取君子威儀不差為人法則

紀孝行章第十

親猶愛也膝下謂孩幼之時也言親愛之心生於孩幼比及年長漸識義方則日加尊嚴能致敬於父母也聖人因嚴以教敬因親以教愛聖人因其親嚴之心敦以愛敬之教故出以就傅趨而過庭以教敬也抑搔癢痛縣衾篋枕以教愛也聖人之教不肅而成其政不嚴而治聖人順羣心以行愛敬制禮則以施政教亦不待嚴肅而成理也其所因者本也本謂孝也父子之道天性也君臣之義也父子之道天性之常加以尊嚴又有君臣之義父母生之續莫大焉父母生子傳體相續人倫之道莫大於斯君親臨之厚莫重焉謂父為君以臨於己恩義之厚莫重於斯故不愛其親而愛他人者謂之悖德不敬其親而敬他人者謂之悖禮言盡愛敬之道然後施教於人違此則於德禮為悖也以順則逆民無則焉行教以順人心今自逆之則下無所法則也不在於善而皆在於凶德善謂身行愛敬也凶謂悖其德禮也雖得之君子不貴也言悖其德禮雖得志於人上君子之不貴也君子則不然不悖德禮也言思可道行思可樂思可道而後言人必信也思可樂而後行人必悅也德義可尊作事可法立德行義不違道正故可尊也制作事業動得物宜故可法也容止可觀進退可度容止威儀也必合規矩則可觀也進退動靜也不越禮法則可度也以臨其民是以其民畏而愛之則而象之君行六事臨撫其人則下畏其威愛其德皆放象於君也故能成其德教而行其政令上正身以率下下順上而法之則德教成政令行也詩云淑人君子其儀不忒淑善也忒差也義取君子威儀不差為人法則

紀孝行章第十

話言言未畢梁上有人瞥下曰我幾誤殺長者
乃去未明攜故囚夫妻二首以示勉
貞元中長安客有買妾者居之數年忽爾不知
所之一夜提人首而至告其夫曰我有父冤故
至于此今報矣請歸泣涕而訣出門如風俄頃
却至斷所生二子喉而去

唐國史補卷之中

話言言未畢梁上有人瞥下曰我幾誤殺長者
乃去未明攜故囚夫妻二首以示勉
貞元中長安客有買妾者居之數年忽爾不知
所之一夜提人首而至告其夫曰我有父寃故
至于此今報矣請歸泣涕而訣出門如風俄頃
却至斷所生二子喉而去

唐國史補卷之中

五雜組卷之二

陳留謝肇淛著

天部二

徐幹中論曰名之繫於實也猶物之繫於時也生物者春也吐華者夏也布葉者秋也收成者冬也若强爲之則傷其性矣

春夏秋冬之序皆以斗柄所指定之指東曰春指南曰夏指西曰秋指北曰冬今曆日某月建某者即斗柄之所指也斗居中央而運四時故

五雜組卷之二

陳留謝肇淛著

天部二

徐幹中論曰名之繫於實也猶物之繫於時也生物者春也吐華者夏也布葉者秋也收成者冬也若強爲之則傷其性矣

春夏秋冬之序皆以斗柄所指定之指東曰春指南曰夏指西曰秋指北曰冬今曆日某月建某者即斗柄之所指也斗居中央而運四時故

棧道

王昌齡詩集卷之二

明長洲許自昌玄祐甫校

七言古

奉贈張荊州

祝融之峯紫雲銜翠如何其雪嶄嵒邑西有路緣石壁我欲從之臥穹嵌魚有心兮脫網罟江無人兮鳴楓杉王君飛鳥仍未去蘇耽宅中意遙緘

箜篌引

盧溪郡南夜泊舟夜聞兩岸羌戎謳其時月黑猿啾

㠀一作鳥

兩一作南

王昌齡詩集卷之二

明長洲許自昌玄祐甫校

七言古

奉贈張荊州

祝融之峯紫雲銜翠如何其雪軒崑邑西有路緣石壁我欲從之臥穹嵌魚有心兮脫網罟江無人兮鳴楓杉王君飛㠀仍未去蘇耽宅中意遙緘

箜篌引

愿按盧谿在辰州龍標故地即馬援歌中武溪水所出也或作瀘溪者非

盧溪郡南夜泊舟夜聞兩岸羌戎謳其時月黑猿啾

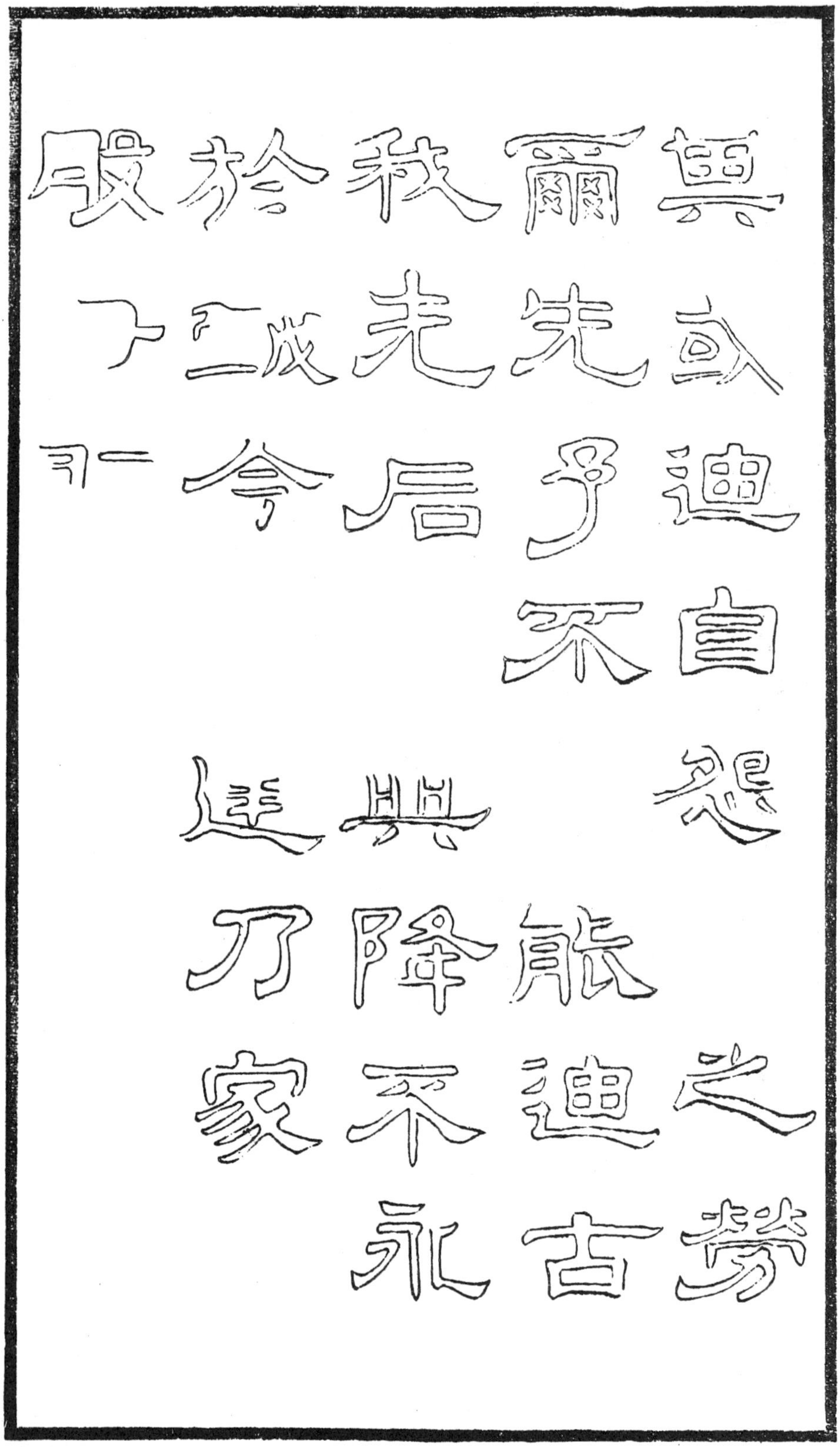
其或迪自怨之勞
爾先予不能迪古
我先后興降不永
於今逸乃家
殷

石經尚書殘碑

其或迪自怨口缺口之勞爾先予不缺口能迪古我先后缺興降不
永於戲今缺建乃家口般庚既缺

石經論語殘碑

恥道之以德齊口口口缺於我我對曰毋違樊遲口缺口子夏問孝
子曰色難有事缺人焉廋　子曰溫故口口新缺端斯害也已　子
曰口口女缺爲則民服孔子口曰口口口缺書云孝于惟孝友于兄
口口缺口於殷禮所損益可知口口缺
不蔽簡在帝心朕躬有缺歸心焉所重民食喪祭缺不驕威而不猛
子缺冠尊其瞻視儼然缺

隸釋云石經尚書殘碑較孔安國尚書多十字少二十一字不同

利器解

威遠砲

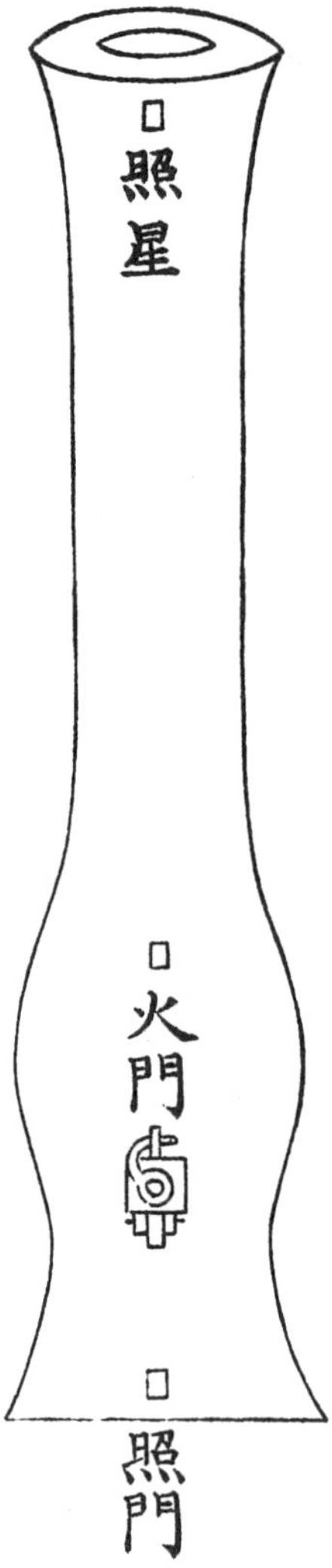

高二尺八寸、底至火門高五寸、火門至腹高三寸二分、砲口徑過二寸二分、重百二十斤、火門上有活蓋以防陰雨、

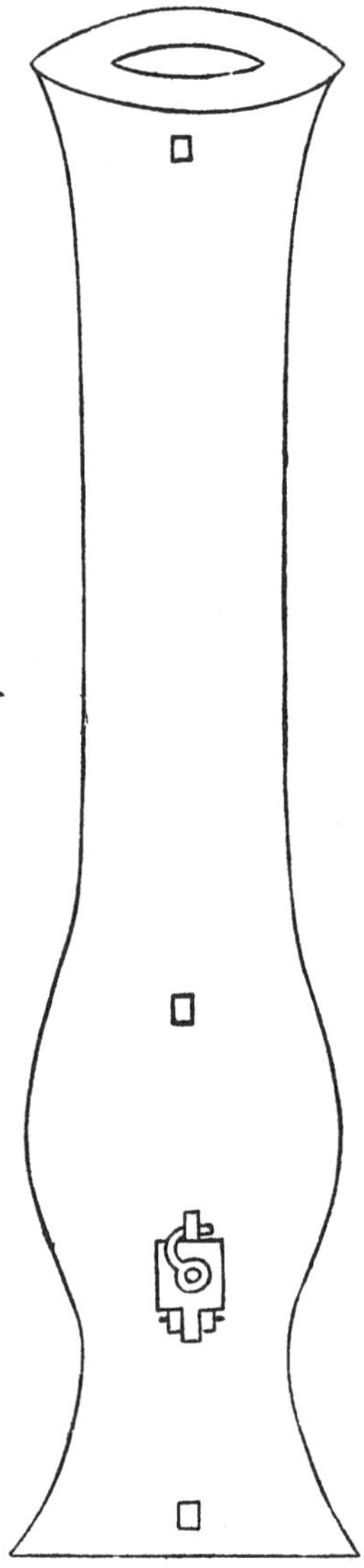

重二百斤照前量加尺寸

道藏七籤卷之八十一

宋　張君房　輯

明　張萱　評

庚申部卷之一

上清元始譜錄太眞玉訣

凡二門又名〻解形遯變流景玉光三惡門

三尸三惡門

第一門名色慾門〻一名上尸道〻一名天徒界〻

第二門名愛慾門〻一名中尸道〻一名人徒界〻

出佐時空遇帝圖昌略無聲望朝廷重寧有功名史
册芳羅列兒孫共爲壽老年雖訢滿金觴

二李唱和詩畢

鄉貢進士毛　蔚

秘書監知應天府兼留守司周　起　印行

梅川董高謹摹寫

圖版解説

和刻本漢籍の各種の實例と、傳本の少いものとを家藏本中から擧げて見る。

先づ、支那に滅び、本邦に傳存する佚存書を擧げる。

圖版　一　孝經（三條西實隆手書開元初注本）　唐玄宗注　三條西公條點　寛政一二跋刊（摸刻、屋代弘賢）　大一冊　第一五葉前（稍縮印）

明清以來通行する所の玄注御注本は天寶中改撰のもの、開元初注本は彼の土に亡佚した。序中擧げた三部と同類に屬するが、底本が寫本で、それを原本通りの字様に覆製した、いわゆる摸刻本（摹刻本とも書く）の一例ともなる。傳本に、書肆の奥附が加へられてゐるものは勿論後印本であるが、題簽に二種の別があり、「御注孝經」とあるものよりも、「開元御注孝經」とあるものの方が第十二葉後の下部の匡郭の破損などによつて早印であることが判る。墨附の濃淡によつて、前者を、墨が板木に馴染まぬ薄墨であると決するのは早斷である。

なほ、原本に近いといふ點では、明治二十四年跋三條西家摸刻本の方が優るが、初刻であるといふ點から、この本の方が市價が高い。

圖版は、古文孝經のやうに父母生績章を立ててゐないページを示したが、この本文は續を績と誤つてゐる。

次に原本通り覆刻した例を示す。

圖版　二　孝經序首（圖書寮舊藏北宋天聖明道間刊本）　唐玄宗注　昭和七刊（影宋、日本書誌學會）　大一冊　第四葉前

圖版　三　同　同　同　文政九跋刊（覆宋、江、狩谷氏）　大一冊　第四葉前

後者が正確な翻刻本の實例である。覆刻本であるが、原本を含めて表現すれば、覆宋刊本といふ。前者は近代の寫眞術を應用した、コロタイプ印刷によるもの。科學的方法による覆製本の一種の實例で、比較することによつて、わが國の覆刻本がいかに正確であるかが知られよう。

前者（開元注）と比較しうる頁を掲げた。

次は、翻刻本として、底本とした漢籍の唐本に句讀訓點の全部又は一部を加へたものの實例を示す。私はこの種のものも、廣義の覆刻本として扱ふ。

圖版 四 唐國史補（津逮祕書零本） 三卷 唐李肇撰
明毛晉校 明末刊（汲古閣） 唐大一冊 卷中尾

圖版 五 同（津逮祕書本） 三卷 唐李肇撰 龍公美「草盧」點 天明二、三刊（京、柏屋喜兵衛等） 大三冊 卷中尾 返送縱

後者の表記は、本書の本文とは違ふが、將來、この目をこの形式で完成したいと思ふ。同年に兩版出版された、小學紺珠・茶山集などがあるので、出版年は、實物にある限り、月まで記し、加點の種別まで加へようと思ってゐる。本文に點者として龍公美を擧げなかったが、やはり點者として記載してもよいと考へるに至ったのは、公美の自序中の文を信ずることにしたからである。草盧という號を「」で包んだのは、自序になく、奥附に「龍艸盧先生校正」と誤ってゐるからで、この表示が、初、公美を點者にすることに躊躇した主因であったかと追想する。

訓點を加へるには界線が邪魔になる。その爲、界線を省いて訓點を加へたものを版下にした例もある。

圖版 六 五雜組 一六卷 明謝肇淛 明刊 唐大八冊 卷二首

圖版 七 同 同 同 寛文刊 大一六冊 卷二首

謝氏は明室の忌諱に觸れて家財を没收され、藏書も市上に出たため、その舊藏印のある本が本邦に多く傳はり、本書の明刊本（兩版）も彼に稀に、我に稍多い。前者は人見竹洞の舊儲、尾藩内府の舊藏に係り、維新の際に拂下げられた（「拂」の朱文圓印を捺す）ものの一。後者は印刷頗る鮮明の美本で、墨色が甚だ濃い點からは正確に初印とは言へず、強いて加記すれば次印本であらうか。

本書は我に弘布され、古今の學者が好んで引用してゐるが、往々書名を「五雜俎」に誤ってゐる。

和刻本の技術の勝れたことは、覆刻本の文字でも判るけれど、風景畫の精密によつても窺はれる。

圖版 八 名山勝槩圖〔名山圖〕 三卷 〔鈴〕木雍芙蓉模 享和元、一〇刊（江、須原屋茂兵衛・圖屋源八郎）

大三冊 卷二後・卷三前

明崇禎刊本名山勝槩記に附刊された名山圖を木芙蓉が摹寫して、刻工佐脇伊三郎が剞劂したものである。木村弘恭（蒹葭堂）の跋によると、原本編次錯雜するもの頗る多いといふ。ここに敢てこの圖を選んだのは、蜀の棧道を圖示してゐるからでもある。

初印・後印、又は同版・異版は固より、單なる後修の例は省略して、本文中及び匡郭の上方に加刻した例を舉げる。本文には拾遺を加へた。

圖版 九 王昌齡詩集 五卷 放心作一卷 唐王昌齡撰 明許自昌校（菊隱點） 享保一八、九刊（京、天王寺屋市郎兵衛） 大一冊 返送 卷二首葉

圖版一〇 同 同（寛政八、九修補、附王昌齡集拾遺、皆川愿（淇園）訂補、京、天王寺屋市郎兵衛） 大一冊 返送 卷二首

上層に校勘を加へ、この葉では淇園の注が加刻されてゐる外、訓點も訂正されてゐる。

以下は傳本の珍しいものを揭げて見る。

圖版一一 漢石經遺事 見返題簽（小蓬萊閣金石文字抄出本） 清黃易編 江戸末刊（覆清、太田資達聊快書院） 大一冊 第一葉前・第三葉前

跋によると、稍前に、小島成齋が錢泳本の漢石經を摸刻したやうであるが、未見。

圖版一二 利器解 文化六、一二刊（江、西宮彌兵衛等）

大一冊 句返 卷頭

繪入。知約堂叢書といふのは、藏版者が名附けたもので、井上正清の齋號に基くものか。正清は、底本に撰者名がなく、明人溫純の利器圖解かと擬してゐるが、未攷。卷末に「武田佐吉歐書」とあるのは、版下を書いた人の姓名か。

圖版一三　道藏七籤　存庚申部三卷（原卷八十一至八十三）　宋張君房編　明張萱評　明和元、八刊（京、林權兵衛・芳野作十郎）　大一冊　句返送　卷頭

抽刻本であり、傳本甚だ稀。

圖版一四　二李唱和集　宋李昉編　刊（覆宋）　大一冊　白　卷尾

北宋初年、李昉・李至唱和の作。經籍訪古志に京都福井氏崇蘭館所藏北宋刊本を著錄し、首尾缺佚してゐると說いてゐるが、訪古志著錄の崇蘭館本は御所燒の際燒亡したと傳へられる。ところが、本書には光緒己丑（一五）貴陽の陳氏所刊の覆刻本があり、首四葉・第十三葉・末六葉を缺き、原本は陳氏が東京の書店に之を獲たと跋文に見える。然るに、この本は首尾を缺かず、第九・十三・二十五葉を缺いてゐる。最も不可思議なのは、共に蛀損部分をそのまゝ覆刻しゐるのに、陳氏刊本の方が蛀損部分が多いことである。是に由りて之を觀れば、陳氏はこの本を得て、訪古志に符せしめんと、首尾を除いて上梓したものか。又は東京の書肆がこの本の首尾を故らに除きて陳氏に鬻ぎしものか。この兩者の一であらう。第九葉は、予ノの藏本の誇張か。圖版左下部に刻入された「梅川童高」といふ刻工の時代を知るを得ば、ほゞ判然たらんも、この覆刻本は、原本が福井氏に入らざりし以前の出版か。

附記

カードと草稿とを基礎に本文を編んだ爲、初期に作ったカードの誤をそのまゝ記載したところがある。この解說を書くときは、原本に據つたため、本文と差を生じた部分があるが、それは解說の方が正しい。傳本稀なものについては、別の所在のものと對校する機會がなかつたので、特に訂正を要する所があるのを知つた。

凡例

一　和刻本漢籍の主要な價値は、訓點が加へられたところにある。そこで、九分九厘まで訓點が施されてゐない舊刊本及び古活字印本は今回の目錄には收めない。

一　漢籍中に在つても、醫書及び佛書は利用者層が他とは全く違ふので、調査の初からこの二種は調査しないでゐたため、今回の目錄中からも除いた。

一　醫書は、神宮文庫目錄編修の際に多少手掛けてみたところ、内閣文庫漢籍分類目錄の記載分に就いても、かなり多數に渉つて、刊印の表示が誤つてゐる。

一　分類は四庫分類法に從つたが、類の名稱及び順序に就いては、年來私が作つた諸館諸庫の目錄同様に多少の變改を試みた。

一　經部の孝經、四書の正文や集注、史部の十八史略、子部の小學、集部の古文眞寶・文章軌範・唐宋八家文讀本等には、明治に入つてからの版本が非常に多いので、江戸末期までの刊本や古寫本の覆刻本以外は之を省略した。

一　五經に就いては、合刻本であるか、單行本であるかの別が難しい。中には五經全部の完刻を見なかつたものもあるかも知れない。三經の集注については、この種の別の外、版種の同異の辨別が難しい。寛文・享保・享和間の相互の關係が明でない。中には、同一刊記の異版本があるのではないかとさへ考へられる。

一　この種の版の同異の辨別は、二、三部を比較しただけでは明確ではない。版の同異、印の先後の別があるかと思はれる傳本を、少くも十數部一堂に集めて比較對照して見ないと、十分な結果を得ることは難しい。まださういふ機會がない。

一　孝經については薄冊なので、比較は樂である一方、無刊記の刊本が多く、それらの版種の異同の區別が難しい。最近斯道文庫の大沼君が全國の所藏家を歴訪して傳存目を編修中なので、この目を基礎に完成を同君に求める。

一　四書については、版種が非常に多い上に、舊藏者が實用的見地から、入れ本（配本）を安く手に入れた例が多いばかりでなく、諸館諸庫で整理する際、折角揃つてゐたものまで、別々にカードを採つてゐることが多い。そのため、見返や刊記による版種の決定が非常に難しい。更に、實物の比較對照は、五經より遙に難しく、殆ど不可能に近い。そこで、一應纏めては見たものの、不完全に終つたことは遺憾である。

一　著録は、書名、卷數、編著者名、刊印年、發行者、判型、冊數の順にしたが、無刊記本の多い種類に限つて、特に、毎半葉の行數、毎行の字數をも加記した。

一　書名は原則として卷頭に採り、序首・見返・題簽等に據つたものは、その旨を注記した。新舊字體の別が草稿又はカードに明記されてゐるものについては、各△○の符號を旁記して、新舊の別を明示した。

一　各右掲の書と書名を全く同じうするものは、書名欄に「同」と記載して之を明にした。同版の書は、四字開きの下に「同」と記した。書名の「同」の下に一字開きで、「同」と記したものは、卷數が右掲の書と同じことを示し、更にその下の「同」は、著者事項が前掲の書と同じきことを示した。

一　同版後印本又は同版後修本については、四字開きの「同」の下に、（後印）又は（後修）と記入し、後印又は後修の年次の明なものについては、「後」字の代りに年號を以てした。同一刊記の後印本は省いた。

一　著者事項及び出版事項が省略されて、「同」の一字を以て之に代へられてゐる場合は、前の書と同版であることを示してゐるのであるが、上方の書名欄が「同」でなく、別の書名を以て標されてゐる場合は、前掲の板木を使ひ、書名を故らに改めた、いはゆる外題替の本であることを示す。

一　支那人の編著者名は、王朝名の下に本姓名を記し、點校者である邦儒に就いては、本姓名の下に、（）の間に號を記入した。姓名又は號がその書に明記されてゐない場合は、補つた部分を〔〕内に圍み、添記したことを明確にした。

一　發行年については、古書の出版事項明示に最も大切な刊・印・修の區別を明確にすることに重點を置いたが、この明別は、最終的には、實物の比較對照を嚴密にする必要があり、そのため、架藏書を携へ行くことに努力したが、尚不十分な點があり、之を他日に期する外はない。

一　原則として、刊印修年は實物に見えるものに據つたが、實物の刊記と見返などの記載との間に一年の差があるものがあり、それは、多く最新の年を採つた。しかし、中には、刊記が明に後加と認められるものは、見返に據つた。又、序跋中に、刊記や見返などに見える年次があるものは、「…序刊」としたこともあれば、序跋が明に後の添加に係ると見た場合は、その年の補修といふ記載法も採つた。凡て、推定による年次は〔 〕で挾み、序文による推定は「序刊」とした。

一　出版者名が列記されてゐるものは、原則として、見返では最初、刊記では最後の書店が代表者であることが多いが、例外もある。本支店の場合などは、刊記に於ても、最初の本店を代表者とすべきことが多い。又奥附に連記された多數の書店の中には取次販賣店もあるやうで、明治前期の奥附については一層さうであるらしい。尤も、明治期の奥附では、代表者が最初にある。江戸期の奥附の中には、出版者でない、版權所有者を最初に加へてゐることもある。書店名の下に捺印がある店は、代表者よりも、當該一部を發賣した扱店を表すものらしい。

一　奥附の中には、他書の奥附をそのまゝ流用したものもある。圖書學參考圖録第二輯に實例を示したが、官版の書店の後印本に、却つて、刊年以前の年號が刊刻されてゐるものなどは、その實例である。總じて、本文よりも印刷面で文字が磨滅してゐる奥附は、この種の流用例に當る。

一　和刻本に大切な、句讀・返點・送假名・縱點・旁訓の有無の記載は序文に記した如く、初期作製のカードに記載がないので、今回は、初、之を省略する考であつたけれど、四書五經中には、明別上、省略しかねるものがあり、記入したので、既發表の史部にも加へることと改め、從つて、不統一ながら、訂正終了後の經部にも、補記した。子部・集部は已に刷了となつてゐるので、今回はそのまゝとした。

一 本稿は、昭和五十年秋、私の草稿とカードとに據つて、小女ちづが淨書したものを予自らその後に得た資料などを使つて補訂し、昭和五十一年八・九月に付印したものである。行間に補筆があつたり、空行があつたりした部分があるのは、補訂刪除の結果である。例へば、原カードに同版後印本として記載されてゐる傳本の内、前行著錄本と同じ刊記のものは省略刪除した如きである。

一 加點の種別を補入するに際し、後印本を資料にしながら、初印本の行に補記したり、逆に、初印本の行に餘白がないときに、後印本の行下に補入したものがある。句讀點・返點・送假名の省略は說明を要すまいが略號の右旁に「△」の符號があるものが、それが不十分であることを示すといふことであると承知されたい。

又、縱點は「縱」又は「タテ」と略記して、不明瞭を避けた。旁訓—振假名—本は、「旁」又は「ルビ」と記入。「圈」は圈點があることを示すが、この縱點・旁訓・圈點には不備もあらう。

和刻本漢籍分類目録

和刻本漢籍分類目録稿

長澤規矩也編

一　經部

1　易類

周易二巻　文化一〇刊(木活、弘前稽古館)　大二

周易九巻周易略例二巻　古注本　嘉永六刊(木活、北野學堂)　大二

① 周易正文二巻略例二巻　葛山壽(葵岡)・荻原萬世(大麓)點　長井昌純等校　寛政四刊(青藜館)　大一

同　同(文政元印、江、西村宗七等)　句返送　大二

② 同　同(天保七印、江、和泉屋金右衛門等)　大二

③ 周易二巻　後藤世鈞(芝山)點　中根容(玄石)校　弘化三刊(江、播磨屋勝五郎)　返ルビ　中二

④ 同　同　東條哲(方菴)點　安政五刊(江、須原屋茂兵衛)　句返送ケ　大二

⑤ 周易卜子夏傳一一巻　小林珠淵校　天明三序刊(江、西村源六・須原屋茂兵衛)　返送ケ　大五

同　同(江、西村源六等)　大五

⑥ (鄭氏)周易三巻附鄭氏周易爻辰圖　漢鄭玄注　宋王應麟編　清惠棟補　木村弘恭(巽齋)校　寛政七刊(京、林伊兵衛)　返送ケ　大三

周易九巻周易略例一巻合一〇巻校記一巻　魏王弼・晋韓康伯注(略)魏王弼撰　唐邢璹注(校)民國

⑦ 孟森編　昭和三刊(影宋、文求堂)　大三

同　九巻周易略例一巻合一〇巻考證一〇巻　清乾隆四十八年刊覆岳本　魏王弼・晋韓康伯注(略)　魏王弼撰　唐邢璹注　刊(覆清)　句　大三

同　九巻周易略例一巻合一〇巻　同　(寛永)刊(覆古活)　返送縦　大五

同　同(寛永七印、中野市右衛門)　大五

同　同　同　寛延四刊(京、風月莊左衛門等)句返送　大五

同　同、首一巻　同　刊(寶暦九補首一巻、京、風月

⑧ 莊左衛門等)　大五

同　同　同、井上通熙(蘭臺)校　寶暦八刊(前川

⑨ 六左衛門・須原屋茂兵衛)　句返送ケ　大五

周易正義一四巻　南宋刊單疏本　唐孔穎達等奉勅

昭和一一刊（影宋、北、人文科學研究所） 大四
周易兼義九巻周易略例一巻 魏王弼・晉韓康伯注
唐孔穎達等正義（略）魏王弼撰 唐邢璹注 刊
①（福井藩） 句 大六
周易注疏校勘記九巻周易略例校勘記一巻周易釋文
校勘記一巻 清阮元等編 刊（福井藩） 大三
② 上記二種合印本 同（弘化二印） 半九
講周易疏論家義記零本一巻 京都帝國大學文學部
景印舊鈔本第二集之内 陳周弘正？ 昭和一〇
刊（影舊鈔） 特大一
周易音義 唐陸德明編 藪內信熊校 明和五跋刊
（前川六左衛門） 大一
易傳一七巻 （李氏易傳） 雅雨堂叢書本 唐李鼎
祚 文政六刊（木活、下總・窪木竹窓） 大一〇
易童子問 宋歐陽脩撰 埜村忠貞校 寶永四刊（隨
月軒） 返送ヲ 大一
（歐陽文忠公）易童子問三巻（歐陽文忠公）易或問一
巻 歐忠合作四巻 宋歐陽脩撰 石井光致校 天保七刊

（須原屋茂兵衛） 句返送 大一
（蘇氏）易解九巻 明氷玉堂刊本 宋蘇軾撰 明饒
伸等校 文政一二刊（木活、下總、窪木氏息耕堂） 大四
（伊川）易傳四巻 二程全書巻四三－五 △（周易程氏傳） 宋程
頤撰 明徐必達校 貞享元刊（覆明、壽文堂）返送ヲ 大八
同 二程全書本 宋程頤撰 明徐必達校 天保一
三刊（官版） 句返 大四
同 同（後印、出雲寺萬次郎） 大四
③ 周易（傳義）二四巻 宋程頤撰 朱熹本義 寛永二刊 大四 白
同 同 同 寛永四跋刊 （京、中嶋久兵衛） 大八
同 同（後印、無如竹跋） 大八
同 同 同 寛永二〇刊 未見 大七
周易經傳二四巻首一巻 同、釋玄昌點 慶安元刊
（覆寛永四、京、八尾助左衛門） 大八
④ 同 同 （周易傳義） 同 慶安二刊（中野道伴）返送ヲ 大八
易經集註二〇巻首一巻 同 慶安四刊（京、林甚右
衛門） 返送縦 特大一〇
⑤ 周易（傳義）二四巻首一巻 宋程頤撰 朱熹本義

元禄七刊　未査　半一〇
① 同　同(寶永六印、出雲寺和泉掾)　未査　大八
② 周易集註二四巻首一巻　宋朱熹　刊　未査　半一〇
③ 周易(傳義)二四巻首一巻　宋程頤撰　朱熹本義
刊(享保九印、京、今村八兵衛)　句　半一〇
④ △同　同　同　松永昌易首書　寛文四刊(野田庄右衛
門)　句返送縦　大一三
⑤ 同　同(享保九印)　大一三
同　同(後印、大、河内屋喜兵衛等)　大一三
⑥ 同　同　再刻頭書本　同　寛政三刊?・未査　大一三
同　同　同　宋程頤撰　朱[熹]本義(松永[昌易首
⑦ 書　元治元刊(大、積玉圃)　大一三
⑧ 同　同　同　同　刊　未比較　印ナルベシ　大一三
⑨ 同　同　同　同　慶應三刊(大、－　印カ　大一三
⑩ 同　同(明治印、須原屋茂兵衛・象牙屋治郎
兵衛)　大一三
⑪ 同　同(明治九印、大、柳原喜兵衛)　大一三
同　同(後印、大、岡島真七等)　大一三

⑫ △周易(本義)全三巻本義序例一巻　宋朱熹　刊(木
活)　7/14　大五
同　同　同、林[恕](鵞峰)點　寛文四序刊　返送縦　大七
同　同(延寶二修、京、勝村治右衛門、大、柳
⑬ 原喜兵衛)　大五
⑭ 同　同(後印)　或ハ除クベキカ　大五
同　八巻首一巻　常憲院本　同　[元禄]刊　5/14　半五
同　同(後印、京、出雲寺和泉掾)　句返送縦　中五
⑮ 同　全三巻本義序例一巻　宋朱熹撰　山崎嘉(闇齋)
點　延寶三刊(壽文堂)　返送縦　大七
同　同　同　寛政元刊(江、須原屋茂兵衛等)　同　大五
同　同(後印、河内屋和助等)　六年ノ調　書末印アリ　大五
⑯ 同　同(寛政八印)　青木勝兵衛印　大五
同全一四巻一　頭注本　刊(延寶二修)　初印未見　返点アリ　大七
周易(本義附録纂註)△二巻又一三巻　版心合作一五巻　通志堂
同　經解本　元胡一桂撰　清納蘭成徳校　文化一一
刊(覆清、官版)　白　大四
同　同(後印、江、岡村庄助等)　大四
同　同(後印、江、出雲寺萬次郎)　大四
同　同(嘉永五印)　大四
同　同(明治印、入于昌平叢書)　大四

周易本義通釋二巻又一〇巻(輯録)雲峰文集易義一巻　通志堂經解本　元胡炳文撰　清(納蘭)成德校(雲)清胡珙編　享和二刊(覆清、官版)　白　大七

①同　同(嘉永五印)　大七

同　同(文政六印、江、堀野屋儀助等)　大七

同　同(明治印、入于昌平叢書)　大七

周易本義辯證五巻　省吾堂四種本　清恵棟撰　蔣光弼・蕭掄校　享和二刊(覆清、官版)　白　大三

同　同(後印、江、山城屋佐兵衛)　大三

同　同(明治印、入于昌平叢書)　大三

(晦庵先生朱文公)易説二三巻　(文公易説)　通志堂經解本　宋朱熹撰　清納蘭成德校　寛政一一刊(覆清、官版)　白　大一〇

②易學啓蒙　宋朱熹　刊　5.15 返送縦　大二

同　同(明暦二印、京、村上平樂寺)　大二

③同　同　延寳五刊(京、村上平樂寺)　8.16　大二

同　同　大槻清準校　文化一四刊(養賢堂)　9.18 句返送　大二

同　同(明治三三印、東、富田文陽堂)　大二

同　鼇頭評註本　〔宋朱熹〕　寛文九刊　返送縦　大四

同　同　刊(延寳二印、村上平樂寺)　大二

同　同(後印)　除クベキカ　大二

同　同　寳暦二刊(京、中野宗左衛門等)　返送タテ　大二

同　同(後印、大、淺野弥兵衛・井狩佐吉)　大二

同　同(安政三印、大、河内屋和助等)　大二

④易學啓蒙通釋二巻同附圖一巻　通志堂經解本　宋胡方平撰　清納蘭成德校　享和二刊(覆清官版)　大二

⑤同　同(弘化三修、杉原直養校)　白　大二

⑥同　同(明治印、入于昌平叢書)　大二

啓蒙意見五巻　明韓邦奇撰　室田義方點　元禄一〇刊(井上忠兵衛)　返送タテ　大四

蓍卦考誤　宋朱熹撰　山崎嘉(闇齋)校　延寳六刊(京・村上勘兵衛)　返送タテ　大一

(東萊呂氏)周易音訓二巻書集傳音釋六巻首一巻　宋呂祖謙撰　王莘叟編　(書)元鄒季友撰　昌谷碩編　弘化四刊(精溪山房)　句返　中六

〇コノ間ニ、佚存叢書本周易新講義一〇、周易經傳(泰軒易傳)六

(直音傍訓)周易句解一〇巻　元泰定三年刊本　元朱祖義撰　小出立庭點　寛文一一刊(吉野屋惣兵衛)　返送タテ　大八

⑦同　同(寳暦九修、野田庄右衛門)　大五

同　同(同、後印、大、淺野彌兵衛)　大五

周易傳義大全二四巻附上下篇義・易五贊・筮儀・易説綱領・周易朱子圖説　明胡廣等奉勅編　慶安五刊(京、村上平樂寺)　句返送タテ　鵜飼信之(石齋)點　大二七

⑧

易經蒙引二四巻　明蔡清　刊　句返送テ　大二四

同　同（承應元印、堤六左衛門）　大二四

同　同（寛文九印、野田庄右衛門）　大二四

易經直解一〇巻　明張〔居正〕撰　陳枚編　繆樹鼐参
宮城隆哲點　元祿一〇序刊（江、須原屋茂兵衛）　大二〇

周易禪解一〇巻　明釋智旭　享保一三刊（梅村三
郎兵衛）　大五

同　同（嘉永印）　大五

同　同（明治印）　大五
○欽定四經本周易折中アリ

（御纂）周易折中八巻（以下未刊）首一巻　清李光地
等奉勅撰　小林和同刪　文政八序刊（木活）10/21　大一〇

（御纂）周易述義一〇巻　清呉鼎等奉勅撰　大橋〔正
①順〕（訥庵）校　弘化三刊（江、思誠塾）　句返　半八
○須原ヤ伊八印本、明治印本アリ

②（遂初堂）易論　清潘耒撰　大久保奎（英輔）校　嘉
永二刊（山城屋佐兵衛等）　句返　大一
○徐勱、周易舊注ハ六合徐氏東本ニテ印行

2　書類

尚書（書經正文）　刊（由學館）　白　大二

③古文尚書正文二巻　刊〔大正印〕　10/17白　大二

古文尚書二巻〔版心〕〔寛政九〕刊（弘前、稽古館）　句　大二

同　四巻版心作二巻　刊（木活、崇教館）　7/14　半二

尚書　刊（致道館）　句　大一

同　大正九刊（影印）　句　大一

古文尚書正文二巻　片山世璠（兼山）點　越〔智〕通
④明・〔芥川〕煥章校　安永五刊（集思堂）　句返送テ　大二

同　同（後印、京、風月莊左衛門）　大二

同　同　文政八刊（覆安永五）　大二

⑤同　同　同　刊（東條塾カ）　句返送テ　明治　大二

⑥書　朱子臨漳定本　詩各二巻　刊（大伊丹屋善兵衛等）　句返送テ　大四

古文尚書正讀二巻　蒔田〔忠〕貞（雁門）點　蒔田岳
校　天保一一序刊（烟霞堂）　句返送テ　大二

⑦尚書零殘本　存泰誓・牧誓・武成　舊題漢孔〔安國〕
傳　大正四刊（影印、京、聖華房）　特大一

古文尚書　零葉　同　大正七刊（影印）　特大一

同　岩崎文庫本　同　大正八刊（影印）　特大一

尚書零殘　九條家本　同　昭和一七刊（影印）
○京都帝大文学部影印舊鈔本第一〇集本　特大一

同　原存一巻（巻六）　元德鈔本　同　昭和一四刊　特大一

(影印、東洋文庫)　別ニ解説(倉石武四郎)ヲ附ス　一巻一冊
古文尚書一三巻　静嘉堂所蔵南北朝鈔本　同　昭
和一〇刊(影印、東方文化學院京都研究所)　句訓　中　六
①尚書一三巻　同、賀島矩直點　寛延四刊(京、風月
莊左衛門等)　句返送　大　六
同　同(後印、丸屋市兵衛)　大　六
同　同(後印)　無刊記　大　六
同　同　舊題漢孔(安國)傳　清原宣條校　天明八
刊(京、風月莊右衛門等)　句返　大　六
同　同(後印、大、伊丹屋善兵衛)　大　五
②尚書正義二〇巻附影印秘府尊蔵宋槧単本尚書正義
解題　宋紹熙刊単疏本　唐孔穎達等奉勅疏　昭
和三・四刊(影印、大阪毎日新聞社)　白　大一八
同　二〇巻　足利學校所蔵宋越刊八行本　同　弘
化四刊(覆宋、時習館)　大二〇
同　同(嘉永印、江、山城屋佐兵衛・大、河内
屋喜兵衛)　大二〇
同　同(明治印)　藍色表紙　大二〇

尚書註疏二〇巻　北監本　旧題漢孔(安國)傳　唐孔穎
達等奉勅疏　明李長春等奉勅校　芥(川)元澄點
③安永六刊(覆明)　句返　大一〇
尚書正義二〇巻　舊題漢孔安國傳　唐孔穎達等
奉勅疏　吉川幸次郎等校　昭和一四～一八刊(活版)　大　八
④書經(集傳)一〇巻　宋蔡沈　刊　未見　半一〇
同　同(享保九印、今村八兵衛)　半一〇
書經(集註)六巻　上層加音本　同　刊　句返送ルビアリ　半　六
同　同(後印、京、出雲寺和泉掾)　半　六
書經(集傳)六巻附書序辨説　宋蔡沈撰　中沼之
⑤舜校　嘉永六刊(京、出雲寺文次郎等)　句返送アリ　大　六
同　六巻　宋蔡沈撰(松永昌易首書)　寛文四刊
⑥(野田庄右衛門)　大　六
同　同(享保九印、京、今村八兵衛)　大　六
⑦同　同　享和元刊(京、今村八兵衛)　刊カ修カ要再考　大　六
⑧同　同(後印)　大　六
同　同(後印、文榮堂河内屋源七郎)　大　六
⑨同　同(後印、秋田屋太右衛門等)　大　六
⑩同　同　同　慶應二刊　大　六
⑪

同　同（後印、大、河内屋喜兵衛等）　大　六
同　同（後印、象牙屋治郎兵衛等）　大　六
同　同（明治九印、岡島眞七等）　大　六
① 同　同（後印、大、青木嵩山堂）　大一三
書集傳　原存首序　宋蔡沈　刊　返送タテ　大　一
書（集傳）六卷書序一卷附書集傳音釋六卷　宋蔡沈
（附）元鄒季友　杉原直養校　嘉永四刊（官版）　大　七
同　同（後印、出雲寺萬次郎）　大　七
書（集傳纂疏）六卷首一卷　通志堂經解本　元陳櫟
撰　清納蘭成德校　文化八刊（覆清、官版）　白　大　六
② 同　同（明治印、入手昌平叢書）　大　六
書（集傳輯錄△纂註）六卷首一卷　通志堂經解本　元
董鼎撰　余安定校　清納蘭成德校　文化一一刊
（覆清、官版）　白　大　五
③ 同　同（後印、出雲寺萬次郎）　大　五
同　同（明治印、入手昌平叢書）　大　五
書經集註通△考版心　六卷　〔元黄鎮成〕　慶安頃刊（覆
④ 明）　返送縦　大　六
⑤ 尚書通△考一〇卷書蔡氏傳旁通△六卷版心作一〇卷　元黄鎮

⑥ 成（旁）元陳師凱　刊（正保四印、林甚右衛門）　大一八
同　同（正保五印、同）句返送タテ　大　七
同　同（後印）無刊記　大　七
同　同（寛文五印、京、上村次郎右衛門）　大　七
砭蔡編　明袁仁　享和二跋刊（木活、遠州屋清右衛
門）　大　一
書疑九卷　通志堂經解本　宋王柏撰　赤松勲校〔蘭室〕
明和二刊（京、唐本屋德兵衛、明和三補）句返送タテ　大　三
⑦（新鍥）書經講義會編一二卷　徐銓刊本　明申時行
撰　李鴻編　徐銓等校　延寶二跋刊（京、吉野屋權
兵衛）　返送縦　大一五
同　同（後印）無刊記　大　八
⑧ 同　同（寛政五印、大、河内屋太助）　大　八
同　同（後印、大、河内屋喜兵衛等）　大　八
同　同（後印、大、河内屋源七郎等）　大　八
同　同（明治印、大、前川文榮堂）　大　八
同　同（明治印、大、淺野彌兵衛）、或ハ前カ　大　八
（郝京山）尚書解八卷　明郝敬撰　三浦源藏校　文
化六刊（齊政館）　句　大　四

同　同(京、風月莊左衛門等)與附上林善助　大　四
東逸洪範正文　舊題漢孔安國傳 水都次官(源公圀)
校　文化一三刊(大、明義堂)　句返送　大　一
洪範　元吳澄注 佐藤平格校　寛政七序刊(翠松亭)大　一
同　同(寛政一二序修、江 蘭香堂萬屋太治
右衛門)　句　大　一
詩書小序題簽 書序一卷詩序一卷　元文六刊(谷村
豐左衛門)　句返送　大　一

○

尚書大傳四卷補遺・續補遺・考異・鄭司農集各一卷 雅雨堂本
漢鄭玄注(續考)清盧文弨(鄭)漢鄭玄 明和五刊([illegible]堂)大　五

3 詩類

毛詩二卷　白文　文化六刊(木活、弘前、稽古館)　半　二
同　二〇卷　嘉永六刊(木活、北野學堂)　大　二
詩經(詩經正文)　刊(由學館)　白　大　二
毛詩　刊(致道館)　句　大　二
同　三卷　冢田虎(大峰)點　刊(環堵室)9 20 句返　大　三

毛詩正文三卷　片山世璠(兼山)點〔小〕田煥章・松
口仲龍校　安永六刊(集思堂)　句返送テ　大　三
同　同(後印)　無刊年　大　三
同　同　同　久保謙訂　文政四刊(京、勝村治右衛門等)　大　三
同　同(後印、象牙屋次郎兵衛)　大　三
① 詩經正文三卷　文化九以前刊(東條塾?)　句返送　大　三
毛詩殘本　原存二南殘卷　大念佛寺所藏本　漢毛
〔亨〕傳 鄭〔玄〕箋　昭和一七刊(影印、京大文學
部)　特大　一
同　原存殘卷唐風　和田氏所藏本　同　大正一一
刊(影印、京大文學部)　特大　一
同　原存一卷(卷一)　清原宣賢加點二十卷本　同
昭和二四刊(影印、国立国会図書館管理部)　横特大　一
詩經二〇卷附詩譜　(詩經古注)　同、明金蟠校　井
上通熙(蘭臺)點　(附)漢鄭〔玄〕　延享四刊(江、前
② 川六左衛門等)　句　大　五
③ 毛詩二〇卷附詩譜　漢毛〔亨〕傳 鄭〔玄〕箋　(附)漢
④ 鄭〔玄〕　寛延二刊(京、風月莊左衛門等)　句返送大　五
⑤

○題簽「毛詩鄭箋」、次ノ覆刻本ハ「毛詩鄭箋正本」

同 同 清原家點本 同 享和二刊（京、風月荘左覆寛延、
衛門等） 句返送縦 大 五

① 同 同（後印、大、伊丹屋善兵衛）題簽「毛詩鄭箋古註」 大 五

同 同 同 刊 版ノ同異未對査 大 五

○題簽「毛詩鄭箋」（行書体）

② 詩經（古注標記）五巻 （毛詩鄭箋） 同、宇野成之

標注 天明六刊 書名ヲ特殊書名トスレバ準漢 大 九

毛詩正義四〇巻（巻一―七原鈌） 宋紹興刊單疏本

唐孔穎達等奉勅 昭和一一刊（影印、東方文化

學院） 大一七

同 原存秦風殘巻 同 大正一一刊（影印、京都帝國大

學文學部） 特大一

同 原存韓奕・江漢 （舊鈔信義本）神樂歌紙背

同 昭和六刊（影印、竹柏園） 特大一

毛詩註疏原存八巻（巻一―八之三） 關盈文點 同ヿ文化元刊

（關氏六經舍） 既見本トシテハ滋賀大所藏本最モ多シ 句返タテノ 半一二

毛詩指説 唐成伯瑜撰 木村孔恭校 明和五刊（蒹

葭堂） 返送縦 大 一

詩本義一五巻附（鄭氏）詩譜 宋歐陽（脩）撰 清納蘭

成徳校 刊（木活、彦根藩） 白 大 四

詩輯傳八巻 宋朱熹撰 中西忠藏校 嘉永五刊（播江、文苑閣

磨屋勝五郎） 句返縦 中 六

③ 同 同（明治一三修、東、萬笈閣江島喜兵衛） 半 五

詩（集傳）二〇巻詩傳綱領・詩序（辨説）各一巻 宋

朱熹 刊（官版） 句返 大 八

同 同（後印、出雲寺萬次郎） 大 八

詩經集註八巻 宋朱熹 刊（豐雪齋道伴） 9 17 大 八

④ 同 同 同 刊 6 16 返送タテノ

同 同（後印） 大 八

⑤ 詩經集註八巻 同、松下見林（西峰）校 元禄六刊

（野田庄右衛門） 半 八

同 同（後印） 半 五

同 一五巻 同 享保九刊（今村八兵衛） 半 八

詩經（集傳）八巻 詩經音註 上層加音本 同 句返送タテノ 半 八

同　同(後印、頭書音訓詩經集註)　半四
同　同　頭書音訓詩經集註　宋朱熹撰〔松永〕昌易首書
寛文四刊(野田庄右衛門)　大八
同　同(享保九印、京、今村八兵衛)　大四
① 同　同　新刻頭書詩經集註　同　同　鈴木温(寿思斎)校
寛政三刊(今村八兵衛)　句返送縦　大八
② 同　同(元治印、大、河内屋茂兵衛)　大八
同　同　同　同　慶應元刊(大、積玉圃・宋栄堂)　大八
③ 同　同(後印、大、河内屋佐助等)　大八
同　同(慶應三印、河内屋茂兵衛等)　大八
同　同(明治九印、大、岡島真七等)　大八
詩〔集傳通釋〕二〇巻　元劉瑾　文政一三刊(官版)　白　大八
同　同　同　嘉永三刊(官版)　前者ニ墨丁アリ再版本ニなし　大八
同　同(嘉永五印、江、出雲寺萬次郎)　大八
詩集傳名物鈔八巻　通志堂經解本　元許謙撰　清
〔納蘭〕成德校　文化一〇刊(覆清、官版)　白　大八
同　同(明治印、入于昌平叢書)　大八
詩傳遺△説△六巻　通志堂經解本　宋朱鑑撰　清〔納蘭〕
成德校　寛政一一刊(覆清、官版)　白　大三
同　同(享和元印)　大三
同　呂氏家塾讀詩記三二巻　宋呂〔祖謙〕撰　史樹德等
校　元祿九刊(山形屋)　返送タテ　大二〇
同　同(寳永元印、京、風月堂荘左衛門)　大一〇
同　同(文化九印)　未査　大一〇
詩緝三六巻首一巻　味經堂本　宋嚴粲　天保一五
④ 序刊(覆明、姫路藩仁壽館)　句返　大一八
⑤ 同　同(弘化二印、和泉屋金右衛門、大、河内
屋喜兵衛)　大一八
童子問八巻首尾各一巻(詩童子問)　宋輔廣　文
化一二刊(官版)　白　大五
同　同(後印、出雲寺萬次郎)　大五
⑥ 毛詩蒙引二〇巻首一巻　明唐士雅撰　陳子龍校
寛文一二刊(村上平楽寺)　返送縦　大一〇
同　同(後印、大、河内屋茂兵衛)　大一〇
詩經世本古義二七巻首尾各一巻　明何楷　寛政一
⑦ 〇刊(覆明崇禎、會津藩)　白　大三〇
⑧ 詩經○説△約二八巻　明顧夢麟撰楊彝校　寛文九刊
(覆明、芳野屋權兵衛)　句返送縦　大二八

同　同　同（後印）　大一四

同　同（後印、出雲寺和泉掾）　大一四

① 詩經正解三三巻　清姜文燦・吳荃撰　菅野侗校　安政五刊（木活、志賀氏）句　大三三

毛詩名物圖說九巻　清徐鼎撰　北條〔士伸〕（蠖堂）校　文化五刊（覆清、養真堂）句返　大四

同　同（後印、江、堀野屋儀助・須原屋善五郎）大四

② 同　同（後印、江、清德堂丹後屋伊兵衛）　大四

○

韓詩外傳一〇巻　漢韓嬰撰　明程榮校　寶永元刊（木活）白　大五

③ 同　同　漢韓嬰　寶曆九刊（江、前川莊兵衛等）句 声　大五

同　同（後印）　次トノ先後印再確認ヲ要ス　大五

同　同（後印、京、勝村治右衛門）　大五

④ 同　同　同、烏〔山〕宗成點　寶曆九刊（大、星文堂

⑤ 淺野彌兵衛等）　句返送縦　大五

⑥ 同　同（明治一八修、大、森本専助）　大五

同　同（後印、大、嵩山堂）　大五

詩說　漢申培　明和四刊（京、藤屋佐兵衛、藤屋武兵衛）　代表者再考、佐兵衛前ニアリ　句返送　大一

4 禮類

(一) 周禮

⑦ 周禮全六巻儀禮一七巻　周哲點　寛永一三序刊　大一三

⑧ 同　同（後印、京、山田三良兵衛）　返送縦　大合二

⑨ 周禮正文三巻　重野葆光點　文化六刊（丹霞樓）句返送　大三

⑩ 周禮四二巻　永懷堂刊本　漢鄭玄注　明金蟠・葛鼒校　寛延二刊（京、前川六左衛門等）句　大八

同　同（後印、京、勝村治右衛門等）　大八

⑪ 同　同（明治三修、大、文海堂）　大七

同　同（明治印、大、群玉堂河内屋岡田茂兵衛）大七

周官醫職一巻附殴醫疾令　漢鄭玄注　嘉永七刊 見未　大一

(二) 儀禮

⑫ 儀禮一七巻　周禮合刻本　周哲點　寛永一三序刊

同　同　漢鄭玄注　河〔野〕子龍〔恕齋〕校　寶曆一三刊（京、山田三良兵衛、山本平左衛門）句返送　大五

同　同（寛政八以後印、大、河内屋喜兵衛）　大五

同　同（後印、大、積玉圃河内屋喜兵衛）　大五

同　同（後印、大、河内屋卯助等）　大五

儀禮圖一七巻儀禮旁通圖一巻　通志堂經解本　大一

宋楊復撰 清納蘭成德校 寛政一一刊（官版）覆清 大八
朱子儀禮釋宮一巻附論 文化六序刊（時敏齋）句 大一

(三) 禮記

禮記二巻 態 文化八刊（木活、弘前、稽古館）白 大四
坊記 正文 〔明治〕刊（木活）10/20 白 大一
① 禮記正文五巻 葛山壽・荻原萬世點 石川嶽・蜂屋
維德校 寛政一〇刊（青藜館） 句返送 大五
② 禮記四巻 心 欣 刊（仙臺藩養賢堂） 句返送ヲテ 大四
③ 學記（曾我部元寛）點 明和四刊（容塾） 句返送 大一
同 致道館藏版本 〔大正〕刊（影印） 句返送ヲテ 大一
同 漢鄭玄注 寛政四刊（木活、悠久館） 白 大一
禮記二〇巻 漢鄭玄注 賀島矩直點 寛延二刊
（京、風月莊左衛門等） 句返縦点 大一〇
④ 同 同（同、寶暦九修） 大一〇
〔禮記正義〕 原存曲禮下 舊鈔本 唐孔穎達等奉
勅 昭和三刊（影印、狩野博士還暦記念會） 一巻
同 原存一八巻（巻六三－八〇）附身延本禮記正義殘
巻校勘記 宋刊單疏本 同（身）安井小太郎編
昭和五刊（影印、附活版、東方文化學院） 附大一二

〔禮記郷飲酒義注疏〕 大學養老篇附録 漢鄭玄注
唐孔穎達等奉勅疏 陸德明釋文 寛保三刊 返送ヲテ 大一
⑤ 禮記（集説）二〇巻 元陳澔撰 藤原惺窩校 慶安
五刊 大二〇
禮記集説三〇巻 首書禮記集註 元陳澔撰（松永
昌易首書 寛文四刊（野田庄右衛門） 句返送ヲテ訓 大一五
⑥ 同 同（享保九印、京、今村八兵衛） 大一五
⑦ 同 同（後印） 大一五
⑧ 禮記陳氏集説補正三八巻 通志堂經解本 清納蘭
成德 享和二刊（官版） 白 大九
曲禮全經附傳一五巻 明趙錦參定 柯尚遷集釋 寛文一二
刊（野田庄右衛門） 大一五
⑨ 檀弓二巻 明萬暦四十四年刊本 宋謝枋得評 仲
由起校 延享四刊（大、堀内忠助、澁川清右衛門） 大一
同 同（後印、大、鹿田靜七） 句返送縦圏 大一
○
⑩ 大戴禮記。一三巻 舊題漢戴德撰 明沈泰校 淺見安
正（絅齋）點 元祿六刊（雁金屋庄兵衛、伊丹屋太

郎右衛門） 返送縦
同 同（正徳六印、京、風月堂荘左衛門） 大 二
同 同（後印、京、萬屋喜兵衛） 大 二
同 同 武英殿聚珍版本 舊題漢戴徳撰 後周盧
辯注 文化一四刊（覆清、官版） 句返 大 四
同 同（明治印、入于昌平叢書） 大 四
大戴禮記補注一三巻 清乾隆中孔廣森校刊本 清
孔廣森 文化三刊（官版） 句返 大 四
① 同 同（文政六印、江、堀野屋儀助等） 大 四
同 同（明治印、入于昌平叢書） 大 四

（四） 三禮總義類

（新定）三禮圖二〇巻 通志堂經解本 宋聶崇義撰
② 清納蘭成徳校 菊池武慎〔南陽〕點 寶暦一一刊
（崇文堂前川六左衛門） 句 大 四
同 同 寛政二刊（崇文堂前川六左衛門） 句 大 四
同 同（後印、大、伊丹屋善兵衛等） 大 三

（五） 通 禮

禮書抄畧二四巻 溝口〔直養〕（浩軒）編 安永八序
刊（新發田藩） 大 一三
③ 儀禮經傳通解三七巻 宋朱熹 刊（寛文二印、五倫書屋）入返送タテ 大 三〇
同 同（寛文九印、山本平左衛門常知） 大 一七
同 同（寛政八以後印、大、河内屋喜兵衛） 大 二〇
⑤④ 儀禮經傳通解續二九巻 宋黄榦 天明二刊（新發
田藩、京、林權兵衛・山本平左衛門印） 白 大 二〇

⑥ （六） 雜 禮

（司馬氏）書儀一〇巻 宋司馬光撰 清汪郊校
刊（覆清雍正、小田原藩） 句 大 四
家禮。五巻家禮圖一巻 宋朱熹撰 淺見安正（絅齋）
點（圖）撰者未詳 元禄一〇跋刊 返送縦 大 三
同 同（後印、須原屋茂兵衛） 大 三
同 同（明治印） 大 三
同 同 延寶三刊（壽文堂） 未見 大 三
同 同 寛政四刊（江、須原屋茂兵衛等） 返送タテ 大 三
⑦ 同 同（後印、大、柳原積玉圃） 大 三
同 同 宋朱熹 天保二跋刊（佐土原學習館） 大 一
同 同 同 嘉永五刊（仙臺藩養賢堂）句返送△ 大 二

①
家禮〔儀節〕八巻　明丘濬　慶安元刊（風月宗知）送返　大八
同　同（慶安四印、崑山館道可處士）　多シ　大四
同　同（明暦二印、柏屋八右衞門）　大八
同　同（萬治二印、大和田九左衞門）　大八
② 同　同（後印）無刊記　大四
（重定）齊家寶要二巻　清張文嘉編張廷瑞校　元
祿一五刊（京、吉村吉左衞門）句返送縦　大四
同　同（寶永七印、林正五郎・井上忠兵衞）　大四

5　春秋類

(一)　左氏傳

左傳三〇巻　白文本　元文二刊（京、中江久四郎等）　大七
春秋經傳九巻　〔冢田虎〕（大峯）點　文化六刊（大、
米田清兵衞等）　句返送　大九
春秋左傳〔集解〕三〇巻　晉杜預　刊（木活）白 9 19　大一五
同　同　同　寛政七刊（木活、尾藩明倫堂）9 19　大一五
春秋經傳集解三〇巻　岳本　同　田邊〔匡敕〕（樂齋）點
安政二刊（江、安政堂・錦耕堂）　句返　大一五
③ 同　同（安政三印、仙臺、靜嘉堂・菅原屋安兵衞）大一五

同　同（後印、敦賀屋九兵衞・和泉屋市兵衞）　大一五
同　三〇巻春秋名號歸一圖二巻春秋年表一巻　晉
杜預（名・年）五代馮繼先〔安政五〕刊（鹿兒島
藩）句　大一六
同　同（〔明治〕印）　大一六
同　原存一巻（巻一〇）　岩崎文庫所藏平
安時代鈔本　晉杜預　昭和七刊（影印、古典保存
會）　特大一
同　三〇巻　同、堀正意（杏菴）點　寛永八跋刊送返多シ　大一五
同　同（後印）無刊記　大一〇
春秋左傳〔集解〕三〇巻（春秋左氏傳）　晉杜預撰
那波師曾（魯堂）點　寶暦五刊（京、中江久四郎）大一五
④ 同　同　同　安永六刊（京、越後屋清太郎・中江久四郎）大一五
同　同（後印、京、楠見甚左衞門）句返送ムタテ　大一五
⑤ 同　同（天明七序修？、大、大野木市兵衞等）次ト再刻　大一五
同　同　同　寛政一二刊（大、米田清右衞門等）句返送タテ　大一五
同　同（文政六印、江、須原屋茂兵衞等）　大一五
⑥ 春秋左氏傳校本三〇巻附釋文　晉杜預注　唐陸德明
釋文　秦鼎編　秦壽・村瀬誨輔校　文化八刊（秦氏

① 滄浪居）句返送縦　大一五
② 同　同（文政七修）　大一五
同　同　同　嘉永三刊（再刻、大、秋田屋太右衛門等）　大一五
同　同（後印、大、象牙屋治郎兵衛等）　大一五
同　同（後印、大、河内屋茂兵衛等）　大一五
同　同（後印）無刊記　大一五
同　同　同　明治四刊（三刻、覆嘉永三大、河内屋　大一五
茂兵衛等）
同　同（後印、大、内田屋宗兵衛等）　大一五
同　同（後印、大、柳原喜兵衛）　大一五
③ 同　同　明治一三刊（四刻、風月庄左衛門）　大一五
④ 同　同　同　藤田貞陞・山本經虎校　明治一六刊（大、大村安兵衛等）　大一五
同　同　同　明治一七刊（大、松村九兵衛等）　大一五
⑤ 同　同　同　明治一六刊（東、印刷會社）　中一〇
同　同　加標註本　同　明治一四刊（東、木村文三郎）　大一五
同　同（明治一八印、大、和田庄藏）　大一五
⑥ 同　三〇巻附公羊傳・穀梁傳　同、豊島毅補　明治
一六刊（活版、大、修道館）　句返送　半一五

春秋左氏傳三〇巻　晋杜預撰　大槻誠之（東陽）編
明治一三刊（大槻氏）　句返送　中一五
（鼇頭）春秋左氏傳校本三〇巻　晋杜預注　秦鼎校
宮脇通赫注　明治一三刊（東、山中市兵衛）句返送タテ　大一五
（増註）春秋左氏傳校本三〇巻附二巻　晋杜預注　大一五
⑦ 秦鼎校　近藤元粹増　明治一五刊（大、松村九兵
衛等）　句返送縦　大一七
⑧ 春秋正義三六巻附（景鈔正宗寺本）春秋正義解説並
鈌佚考　唐孔穎達等奉勅（附）安井小太郎　昭
和六・八刊（影印、活版、東方文化學院）　大一二
⑨ 春秋左傳註疏六〇巻　北監本　晋杜預注　唐孔穎
達等奉勅疏　刊　返送縦　大六〇
⑩ 同　同（後印、村上勘兵衛等）　大三〇
同　同（後印、出雲寺和泉掾）　大二〇
春秋釋例一五巻　晋杜預　文化元刊（官版）　句返　大一五
同　同（後印、江、堀野屋仁兵衛等）　大一五
同　同（後印、大、勝尾屋六兵衛・油屋清右衛
門）一本前ニ堀野屋ヲ加フ　大一五

左傳杜解補正三巻　清顧炎武　明和四刊（京、中江久四郎等）第一行藤原三郎兵衛、次ハ林權兵衛　句返送タテ　大　三
同　同（後印、中江久四郎等）　大　三
同　同（後印、楠見甚左衛門等）　大　三
春秋左氏音義　原存二巻（巻一・二）　尊經閣所藏南宋刊五巻本　唐陸德明　昭和一〇刊（影印、金澤文庫古典保存會）　大　二
①（呂東萊先生）左氏博議一二巻　宋呂祖謙撰　明黄之寀校　元祿一三跋刊（京、高橋權兵衛）返送縦　大　四
同　同（後印、京、永原屋孫兵衛・吉村吉左衛門）前ト／前後再調スベシ　大　四
東萊博議四巻　同　寛政一一刊（有隣館池内八兵衛）返送縦　中　四
同　同（後印、大、河内屋喜兵衛）　中　四
②同　同（明治印、同）　中　四
③（評註）東萊博議六巻　宋呂祖謙撰　清瞿世瑛校　阪谷素（朗廬）注　明治一二刊（吉川半七・坂上半七）　准漢籍トスベシ　句返送縦　半　六

△○（音註全文）春秋括例始末左傳句讀直解七〇巻首一巻（春秋左氏傳評林）　宋林堯叟撰（松永）昌易點　寛文元刊（京、上村次郎右衛門）　大二五
返送縦
④同　同　宋林堯叟撰　明凌稚隆校　奥田元繼（尚齋）點　寛政五刊（大、志多森善兵衛等）　句返送タ　大一五
⑤（音點）春秋左傳詳節句解校本三五巻首一巻　宋朱
⑥（申）（周翰）撰　野村煥點　河（村）貞邦校　明治一六刊（美濃、岡安書房）　句返　半　八
春秋左氏傳補注一〇巻　通志堂經解本　元趙汸撰　清（納蘭）成德校　享和元刊（官版）白　大　三
同　同（享和三以後印、江、堀野屋仁兵衛）　大　三
同　同（後印、江、尚友堂岡村庄助）　大　三
左傳附注五巻同後錄一巻　明陸粲撰　奥村畜猷校　寛政一一刊（江、西村源六）　返送　大　五
同　同（次印、無刊記）　大　五
同　同（°後印、江、萬笈堂英平吉）　大　五
⑦同　同（文政八印、江、山城屋佐兵衛）　大　一
同　同（天保四印以後、江、山城屋佐兵衛）　大　五
春秋左傳屬事二〇巻　明傅遜撰　菊池武愼（南陽）

點　明和二刊（温故堂東京吉三郎等）句返送　大一五

同　同（文化九修、大、奥田彌助等）　大一五

左傳音釋　明傅遜撰　後藤世鈞（芝山）校　寛政刊　一

春秋左傳註解辯誤二巻同補遺一巻古器圖一巻　明傅遜　延享三刊（京、中江久四郎）白　大四

同　同（江、崇文堂前川六左衛門、京、中江久四郎）　大四

同　同（後印、江、崇文堂前川六左衛門、京、中江久四郎）　大四

同　同（後印、江、前川六左衛門、太田庄右衛門）　大四

同　同　同　寛政五刊（尚絅館）　大二

同　同（寛政六印、大、河内屋惣兵衛・同喜兵衛）　大四

春秋非左二巻　明郝敬撰　郝洪範編　田必成・彭大翮校　明和三刊（京、河南四郎右衛門等）句返送ヲ　大二

①春秋左傳異名考一巻附春秋姓氏辨異　明閔光德編

②（附）明龔而安編　延享三刊（前川六左衛門）白　中一

同　同（後印、江、須原屋市兵衛）　中一

春秋左氏捷覧一巻附一巻　明龔而安編　高昶校　奥田元繼點　安永九刊（大、田原平兵衛等）返送ヲ　中一

同　同（後印、加賀屋善蔵）　中一

春秋左傳年表　明王震編　明和七刊（京、梅村藤兵衛）白　大一

同　同（後印、大、生成堂）　大一

左傳比事二巻　明吳化龍編　烏惟英校　刊（流霞館）白　中一

同　同　同　松岡玄達（恕庵）點　元文四刊（京、博古堂）返送ヲ　中一

春秋左傳君大夫姓氏表一巻附世次圖　明張我城編　元文三刊（京、大和屋孫兵衛等）四冊　白　小一

同　同（後印、大和屋孫兵衛等）三冊　小一

同　同（後印、大、木村嘉助等）　小一

左傳經世鈔正文　清魏禧撰　廣瀬範治校　明治一八刊（活版）句返　三

③左繡三〇巻首一巻　清馮李驊・陸浩編　貫名積・池内奉時（陶所）校　嘉永七刊（服清）句返送圏声　大一六

同　同（後修、大、象牙屋治郎兵衛等）　大一六

④同　同（後印、江、岡田屋嘉七等）　大一六

同　同（安政二印、大、河内屋喜兵衛等）　大一六

同　同（後印、大、河内屋茂兵衛）　大一六

同　同（明治印、河内屋忠七等）　大一六

（評註）左傳文法擧要　清方苞評　竹添利鎌選　明治一七刊　未査一

⑤左傳義法擧要　清方苞　大正七刊（油印、西村天囚）　一

未査

春秋左傳補註六巻　清惠棟撰　吉田敏成點　天保

八刊(江、玉山堂山城屋佐兵衛) 句返 大六
同 同(明治印、同) 大三
同 同(同、東、萬笈閣) 大六
① (沈氏)左傳小疏 清沈彤 刊(木活) 白 大六

(四) 春秋・諸傳・合傳

(新刊)公穀白文 序首 公羊傳一二巻穀梁傳一二巻 明王道焜校 林信勝(道春)點 寛文八刊(荒川宗長) 返送縦 大一四
同 同(後修、京、植村藤右衛門) 大一四
同 同(後印、江、長谷川新兵衛・京、植村藤右衛門) 大一四
同 同(嘉永元印、京、吉野仁兵衛) 大一四
春秋名號歸一圖二巻 五代馮繼先編 刊(木活、尾藩明倫堂) 白 大一
同 二巻春秋年表一巻 同、(年)編者未詳 享和元刊(官版) 白 大一
同 同(享和三印、江、須原屋伊八・須原屋孫七) 大一
同 同(明治印、入手昌平叢書) 大一
春秋五論 通志堂經解本 宋呂大圭撰 日比文(東湖)點 寛政一二序刊(成章館) 未査 句 大一
同 同(後印、江、角丸屋仁助・大和屋安兵衛) 大一
② 春秋集傳三七巻 宋胡安國 刊 未見 半一五
③ 同 同(享保九印、京、今村八兵衛) 刊ヵ印ヵ 半一五
句
春秋胡氏傳集解三〇巻首一巻 明陳哲撰 松永昌易點 寛文九刊(野田庄右衛門) 返送縦 大一七
④ 春秋四傳三八巻首一巻(松永昌易首書 寛文四刊(野田庄右衛門) 句返送縦 大一五
同 同(享保九印、京、今村八兵衛) 大一五
春秋四傳抄略四巻附一巻 溝口直養(浩軒)編 安永八跋刊(新發田藩) 大五
春秋春王正月考一巻前集一巻同辨疑(後集)一巻 通志堂經解本 元張以寧撰 清(納蘭)成德校 元祿一〇刊(江、翠簾屋又右衛門) 返送縦 大三

⑤ ⑥

① 同　同(後印、大、吉文字屋市兵衛)　大一

6 孝經類

孝經ハ刊本甚ダ多ク、無刊記ノモノニツイテ特ニ著シキアリ。故ニ、無刊記本ニツイテハ、特ニ毎半葉ノ行數、毎行ノ字數ヲ數字ニテ示シ、句讀點(句)、返點(返)、送假名(送)、界線(界)ノアルモノヲ符號ニテ示シ、不十分トハイヘド、辨別ニ資ス。

(一) 古文

古文孝經　昭和一〇刊(影慶長勅版、斯文會)　大一

同　慶長勅版本　刊(覆刻、昭和一九補影印、京、伏見稲荷)　特大一

本文第一ー八丁、佐々木春行覆刻、以下及ビ序ハ、昭和一九年凸版ニテ影印シ、鈌ヲ補フ。

同　無點本　刊(木活)　8 13　大一

題簽「新鐫改正孝經」　大黒口

版心下部ニ「倭板無點」トアリ。

孝經　無點本　寛政七刊(弘前藩稽古館)白 9 18　半一

同　同(明治一二修、青森縣、神彦三郎)　半一

同　無點本　享和三刊「川越版」　5 15　中縦長一

同　(草書孝經)　井坂一清書　文化六刊(江、岡田屋嘉七・須原屋新兵衛)　5 8 白　大一

同　無點本　刊(桃洞書院)　12 22 白　大一

同　行書無點本　刊(由學館)　大一

同　楷書無點本　刊(由學館)　大一

同　陰刻行書無點本　文政一〇跋刊　中一

同　斷句本　刊　9 18 句　大一

同　同　刊　9 18 句　大一

同　太宰純(春臺)點　延享元刊(江、嵩山房)　大一

同　同　天明三刊(江、嵩山房)　大一

同　同　寛政四刊(江、嵩山房)　大一

同　同　文化九刊(江、嵩山房)　大一

同　同　文政二刊(江、嵩山房)　句返送縦　大一

② 同　同　嘉永二刊(江、嵩山房)　大一

同　同　嘉永四刊(江、嵩山房)　句返送縦声△　大一

同　同　萬延元刊(江、嵩山房)　大一

①同　同　慶應二刊（江、嵩山房）　大一
同　同（同、明治九印）　大一
同　同　文化二刊（江、川喜田善次郎）　9 18句返送テタ　大一
同　同　慶應三刊（姫路、安藤擇善）　9 18句返送テタ　大一
同　尚德館點　刊（鳥取藩尚德館）　8 17返送縦　大一
同　一巻附弟子職　明和九刊（〔笠間藩〕時習館）句返送　大一
同　龜井魯〔南溟〕點　安永九序刊（北筑南溟堂）句返送　大一
同　衣關敬鱗校　天明四刊（一關學館）　8 18　大一
同　豬〔一〕維嶽校　寛政一一刊（會津、日新館）句返送タテ　9 17　大一
同　兼子鼎（天來）點　文政一〇刊（兼子氏智聖堂）　大一
同　（孝經正文）　天保三刊（春霞堂）　9 18句返送テタ　大一
同　同（後印）　無刊記　大一
同　同（後印）　無刊記　半一
②同　筒井憲點　市河三亥（米菴）書　嘉永三刊（薩摩府學）　5 9句返送縦　特大一
同　刊　7 16句返送　半一
同　（新刻古文孝經）　寫刻本　刊　7 15句返送テタ　大、一
同　行書本　刊　6 12返送　半一

同　刊（致道館）　8 16　大一
同　大正九刊（影印）　大一
同　刊（木活、致道館）　10 17　大一
古文孝經　刊（廬山寺）　6 12　半一
同　假名附本　天明三刊（江、嵩山房）　中一
同　同　文政一〇刊（江、嵩山房）　中一
③○
孝經　指解本　大澤道安點　大澤道賢校　刊（大澤氏）　句返送　大一
○
古文孝經定本　朝川鼎〔善庵〕考　關達・齋藤尚校　文化六序刊（學古堂）　大一
同　同（文化八印、江、小林新兵衞等）　大一
同　同（明治六印）　大一
○
④古文孝經　題漢孔安國傳山田文靜校　天保六刊（覆古活）　大一
同　同（後印）　大一

同　佚存叢書零本　題漢孔安國傳　寛政一一序刊
（木活）　大一
同　仁治二年清原教隆校點本　同　昭和一四刊
（影印、貴重圖書影本刊行會）　大一巻
同　三千院所藏建治三年鈔本　同　昭和五刊（影
印、古典保存會）　大冊一（特）
孝經（古文孝經孔氏傳）　弘安二年鈔本　同　文
政六跋刊（摹刻、福山藩）　特大一
同　孝經五種抽印本　同　大正一四刊（影文政、杉
浦親之助）　半一
古文孝經　明應二年藤原親長手寫本　同　昭和一
○刊（影印、育徳財團）　大一
同　足利學校所藏直解巻一本　同　昭和六刊（影
印、足利學校遺蹟圖書館）　大一
同　足利本　同、山本龍校　寛政一二刊（山本氏）返送タテノ　大一
同　足利本　同　文化一一刊（山本氏）　大一
①同　坂上明兼本　題漢孔安國傳　松平龔校　明和
七序刊　句返縦　大一

同　清家正本　題漢孔安國傳　享保六跋刊（覆古
活、京、清原氏）　返　大一
同　清家正本　同、清原宣條校　天明元刊（京、田
中市兵衛）　句返　大一
同　同（後印、江、嵩山房小林新兵衛）　大一
同　同　弘化二刊（覆天明元、京、伏見家）　大一
同　同（嘉永二印）　大一
同　貞享五刊（京、西村七郎兵衛・大、森田庄太郎）　大一
同　同（元祿七印、大、油屋与兵衛・京、田中庄兵衛）　大一
同　同（後印、大、吉文字屋市兵衛）　大一
同　同（寶暦印、大、吉文字屋市兵衛・江、吉
文字屋次郎兵衛）　大一
孝經（標註古文孝經定本）　孔傳鼇頭本　同、伊藤
②馨（鳳山）點注　弘化三刊（出羽、伊藤氏學半樓）句返送タテノ　大一
③○
孝經一巻附古文孝經来本　知不足齋叢書本　題漢
孔安國傳　太宰純（春臺）音　天明二刊（覆清、江、
嵩山房小林新兵衛）　白　中一

①
同 同 同 寛政二刊（覆天明二、江、小林新兵衛）白 中 一
（翻刻清版）古文孝經序跋 木村孔恭編 天明元
刊（嘉靖堂） 返送缺 大 一
同 ○ 同（後印、大、柳生助七等） 大 一
古文孝經（直解） ○ 隋劉炫 享和二刊（江、偕樂堂）句返送 大 一
孝經（指解） 宋司馬光 天明七刊（大、文粋堂増田
源兵衛）句 大 一
同 同（後印、嵩山房） 大 一
孝經司馬温公指解 同、神埜世猷（松篁軒）校 文
化一三序刊（名、永樂屋東四郎）句返送 大 一
同 同（文政五印、名、永樂屋東四郎等） 大 一
同 同（明治印、濱松、伊勢屋権平等） 大 一
同 同（明治印、名、片野東四郎等） 大 一
同 同（明治印、大、青木嵩山堂） 大 一
（二今文
孝經 傳中江藤樹書寫無點本 刊 16 小 一巻
〔孝經〕 呉文正公較定本 田口正胤筆寫本 寶曆
刊 白 大 一

②
孝經 無點本 刊 7 16 白 大 一
同 無點本 平松正慇校 天保三刊 6 13 白 特小 一帖
同 縮刻唐石經本 刊 白 大 一
同 刊 10 18 白（明治）刊ヵ 大 一
同 斷句本 三國直準校 天保七序刊（一洗堂） 大 一
8 14 白 小 一帖
（日本國草莽儒業織田氏贄襄館二世盟主越山大先
生訂解）孝經正文 織田某（越山）校 寛政五跋
刊 8 17 句返 半 一
孝經 返點附本 刊（有成館） 7 13 句返 大 一
③
同 朱子定本 返點附本 山口景德點 寛政六刊
（津和野府學） 6 14 未見 句返送タテ 大 一
同 同（後印、大、泉本八兵衛・赤松久兵衛） 大 一
同 刊（彰考館） 7 12 句返送缺 大 一
同 淺野陵點 天保四刊（京、堺屋伊兵衛・朝倉儀
助）句返送缺 大 一
同 一巻附大學・中庸 江戸初刊 6 12 返送缺 中 一
同 山崎嘉〔闇齋〕點〔野田〕西派校 天明七刊（大、
嵩高堂河内屋八兵衛） 7 15 返送缺 大 一

①

大一
同 山崎嘉點 寛政七刊（京、久保權八郎） 返送縦 大一
同 山崎嘉・鈴木定寛點 安永一〇刊（大、荒木佐兵衞・江、山崎金兵衞） 8 14 句返送縦 大一
同 同（後修、大、池内八兵衞） 寛政カ 大一
同 同（天保八印、大、中村三史堂鹽屋彌七） 大一
同 山崎嘉點 齋藤寛校 刊（嘉永四印） 返送縦 大一
同 同（後印、大、秋田屋市兵衞等） 大一
同 刊 7 15 返送ヲテ 大一
同 藤原憲點 天保五刊（京、堺屋伊兵衞） 9 17 句返送声 大一
同 天保一三刊（薩摩府學） 7 15 返送縦 大一
同 刊 7 13 返送縦 大一
同 同（後印） 無刊記 大一
同 同（後印、京、菊屋安兵衞） 大一
同 同（後印、加刻「開宗朋《マヽ》誼第一」本） 大一
同 朱子刊誤本 刊 5 10 大一
同 文政一三刊（修道館） 6 10 白 大一
同 同（後印） 原刊年ノミ 大一

同 刊 6 10 白 前者ト大同少異 大一
同 弘化三跋刊 7 17 釋一桂跋包背装 句返送ヲテ 大一
孝經「大義」 大義本 寛文三刊 9 23 返送縦 大一
孝經 大義本 中根貞校 刊 7 13 句返送縦 半一
同 朱子鑒定本 山崎［嘉］・鈴木［定寛］點 刊（大、永昌堂） 句返送 大一
附今古文折衷本
同 晉王羲之書 刊 陰刻草書 白 大一
同 斷句本 刊 9 18 句 大一
同 刊 6 12 今古文未考 返送 大一
同 嘉永二刊（盛岡藩花巻揆奮場） 大一

○

孝經 群書治要本 舊題漢鄭［玄］撰 ［河村］益根校 寛政三序刊 句声 大一
孝經鄭註 群書治要本 舊題漢鄭［玄］撰 岡田挺之（新川）校 寛政五序刊（名、永樂屋東四郎） 大一
同 同（寛政六印） 返送縦 大一

同　同(後修)　大　一
①同　同(明治印)　大　一
同　一巻孝經〔鄭氏解〕一巻孝經鄭註補證一巻　知
不足齋叢書本　舊題漢鄭〔玄〕(解)清臧庸(補)
清洪頤煊　文化一二刊(覆清、官版)　白　中　一
同　同(明治印、入于昌平叢書)　中　一
滙木本ハ準漢○
孝經　三條西實隆手書開元初注本　唐玄宗注　三
條西公條點　寛政一二跋刊(摸刻、屋代弘賢)　大　一
同　同(後印、京堺屋伊兵衛信成・河南儀兵衛共刊)　大　一
同　三條西實隆手書開元御注本　同　明治二四跋
刊(三條公美)　特大　一
同　同(補修)　特大　一
②同　圖書寮尊藏北宋天聖明道間刊本　昭和七刊
(影宋、日本書誌學會)　大　一
同　北宋天聖明道間刊本　唐玄宗注　文政九跋刊
(覆宋、狩谷氏)　白　大　一
同　同(後修)　跋文訂正　大　一
同　同(後印、英大助)　大　一
同　同(嘉永四印、嵩山房小林新兵衛)　大　一
同　同(後印、嵩山房小林新兵衛)　無刊年　大　一
同　唐御製八分孝經本〔唐玄宗注〕　寶永三刊(覆明
崇禎、中村氏詩林堂)　白　大　三
同　同(寛延元印、西村源六・京、中野宗左衛門)　大　三
孝經御註　唐玄宗注　菅原爲徳校　文化五刊(菅家)句　大　一

同　同(後印、京、堺屋伊兵衛信成)　大　一
孝經　唐玄宗注　刊(養賢堂)　句　大　一
同　同、藤原憲校　寛政一二刊(京、堺屋伊兵衛・河
南儀兵衛)　大　一
③④⑤孝經註疏九巻首一巻　〔唐玄宗〕注　宋邢昺疏　刊　大　三
同　同(後印、京、唐本屋吉左衛門)　返送　大　三
⑥同　同　同　寛政二刊(京、玉樹堂唐本屋吉左衛門)　大　三
同　同　同　刊　半　三
⑦同　同(享和元印、京、吉村吉左衛門)　句　半　三
同　同(同、大、米田清右衛門等)　半　三
○
孝經刊誤　〔宋朱熹〕　刊(木活)　白　大　一
同　同　明暦二刊(京、武村市兵衛)　返送縦　大　一
同　同(後印)　刊行者名削　大　一
同　同　寛政二刊(覆明暦二、京、川上軒)　大　一
同　同(後印、出雲寺松栢堂)　大　一
孝經刊誤　宋朱熹撰　大槻清準〔平泉〕點　松川敬胤
校　文化八刊(養賢堂)　句返送縦　大　一

孝經(刊誤) 宋朱熹 刊(明倫館) 句返送縦 半 一
孝經刊誤 同 弘化四刊(會津藩) 返送縦 大 一
(呉文正公較定今文)孝經 元呉〔澄〕撰 明江元祚
校 寛文八刊 句返送 大 一
同 同(後修) 大 一
○
孝經大義 宋朱〔熹〕刊誤 元董鼎注 〔元和刊〕(覆古活) 返送ヲテ 大 一
同 同 同 寛永五刊 十八年印本ノ底本 返送ヲテ 大 一
同 同 寛永一□刊 返送縦 大 一
同 同 同(寛永一八印、京、田原仁左衛門) 大 一
同 同(貞享二印) 未見 大 一
同 同(貞享二以後印) 刊行者削 大 一
同 同 正保四刊 明ニ貞享印本ト異版 大 一
同 同(承應三印)? 未見 大 一
同 同 寛文五刊(京、長尾平兵衛・飯田忠兵衛) 返送ヲテ 大 一
同 同(後印、長尾平兵衛) 大 一
同 同(後印、出雲寺和泉掾) 大 一
同 同、林信勝(羅山)點 寛文一〇刊(大、田原屋
平兵衛) 未見 大 一
同 同(後印、大、吉文字屋吉兵衛) 未見 大 一
同 同(後印、河村利兵衛) 大 一
同 同(後印) 刊行者名削 大 一
同 同(後印、大、松村九兵衛) 返送縦 大 一
同 同(同、同、後印、大、敦賀屋彦七等) 大 一
同 同(明治印、大、文榮堂前川善兵衛) 大 一
同 同 貞享元刊(栗山宇兵衛) 返送縦 大 一
同 宋朱〔熹〕撰 元董鼎注 貞享元刊(京、小河多
左衛門) 返送縦 大 一
① 同 同(京、萬屋作左衛門) 未見 大 一
同(文化一〇印、大、加賀屋善藏) 大 一
同 同 貞享五刊 未見 大 一
同 同(後印、京、井筒屋六兵衛) 大 一
同 同 元祿□刊 未見 大 一
同 同(元祿五印、萬屋清兵衛) 返送縦 大 一
同 同 元祿六刊(出雲寺前和泉掾) 中 一
同 同 刊(京、出雲寺和泉掾) 大 一
同 同、貝原篤信(益軒)點 元祿八刊 返送ヲテ 大 一

同　同(後印、芳野屋)　大一

①同　宋朱(熹)刊誤 元董鼎注 林信勝(羅山)點 文化一〇刊 未見　大一

同　宋朱(熹)刊誤 元董鼎注安部井褧點 刊(會津藩) 未見　大一

同　首書本 宋朱(熹)刊誤 元董鼎注 杜宗之標注 明暦三刊(中野道伴) 返送縦　大一

②同　同(後印) 刊行者名削　大一

③④同　同 刊(覆明暦三)　大一

⑤同　同(後印、京、天王寺屋市郎兵衛)　大一

同　同(明治印、大、岡田茂兵衛)　大一

同　二巻 鼇頭評註本 宋朱(熹)刊誤 元董鼎注 寛文七刊 未見　大三

同　同(延寶四印、大、清左衛門・京、伊兵衛尉) 句返送縦　大三

⑥同　同(後印)　大一

⑦同　首書本 同 寛政八刊(大、藤屋善七)　大一

⑧同　同(天明八印、大、河内屋鍋吉等)? 返送タテノ　大一

⑨同　同(?・嘉永四修、大、近江屋平助・河内屋徳兵衛)　大一

〇

孝經本義 (孝經註解) 承應二刊(中野市右衛門) 返送タテノ　大一

⑩孝經大全 明江元祚編 刊 句返送縦　大一〇

孝經會通 明沈淮撰 朱鴻校 文化四刊(須原屋孫七・京、林權兵衛) 句返送　大一

孝經宗旨一巻附孝經引證 明羅汝芳撰 劉麟長校 (引)明楊起元撰 劉麟長校 承應元刊(五倫書屋) 返送タテ　大一

同 同 同、山如山(崌崍)校 文政二刊(小林新兵衛・和泉屋吉兵衛) 返送タテ　大一

孝經集傳四巻 明黄道周 寛文九刊 未見　大二

孝經(集註)一巻附(弟子職(集註)) 清任兆麟 寛政四刊(大、泉本八兵衛等) 句返送　大一

⑪韻字孝經解 清廖文英訂 鄧亦文校 大江資衡點 安永一〇跋刊(京、近江屋治郎吉) 句返送(圏)　半一

李氏孝經注輯本一巻附曾子大孝編注 清李光地編 邵懿辰輯 昭和四刊(影印、東、文求堂)　中一

7 群經總義類

(一) 群經

詩書舊序 全二巻 元文六刊(江、谷村豐左衛門) 句返送縦　大一

[欽定四經] (御纂)周易折中 二二巻首一巻(欽定)

詩經傳說彙纂二一巻首二巻詩序二巻（欽定）書經傳說彙纂二一巻首二巻書序一巻（欽定）春秋傳說彙纂三八巻首二巻　（易）清李光地等　（詩）王鴻緒等　（書）王頊齡等　（春）王掞等　各奉勅　刊（加賀國學）　白　大一〇〇

① 五經正文。　周易・尚書・毛詩・春秋・禮記各一巻　明翁溥校　明暦二刊（山形屋）白 10/19　大六

同　同（後印）刊行者名削　大六

同　同　同　安永八刊（覆明暦二、京、松梅軒河南四郎兵衛等）白　大六

② 〔五經正文〕　周易・書經各全二巻版心二巻　詩經全三巻版心三巻　春秋全二巻版心二巻　禮記全六巻版心六巻　刊 8/15　特大一三

〔五經白文〕　易經・書經・詩經各二巻禮記三巻春秋一巻　刊（弘前藩稽古館） 9/17　半一一

同　同　刊（致道館）　大

五經正文　周易・尚書・毛詩・春秋各一巻禮記二巻版心　明翁溥校　寛文五刊 9/15　句（有無不定）　白松堂刊　小五

同　同（寶暦九修、京、長村半兵衛等）　小五

同　同（後印、京、蓍屋喜助等）　小五

五經白文　易經全二巻版心作一巻　書經全二巻版心作二巻　詩經全二巻版心作二巻　禮記全四巻版心作四巻　春秋一巻　寛政一二刊（官版） 8/18　句返　大一一

同　同（享和元印、江、長谷川庄左衛門・須原屋茂兵衛）大一一

〔五經〕　周易・書經・詩經・春秋經・禮記各一巻　〔藤原肅〕（惺窩）點　寛永五刊（容膝亭）　以下要再調　覆刻アリ　返送縦　大一一

同　同　刊（覆寛永五、慶安五印、崑山館道可處士）　返送タテ　大一一

同　同　刊（元祿一四印、大、大野木市兵衛）　大一一

〔新板〕五經　周易・書經・詩經版心各作二巻　春秋經一巻　禮記版心作四巻　林信勝（道春）點　明暦三跋刊　大一一

〔點付新板〕五經見返　同　同　寛文元刊　句返送縦　大一一

③ 〔新板〕五經見返　同　同　刊（寛文一三印）?　未考　大一一

④ 〔改正訓點五經〕　同　同　貞享元刊（勝村文德堂） 8/17　大一一

同　同（安永二印、京、勝村治右衛門・江、須原屋茂兵衛）　句返送縦　大一一

〔新版改正五經〕　同　同　元祿四刊　大一一

〔重刊改正五經〕　同　同　刊　?　大一一

⑤ 〔新刻校正五經〕　同　同　享保一八刊（京、川勝等）　大一一

同　周易・書經・詩經各二巻春秋經一巻禮記四巻
同　寶曆一三刊（再版、京、北村四郎兵衛）　返送リニ　大一一
①
（改正訓點）〔五經〕　周易版心作易經二巻書經版心二巻詩經版心二巻春秋經・禮記版心四巻　同　文化九刊
（京、勝村治右衛門等）句返送ル△ビ　中一一
同　傍訓本　易經・書經・詩經各版心作二巻春秋經・禮記版心作四巻　同　弘化刊（覆文化九、京、白王房・文德堂）　句返送訓　中一一
同　同　同　嘉永元刊（再刻、京、勝村治右衛門等）　中一一
同　周易・尚書・詩經各版心作二巻春秋・禮記版心作四巻　題林信勝點　慶應三刊（三刻、京、勝村治右衛門）　返送　中一一
（保定訓點）〔五經〕　周易版心作易經・書經・詩經各版心作二巻春秋經・禮記版心作四巻　同　角有則校　文化八刊（大、河内屋太助等）　返送　大一一
同　同（？・嘉永四以後印、大、近江屋平助。河内屋德兵衛）　大一一
②
〔五經〕〔題闇齋點〕　周易・尚書・詩經版心各作一巻春秋・禮記版心作四巻　雲川弘毅點　刊　返送縦　大一一
○初印無刊記本ハ道春點ノ改正ト稱ス
③
同　同　同（明和七印、京、梅村三郎兵衛等）　大一一
④
同　同　同　安永二刊（京、梅村三郎兵衛等）　大一一
○版心上方「明和新刊」。明和七印本マデハ明和ノ文字ナシ。

同　同　同（後修、京、勝村治右衛門等）　大一一
同　題山崎嘉（闇齋）點　文化二刊（京、梶川太郎兵衛等）　大一一
（新點）五經白文　扉　周易・書經・詩經版心各作二巻・春秋附春秋年表・禮記版心作四巻　貝原篤信（益軒）點　竹田定直（春菴）校　元祿一四刊（茨木多左衛門）　大一一
五經新點　序首　同　享保八刊（再版）　大一一
同　同（天保一二修、京、和泉屋善兵衛等）　返送　大一一
〔五經正文〕　易經正文・書經正文・詩經正文各二巻春秋正文一巻附春秋年表一巻禮記四巻　伊藤長胤（東涯）點　寛保元刊　大一一
同　同　文化一四刊（再版、京、植村治郎兵衛。丁子屋庄兵衛）　句返送縦　大一一
同　同（後印、大、岡田群玉堂）　大一一
（頭書圖解）〔五經〕　周易・尚書・詩經版心各作二巻春秋經・禮記版心作四巻　後藤世鈞（芝山）點　享保二刊（京、北村四郎兵衛）　大一一
（後藤點）五經　序首　同　同　後藤師周校　天明七刊（京、北村四郎兵衛）　返送縦　大一一
同　同　後藤世鈞點　後藤師周・後藤師劭校　文化一〇刊（再刻、京、北村四郎兵衛）　句返送点△　大一一
同　同（後印、大、山内五郎兵衛・京、北村四郎兵衛）　大一一
同　同　同　文政一三刊（三刻、大、山内五郎兵衛・京、北村四郎兵衛）　大一一
同　同　同　天保一〇刊（四刻、大、山内五郎兵衛等）　大一一
⑤
同　同（弘化三修、大、山内五郎兵衛等）　句返送タリ　大一一

同　同　同　安政二刊（五刻、大、炭屋五郎兵衛等）大一一
① 同　同　同　文久三刊（六刻、大、炭屋五郎兵衛）句返送タテ　大一一
② （訂正）五經　田邊匡勅校　文化五刊（養賢堂）句返送タテ　大一〇
（校正）五經正文凡例首　神野世猷（松篁軒）校　文化
九刊（松篁軒）句返送縦　大一〇
③ 音訓五經　佐藤坦校　文化一〇刊（江、須原屋茂兵衛等）大一一
④ 校訂音訓五經　同　天保一一刊　未調　大一一
⑤ （再刻音訓）五經引首　同　天保一二刊（大、山内五郎兵衛等）大一一
⑥ 同　同（後印、大、河内屋佐助）句返送　大一一
（重刻）五經音註序首　荒井履編　天保刊　句返送　大一一
同　同（後印、京、升屋勘兵衛）　大一一
五經句讀序首　東條喆（方庵）點　慶應二序刊　句返送縦　大一一
同　同　慶應四刊　句返送　大一一
同　同（明治二印、江、須原屋茂兵衛）　大一一
〔新刻改點五經〕　周易・尚書・詩經各二巻禮記四巻春秋
一巻　刊　點者未考　句返送　大一一
⑦ 同　同　誘善閣點　明和五刊（澁川清右衛門等）句返送△　大一一
⑧ （校正）五經序首　廣德館點本　杏立點　慶應三序刊（富山藩、廣德館）句返送　大一一

改訂音訓五經　明倫館點　刊（長門、藏版局）句返送縦　大一一
〔五經〕　尚德館點　刊　大一一
⑨ （音註）五經　明親館點　明治三刊（菊間藩）句返送　大一一
〔五經〕　時習館點　明治三刊　句返送縦　大一一
⑩ （音註釋義）五經白文見返　同　宇都宮三近點　寛文一一
跋刊（京、積德堂）句返送縦　大一一
〔五經正文〕　片假名旁訓本　周易・書經各版心作二巻
詩經版心作三巻春秋版心作二巻禮記版心作六巻　句返送テ　特大一三
〔旁譯〕五經　易經・書經・詩經各全二巻版心作二巻
春秋　禮記版心作四巻　刊（官版）9/17　句返送縦　大一一
⑪ 上五經正義表　唐長孫無忌等　天明八跋刊（木活）大一
〔五經集註〕　易經集註二〇巻首一巻書經集註一〇白
巻詩經集註一五巻禮記集説三〇巻春秋集註三七
巻　慶安二・三・四・承應二刊（京、林甚右衛門）返送　大五八
同　易經集註二〇巻首一巻書經集註一〇巻詩經集
註一五巻春秋集傳三七巻禮記集註三〇巻　寛文
⑫ 三刊（京、野田庄右衛門）刊記埋メ木ハ最初ヨリナルベシ　返送縦　大五八
⑬ 同　周易（傳義）二四巻首一巻書經（集傳）一〇巻詩
經（集註）一五巻禮記集説三〇巻春秋集傳三七巻
⑭ 刊（享保九印、京、今村八兵衛）句　半五八

同　周易〔傳義〕二四巻首一巻書經〔集傳〕六巻詩經　大五七
〔集傳〕八巻春秋〔集註〕三七巻禮記〔集説〕三〇巻
首書本　松永昌易(寸雲子)點・注
寛文四刊(京、野田庄右衛門)

同　同(寛政三修と河内屋卯助等)　大五七

同　同(慶應印)　鈴木溫校　句返送　大一一 薄

〔官板五經大全〕(周會魁校正)易經大全二四巻首一
巻周易朱子圖説一巻(申學士校正官板)書經大全
一〇巻首一巻圖一巻(申學士校正)詩經大全二〇
巻首一巻禮記集説大全三〇巻春秋集傳大全三七
巻首三巻　明胡廣等奉勅編　林信勝(道春)點
承應二刊(京、吉文字屋庄右衛門)句返送縦　大一二七

同　同(後印、京、吉田四良右衛門)　大一二七

五經揭要 序首　周易揭要三巻書經揭要六巻詩經揭要
四巻禮記揭要六巻春秋揭要六巻　清周蕙田撰　岸
田吟香校　明治一七刊(銅版、東、樂善堂)　特小六

六經正誤六巻　通志堂經解本　宋毛居正撰　清〔納
蘭〕成德校　文政二刊(覆清、官版)　白　大四

〔七經考異〕易經考異・書經考異・詩經考異・大學附
中庸考異・論語考異・孟子集註大全之考異各一巻
合六巻　宋王應麟　〔承應〕刊　返送縦　大六

〔三經考異〕易經考異・書經考異・詩經考異各一巻
同　刊　返送縦　大三

四書考異 版心　大學考異・中庸考異・論語集註大全
之考異・孟子集註大全之考異各一巻　同　刊　返送タテ　大三

(二) 總義

鄭志三巻附一巻 附 鄭司農集　漢鄭玄撰鄭小同編
文政三刊(官版)　句返　大二

同　同(後印、江、出雲寺金吾)　大二

經典釋文三〇巻攷證三〇巻　抱經堂本　唐陸德明
編(攷)清盧文弨編　享和元－文化六刊(江、和泉
屋庄次郎)　白　大三〇

同　原存二巻(巻三・四)　通志堂經解本　唐陸德明
撰　清納蘭成德校　關脩齡(松窻)校　藪内信熊重校
明和五刊(江、前川六左衛門等)　大一

孝經音義一巻論語音義一巻　經典釋文本　唐陸德

明撰 澤田重淵校 寶曆三刊（風月堂荘左衛門）白 大 一
同 同（後印、大、象牙屋治郎兵衛等） 大 一
山草堂集 談經九卷 明郝敬撰 郝洪範編 田必成・
彭大翮校 明和五刊（京、錢屋善兵衛）句返縦 大 六
西河合集 經問九卷 清毛奇齡 寛政一一刊（江、
蔓延堂足利屋勘六等）返送 大 五
同
經傳釋詞 小學類參照 同（後印、足利屋勘六） 大 五
吳氏遺著 經說三卷小學說一卷廣韻說一卷 清吳
淩雲 刊（影清道光） 中 五
經學歷史 清皮錫瑞撰 小島祐馬點 大正六刊（活
版） 半 一

（三） 石 經

（縮刻）唐石經 一二經・鉤摹石本九經字樣一卷五經
文字三卷周易校譌・尚書校譌・毛詩校譌・左氏經傳
校譌・穀梁經傳校譌・公羊經傳校譌各一卷 天保
刊 大四一
石經考 清萬斯同撰 蔣光弼・錢朝錦校 享和二刊
（官版）白 大 一
漢石經遺事 見返 清黄易編 刊（聯娛書院）白 大 一

8 四書類

(一) 大學

①大學 慶應二刊(唯趣齋) 5 16 白 大 一
同 朱熹章句本 刊 9 17 句 大 一
同 古本 刊(木活、望月氏) 9 22 大 一
大學一卷附大學問 明王守仁校(附)明〔錢〕德洪編 刊 7 17 句 大 一
同 同 同 寛政一一刊 9 17 句返送 大 一
同 同 同 刊 7 13 句返送縦 大 一
同 同(後印、京、風月莊左衛門) 大 一
同 同 同 刊 7 17 要再調對校 大 一
同 同 同 明治一五刊(京都府) 7 13 句返送縦 大 一
②大學定本 伊藤維楨編 正德四刊(玉樹堂) 淮濃力 大 一
同 同(後印) 無刊記 句返送縦 大 一
同 藤澤甫點 刊 大 一
大學 矢部保惠點 文政七刊 大 一
同 集注本 武藤某書 寛文五刊(京、谷岡七郎右衛門) 本文行書 左ニ楷書右ルビ 返 大 一
③同 英漢對譯本 ゼームスレッジ譯關吉孝譯 明治五刊(東、大和屋喜兵衛) 中 一
同 漢鄭玄注 大塚嘉兵衛點 享保一五刊(京、須原屋平左衛門) 9 17 24 句返送 大 一
同 抽刻鄭注禮記本 漢鄭玄注 〔曾我部元寛〕校 明和四刊(容塾) 9 18 句返送縦 大 一
大學註疏 沐日堂刊本 漢鄭玄注 唐孔穎達疏 天明七刊(京、須原屋平左衛門・江、須原屋平助) 句返送 大 一
大學(章句) 延德刊本 宋朱熹 大正一三刊(影印) 大 一
同 同 同 大正一四刊(影印、再版、博文堂) 大 一
④同 宋朱熹 〔寛政〕刊(覆古活) 7 17 大 一
⑤同 宋朱熹撰 〔馬山〕醫佛校 天保二刊(植埜堂) 9 16 句 大 一
同 同、大橋壽作校 刊(和泉屋卯兵衛) 未見 大 一
同 同(後印、河内屋嘉七) 未見 大 一
同 同 明治元刊(再刻、名、永樂屋東四郎等) 大 一
同 宋朱熹 文政四刊(江、鶴屋喜右衛門) 7 12 返 ビル 中 一
⑥大學講義 版心 (宋壬大學經筵講義・(眞子)大學經筵講義

合二巻　朝鮮宋徳編　刊　大　二

① 同　改點本　同　同　刊(京、武村新兵衛)修版異版　大　二

同　朱子經筵講義・眞西山經筵講義合二巻　要對校

朝鮮宋徳編　寛文三刊(京、小嶋弥左衛門)　返送縦　大　二

(鐫彙附雲間三太史約文暢解)四書增補微言　大學

二巻　高頭講章本　明唐汝諤(上層)・張以誠等

編　天和三刊(覆明、田中庄兵衛)　返送縦　大　二

大學解　明郝敬撰　三浦邦彦校　文化四刊(齊政館)

返送縦　大　二

同　同(後印、京、梶川七郎兵衛等)　大　二

(二)　中庸

中庸　正文本(明治)刊(木活)　白　大　一

② 同　漢鄭玄注　口正美(松樓)校　延享四刊(江、前

川權兵衛)　大　一

同　漢鄭玄注　明和七刊(京、尚書堂仁兵衛)等　句返送　大　一

同　同(後印、大、柏原屋與左衛門等)　大　一

③ 同　同(後印、京、堺屋嘉七)　大　一

中庸集略二巻中庸或問一巻　宋石憝編(或)宋朱熹

刊(木活、會津藩)　8/17白　半　三

同　二巻　宋石憝編　正保四刊(田原仁左衛門)　大　二

11/20返送縦

中庸章句大全三巻附中庸或問　四書集註大全初刻

本　明胡廣等奉勅編　清汪份編　弘化三刊(江、須

原屋茂兵衛・京、秋田屋太右衛門)　大　八

(三)　論語

論語一〇巻　集解本　南宗寺本　天文刊(阿佐井野

氏、後印)　白　大　二

④ 同　同(大正五印、附南宗論語考異(仙石政和

編)・天文板論語考(細川潤次郎)、附活版)　特大二　附一

同　一〇巻附南宗論語考異　天文版　(附)仙石政

和編　文化八跋刊　7/14白　大　二

⑤ 同　集解本　(藤一督)校　明和三刊(陵花堂八木

苗陳等)　8/16白　中　一

⑥ 同　白文本　巻末大題在後半葉本　刊(木活、致道館)　大　一

10/17白

同　白文本　巻末大題在前半葉異植字本　刊(木活、

⑦ 致道館)　10/17白　大　一

① 同 二巻 刊(致道館) 8/17 大 一
同 同 大正八刊(影致道館) 8/16白 大 一
同 同 集註本 刊 10/20白 大 一
論語《リンギョ》 片假名旁訓集解本 江戸初刊 7/17 大 一
同 同 江戸初刊(覆刻) 大 一
同 同 江戸後期刊 7/17 大 一
論語一〇巻 貞和本經文抽出本 嘉永元跋刊(北
野宮寺學堂) 8/17白 大 二
論語正文 慫作二卷 伊藤善韶(茫所)點 刊 8/10返
送縦 大 二
論語正文二巻 片山世璠(兼山)點 天明元刊(尚志
堂) 10/17句返送 大 一
同 同(後印、江、小林新兵衛・須原屋茂兵衛) 大 一
同 同 同 刊(覆天明元) 句返送 大 一
同 同 同(明治印、東、須原屋新兵衛等) 大 一
論語二巻 (論語正文) 享和二刊(日新館) 句返送縦 大 一
② 同 鄭注殘巻(巻二)本 [漢鄭玄]注 [大正一五]刊
③ (影印、文求堂) 白 中 一
論語(集解)一〇巻 附正平版論語源流攷・正平版本(正平版論語之研究梗概)(初刻)

魏何晏 (附)長田富作(武内義雄。) 昭和八刊(影印、大阪附
立圖書館) 大 六
同 一〇巻 正平版無跋本 魏何晏 刊(寛政一二
修) 大 四
同 同、附正平本論語札記・正平版論語解題 正平
版單跋本 魏何晏
(附)市野光彦編(解)安井小太郎 大正一一刊
(影印、斯文會) 大 四
同 一〇巻附正平本論語札記 魏何晏(附)市野
④ 光彦編 文化刊(覆刻、市野氏) 白 特大 四
同 同(後修、常盤御文庫) 大 四
同 一〇巻 魏何晏 [慶長]刊(慈眼・正運) 白 大 五
同 同(以古活補)(要法寺) 大 五
同 同 [江戸初]刊(覆慈眼・正運) 大 五
同 同 同 刊(覆古活) 7/17白 大 二
同 同 同 寛政二刊(木活、賓林山房) 白 大 二
同 同、攷異一〇巻 同、吉田漢宦(篁墩)校(攷)吉
田漢宦編 寛政三跋刊(木活) 白 大 四
同 一〇巻 (縮臨古本論語集解) 魏何晏 天保八
序刊(津藩有造館) 9/18白 大 二

同　同（文政八印、津、山形屋傳右衛門等）　大　二
同　同（明治印、三重縣）　大　二
同　抽出摹刻藤堂家所藏貞和本　同　刊（摹刻、套印、津
藩藤堂家）　6 11返送△予　特大一
同　同（明治印、津、木村温史堂）　特大一
同　一〇巻附解説　建武四年・康永元年清原頼元
手校、鎌倉末鈔本　同　昭和一四刊（影印、蒲田
氏）　一〇巻
同　一〇巻　同、伊藤長胤校　享保一七刊（江、千
鍾堂須原屋茂兵衛）　9.20返送縦　大　二
同　同　同　寛政二刊（江、千鍾房須原屋茂兵衛）送返　大　二
論語集解義疏一〇巻　魏何晏集解　梁皇侃義疏　根
本遜志校　寛延三刊（江、藤木久市等）句返送　大一〇
同　同（後印）冊數異　大　五
同　同　同　寛政五刊（大、松村九兵衛等）句返送　大　五
同　同（後印、大、柳原喜兵衛等）　大一〇
同　同（後印、大、河内堂河内屋八兵衛）　大　五
①同　同（寛政七修）　大　五

同　同（同、後印、大、堺屋定七等）　大　五
②同　同（元治元修、河内屋和助等）　大　五
同　同（明治印、東、淺倉屋久兵衛等）　大　五
同　同（明治印、東、雁金屋青山清吉等）　大　五
論語義疏一〇巻同校勘記一巻　梁皇侃撰　武内義
雄校　大正一二刊（活版、大、懐德堂記念會）句　大　六
（皇氏）論語義疏參訂一〇巻首一巻　清呉騫　昭和
一一刊（油印、二色摺）　半　四
③論語註疏一〇巻首一巻　魏何晏集解　宋邢昺疏　唐
陸德明釋文（書陵部所藏南宋蜀刊本）　昭和五跋
刊（影宋、澁澤榮一）　白　大一〇
論語註疏解經二〇巻　魏何晏集解　宋邢昺疏　關盈
文點　寛政一二刊（總州、六經舍）句送縦　半　六
同　同（弘化二修、和泉屋善兵衛等）　半　六
同　同（同、明治二印、大、河内屋忠七等）　半　五
同　同、論語注疏校勘記一〇巻附論語釋文校勘記
魏何晏集解　宋邢昺疏（校）清阮元等編　刊（越
前藩）句　大一五

同　同(明治二印)　大一五
同　同(後印、大、河内屋忠七等)　無校勘記　大五
同　二〇巻　魏何晏集解　宋邢昺疏　刊　句　半八
同　同(享和元印、江、北圃茂兵衛・京、植村
　藤右衛門)　半六
論語注疏校勘記一〇巻附論語釋文校勘記　清阮元
① 等編　刊(福井藩)　句　半四
同　同(弘化二印、和泉屋善兵衛等)　半四
同　同(明治二印、吉田屋文三郎等)　大五
論語音義　孝經音義合刻本　唐陸徳明　寶暦三刊
論語筆解　題唐韓愈撰　藤琦點　寶暦六刊(京、蓍屋
　勘兵衛・同仁兵衛)　返送縦　大一
同　同(後印、大、河内屋儀助)　大一
② (韓文公)論語筆解二巻　唐韓愈撰　伊東龜年(藍田)
　校　明和八刊(京、雲蓍堂蓍屋勘兵衛等)　句返送　大一
論語集注殘藁眞蹟　宋朱熹　大正七跋刊(影印、京、
　長尾雨山)　白　特大一
③ 論語正義二四巻　清劉寶楠　昭和刊(影清同治五、
　東、文求堂)　白　唐中八

(四) 孟子

孟子　文化一三刊(木活、弘前、稽古館)　7/13白　半四?
④ 孟子白文全二巻　伊藤長胤(東涯)點　刊　8.18返送縦　大二
⑤ 孟子正文七巻　〔片〕山(世璠)(兼山)點　松岡忠貞
⑥ 　校　安永九刊(青藜館)　10/17句返送　大三
⑦ 同　同(文政元印)　印か刊?　大三
同　同(天保七印)　大二
孟子一四巻　漢趙岐注　〔寛永〕刊(覆古活)7/17白　大五
孟子一四巻(趙註孟子)　漢趙岐注　明金蟠・葛鼒
　校　延享四刊(江、前川六左衛門等)　句　大四
同　同(後印、江、崇文堂前川六左衛門・須原
　屋茂兵衛)　大四
⑧ 孟子章指　漢趙岐　文化五刊(京、堺屋伊兵衛)句　大一
孟子音義二巻　士禮居開雕述古堂影宋蜀大字本
〔宋孫奭〕編　清黄丕烈校　文化一〇跋刊(覆清)白　大一
(増補)蘇批孟子二巻　宋蘇洵撰　清趙大浣補　藤澤
⑨ 恆(南岳)校　明治一三刊(大、泊園書院)句返圏　大四
⑩

同　全三巻　宋蘇洵撰　清趙大浣補　井上揆一纂評
　明治一三刊（東、大橋操吉）句返圏　半　三
疑孟一巻附録一巻同續編一巻　宋司馬光（續）藤野
① 氏春　寶曆二刊（京、野田藤八・北村三郎兵衛）句返送　大　一
孟子要略　宋朱熹撰　山崎嘉（闇齋）點　刊（壽文堂）返送タテ　大一
同　五巻　宋朱熹撰　清曾國藩注　岡松辰校　高木怡
　荘點　明治一八刊（奎文堂野口受）句返　大　一
朱子讀余隱之尊孟辨三巻　宋朱熹　元禄八刊（大、
　池田屋三郎右衛門）返送縦　大　三
孟子牽牛章　清魏禧批　弘化五刊（山口氏古愚堂）半　一

(五) 學　庸　句返圏

大學一巻中庸一巻　刊（致道館）句　大　一
同　同　〔大正八〕刊（影印）句　大　一
大學（章句）一巻中庸（章句）一巻　宋朱熹　慶長九
　刊（平井休與）　9/19白　大　二
同　同　同　刊（覆古活、上總、今關正運）7/17白　大　一
學庸定本題發
　三國直準點　刊（京、一洸堂）句返送タテ　大　一
大學（章句）一巻中庸（章句）一巻　平假名傍訓本

② 宋朱熹　刊（次郎兵衛）句返ルビ　大　一
大學或問一巻中庸或問一巻中庸集略二巻　同　刊
　（木活〔新發田藩〕）9/17白　半　七

(六) 論　孟

③ 論語或問二〇巻孟子或問一四巻　宋朱熹　慶安三・
　正保四刊（慶安三印、田原仁左衛門）返送縦　大一三
④ 同　同　同　刊（覆正保四）返送縦　大　八
讀論語孟子法一巻附詩綱領　岡田恕（寒泉）編　刊句大一
（國朝諸老先生）論語精義一〇巻（國朝諸老先生）孟
　子精義一四巻　宋朱熹　享保一四刊（京、風月荘
　左衛門・畑善兵衛）返送縦　大一四
同　同（後印、大、秋田屋太右衛門等）　大一四

(七) 四　書

〔四書白文〕大學・中庸各一巻論語二巻孟子一巻
　集註本　慶安五刊（京、小嶋市郎右衛門）白　大　三
⑤ 同　同　刊（覆慶安五）10/19（五11/22）　大　三
同　同（後印、京、辻井吉右衛門）　大　三
同　同（後印、京、大和屋伊兵衛）　大　三

同　大學・中庸各一巻論語二巻孟子口巻　刊　白6 12　中　三?

四書　嘉永二刊（木活、盛岡藩花巻稜舊場）　六

同　朱注本白文　［嘉永］刊（教成館）　白　大

同　安政二刊（明倫館）　白

（宋版監定摹刻）四書白文　大學・中庸各一巻論語・孟子各全二巻 版心作二巻　明蕭震校　刊（江、須原屋茂兵衞）　白8 18　大　四

同　同（［明治印］、京、升屋勘兵衞）　半　五

○斷句本

①（官板）四書正文　大學・中庸各一巻論語・孟子各二巻　明高衷筌校　天明刊（含英堂）　句10 22　大　三

同　同　再校大字本　同　刊（含英堂）　句10 20　大　五

［四書正文］　大學・中庸各一巻論語一巻 版心作上下 孟子全二巻 版心上下　寛政五刊（大、河内屋喜兵衞等）　句9 17　半　四

同　同（後印）　半　四

同　同（後印、大、澁川與左衞門等）　半　四

②同　同（後印、大、柏原屋嘉兵衞・柏原屋與左衞門）　半　三

同　同（後印、大、河内屋卯助等）　半　四

同　同（明治印、前川善兵衞）　半　四

③同　新板大字四書白文題簽　集註本　刊（京、須原屋平左衞門）　句11 20　大　三

［四書白文］　刊（京、西村市郎右衞門）　句12 20　大　三

同　文化九刊　句11 20　未見　大

同　同（明治印、大、中川勘助等）　大

同　大學・中庸各一巻論語・孟子各二巻　文政二刊（弘前藩稽古館）　句9 17　半　五

同　同（明治一二修、青森、秋元源吾・神彦三郎）　半　三

④同　同　刊（岡藩由學館）　句9 17　半　五

⑤同　同　刊　句9 17　同版ノモノ未調　半　五

同　同　文政三刊（高山堂）　句9 18　半　三

同　同（後印、大、鹽屋長兵衞・鹽屋季助）　半　三

同　同（後印、秋田屋太右衞門等）

同　同　文政七刊（高山堂）　句9 18　半　二

同　同（文政一三印、大、播磨屋九兵衞）　半　二

同　同　天保四刊（大、播磨屋九兵衞等）　句8 17　中合一

同　同　刊（一關、致道館）　句8/16　大五

同　同　大正八・九刊（影印）　大五

〔四書正文〕大學・中庸各一巻論語・孟子各二巻
刊（京、秋田屋五郎兵衛）句8/17　特小二

○句讀返點本

〔四書白文〕大學・中庸各一巻論語・孟子各二巻
寛政一一刊（官版）句返　大四

同　同　慶應三刊（官版）句返　半四

同　同（後印、出雲寺萬治郎）　大六

同　同　刊　8/18句返　大

○訓點本

四書正文見返　大學・中庸各一巻論語・孟子各二巻
後藤（世鈞（芝山））點　赤城世謙（彩霞）訓　天保一
四刊（和歌山、阪本屋喜一郎・錢屋喜十郎）　大五

同　同（後印、阪本屋喜一郎等）　大一〇

〔四書正文〕同　集註本　慶安五刊（京、小嶋市郎
右衛門）扉学10/19 論10/20 孟10/20　大合一

同　同　林信勝點　刊　9/15　大

同　同　同刊　9/19　半

山嵜點四書白文題簽　大學・中庸各一巻論語一〇巻孟子
一四巻　集註本　山崎嘉（闇齋）點　寛政元刊
（大、河内屋喜兵衛等）9/17句返送縦　大五

四書白文題簽　大學中庸各一巻論語・孟子各二巻
集註本　刊　9/19句返送縦　大四

同　同（安永二印、大、淺野彌兵衛等）　大四

同　同（後印、大、赤松九兵衛等）　大五

同　同（後印、大、柳原喜兵衛等）　大五

同　同（嘉永四以後印、大、近江屋平助・河内屋德
兵衛）與附流用　大五

盛府官板四書見返　大學・中庸各一巻論語一〇巻孟子
七巻　藤井稷點　嘉永二刊（盛岡藩明義堂）9/19　大三

改訂音訓四書題簽　大學・中庸各一巻論語全二巻孟子全
四巻　〔安政二〕刊（萩藩明倫館）7/16　半一〇

改正音訓四書見返　大學・中庸各一巻論語一〇巻孟子一
四巻　山田徵校　安政六序刊（二本松藩吸霞樓）大一

四書正文序首　大學・中庸各一巻論語・孟子各全二巻
山田寛（廓亭）點　安政六刊（廓然堂）9/17　半五

同　同(萬延元印、江、山城屋佐兵衛等)　半五

(宋版監定摹刻)四書白文序首　大學・中庸各一巻論①語・孟子各二巻　神山鳳陽校　明治三刊(京、析屋勘兵衛等)　8/18　大

四書正文題簽　大學・中庸各一巻論語・孟子各全二巻　加藤士成點　明治初刊　8/18　大五

○旁訓本

[四書]　平假名旁訓本　明暦元刊(次良兵衛)　10/20　大四

同　大字改名振假名附本　大學・中庸各一巻論語二巻孟子一巻　刊(天和二印、京、井上忠兵衛)　②7/15　中四

同　新改正片假名附本　大學・中庸各一巻論語・孟子各二巻　[林信勝(道春)]點　刊　9/19　半四

同　集註本　片假名傍訓本　同　[林信勝](道春)點　寛延四刊(大、岡田三郎右衛門)　9/19　半四

同　片假名附楷書本　大學・中庸各一巻論語二巻③孟子一巻　文化九刊(名、永榮堂)　9/20　中四

同　片假名傍訓本　同　林信勝(道春)點　文化一〇刊(京、須原屋平左衛門等)　8/18　中四

同　平假名附集註本　大學・中庸各一巻論語・孟子各二巻　天保一四刊　8/19　中四

④同　片假名傍訓本　同　後藤[世鈞]點　嘉永刊　8.19　中

⑤同　同　文化一〇刊　9/18　中四

同　同　天保一三刊　中四

同　同　安政三刊(京、勝村治右衛門等)　9/18　中四

同　大學・中庸各一巻論語二巻孟子一巻　安政七刊(大、秋田屋太右衛門)　8/18　半三

同　平假名附集註本　大學・中庸各一巻論語・孟子各二巻　文久三刊(江、山城屋政吉等)　中四

同　片假名附集註本　同　林信勝點　慶應三刊(大、紙屋兵助等)　7/19　中四

同　同　慶應刊(江、奎章閣)　8/19　中三

同　同　刊　8/18　小三

同　大學・中庸各一巻論語二巻孟子一巻　刊　8/18　小三

同　同　刊　8/18　小三

⑥同　同　刊　8/17　半

同　大學・中庸各一巻論語・孟子各二巻　堀勇之助

① 點 明治一四刊(銅版、東、文盛堂) 特小一

○白文・斷句本

〔四書〕 大學(章句)・中庸(章句)各一巻論語(集解)一〇巻孟子一四巻 白文本 宋朱熹 刊(覆古活)大九

〔四書章句集註〕 大學(章句)・中庸(章句)各一巻論語(集註)一〇巻孟子(集註)七巻 同 刊 特大二

(登雲)四書集註題簽 大學・中庸各一巻論語一〇巻孟子七巻 刊(覆明) 大八

〔四書章句集註〕 大學(章句)・中庸(章句)各一巻論語(集註)一〇巻孟子(集註)七巻 大魁新校正句讀本 宋朱熹 寛文七刊(京、村上平樂寺) 特大一三

同 同(後印、京、武村市兵衛) 7 14 大一〇

同 同(後印、大、澁川清右衛門等) 大一〇

同 同 同 寛文七刊(京、田中長左衛門・武村市兵衛)(熊氏鼇峰堂刊帯圖本) 句8 17 大一〇

同 同(後印、京、武村市兵衛) 大一〇

同 同(後印、京、風月莊左衛門) 大一〇

同 同 同 寛文七刊(福山、誠之館) 句8 17 大一〇

同 同(明治二修、大、敦賀屋九兵衛) 大一〇

② (袖珍)四書序首 同 同 寛文一二刊(京、武村市兵衛) 小五

〔四書章句集註〕 同 同 刊(京、田中文内) 半一〇

(養賢堂)訂正四書見返 大學(章句)・中庸(章句)各一巻論語(集註)一〇巻孟子(集註)一四巻 同 刊 大一〇

〔四書章句集註〕 大學(章句)・中庸(章句)各一巻論語(集註)一〇巻孟子(集註)七巻 同 刊 半六

同 同(明和三印、京、勝村治右衛門) 半薄六

同 同 同 文久二刊(京、越後屋治兵衛等) 小薄三

同 同(文久三印、大、山内五郎兵衛・柳原喜兵衛) ③ 大薄五

同 同(後印) 小薄三

同 同(後印、大、柳原喜兵衛) 小薄三

○訓點本

(大魁)四書集註版心 大學・中庸各一巻論語一〇巻孟子七巻 宋朱熹撰 釋玄昌點 釋如竹校 寛永

二跋刊　大一〇
同　同　同　寛永八刊　大一〇
同　同(寛永九印)　9/17　大一〇
同　同　同　寛永二〇刊　9/17　大一〇
同　同　同　慶安二刊(平田半左衛門)　9/17　大
①同　同　同　慶安三刊　9/17　大
同　同(後印)　大
同　同　同　萬治二刊(京、安田十兵衛)　大七
②　〇道春點系
〔四書集註(章句)〕　大學・中庸各一巻論語一〇巻孟子一四
巻　宋朱熹撰　林信勝(羅山)點　延寶二刊(松栢
堂)　9/14　大一〇
同　同(寛文四印、野田庄右衛門)　半(準)一〇
同　同　同　寛文九刊(京、山本五兵衛)　9/14　中一〇
同　同　同　寛文一〇刊(村上勘兵衛)　特大一〇
同　同　同　天和三刊(京、長尾平兵衛)　9/14　大一〇
同　同　同　刊　5/12　大二六
同　同　同　元禄三刊(鍵屋善兵衛)　9/14　大一〇

③同　同　同　刊
④同　同　同　元禄五刊(梅花堂)　13/12　中(横)五
⑤同　同　同　刊(元禄八印)　大一〇
同　同(後印、京、正華堂)　大一〇
同　同　同　元禄六刊　一〇
同　同　同　元禄一一刊(江、須原屋茂兵衛)　9/17　半(準)五
同　同　同　寶永二刊(京、川勝五郎右衛門)　特大一〇
⑥同　同　同　正德六刊(京、山本長兵衛)　8?/14　大一〇
⑦同　同(文化一二印、慶元堂)　一〇
⑧同　同　同　刊　9/14
⑨同　同　同　正德四刊　9/15
⑩⑪同　同(後印、京、北村四郎兵衛)　大一〇
⑫同　大學・中庸各一巻論語一〇巻孟子七巻　同
文化九刊(再刻)　大一〇
同　大學・中庸各一巻論語一〇巻孟子一四巻　同
文化七刊(青裳堂高橋與總治)　大一〇
同　同(天保一四印、江、英大助)　大一一
同　同(後印、英大助等)　特大一〇

① 同　同(後印、玉山堂山城屋佐兵衛)　大
同　同　同　天保刊　9/15　大
同　同　同　寛保元刊　大
同　同　同　寛延三刊(覆寛保元、京、文華堂)　大
② 同　同　同　延享四刊(京、額田正三郎)　大一〇
同　同　同　寶暦一一刊(京、京極堂)　9/16　大一〇
同　同(後印、菱屋久兵衛)　大一〇
③ 同　同　同　安永二刊(京、京極堂)　大
同　同　同　刊(江、須原屋茂兵衛)　7/17　小一〇
同　同　同　安永四刊(京、竹林堂)　10/16　大
④ 同　同　同　刊(天明二印、須原屋平左衛門等)　大
10/20
同　大學・中庸各一巻論語一〇巻孟子七巻　同
天明三刊(武村嘉兵衛・須原屋平左衛門)　10/21　大
同　大學・中庸各一巻論語一〇巻孟子一四巻　同
天明五刊(溫故堂)　10/22　大
同　同(後印、京、木邨吉兵衛)　大
同　同(後印、京、木邨吉兵衛・西邨市郎右衛
門)　大
⑤ 同　同　同　寛政元刊(江、最勝堂)　9/16　大一〇
同　同　同(天保二印、京、石見屋九兵衛等)　大一〇
同　同　同　寛政三刊(名、安永堂)　9/15　大一〇
同　同　同　刊　9/17　大
同　大學・中庸各一巻論語一〇巻孟子七巻　同
寛政五刊　未見　大一〇
同　同(文政七修、京、俵屋清兵衛)　9/22　大一〇
同　同　同、赤澤太一郎改點　天保九刊(京、俵屋清
兵衛)　10/20　大一〇
同　大學・中庸各一巻論語一〇巻孟子一四巻　宋朱
熹撰　林信勝(羅山)點　文政一三刊(京、京極堂)大一〇
⑥ 同　同(嘉永三印、大、河内屋平七等)　10/19　大一〇
⑦ 同　大學・中庸各一巻論語一〇巻孟子七巻　同
⑧⑨ 天保八刊(大、河内屋喜兵衛等)　8/17　半　六
⑩ 同　同　同　明治一三刊(東、小林新造・高崎、高橋
常藏)　8/17　中薄三
同　大學・中庸各一巻論語一〇巻孟子一四巻　同

① 嘉永元刊(西涯堂) 9/16　大一〇

② 同 大學・中庸各一巻論語一〇巻孟子七巻 同
嘉永刊(竹林堂) 10/16　大一〇

③ 同 同 同 嘉永刊 8/14・9/17　大

新改四書 同 同 嘉永二刊　小三

④ ⑤ [四書章句集註] 同 同 嘉永六刊(大、秋田屋太
右衛門等)　大一〇

同 同(文久二印) 9/17　大一〇

同 大學・中庸各一巻論語一〇巻孟子一四巻 同
刊 9/17　大

同 同 同 刊(大、敦賀屋彦七) 10/22　大

⑥ 同 同 同 安政五刊(大、河内屋喜兵衛) 10/19　特大六

○闇齋點・其他

(倭板)四書 版心 大學(章句)・大學或問・中庸(章句)・
中庸或問各一巻中庸集略二巻論語(集註)一〇巻
孟子(集註)一四巻 宋朱熹集註 山崎嘉(闇齋)點
刊 8/14　大一四

同 同(後印、武村佐兵衛等)　大一四

同 同 明和五刊(壽文堂・井上清兵衛)　大一四

同 同(寛政七修)　大一四

四書集註見返 大學・中庸各一巻論語一〇巻孟子七巻
同 嘉永七刊(薩摩府學)　大一〇

同 同(明治印、鹿兒島藩)　大一〇

○

[同] 大學・中庸各一巻論語一〇巻孟子一四巻 宋
朱熹撰 中村(之欽)(惕齋)點 刊　大一〇

同 同(寛政八印、大、河内屋喜兵衛)　大一〇

同 同 宋朱熹撰 寉齡點 元祿一二刊(島本尹弘)　大一〇

同 同(元祿一三印、京、吉野屋權兵衛・大、
同五兵衛)　大一〇

同 同(後印、京、出雲寺和泉掾)　大一〇

同 同 宋朱熹撰 山本信義(復齋)點 刊(大、文
金堂)　大一〇

○後藤點・一齋點その他

同 同 宋朱熹撰 後藤世鈞(芝山)點 後藤師周校
寛政六刊　大一〇

同 同 同 文政三刊(京、北村四良兵衛・同庄助)　大一〇

同　同　同　天保六刊(大、山内五郎兵衛・京、北村四良兵衛)大一〇
① 同　同　同　天保一一刊(大、山内五郎兵衛等)　大一〇
同　同　同　嘉永五序刊(大、山内五郎兵衛等)　大一〇
② 同　同　同　安政五刊(大、炭屋五郎兵衛等)　大一〇
同　　同(後印)　大一〇
③ 同　同　同　嘉永六刊(大、炭屋五郎兵衛等)　大一〇
同　同　宋朱熹撰　後藤世鈞(芝山)點　木眞龍校
嘉永四刊(宮野庄藏)　大一〇
④ 同　同　宋朱熹撰　後藤世鈞(芝山)點　文久四刊　大一〇
同　大學・中庸各一巻論語一〇巻孟子七巻　宋朱
熹撰　佐藤坦(一齋)點　三谷僴校　文政八刊(江、
須原屋源助等)　大一〇
⑤ 同　同　同　安政四刊(江、須原屋伊八)　大一〇
慶應新刻四書見返　大學・中庸各一巻論語一〇巻孟子一
四巻　宋朱熹注　日尾瑜(荊山)點　慶應三刊
(日尾氏至誠堂)　大一〇
同　同(明治印、東、文苑閣播磨屋高右衛門)大一〇
(監本)四書扉　大學・中庸各一巻論語一〇巻孟子
七巻　宋朱熹注　明倫堂點　天保一五刊(加賀國
學)　大一〇
同　同(後印)　大一〇
四書集註見返　宋朱熹撰　菅野某(竹軒)點　安政二
刊(江、文江堂長谷川和三郎)　大一〇
同　同(文久二印、吉田屋文三郎等)　大一〇
[四書章句集註]　大學・中庸各一巻論語一〇巻孟
子一四巻　同　安政刊(江、椀屋伊三郎等)　大一〇
同　同　宋朱熹撰　道學館點　刊(濱田藩道學館)大一〇
⑥ 同　同　宋朱熹撰　清呉志忠校　佐藤坦(一齋)點
安政二刊(江、千鍾房須原屋茂兵衛)　大一〇
⑦ 同　同　宋朱熹撰　杏立點　慶應二刊(富山藩廣德館)　大一〇
同　　同(後印、富山、眞田善次郎)　大一〇
同　同　宋朱熹撰　吉村源太郎・宇津木鋭三郎校
慶應二刊(江、青藜閣須原屋伊八)　大一〇
同　同　宋朱熹撰　島村孝司點　慶應二刊(島村氏)大一〇
同　　同(明治印)　大一〇
⑧ 同　同　宋朱熹撰　松本某點　慶應四刊(崇教館)大
〇

〔（鼇頭）四書集註〕 大學・中庸各一巻論語一〇巻
孟子七巻 宋朱熹 延寶二刊（京、三木親信） 大一〇
① 同 同（後修） 大一〇
同 同 同 天明三刊（大野市郎兵衛等） 大一〇
② 同 同（嘉永四修、大 近江屋平助・河内屋德
兵衛） 大一〇
③ 同 同 同、帆足萬里（愚亭）標注 〔嘉永五〕刊 大
④ 同 同 宋朱熹 元祿六刊（江、山形屋吉兵衛） 大一〇
四書序考 全四巻 刊 句返送縦 大四
同 同（寛文七印、京、武村市兵衛） 大四
四書章句附攷四巻附四書章句集注定本辨 清吳志
⑤ 忠（附）清吳英 文化一一刊（官版）白 大一
同 同（後印、江、出雲寺萬治郎） 大一
同 同（嘉永五印、江、出雲寺萬治郎） 大一
同 同（明治印、入于昌平叢書） 大一
四書纂疏序首 大學・中庸各一巻論語一〇巻孟子一四巻
通志堂經解本 宋趙順孫撰 清納蘭成德校
文化一三刊（覆清、官版）白 大一三
同 同（後印、出雲寺萬治郎） 大一三

四書輯釋大成 大學一巻中庸一巻首一巻論語二〇
巻首一巻孟子一四巻首一巻 元倪士毅 文化九
刊（覆元、官版）白 大一四
〔四書輯釋通義大成〕 大學章句一巻首一巻・大學或問各一巻中
庸章句二巻首一巻中庸或問一巻論語二〇巻首一巻孟子一四巻
首一巻 元倪士毅輯釋 王逢訂定通義 寛文一一刊（京、
田中文内）句返送縦 大二三
四書通旨六巻 通志堂經解本 元朱公遷 清〔納蘭
成德校 文化八刊（覆清、官版）白 大六
⑥ 四書集註大全凡例首 大學章句大全・大學或問・中庸章句大
全・中庸或問各一巻論語集註大全二〇巻孟子集註
大全一四巻 明弘治癸丑清江書堂刊本 明胡廣等奉勅 〔寛永〕刊 句返送縦 大二二
同 大學大全・大學或問・中庸大全・中庸或問各一巻
論語集註大全二〇巻孟子集註大全一四巻（大方
四書大全）（性理四書大全） 同、周士顯校 寛永
三刊（京、忠右衛門尉等）句 大二〇
⑦ 同 大學章句大全・大學或問・中庸章句大全・中庸或
問各一巻論語集註大全二〇巻孟子集註大全一四

①巻 明胡廣等奉勅編 徐九一訂 鵜飼信之(石齋)
點 慶安四跋刊 句返送縦 大二二
同 同(萬治二修、京、秋田屋平左衛門) 大二二
②同 同 鼇頭評注本 明胡廣等奉勅編 藤原肅(惺
③窩)標注 鵜飼信之點 刊 句返送縦 大二二
④同 同 鼇頭新增本 明胡廣等奉勅編 熊谷立閑
標注 元祿四刊 句返送縦 大二二
同 大學章句大全・中庸章句大全各三巻(首一巻) 大學或問・
中庸或問各一巻 論語集註大全二〇巻首一巻 孟子
集註大全一四巻首一巻 附學庸或問二巻附一巻
明胡廣等奉勅編 清汪份編 吉村晉(秋陽)校 嘉
永七刊(江、須原屋茂兵衛等) 句返 大四八
同 同(明治印、大、秋田屋田中太右衛門) 大四八
四書大全説約合參正解三〇巻附 四書正解字畫辨訛
⑤清吳荃編 丁煃等校 元祿一〇刊 大三〇
同 同(後印) 無刊記 大一〇
⑥同 同(後印、京、天王寺屋市郎兵衛) 大三〇
⑦⑧⑨同 同(後印、大、豊川屋宇左衛門等) 大三〇

同 同(後印、大、堺屋新兵衛等) 大三〇
同 同(後印、大、堺屋定七等) 大三〇
同 同(天保一三修) 大三〇
同 同(同、後印、京、勝村治右衛門等) 大三〇
同 同(同、後印、大、河内屋喜兵衛等) 大三〇
⑩同 同 同 明治六刊(覆元祿一〇) 返送縦 大三〇
四書蒙引一五巻 明蔡清撰 敖鯤校 刊 返送縦 大二〇
同 同(寛永一三印) 大二〇
同 同(後印) 大二〇
四書圖史合攷二四巻 金閶擁萬堂刊本 明蔡清編
寛文九刊(覆明、京、中野氏) 句返送 大二五
⑪(靈源山房重訂)四書淺說一四巻 明陳琛撰 劉蜚英
訂 刊 句返送縦圏 大一三
四書問辯錄一〇巻 明高拱 萬治三刊(京、唐本屋
田中清左衛門) 返送縦 大 五
(四書經筵直解)二〇巻 明瞿景淳撰 汪旦校 刊 特大二〇
同 同(後印、出雲寺和泉掾) 返送縦 大二〇
四書便蒙講述△二〇巻 明盧一誠撰 盧伯儒編 慶

安四刊(道伴) 返送縦 大二〇
① (連理堂重訂)四書存疑一四巻附四書存疑考異 明
林希元撰 方文訂 鵜飼信之點 刊 句返送縦 大一〇
同 同(承應三印、村上平樂寺) 大一〇
(鐫温陵鄭孩如觀靜窩)四書知新日錄六巻 明鄭維
嶽 刊(木活) 白 大一〇
(諸繼明)析理論二巻 明諸萬里 慶安五刊(小嶋
市郎右衛門) 返送縦 大一
② 四書翼註六巻 明王納諫撰 吳明典校 蔣方馨訂
篠崎弼(小竹)點 嘉永元刊(群玉堂・墨香居) 句返縦 大一〇
③ 同 同(後印、大、河内屋茂兵衛等) 大一〇
同 同(後修、江、須原屋茂兵衛等) 大一〇
(新刻)鄒魯故事五巻 明魏時應編 林時若音 黃雲
龍校 寛文九刊(京、山村傳右衛門)椅 返送縦 大五
同 同(延寶三印、京、今井善兵衛) 大五
同 同(後印)無刊記 大五
同 同(元禄二印、小林半兵衛) 大五
④ 山中讀書印 學庸・論語・孟子。讀書印補各一巻
明張鼒 刊 句返送縦 大三

四書大註參考 大學・中庸各一巻論語一〇巻孟子
七巻 明李某編 明曆三刊(中野小左衛門)句返送ヲテ 大一一
日講四書解義二六巻 清庫勒納等奉勅 文久元刊
(木活、學訓堂) 白 半一五
同 同 明治三刊(彦根學校) 句返 半二六
同 原存一巻(巻四、論語) 刊 句返 半一
(康熙欽定)四書解義一三巻 清沈荃等奉勅撰(大鄉穆
注 重野安繹(成齋)等校 明治一五刊(活版、大脩館) 句返送 半五
⑤ 四書緒言 大學四巻中庸六巻論語二〇巻孟子一四
巻 版心 清孫卿撰 北邨可昌點 元禄一五刊(京、
野田作兵衛・江、同重兵衛) 句返送縦 大三〇
⑥ 松陽講義一二巻(四書松陽講義) 清陸隴其撰
侯銓等編 篠崎弼(小竹)點 文政一一刊(江、須
原屋茂兵衛等) 句返送縦 半五
同 同(後印、河内屋卯助等) 半五
(陸稼書先生)四書講義遺編 原存大學一巻 清陸
隴其撰 趙鳳翔編 馮瑜等訂 天保二刊(木活、詠
歸齋) 白 大一
⑦ 四書賸言四巻 清毛奇齡 天保一〇刊(江、山田屋
佐助等) 句返圏 大三

四書典林三〇巻四書古人典林一二巻　清江永編
汪基定　明治一六刊(銅版、東、樂善堂)　白　特小四
①四書朱子本義滙參　大學章句三巻中庸章句六巻論
語集注二〇巻孟子集注一四巻各首一巻　明王歩
②青撰　王士鼇編　天保七刊(加賀藩)　句返　半薄一〇
○經末補遺參照。

9 樂類

律呂新書二巻　宋蔡元定撰　中村之欽(惕齋)點
元禄一〇跋刊(京、古川三郎兵衛)　句返送縦　大二
同　同(後印、柏原屋佐兵衛)　大二
同　同(後印、大、泉本八兵衛)　大二

10 小學類

(一) 訓詁

爾雅　原存一巻(巻上)　刊(福山藩誠之館)　白　大一
同　(爾雅正文)　首書本　深河龍校　安永八刊
(京、菱屋治兵衛等)　句返送縦訓　大一
同　同(寛政六印、大、池内八兵衛)　大一
同　同(寛政八印、大、河内屋喜兵衛)與附流内　大一
同　三巻音釋三巻校譌一巻　影宋本　晉郭璞注
松崎復(慊堂)校　(校)松崎復編　天保一五跋刊
(松崎氏羽澤石經山房)　白　特大一
同　三巻　影宋鈔帶圖本　晉郭璞注　清曾燠校
文政一二刊(覆清嘉慶、官版)　白　特大三
爾雅註疏一一巻　明北監本　晉郭璞注　宋邢昺疏
明曾朝節等校　刊(覆明萬曆)　返送縦ム　大一一
同　同(後印、京、菱屋治兵衛・尾、菱屋久兵
衞)　大五
同　同(寛政六印)　大五
③同　同(後印、大、河内屋喜兵衛)　大五
同　同(文久二修、大、積玉圃)　大五
同　同(明治印、大川錠吉・武田傳右衛門)　大五
小爾雅　逸雅合刻本　漢孔鮒撰　宋宋咸注　[寛政]
刊(木活)　白　大一
④(新刻)小爾雅　同、南宮岳校　寶暦一〇刊　句返送テ　半一
小爾雅　漢孔鮒撰宋宋咸注　大江資衡校　天明四

刊（京、文林堂中川藤四郎）句返送　大　一

廣雅一〇巻　魏張揖編　隋曹憲音　明葉自本訂　郎奎金糾譌　寶曆七刊（江、大黑屋彌兵衛・吉文字屋次郎兵衛）白　大　三

廣雅疏義二〇巻　清鈔本　清銭大昭　昭和一五刊（影印、東、静嘉堂文庫）白　半　一二

（輶軒使者絶代語釋別國）方言一三巻　漢魏叢書本　漢揚雄撰　晉郭璞解　明程榮校　寛文九刊（亀河重庸）返送　大　一

同　同（後印）無刊記　大　一

同　同（元禄五印、大、北田清左衛門）　大　二

同　同（後印、大、上田卯兵衛）　大　一

同　同（後印、平野屋佐兵衛）　大　一

同　同（寛政八印、大、河内屋喜兵衛）　大　一

同　同（後印、慶元堂）　大　一

同　同（後印、平野屋佐兵衛）　大　一

同　同（明治印、東、山城屋佐兵衛）　大　一

（新刻）釋名八巻　漢劉熙撰　明畢效欽校　明曆二刊（京、小嶋弥左衛門）返送縦　大　四

同　同（後印、京、上村次郎衛門）　大　二

同　同（後印、京、富倉太兵衛）　大　二

同　同（後印、大、山崎仁左衛門）　大　二

逸雅八巻　小爾雅合刻本　漢劉熙撰　明石九鼎校　田盛範訂　寛政五跋刊（木活）白　大　三

匡謬正俗八巻　唐顔師古撰　木村孔恭校　明和七刊（京、林伊兵衛・河南四郎右衛門）返送縦　大　四

① （新刻）助語辭　明盧以緯撰　胡文煥校　寛永一八刊（風月宗智）返送縦　大　一

② 同　同（寛永一九印）　大　一

③ 同　同　延寶二刊（武村新兵衛）返送縦　大　一

④ 同　鼇頭本　同　天和三刊（京、梅村彌右衛門）送返　大　一

⑤ 同　冠解鼇頭本　同、毛利〔瑚珀〕（貞齋）注　享保二刊（京、梅村彌右衛門）句返送縦　大　一

⑥ 同　同（後印、大、澁川清右衛門・松村九兵衛）大　二

（合類）助語辭　明盧以緯撰　胡文煥校　元禄八刊　未見　一

連△文釋義　清王言撰　蔡方炳校　水原芝點　文久二

刊(水原氏)　句返継△　半　一
同　同　明治九刊(京、水原氏)　句返　半　一
虚字啓蒙　清王潤洲撰　大畠行(九皐)・山口潛(子
龍)點　天保六刊(江、金花堂須原屋佐助)　返送△　中　一
虚字註釋備考六巻　清張文炳　天保二序刊(江、古
易館)句返　中　一
同　同　同、杉魁點　嘉永四刊(江、和泉屋善兵衛　誠格堂
等)　句返送継　半　一
①同　同　清張文炳撰　萩原裕點　明治刊(東、五石書房小田
善右衛門)　句返送　中　一
同　同(後印、時習堂)　中　一
②同　同(明治一四印)　中　一
文字彀　傳家寶本　清石成金撰　高松千里校　寛政
六刊(名、永樂屋東四郎等)　返送　大　一
子部雜家類雜品之屬所收　重出
經傳釋詞一〇巻　清王引之　天保一三刊(官版)　大　三
同　同(後印、出雲寺金吾)　句返送　大　三
同　同　同、東條喆(方庵)點　天保一二刊(江、須原
屋茂兵衛)　大　五
同　同(天保一四印、須原屋茂兵衛等)　大　五
同　同(後印)　大　五
方言藻二巻　清李調元　天保二刊(官版)　大　一
同　同(明治印、入于昌平叢書)　大　一
同　同　同、山田迪(松堂)校　明治三八刊(活版、
大、嵩山堂)　句返　大　一
恒言錄六巻　清錢大昕　文久三刊(官版)　白　大　三
同　同(後印)　大　三

(二)　字書

急就草　讚岐萩原寺所藏釋空海手寫本　漢史游
③大正六刊(影印、香川、萩原寺)　未見　一
急就篇　同　寛政二刊(薝富園)　句頭注　大　一
同　同(後印、名、藤屋吉兵衛・京、河南四郎
兵衛)　大　一
同　同(享和三印、一貫堂)　大　一
同　同　天保八跋刊(澁江抽齋)　句　大　一
說文解字一五巻　漢許愼撰　宋徐鉉等奉勅校　文政

九刊(官版) 白 大一〇
同 七篇(以下未刊)檢字一卷 漢許愼撰 清段玉裁
注 胡文水等校 小畑行簡(詩山)點 弘化四序刊
(小畑氏詩山堂) 句返 大一二
同 同(明治一二印) 大一四
說文解字序 漢許愼撰 平田鐵胤校 刊 句返送 大一
(新雕入篆)說文正字 昭和二七刊(影宋、東、古典
會) 白 特大長一
說文二徐箋異 清田吳炤 明治四三刊(西東書房) 三
(重刊許氏)說文解字五音韻譜一二卷 宋李燾撰
① 夏川元朴點 寬文一三刊(福森兵左衛門) 返送縦 大一二
②同 同(後印) 大一二
說文解字韻譜五卷 宋徐鍇 (寬永)刊 白 大二
同 同 同 寬文三刊(覆寬永) 大五
說文解字篆韻譜 同 刊(覆古活カ) 大三
同 同 寬文三刊 大五
說文提要 清陳建侯 昭和七刊(影印) 仮一
玉篇零本 原存斷簡二卷(卷八・二四) 舊鈔本 梁
顧野王 昭和一〇刊(影印、東、東方文化學院) 二卷
同 原存零卷一卷(卷九) 舊鈔本 同 昭和七刊
(影印、東、東方文化學院) 一卷
同 原存一卷(卷一八後半) 舊鈔本 同 昭和一
〇刊(影印、東、東方文化學院) 一卷
同 原存一卷(卷一八後半) 東大寺尊勝院舊藏舊
鈔本 同 明治一五刊(摹刻、柏木探古) 特大一
同 原存一卷(卷一九、有缺) 舊鈔本 同 昭和一
〇刊(影印、東、東方文化學院) 一卷
同 原存一卷(卷二二) 神宮文庫所藏延喜四年鈔
本 同 昭和九刊(影印、東、東方文化學院) 一卷
同 同 明治二七跋刊(摹刻、神宮文庫) 大一
同 同(後印) 大一
同 原存一卷(卷二七) 高山寺・石山寺所藏舊鈔
本 同 昭和八刊(影印、東、東方文化學院) 二卷
同 原存一卷(卷二七前半) 高山寺所藏舊鈔本
同 明治一六刊(摹刻、印刷局) 大一
③大廣益會玉篇三〇卷首一卷 (古本玉篇) 唐孫強編

天保五刊(官版)　大三
同　同　至正丙午南山書院刊本　同　慶長九跋刊
(覆元)　白　大五
同　同　昭和刊(影慶長、東、巖松堂)　大五
同　同　刊(覆慶長)　白　大五
同　同　刊(寛永八印、林甚右衛門)　白　大五
①同　同　寛永二一刊　返送訓　大五
同　同　慶安二刊　大七
同　同　慶安四刊　返送訓　大七
同　同　刊(萬治二印、京、吉野屋權兵衛)　大一〇
(新刊)大廣益會玉篇三〇巻首一巻　明朱祐檳
編　朱端章校　寛文四刊(覆明萬曆、京、村上平樂
寺)　返送訓。　大一一
②干禄字書　唐顔玄孫　文化一四刊(官版)　白　大一
同　同(後印、出雲寺萬次郎)　大一
同　同(後印、江、和泉屋金右衛門)　大一
同　同(後印、淺倉屋久兵衛)　大一
同　同(明治印、淺倉屋久兵衛)　大一
同　二巻　同　明治一三刊(東、柳心堂山中喜太郎)白　中二

同　一巻　同　寶永四跋刊(井上實)　返送　大一
同　同　寛延三刊(京、井上忠兵衛)　白　大一
(校正)干禄字書　同　刊(天保二修)　一
五經文字三巻　唐張參　文化七刊(官版)　白　大三
同　同(文政六印、堀野屋儀助等)　大一
同　同　鉤摹石本　同、松崎復(慊堂)校　天保一五
刊　特大三
③(新加)九經字樣　唐唐玄度　文化七刊(官版)　白　大一
同　鉤摹石本　同、松崎復(慊堂)校　天保一五跋
刊　白　特大一
篆隷文體　京都毘舍門堂藏鎌倉時代鈔本　南齊蕭
子良　昭和一〇刊(影印、東、古典保存會)　特大一
隷續二一巻(巻九・一〇原缺)　宋洪适撰　森川世寅
校　荒井公廉句　文化元刊(河内屋儀助等)　句　大二
漢隷字源五巻首一巻　汲古閣本　宋婁機　寶曆二
④刊(江、前川六左衛門)　白　大五
同　同　汲古閣本　同　寛政一〇刊(大、森川久兵
衛等)　白　大七

同　同(後印)　大　六
同　五巻附漢隷字源畫引・附字・碑目　同　文化元
刊(覆明、大、宣英堂奈良屋長兵衛)　白　大　五
同　同(文政一一印、大、加賀屋善藏)　大　五
同　同(文久元印)　大　六
龍龕手鏡四巻(原缺巻二・三首)　遼釋行均　昭和
三・四刊(影高麗、京城帝大法文學部)　特大二
摭古遺文二巻附再增摭古遺文　明李登　享保元刊
(京、文泉堂等)　白　大　二
(再増)摭古遺文四巻附二巻　同　正德六刊(京、文
泉堂等)　大　四
廣金石韻府全五巻首一巻篆集玉篇偏傍形似釋疑文字　明林尚葵編　李根校
元文二刊(江、戸倉屋喜兵衛)　白　大　六
同　同(同)安永五刊(覆元文二、江、崇文堂前川六左
衛門)　白　大　五

同　同(天明六印、京、茨城多左衛門)　大　五
①同　同(後印)　刊行者名削　大　六
韻府古篆彙選全五巻　彰考館本　明陳策編　元禄
②一〇刊(京、柳枝軒)　大　五
同　同(後印)　五
同　同(正德三印、小川多左衛門)　大　五
③隷辨二巻　清顧藹吉編　鎌田禎(環齋)校　寛政三
④刊　未見　大　二
⑤同　同(寛政四補、大、藤屋得兵衛等)　白　大　二
同　同(後印、大、素堂・宣英堂)　大　二
同　同(後印、大、前尾兵衛等)
同　同(後印、菊屋長兵衛等)
⑥同　同(文政六印)　大　二
⑦同　同(明治印)　大　二
⑧同　四巻　清顧藹吉編　安藤龍淵補　明治一五刊
(大川錠吉)　白　四
隷法彙纂一〇巻　清項懷述　明治一四刊(大、赤志忠七)白　半四
隷篇一五巻同金石目一巻附隷篇索引・同續一五巻
同續金石目一巻同再續一五巻同再續金石目一巻

清翟云升編　明治二九刊(石印)　白　中一〇

同　同(明治三一印、東、共益商社)　中一〇

草書韻會全五巻　〇　金張天錫編　江戸初刊　白　大二

〇「引」字、太細兩版アルガ如シ

同　同　同　刊　大二

同　同(寛永元印、杉田勘兵衛)　大二

同　同(慶安四印、京、秋田屋平左衛門)　大二

同　同(後印)　補刻刊記、下部残　大一

同　同(文政八印、大、加賀屋善蔵)　大二

同　同(文政一一印、大、加賀屋善蔵)　大二

① 草聖彙辯全四巻檢字一巻附草法母觀　清朱宗文撰

永根奕孫(文峯)校　(附)永根奕孫　文政三刊

未見　大八

同　同(天保九印、江、須原屋伊八等)　返送縦　大八

② 草字彙一二巻　清石梁編　文政一二刊　白　半一二

同　同(後印、河内屋喜兵衛等)　半一二

同　同(明治印、文永堂武田傳右衛門)　半一二

③ 同　同　同　明治一三刊(杉純)　白　半一二

④ ⑤

〇

六書正譌五巻　元周伯琦撰明胡正言校　寶暦四

刊(伏見屋藤三郎等)　白　大五

同　同(明治印、京、聖華房山田茂助)　大三

六書精蘊六巻附音釋舉要　明魏校撰　徐官校　釋潭

⑥ 龍點　寛保三刊(霞明、江、潭龍寮)　句返送縦ビルム　大一三

⑦ 同　同　同　享保一二刊(江、潭龍寮)　同　大一三

⑧ 集古印纂四巻　六書通摘錄本　明閔齊伋撰　秦駒校

⑨ 安永四刊(大、村上九兵衛等)　白　大四

⑩ 同　同(後印、大、柳原喜兵衛等)　大四

⑪ 〇

篇海類編二〇巻首尾各一巻　呉門張叔穎刊本　明

宋濂編　屠隆訂　寛文九刊　返送　大二二

古音複字五巻　明楊慎編　清李調元校　文久二刊

(大、宋榮堂秋田屋太右衛門等)　中一

同　同(嘉永四以後印、大、近江屋平助・河内屋德

兵衛)　大一

同　同(同、後印、大、敦賀屋九兵衛等)　中一

同　同（明治印、京、山田茂助）　中一

字考　明夏宏撰　黄元立補　慶安二刊（吉野屋權兵衛）　返送緘　大一

同　同（加刻點本、寶永七序修）　大一

同　同（同、寶永八印）　大一

①同　同　明治四五刊（影印、東、民友社）　半一

同　同（大正元印）　未査　前者ト全同カ　半一

字彙一二巻首尾各一巻　明梅膺祚　慶安元刊（風月宗知）　返送緘　大一四

同　同（後印）　半一四

②同　同　同　刊　返送緘　大一四

③同　同（慶安四印、風月宗知）　大一一

④同　同（寛文一一印、京、忠興堂）　大一四

⑥⑤同　同、附字彙増註補遺　頭書増註本　同、笠原玟（簡室）注（附）笠原玟　寛文一二序刊　返送緘　大一五

同　同（後印、京、風月勝左衛門・芳野屋五兵衛）　大一五

同　同（後印）　無刊記　大一五

同　同　同　天明七刊（京、風月莊左衛門・嶋本作十郎）　大一五

同　同（後印、大、柳原喜兵衛・京、風月莊左衛門）　大一五

續字彙補一二巻正韻字體辨微一巻　清呉任臣編　刊　返送緘　大一四

同　同（寛文九印、山形屋）　大一四

（増續廣益）字函一〇巻　明周家棟編　呉光義・朱光祚校　享和三刊（大、奈良屋長兵衛）　返送緘　大六

字學七種二巻　清李鐘份撰　張邦泰校　天保七刊（官版）　白　大二

同　同（明治印、入于昌平叢書）　大二

康熙字典一二集附總目・檢字・辨似・備考・補遺・等韻・字典琢屑・字典初學索引　清凌紹雯等奉勅編（琢）都賀庭鐘等（初）都賀枝春　安永九刊（大、淺野彌兵衛等）　句返送　大四一

同　同（後印、大、梅村彦七等）　大四一

同　同（明治二修）　大四一

同　一二集附總目・檢字・辨似・備考・補遺・等韻
① 清康熙中勅撰　文久三刊(江、須原屋伊八等)返送句讀　中四〇
同　同　同、立野胤政校　明治一四刊(銅版、山中
　市兵衛)　白　中一
② 鼇頭音釋康熙字典四〇巻　清凌紹雯等奉勅編　石川〔英
　輔〕(鴻齋)音釋　明治一六刊(銅版、鳳文館)　中二〇
③ 康熙字典一二集　清凌紹雯等奉勅編　渡邊温校
　明治二〇刊(銅版)　中一七
(增訂)康熙字典一二集　清凌紹雯等奉勅編　山田
　清風增　明治一八刊(銅版、辻本秀五郎)　小一三
④ 字貫四〇巻(字貫提要)　清王錫侯　刊(齊政館
　文庫)　返送　大一〇
○
千字文　梁周興嗣撰　富田幹書　安永六跋刊(江、
　山金堂山崎金兵衛)　返送ルビ　大一
同　梁周興嗣撰　東條耕(琴臺)點　嘉永六刊(江、
　小林新兵衛)　返送縦〔二巻〕　半一
(新刻補註)千字文　梁周興嗣　延寶四刊(京、井筒
　屋六兵衛)　返送縦ルビ　大一
同　同(後印)　無刊記　大一
(纂圖附音增廣古注)千字文三巻　同、五代李暹注　〔江
　戸初〕刊　返送縦　大三
同　同　同　〔江戸初〕刊　返送縦　大三
兩點千字文題簽　享和元刊(江、大和田安兵衛)返送ルビ　大一
同　濱野貞助點　明治一〇刊(銅版、東、甘泉堂山中市兵
　衛)　返送ルビ　特小一
⑤ 敍古千文　宋胡寅撰　闗龜齡校　文化八序刊　返送句讀　大一
⑥ 四體千字文　陰刻無點本　刊　未見　大一
同　陰刻一部加點本　慶長九刊(京、涸轍堂)　大一
同　同(補修、全部加點本)　大一
同　同(後修、第三十葉後加刻本)　大一
同　同(後修、第三十葉前・舟形加刻本)　大一
同　陰刻本　慶長一一刊(春枝)　大一
同　同(後修、大、淺野弥兵衛)　大一
同　陰刻本　慶長一一刊(讃)　大一
同　陰刻本　慶長一一刊(金宣)　大一

同　陰刻本　慶長一三刊(新七)　大一
同　陰刻本　刊　大一
同　篆隷陰刻楷草陽刻本　正保二刊(京、林甚右衛
門)　大一
同　同　刊(天保印)　78　大一
同　同(後印)　大一
同　同　刊(京、菱屋治兵衛)　88　大一
同　陽刻八行本　刊　?　大一
同　陽刻四行本　延寶三刊(松會)　大一
同　同　刊　大一
十 體千字文　明孫丕顯編　王基校　寛永二〇刊(京、
田中清左衛門)　ビんム　大一
同　同(後印、澤田庄左衛門)　大一
① 九 體千字文　同　刊(松會)　白　大一
② (歴朝聖賢篆書)百體千文一巻 附千字文註・清書千
字文　清孫枝秀集篆　周霖校　(千)清孫呂吉撰
蔡汪淙校　汪嘯尹編　(清)清尤珍書　元禄一一刊
(大、和泉屋喜左衛門等)　返送緘　大二

同　同(後印、大、高谷平右衛門)　大二
同　同(後印、京、上坂勘兵衛)　大一
同　同(正徳五印、大、大野木市兵衛・江、須
原屋茂兵衛)　大一
○
三字經　白文本　宋王應麟　寛政三刊(高松藩講
道館)　白　大一
同　同　文政五刊(津輕藩稽古館)　半一
同　同　文化一四刊(江、萬笈堂英平吉)　半一
同　同、鹽野轍(適齋)校　天保三序刊(芳潤館)白　大一
③ 同　宋王應麟　嘉永六序刊(大野藩愛蘭居)　白　大一
同　同(明治印)　半一
〔同〕同　安政四刊(再刻、江、山城屋佐兵衛)　返送緘　半一
同　一巻 附三字經〔旁訓〕　乾隆戊戌閶門内姚氏清
華齋刊本　同、清龍街漫士書　天明七刊(京、額
田正人)　返送緘　半一
同　同(後印、大、葛城長兵衛等)　半一
④ 同　同(後印)　半一
同　同　同　刊　半一

①同 同 同 刊 半一
同 同 啓蒙六種本 同 〔明治〕刊 半一
②同 同 同 刊(江、柏悅堂内野屋彌平次) 返送縦 半一
③同 〔宋王應麟〕 明治二刊(福井藩校) 返送縦 半一
同 同、塚田爲德書 刊(長野縣中野、凌雲堂小林
常七・長野、向榮堂岩下伴五郎) 返送縦 半一
④同 〔宋王應麟〕撰〔增山正賢(雪齋)〕注 刊(長島
藩) 白 大一
⑤同 宋王應麟 明治六刊 一
標註三字經一卷附三字經〔旁訓〕 同、諸葛彝注 明
治一五刊(埼玉縣) 返送 大一
(新鍥)三字經註解 明陳翰 明曆四刊(京、婦屋林
傳左衛門) 返送縦 大一
同 同 刊(享保一三印、京、額田正三郎・林正五郎) 大一
三字經訓詁 清王相 天保二刊(官版) 句返 大一
四字經 明蕭良有撰 朝川鼎(善庵)校 文化四刊
(學古塾) 返送 大一
同 同(後印、岡田屋嘉七等) 大一

(魁本)對相四言雜字 大正九刊(東、米山堂) 白 半一
(新刻)對相四言 刊(田中小兵衛) 白 半一
同 谷文二摹 文政四刊 半一
對相四言 山田愛一郎校 大原東野畫 文化四刊
(梅花書屋) ル、ロ 大一
同 同(後印) 大一
⑥同 文化元序刊 白 半一

(三) 韻書

(高郵)王父子論韻文稿 昭和一一刊(謄寫版) 白 半一
廣韻五卷 宋陳彭年等奉勅 天保二刊(官版) 白 大五
廣韻雋五卷 明袁鳴泰 刊(文臺屋治郎兵衛) 白 大二
集韻一〇卷 宋丁度等奉勅 天保九刊(官版) 白 大一〇
同 同(後印) 半一〇
⑦指微韻鑑 醍醐寺藏室町初期鈔本 宋張麟之 昭
和一二刊(影印、古典保存會) 特大一
韻鏡 同 慶長刊(覆古活) 大一
指微韻鑑 同 〔元和〕刊(覆古活) 大一
韻鏡 同 〔江戸初〕刊 大一

同　同　寛永一八刊（田原仁左衛門）　白　大　一
指微韻鑑 末　同　寛永五刊　句返送縦　中　一
同　同（後印、市兵衛）　中　一
韻鏡　同　寛永二一刊（利兵衛）　句返送縦　中　一
同　同　正保二刊　句返送縦　中　一
同　同　慶安元刊（覆正保二）　中　一
同　同　刊（覆慶安元、京、林甚右衛門）　中中　一一
同　同　正保四刊　句返送縦　中　一
同　同　明暦二刊　返送縦　大　一
同　同　寛文二刊（高橋清兵衛）　白　大　一
同　同（寛保三修、京、文臺屋治郎兵衛・秋田
屋平左衛門）　大　一
同　一巻附名乘字　同　寛文四刊（大和田九左衛門）印カ　返送縦　小　一
同　同　天和二刊（川勝又兵衛尉）　大　一
①同　同　元禄六刊（京、中村五兵衛）　大　一
同　同　元禄九刊（京、川勝五郎右衛門）　大　一
同　同（元禄一二印？、京、川勝五郎右衛門）大　一
同　同　享保一九刊（京、川勝五郎秀春）　大　一

②同　同　天保二刊　一
（鼇頭）韻鏡　同　貞享四刊　一
（司馬温公）切韻指掌圖　不分巻　宋司馬光　元禄
元刊（久保田權右衛門・坂口勘兵衛）　白　半　二
（參考）切韻指掌圖　同　享保一七刊（大、村上清三
郎等）　返送縦　大　一
（草書）禮部韻寶　全五巻　〔宋陳汶編〕宋高宗書
延享四刊（江、西村源六等）　白　大　六
六書七音畧二巻七音韻鑑一巻　通志略本　宋鄭樵
史部別史類所收　重出
享保刊　二
九經補韻　全二巻　宋楊伯嵒撰　清錢侗攷證　文政
三刊（官版）　句返　大　二
古今韻會擧要三〇巻　元熊忠　江戸初刊　返送縦　大　一五
古今韻會擧要小補三〇巻　明方日升撰　李維楨校
正保五刊（村上平樂寺）　返送縦　大　三一
同　同（後印）　大　三一
經史正音切韻指南　元劉鑑　寛文一〇跋刊　返送　大　一
同　同（後印、出雲寺和泉掾）　大　一

同　同　元禄一四刊　衣査　大一
(增補)洪武正韻彙編一〇巻　明周家棟編　呉光義・朱光祚校　寛文九刊(山形屋)　返送縦　大一〇
發音録　説郛本　明張位　元文五刊(江、崇山房)句　半一
同　同(後印、江、須原屋新兵衛)　半一
通叶集覽二巻　清王鳴玉撰　王肇修校　文化一三刊(官版)　白　半二
(正文)笠翁詩韻　清李漁編　寛政七刊(京、梅村宗五郎等)　白　中一
古今韻略五巻　清邵長蘅撰　宋至校　文化二刊(官版)　白　大五
① 正韻字體辨微　清呉任臣編　刊　返送ビル　大一
三韻通考　清謝有煇・陳培脈編　陸玳校　安永三刊(大、淺野彌兵衛)　返送　中一
② 同　同　文化四刊(大、松村九兵衛)　返送ム　小長一
同　同　明治一三刊(中島清兵衛)　二
(新刻)啓蒙同聲字音註釋捷徑　清施十洲編　寛政七刊(京、文錦堂林伊兵衛)　白　半一
③

(四) 語學

大清文典　美・高第丕　清張儒珍　明治一〇刊(東、青山清吉)　句返送縦　半一
中東通語捷徑　清王仁乾　(明治三〇)刊(銅版、著者)　白　特小一
④ 悉曇字記　唐釋智廣　寛文九刊(釋澄禪)返送声　大一
⑤ 同　同　元禄一二刊　大一
同　同　文政二跋刊　大一
梵語千字文　舊題唐釋義淨　享保一二刊(京、萬屋九兵衛)　大一
同　一巻附梵唐消息　同　安永二刊(京、額田正三郎)訓　大一
同　同(寛政三印、京、伊勢屋又七・額田正三郎)　大一
梵語雜名　唐禮言　刊(京、著屋宗八)ビル　大一

附

⑥ 新刻三書 音 (三書正文)千字文。三字經。孝經
阿波?、加蘒編　明治三刊(清任社)　大一

二 史部

1 正史類

史記（史記正文）祥龍閣眞本 一三〇巻補一巻
首一巻 漢司馬遷撰 多賀漸點 寛政五刊（大、
柳原喜兵衛等）句返送縦 大二〇

同（同）一三〇巻補一巻首二巻 漢司馬遷撰
明鍾惺・陸可彦删 寛政一二刊（大、河内屋喜兵
衛）句返送縦 大一五

① 同 同（文久二修、大、積玉圃柳原喜兵衛）大一五

同 同（明治印）大一五

同 原存一巻（巻一〇五、扁鵲倉公列傳）漢司馬
遷撰 池原雲洞校 天明六刊（椶蔭堂）句 大一

貨殖傳正文（漢司馬遷撰 東井潔全（静窟）校
明治六刊（京、小林庄兵衛等）句返送時ニルビ 大一

史記（集解）原存二巻（巻九六後半・九七）石山
寺所藏舊鈔本 〔宋裴駰〕昭和一三刊（影印、古
典保存會）白 特大一

同 原存一巻（巻九）毛利家所藏延久五年鈔本

同 昭和一〇刊（影印、古典保存會）句乎縦 特大一

同 原存一巻（巻一〇）東北大學附屬圖書館所藏
延久五年鈔本 昭和二九刊（影印、貴重古典籍刊
行會）句乎縦 特大一

同 原存一巻（巻一一）古梓堂文庫所藏延久五年
鈔本 昭和一〇刊（影印、京都帝國大學文學部）
句乎縦 附舊鈔本史記孝景本紀解説（那波利貞）一巻

史記 原存一巻（巻一〇五、扁鵲倉公列傳）米澤
上杉侯所藏南宋建安黄善夫刊本 〔漢司馬遷撰
宋裴駰集解 唐司馬貞索隱 張守節正義〕 嘉永
二刊（覆宋、存誠藥室）白 大一

② 史記評林 一三〇巻補史記一巻首二巻 明淩稚隆
編 李光縉補 寛永一三刊（京、八尾助左衛門尉）
句返送縦 大五〇

同 同（後印、「誓願寺」ノ「誓願」ヲ「本能」ト改刻）大五〇

同 同 寛文一二・一三刊（京、八尾甚四郎友
春）返送縦 大五〇

③ 同 同（延寶二修）大五〇

同 同 同 天明六刊(覆寛文、八尾甚四郎友春)
返送縦 大二五
①同 同(寛政四修、大、松村九兵衛等) 大二五
同 同(後印、敦賀屋(松村)九兵衛等) 大二五
同 同(後印、敦賀屋彦七等) 大二五
同 同(後印、堺屋新兵衛等) 大二五
②同 同 同 明治一三刊(三版、大、松邨九兵衛等) 大五〇
句返送縦
同 同(後印、河内屋喜兵衛) 大五〇
同 同(後印、大、秋田屋太右衛門等) 大五〇
③同 同(紅屋本) 同 寛文一三刊 未見 大二五
○俗傳ニヨル。
同 同 同 明和七刊(京、世裕堂) 句返送縦 大二五
同 同(天明九印、大、柳原喜兵衛等) 大二五
同 同(後印、大、河内屋喜兵衛等) 大二五
④同 同 同 田中篤實等校 明治二刊(鶴牧藩)
句返送 特大五〇
同 同(序文改修) 大五〇
同 同 明凌稚隆編 李光縉補 奥田遵校 明治一
二・一三刊(東、別所平七等) 返送 大五〇

同 同 同 明治二五刊(修文館) 返送縦 大五〇
同 同 明凌稚隆編 李光縉補 大郷穆・伊地知貞
馨點 明治一四刊(大、脩道館) 句返送 大二七
同 同(明治一五印) 大二七
同 一三〇巻補史記一巻首三巻 明凌稚隆編 李
光縉補 明治一四刊(活版、東、印刷會社)句返送 中五〇
⑤(校訂)史記評林一三〇巻同補一巻首二巻 同 藤
澤恒(南岳)校 明治一四刊(大、岡島眞七等)
句返送 中五〇
⑥史記評林一三〇巻補史記一巻首一巻 明凌稚隆編
李光縉補 明歸有光評 清方苞增評 石川英輔
(鴻齋)等校 明治一五刊(鳳文館) 未査 半二五
⑦(補標)史記評林一三〇巻補史記一巻首一巻 明凌
稚隆編 李光縉補 有井範平評點 明治一八刊
(活版、東、大野堯運) 大二五
同 同(明治一九印、丸谷新八) 大二五
史記論文一三〇巻 漢司馬遷撰 清吳見思評 吳興
祚校 文政九刊(覆清、小田原藩天游園) 句圈 大二五

同　同(文政一〇印、江、和泉屋新八等)　大二五
同　同(天保六印、和泉屋吉兵衛等)　大二五
同　同(後印、大、柳原喜兵衛)　大二五
同　同(明治印、大、中島徳兵衛)　大二五
〔(陳明卿)史記考」　明陳仁錫　寛文一二刊(京、八
尾友春」　返送　大五
同　同(延寶二印)　大五
同　同(享保二印、京、金屋半右衛門)　大五
同　同(同、後印、吉文字屋市兵衛)　大五
讀史管見三巻　清李晩芳撰　李履中・梁景璋校　池
① 内奉時校　安政三刊(大、群玉堂河内屋茂兵衛等)
句返　大六
同　同(明治印、京、擷五書堂)　大六
同　同(明治印、大、河内屋喜兵衛)　大六
同　同(明治印、松村九兵衛)　大六
漢書　原存巻一下・巻三四斷簡　石山寺所藏奈
良時代鈔本　漢班固撰　唐顔師古注　昭和一六
刊(影印、古典保存會)　白　特大二

同　原存一巻(巻二四)　眞福寺所藏奈良時代鈔本　同
同　昭和三刊(影印、古典保存會)　白　特大一
同　講周易疏論家義記附刊本　存揚雄傳(首缺)
同　同　昭和一〇刊(影舊鈔、京都帝國大學文
學部)
漢書評林一〇〇巻首一冊　明凌稚隆編　釋玄朴點
明暦四跋刊(松栢堂林和泉掾)　句返送縦　大五〇
② 〇三年ノ奥附ハ流用ナリ。
漢書評林一〇〇巻首一冊　明凌稚隆編　明治一五
刊(活版、東、印刷會社)　句返　中五〇
③ 同　同　加藤熙・大槻東陽校　渡邊約郎・横井命
順補校　明治一五刊(東、三行社)　句返送　中五〇
同　同　明凌稚隆編　菊池純校　杉山令吉(三郊)點
明治一八刊(活版、東、報告社)　大三〇
漢書正誤四巻　清王峻撰　錢大昕校　昭和一三刊
(影印、京、東方文化研究所)　白　中二
漢書疏證二七巻　昭和一四刊(影印、京、東方文化
研究所)　白　中一

①班馬異同略〔抄〕 宋倪思撰 紀邦基抄 文政九跋
刊（名、美濃屋清七等） 句　半一
後漢書 原存列傳巻二一斷簡 古簡集影第一輯
九條家所藏平安時代鈔本 宋范曄撰 唐李賢注
大正一三刊（影印）　特大一〇葉
同 九〇巻補志三〇巻 古活字印本 宋范曄撰
②唐李賢注（志）晋司馬彪撰 梁劉昭注 元張𣙗・王
鼇叟校 刊 返送縦　大六一
同　同（後修）無刊記　大六〇
同　同（後印、出雲寺和泉掾）　大六〇
同　同（弘化三印）　大六〇
③同 帝紀一〇巻志三〇巻列傳八〇巻 宋范曄撰
唐李賢注（志）梁劉昭撰 唐李賢注 明治一七刊
（活版、東、印刷會社） 句返　中三〇
兩漢刊誤補遺一〇巻附一巻 宋吳仁傑 文政元刊
（名、片野東四郎等） 句返　中三
三國志 原存一巻（呉志巻一二） 大阪武居氏所藏
西晉鈔本 晋陳壽 昭和六刊（影印、大、武居氏） 白一

④同 魏書三〇巻蜀書一五巻呉書二〇巻 同 宋裴
松之注 明陳仁錫評 刊 句返送縦 未見（或ハキカ） 大四〇
同 同（寛文一〇修、京、山本平左衛門・植村
藤右衛門）　大四〇
同 同（後印、京、山本平左衛門・村上勘兵衛）大四〇
同 同（後印、大、松村九兵衛・澁川清右衛門）大四〇
同 同（明治印、大、敦賀屋（松村）九兵衛等）大四〇
同 同 同 明治一八刊（活、東、印刷會社） 句返 半三五
魏志三〇巻 晋陳壽撰 宋裴松之注 猪野中行校
明治一八刊（活版、東、大成館） 句返送縦　半一二
晋書一三〇巻音義三巻 明南監本（唐房喬等奉勅
撰） 志村楨幹點 元祿一四・一五刊（覆明萬曆、
松會堂） 句返送縦　大五三
同 同（後修、京、横江岩之助・風月莊左衛門）大五三
同 同（後印、京、風月莊左衛門）　大五三
宋書一〇〇巻首一巻 明南監本 梁沈約撰 明陸
可教・馮夢禎校 志村楨幹點 寶永三刊（覆明萬
曆、松會堂） 句返送縦　大四三

①南齊書五九巻　明南監本　梁蕭子顯撰　明趙用賢・
張一桂校　荻生宗右衛門點　元禄一六・寶永二刊
(覆明萬暦、松會堂)　句返送縱　大二一
②梁書五六巻　明南監本　唐姚思廉等奉勅撰　明余
有丁・周子義校　荻生宗右衛門點　寶永二・三刊
(覆明萬暦、松會堂)　句返送縱　大一五
陳書三六巻　明南監本　唐姚思廉等奉勅撰明趙用
賢校　志村楨幹點　寶永三刊(覆明萬暦、松會堂)
句返送縱　大一三
隋書八五巻　明北監本　唐魏徴等奉勅撰　牧野古愚
點　天保一五刊(覆明萬暦、高松藩講道館)　句
返　大二五
同　同(後印、江、須原屋茂兵衛等)　大二五
南史八〇巻北史一〇〇巻　明南監本　唐李延壽奉
勅撰　明趙用賢・張一桂校　弘化四刊(出雲藩)　句　大一〇〇
同　同(後印、岡田屋嘉七)　大一〇〇
唐書二二五巻唐書釋音二五巻　明北監本　宋歐陽
脩等奉勅撰　堀正脩(南湖)點　(音)宋董衝　寛延
三跋刊(覆明、下村兼清)　返送縱　大八二
同　同(後印、京、錢屋三郎兵衛)　大八二
同　同(後印、京、木村吉兵衛等?)　大八二
③五代史七四巻　宋歐陽脩撰　徐無黨注　堀正脩點
(村瀬誨輔(栲亭))校　安永二刊(京、德興堂等)
句返送圏　大一
同　同(後印、江、松會三四郎・西村源六?)　大一三
④同　同(文化一〇修、大、前川嘉七等)　大一五
同　同(同、後印、大、伊丹屋善兵衛等)　大一五
同　同(後印、大、河内屋太助等)　大一五
同　同(慶應四修)　未見　大一五
同　同(明治印、積玉圃)　大一五
⑤同　同　増補點註本　宋歐陽脩撰　徐無黨注　石川
英(輔一)(鴻齋)校　明治一七刊(銅版、鳳文館)
句返圏　半八
宋史　原存一巻(巻一二四、岳飛傳)附一巻　(元脱
脱等奉勅撰　篠原允文(謙齋)校　嘉永四刊(尚
友堂)　句返　半一

元史　原存四巻（巻五二－五、暦志四－七）　明宋
濂等奉勅　寛文一二刊（覆明、梅花堂文丙）　返
送縦　題簽前二冊「授時暦議」後二冊「授時暦經」　大四
同　同（後修、京、太和屋重左衛門）　大四
明史　原存四巻（巻二八五－八、文苑傳）　清孫嘉
淦等奉勅撰　關世美點　寛延四刊（京、廣文堂圓
屋清兵衛）　句返送縦　大四
同　同（明和七修、大、江島屋庄六）　大四
①明史三傳六巻　嘉永五刊（大、河内屋茂兵衛等）
②句返　半六
③明史朝鮮傳　清張廷玉等奉勅撰　小池桓（岷岡）點
寶暦一一刊（大、鞜光齋）　返送　大一
同　同（京、文昌堂永田調兵衛・尾、玉昌堂木
村理兵衛）　大一
八史經籍志　文政八刊（官版）　白　大一七
同　同（清修）　大一六
廿二史劄記三六巻補遺一巻　清趙翼撰　貫名苞（海
屋）校　文久元刊（謙謙舍）　句返　半一八
同　同（文久二印、京、俵屋清兵衛等）　半一八
同　同（慶應二修、同）　半一八
同　同（明治印、大、中川勘助等）　半一八
④二十二史反爾錄三巻　清彭希涑編　釋黄泉删補
天保四序刊（尾張、雖小菴）　句返　大三
同　同（天保六印、名、菁屋宗八等）　大三

2　編　年　類

竹書紀年二巻　舊題梁沈約注　明吳琯校　三浦衛興
（瓶山）校　寛延三跋刊（京、華文軒中西敬房）　句大二
⑤同　同（天明七印、大、嵩高堂河内屋八兵衛）大二
⑥同　同（後印、京、堺屋新兵衛等）　七二
⑦同　同（天保一二印、京、堺屋新兵衛等）　大二
資治通鑑原存一一八巻（以下未刊）　宋司馬光等奉勅撰
元胡三省注　明陳仁錫校　寛政二刊（醫學院）
句　大八五
同　二九四巻序跋一冊　宋司馬光等奉勅撰　元胡

① 三省注 石川之聚等校 天保七刊(覆明天啓、津藩有造館) 句 大一四八

同 同(弘化四印) 須行書林トシテ和泉屋金右衛門 大一四八

② 同 同(嘉永二補) 嘉永二年刻———序(藤堂高猷)アリ 大一四八

③ 同 二九四巻 宋司馬光等奉勅撰 元胡三省注 岡千仭(鹿門)點 明治一五—一八刊(活版、大、修道館) 句返 大八〇

同 同 宋司馬光等奉勅撰 元胡三省注 明治一五刊(活版、東、印刷會社) 句返 中一〇〇

④ 同 二九四巻(巻二一一—二九四未刊カ) 有造館本 同、岡松辰吾點 明治一五—一七刊(活版、東、報告社) 句 大四三

⑤ 同 二九四巻 宋司馬光等奉勅撰 元胡三省注 山名善讓點 明治一七刊(銅版、鳳文館) 句返 半三〇

⑥ 通鑑集要一一巻首一巻 明諸燮編 董其昌校 林厚德點 明治一四刊(東、石川治兵衛等) 句返 半一三

宋元通鑑一五七巻 明薛應旂編 陳仁錫評 藤森〔大雅(天山)〕等校 萬延元—元治元刊(玉巖堂和泉屋金右衛門) 句 大四八

⑦ 同 同(後修序補) 大四八

同 同(明治一三印、東、内藤泰次郎・瀧澤吉) 大四八

資治通鑑綱目五九巻 宋朱熹 文政二刊(官版) 白 大六〇

同 五九巻首一巻同前編二五巻首一巻續資治通鑑綱目二七巻末一巻 宋朱熹撰 明陳仁錫評(前)明南軒評(續)明商輅等奉勅(末)舊題元陳桱・〔明黄仲昭〕合注 鵜飼眞昌〔石齋〕點 寛文刊(寛文八印、京、山本平左衛門常知・八尾勘兵衛友久) 返送縦 大一一〇

⑧ 同 同(寛文一二印同) 大一一〇

同 同 宋朱〔熹〕撰 明陳仁錫評(前)明南軒(續)明商輅等奉勅(末)舊題元陳桱、明黄仲昭合注 三宅可參校 寛文一一跋刊(京、梅花堂) 句返送縦 大一〇六

同 同(後印)無刊記 大一〇六

⑨ 同 同(文化六補第三編一〇巻、清張廷玉等奉勅撰 増田希哲校、德島府學) 大一〇六

① 同　同（享和三印）　大一一七
續資治通鑑綱目二七巻　明商輅等奉勅　天保一三
刊（官版）　句返　大二七
資治通鑑綱目抄略一三（巻續畧三巻　溝口直養（浩軒）編
天明刊（新發田藩）　大一六
通鑑綱目鈔二巻　秋山四郎編　明治二九刊（活版、
東、金港堂）　句返　半二
讀通鑑綱目條記二〇巻首一巻　清李述來　刊（官
版）　句返　大一〇
同　同（後印、江、出雲寺金吾）　大一〇
綱鑑精采二〇巻續綱鑑精采四巻　明葉向高撰　坂
田丈平校（續）石村貞一・坂上成美編　明治一一・
② 一六刊（大、文海書屋）　句返　中二四
（鼎鍥趙田了凡袁先生編纂古本）歴史大方綱鑑補
③ 三九巻首一巻（歴史綱鑑補）　明袁黄撰　鵜飼
信之（石齋）點　寛文三刊（野田庄右衛門・西村文
左衛門）　返送縦　大四〇
同　同（後印、野田庄右衛門）　大四〇

同　同（後印、上村次郎右衛門）　大四〇
同　同（後印、大、河内屋太助）　大四〇
④ 同　同（後印、大、河内屋太助・炭屋五郎兵衛）半二〇
同　同（後印、大、河内屋喜兵衛等）　大二〇
同　同（後印、大、葛城長兵衛・森川久兵衛）　大二〇
同　同（明治印、河内屋源七郎）　大二〇
⑤（御批）歴代通鑑輯覽　原存二一巻（巻一〇〇―一一二
〇、明紀）（清傅恒等奉勅編）井上重實點　明
治一六刊（東、山中出版舎）　句返　大二〇
（尺木堂）綱鑑易知錄九二巻首一巻（尺木堂）明鑑易知錄一五
巻　清呉乘權等編　篠崎槩校　嘉永二刊（江、須
原屋茂兵衛。大、藤屋禹三郎）　句返　大五五
同　同（嘉永四印、江、須原屋茂兵衛等）　大五五
⑥ 同　同（後印、大、森本太助）　大五五
同　同（後印、大、伊丹屋善兵衛等）　大五五
同　同（後印、大、近江屋平助等）　大五五
同　同（後印、大、近江屋平助・河内屋德兵衛）　大五五
⑦ 同　同（後印、大、河内屋源七郎等）　大五五
⑧ 同　同（後印、大、河内屋喜兵衛等）　大五五

同　同（後印、河内屋太助等）　大五五
同　同（明治二修、大、積玉圃）　半五五
同　同（明治九印、大、藤屋禹三郎等）　半五五
同　同（明治印、大、文榮堂前川善兵衛）　半五五
同　同　同　明治一七刊（銅版、大、同伸館）　小一六
冠註綱鑑易知録評林九二巻明鑑易知録一五巻　同、
①石川英（輔）（鴻斎）標記　明治一五刊　大五五
通鑑擥要前編二巻（附一巻）正編一九巻續編八巻明史擥要
八巻　清姚培謙・張景星編　長戸譲（得斎）等點
天保五刊（篠山藩）　句返縦聲　大一五
同　同（後印、江、須原屋伊八等）　大一九
同　同（後印、熊谷、森市三郎）　大一五
同　同　清姚培謙・張景星編　増田貢點　明治九刊
②（東、別所平七）　句返　中一五
同　同　清姚培謙・張景星編　林茂雄校　明治一五
③刊（東、弘文館）　句返　中一二
増補標註 通鑑擥要　同　清姚培謙・張景星編　増田貢補
鈴木義宗・大竹長壽校　明治一八刊（原亮三郎）

句返送　半一五
（司馬溫公經進）○稽古録二〇巻　宋司馬光　寛政一
二刊（官版）　句返　大四
同　同（享和元印、長谷川庄左衛門・須原屋
茂兵衛）　大四
皇朝編年綱目備要三〇巻　宋刊配影宋鈔本　宋陳
均　昭和一一刊（影印、靜嘉堂文庫）　白　半一二
④清三朝實録採要（見返）　清太祖高皇帝實録採要三巻清
太宗文皇帝實録採要八巻清世祖章皇帝實録採要六
巻　邨山緯（芝塢）○永根鉉（冰斎）編　文化四刊　句返送　大八
清三朝易知録　同（嘉永五修、大、藤屋善七等）　大八
⑤同　同（萬延修、伊丹屋善兵衛等）　大八
同　同（同、明治印、前川源七郎）　大八
⑥大清三朝事略二巻　村山緯・北條鉉（後改姓永根）
編　寛政一一刊（江、須原屋茂兵衛）　句返送縦　大一
東華録一六巻　清蔣良騏　天保四刊（官版）　句返　大一六
同　同（後印）　半一六

3 紀事本末類

①通鑑紀事本末四二巻　宋袁樞撰　原田愼校　明治
四刊(淀藩)　句　大四二
同　同(明治八印、東、岡田文助等)　句　大四二
宋史紀事本末論正一〇九巻　明張溥撰　張永錫等
校　刊(木活、官版)　句　大三〇
②明朝紀事本末八〇巻　清谷應泰撰　谷際科等訂安
積信校　天保一四刊(二本松藩)　句返圏　大三〇
③同　同(明治印、東、玉巖堂和泉屋金右衛門
等)　半三〇
④同　同(明治印、山梨、内藤傳右衛門)　半三〇
聖武記採要三巻　清魏源撰　鷲津監(毅堂)編　嘉
永三刊(鷲津氏夕陽樓)　句返送縦　大三
聖武記抜萃四巻　清魏源撰　山中信古校　安政三
刊(若山、天香堂阪本屋大二郎等)　句返　大四
⑤聖武記附錄四巻(巻一一-一四)　清魏源　刊(木活、
如不及齋)　白　大四
⑥他山之石五巻　聖武記附錄摘錄本　刊(木活)　白　大五

4 別史類

逸周書一〇巻同校正補遺附一巻　晋孔晁注　清盧
文弨校　(附)清盧文弨　天保二刊(木活、彦根藩
弘道館)　白　大三
⑦東都事畧一三〇巻　宋王偁撰　芳川逸點　弘化三
序刊(忍藩進脩館)　返送　大二〇
同　同(嘉永二印、須原屋茂兵衛等)　大二〇
宋史新編二〇〇巻　明柯維騏　天保六刊(大、河内
屋吉兵衛等)　句返　大六五
同　同(後印)　大六五
⑧南宋書六八巻　明錢士升撰　芳川逸點　(弘化三
刊(忍藩逸脩館)　返送　大一六
同　同(嘉永二印、須原屋茂兵衛等)　大一六
六書七音畧二巻七音韻鑑一巻　通志略本　宋鄭樵
享保刊　二
昆蟲草木略二巻　通志抄錄本　同、小野職博(蘭山)
校　天明五刊(京、北村四郎兵衛等)　返送縦　大二

（立齋先生標題解註音釋）十八史略七巻　元曾先之編　明陳殷音　王逢校　慶安元刊　返送縦　大七

同　同（萬治二印、京、谷岡七左衛門）　大七

同　同（後印、田中理兵衛）　大七

同　同（後印、京、三木親信）　大七

同　同（寛保三修、京、野田彌兵衛・江、野田太兵衛）弥兵衛前ニアリ　大七

①同　同　同、巖垣彦明（龍溪）標記　天明元跋刊（郁文堂・五車樓）　句返送縦　大七

②同　同（天明五印、江、須原屋茂兵衛等）　大七

同　同（文政元印、京、菱屋孫兵衛）　大七

③同　同　同、巖垣松苗（東園）補　天保一〇刊（京、菱屋孫兵衛等）　句返送縦　大七

④同　同（弘化三印、京、菱屋孫兵衛等）　大七

同　同　同　元治元刊（京、四刻、菱屋孫兵衛等）　大七

同　同（後印、出雲寺松柏堂）　大七

⑤○十八史略明治刊本省略。

⑥（古今歷代標題註釋）十九史略通考八巻　元余進　明治四刊（木活、金澤學校）　白　半七

⑦頭書十八史略後編二巻　清曠敏本撰　増田貢頭書　明治九刊（東、鴻文堂）　句返縦　中二

⑧明史藁全三一〇巻目三巻　清敬愼堂刊本　清王鴻緒奉勅撰　中島嘉通等校　嘉永六序刊（覆清、高田藩）　句　大八〇

閲史約書目一巻圖一巻（以下未刊）　明王光魯編　寛政元刊　白　大二

同　同（寛政五印、京、北村四郎兵衛）　大一

同　同（後印、京、出雲寺文治郎）　大一

同　同（天保一〇印、大、伊丹屋善兵衛・江、須原屋伊八）　大一

同　同（後印、大、河内屋喜兵衛等）　大一

⑨元明史略三巻　明舒弘諤編　實曆元刊（江、前川六左衛門）　句返送縦　大三

5 雑史類

⑩國語二一巻札記一巻　覆天聖明道間刊本　呉韋昭注（札）清黄丕烈編　文化元刊（覆清嘉慶、黄氏

上善堂）　句返送　大　六
同　同（文化三印、京、矢代仁兵衛等）　大　六
同　二一巻　呉韋昭注　宋宋庠補音　明穆文熙編
石星等校（林信勝）（道春）點　刊（田中市兵衛・
京、田中長左衛門）　句返送縦　大一〇
同　同（後印）刊行者名ナシ　大一〇
同　同（寶暦一一修、京、永田調兵衛）　大　五
同　同（同、後印、京、越後屋多助）　大　五
（重刻）國語二一巻　呉韋昭解　宋宋庠補音　明穆文
熙編　石星等校　千葉玄之（芸閣）校　天明六刊（京、
①角田多助／法軸）　句返送　大一〇
國語定本二一巻　秦鼎（滄浪）編　村瀬誨輔（石庵）
等校　文化六刊（秦氏滄浪居）　句返送縦　大　六
同　同（文化七印、大、柳原積玉圃）　大　六
同　同（後印、大、河内屋源七郎）　大　六
同　同（文政二印）　大　六
同　同（文政六印、須原屋茂兵衛等）　大　六
同　同（文政七修）　大　六

同　同　同　嘉永七刊（大、河内屋源七郎等）　句返
②送縦　大　六
同　同（後印、大、河内屋茂兵衛等）　大　六
同　同（明治印、大、文榮閣黒住幾之助・伊賀
上野、黒住伊兵衛）　大　六
戰國策譚棷一〇巻序一巻附一巻序目二冊　明張文
燿編　刊　返送　大一五
同　同（寛保元修、京、葛西市郎兵衛等）　大一五
③同　同（天保三印、京、田中専助）　大一五
④戰國策譚棷一〇巻附一巻　同　明治一七刊（活版、
東、印刷會社）　句返　中　七
貞觀政要　原存一巻（巻一、尾原缺）　日蓮聖人御
親寫本　唐呉兢　大正五刊（影印）　句返送　特大一帖
貞觀政要（集論）一〇巻　元戈直　刊　句返送縦　大　二
⑤同　同（承應二印、中野是誰）　大　八
⑥同　同（天和三印、京、吉野屋德兵衛）　大　八
〇イハユル鳥飼本ナレド、以上ノ如ク前刷アリ。
同　同（延享元修、鳥飼市兵衛）　大一七

①同　同(同、後印、大、吉文字屋市右衛門)　大一？
同　同(文政二修、大、松村九兵衛等)　大一二
同　同(後印、江、岡田屋嘉七等)　大一二
同　同　同、清席世臣校　日治天球等校　刊(小田
原藩天游園)句　大一〇
同　同(文政元修)　大一〇
同　同(同、後印、大、岡田屋嘉七等)　大一〇
②同　同　元弋直撰　山本惟孝等校　文政六刊(南紀、
學習館)　句返送縦　大一〇
同　同(後印、紀州、帯屋伊兵衛等)　大一〇
③靖康傳信錄、宋李綱撰　中村彜・巖谷修校　慶應元
刊(十三松堂)　句返　大三
同　同(後印、山城屋政吉等)　大三
同　同(慶應二印、山城屋政吉等)　大三
辯誣筆錄一巻附家訓筆錄　宋趙鼎　明治四刊(京、
竹苞樓錢屋惣四郎)　返　大一
(新鍥李卓吾先生增補批點皇明(正續合併)通紀統
宗一三巻首一巻(皇明通紀)　明陳建　元祿九刊
(京、林九兵衛)　返送縦　大一二
同　同(文政一二修)　大一二
中興偉畧　明馮夢龍編　正保三刊(京、林甚右衛門)
句返送縦　大一
④同　同(京、風月宗知)　大一
⑤同　同(後印、題簽「大明軍記」)　大二
嘉定屠城紀略　揚州十日記合刊本
揚州十日記　清王秀楚撰　德田萬壽(渤海)校注
文政七跋刊(木活、駿府、採撰亭)　白　大一
同　一巻附嘉定屠城紀略　清王秀楚(附)齋藤鑫
(南溟)校　文政一三跋刊(自修館)　句返　大二
同　同(天保五印、三田屋喜八等)　大二
明季遺聞四巻　清鄒漪撰　黑川玄通點　寛文二跋
⑥刊(京、田中清左衛門)　句返送縦圏　大四
同　同(後印、江、金花堂須原屋佐助)　大四
同　同(文化元修、京、觀文堂天王寺屋久兵衛)　大四
同　同(後印、砂子屋傳兵衛)　大四

夷匪犯境聞見録六巻　安政四刊(木活、高鍋藩明倫
堂)白　大　六
滿清紀事　刊(木活)　白　大　一
盾鼻隨聞録八巻　清〔俞泰生〕(樗園退叟)撰　伊藤
之幹校　刊(大、伊藤之幹)　句返　大　三
同(後印、大津、小川儀平)　大　三
福戰實録　清林幼蓮　明治一七刊(活版、岸田吟香)
句返送縱　中　一
① 金陵癸甲摭談二巻　金陵癸甲紀事略刪改本　高見
猪之助點　明治二刊(大、河内屋真七・河内屋正
助)　句返送△　中　二
粤匪大略　安政元刊(緑天山房)　句返送　半　一

6　載記類

② 吳越春秋六巻　漢趙曄撰　明錢敬臣校　寛延二刊
(京、芳野屋作十郎・著屋勘兵衛)　句　大　六

7　史鈔類

③ 左國腴詞新補八巻　明凌廸知編　閔一𡨋校　赤松鴻
(滄洲)補　寶暦一一刊(攝陽、毛利田庄太郎)　大　四

太史華句八巻　明凌廸知編　凌稚隆校　明和六刊
(江、須原屋市兵衛〔前ニアリ〕・同嘉助)　白　半　三
漢雋一〇巻　宋林鉞編　明呂元校　明和四刊(京、
出雲寺和泉掾)　句返送　大　五
④ 明倫抄附史記明倫抄・前漢書明倫抄・後漢書明倫抄
各一巻　吉田矩方(松陰)編　明治三刊(長門、松
下邨塾)　半　一
廿二史纂略撮要三巻附一巻　清郭袁恆編　安藤俊
抄　嘉永六序刊(安藤家向陽堂)　大　三
⑤ (増注標記)二十二史略八巻　清曠敏本編　阿部修
助注　明治一四刊(青山清吉)　半　八
廿二史纂略國號歌一巻附歴代國號圖(歴代國號
歌)　上毛長澤純所藏本　清郭袁恆撰　郭國樑等
校　寛政一二刊(桐生、長澤純?)　句　大　一
⑥ 歴代帝王紹運圖序首　宋諸葛深編　明某補　江戸
初刊　返送　大　一
歴代帝王紹運圖　宋諸葛深編　刊(春秋館)
⑦ 返　大　一

歴代帝王編年互見之圖　宋馬仲虎編　寛永六跋刊　特大一
同(覆永和、板坂卜齋)　特大一
(新鐫)古今帝王創制原始　同(後印)　無刊記　(古今原始)(古今制作原始)　特大一
明謝紹芳・余震編　正保三刊(風月宗知)大二
同　同(後修)　返送縦　大一
歴代要覽二巻　明梁寅編　貞享三刊　句返送縦　大二
同　同(後印、淺野久兵衛)　大二
歴朝帝王典制記事二巻(新鐫)古今帝王創制原始一巻　明謝紹芳　文化八刊　大一
同　同(後印)　大一
①歴代敍畧　明梁寅編　刊　返送縦　大一
歴代事跡圖　清呂君翰　寛延三刊(江、須原屋茂兵衛)　一幅
便蒙鑑略△　清(周)鑑湖編　元禄九刊(中野小左衛門)　句返送縦朱　中一
歴代鑑略　史學便蒙歴代鑑略　便蒙鑑略外題換本
同(後修、大、寺田與右衛門正晴)　半一
便蒙指南鑑畧　清(周)鑑湖編　元禄九刊(京、山口忠右衛門(富留紀))　句返送縦　大一

便蒙鑑略　清(周)鑑湖　明治三刊(東、須原屋伊八)　返送縦　中一

8　傳記類

(一)　聖賢

孔子聖蹟之圖二巻　態　明弘治中吉藩刊本　明張楷　寛永七刊(覆朝鮮、京、嘉休)　返送縦　大二
同　同(後印)　刊行者ナシ　大一
聖蹟圖　恐作一巻　明張楷撰　何廷瑞補　元禄四刊(深津又一)　返送　大二
同　同(元禄一一跋印、江、山口屋權兵衛)　大一
闕里誌一二巻　明孔貞叢　寛文一二刊(京、小松太郎兵衛)　返送縦　特大六
同　同(後印)　無刊記　大六
②同　同(寶永六印、大、河内屋喜兵衛)　大六
③(刻)孔聖全書一三巻首一巻　明安夢松撰　黄大年校　寛文八刊(武村三郎兵衛)　句返送縦　大七
顔淵全書五巻　天和三刊(京、永田長兵衛)　句返送縦　大二
孟子全書(孟子故事)　刊(覆明萬暦)　白　大一

同　同(明治三五印、名、梶田勘助)　大　一

(新刻)鄒魯故事五巻　明劉時癒編　林時若音　黄雲龍校　延寶三刊(京、今井善兵衛)↓四書類

聖賢像賛目首　四巻版心　(寛永)刊　返送縦　大　二

同　同(寛永二〇印、京、小嶋弥左衛門)　大　二

同　同(後印)　要再調　無刊記ナラバ収録　大　二

同　同(正徳六印、京、林長兵衛等)　大　二

(二)　名　人

①晏子春秋四巻　舊題齊晏嬰撰　明黄之寀校　元文元刊(京、植村藤三郎等)　返送△縦　大　五

同　同(天保一五印)　要再調　大　二

晏子春秋音義二巻　清孫星衍撰　大關惟孝校　天保三序刊　返送　中　二

魏鄭公諫録△五巻　唐王綝　享和二刊(木活、尾張藩)白　大　二

同　同　同　文政一二刊(官版)　句返　大　二

魏鄭公諫續録二巻　元翟思忠　文化七刊(官版)句返　大　二

○以上二種、明治ノ合印本アリ。

魏鄭公諫續録二巻　元翟思忠　天保四刊(大、京屋淺次郎等)　中　二

柳先生年譜一巻附唐柳先生新編外集　朝鮮活字本

唐柳宗元撰大島桃年校　嘉永二刊(大島氏柳下書屋)　句返　大　一

(忠獻)韓魏公別録　宋王巖叟　文政九刊(大洲藩文龍館)　句返送縦　大　一

(忠獻)韓魏公遺事　宋強至　文政九刊(大洲藩文龍館)　句返送縦　大　一

(惟有蘇齋叢書)東坡先生年譜　宋王宗稷編　澁谷碧・宇佐見善校　天保刊(文苑閣)　句圏　大　一

同　同(弘化二印、同)(播磨屋勝五郎)　大　一

朱子實紀一二巻　明戴銑編　寛文二跋刊　返送縦　大　一一

朱子年譜三巻　(太師徽國文公年譜)　明朱境編　孫叔拱等重編　葉公回校　寛文六刊　返送縦　大　四

同　同（後印、井上忠兵衛）　大四
①同　同（後印、大、河内屋八兵衛）　大三
朱子年譜外記二巻　（上）元脫脫　（下）明戴銑　刊
（嵩高堂）句返送縦　○以上二種、河内屋茂兵衛合印本アリ。　大一
朱子年譜四巻同考異四巻附二巻　清王懋竑編　文
政七刊（官版）　返送縦　大七
（白鹿藏書）鄭成功傳二巻　清鄭亦鄒撰　木（村）孔
恭（巽齋）校　安永三刊（蒹葭堂）返送△　大二
同　同（後印、大、伊和惣兵衛・淀川清右衛門）　大二
李文忠公事略　清呉汝綸　明治三五刊（活版、三省
堂）句　半一

（三）總録

歴代君鑒五〇巻（明景帝）文政一三刊（官版）
句返　大一〇
同　同　同　嘉永六刊（官版）　句返　大一〇
（歴代）君臣圖像二巻　明張洪　刊　返送縦　特大二
同　同（慶安四印、京、安井宗左衛問ママ）　特大二
同　同（後修、京、安井宗左衛門）　特大二
四王合傳一巻附皇朝武功紀盛　塘公愷（它山）・寺
②田諒校（附）清趙翼　文政一三刊（玉巖堂）句
返線　半二
廿二史言行略四二巻　清過元旼編　矢土勝之點
明治一六刊（銅版、鳳文館前田）句返圈　半六
同　同（明治一八印）　半六
昭代名人尺牘小傳二四巻（清國尺牘名人小傳）
清呉修編　杉山鷄兒點　明治一一刊（活版、東、沈香書閣）句返　小四
（宋朱晦菴先生）名臣言行錄前集一〇巻後集一四巻
補遺正誤一巻　宋朱熹撰　李衡校　明張采評　宋
③學顯・馬嘉植參正　鵜飼眞奉（稱齋）點　寛文七
刊（京、村上勘兵衛）句返送縦　大六
同　同（後印、京、風月莊左衛門）　大六
同　同（後印、京、丁字屋庄兵衛）?　大六
同　同（天保七印、須原屋茂兵衛）　大六
同　同（後印、大、河内屋喜兵衛等）　大六
④四朝名臣言行錄別集上・下各一三巻　宋李幼武
嘉永元刊（覆清、京、風月孫助等）句返縦　大八
⑤皇朝名臣言行續錄八巻　宋李幼武撰　齋藤五郎象

鸞江)校　天保一二刊(覆清、京、風月莊左衛門 ／覆宋
等)　句返縦　大二
皇朝道學名臣言行外錄一七卷　嘉永元刊(覆清、京、
風月莊左衛門等)　句返縦　大五
貳臣傳八卷　刊(江、和泉屋金右衛門)　句返　中八
同　同(後印、大、河内屋茂兵衛等)　中八
伊洛淵源錄一四卷　宋朱熹　文政七刊(官版)　大四
同　同　同　嘉永四刊(官版)　大四
伊洛淵源錄新增一四卷附一卷伊洛淵源續錄六卷
明楊廉(續)明謝鐸　慶安二刊(風月宗知)　返
送縦　大一〇
同　同(後印)刊行者名削　大三
同　同(後印、京、風月莊左衛門)　大五
同　同(後印、京、秋田屋太右衛門)　大五
同　同(後印、大、河内屋勘助等)　大五
○「天保十四年癸卯九月鐫」ノ奥附ハ流用ナリ。
①同　同(明治印、大、柏原屋武助等)　大五
考亭淵源錄二四卷　明宋端儀　天保九刊(官版)
句返　大八

唐才子傳一〇卷　佚存叢書本　元辛文房　刊(木
活)　白　大五
同　同　同　[大正]刊(影舊刊)　白　大一
○董康京都ニテ影印、ヨッテ省略妥當カ。
同　同　同　正保四刊(上村二郎右衛門)　返送縦　大一〇
同　同(後印)　冊數異ナル　大五
歴代畫史彙傳七二卷首一卷附二卷　清彭蘊璨
②[明治一五]刊(木活)　白　大二〇
高士傳三卷　晋皇甫謐　安永四刊(大、捜樹館柏原
屋與左衛門)　返送縦　大三
同　同(後印、大、種玉堂河内屋儀輔)　大三
③居士傳五六卷　清彭紹升撰　石村貞一點　明治一
五刊(石村氏)　句返　中六
列仙傳↓道家類
(新刻)古列女傳八卷新續列女傳三卷　漢劉向撰
明胡文煥校　(續)明黄希周等　承應二・三刊(京、
小島弥左衛門)　返送縦　大一一
同　同(後印、京、上村次郎右衛門)　大六
同　同(後印、京、水玉堂葛西市郎兵衛)　大八
同　同(後印、大、上田卯兵衛)　大八

① 同 同(寶曆一二印、大、上田嘉響堂) 大 八
② 同 同(明治印) 大 八
○
(古今)萬姓統譜一四〇巻氏族博攷一四巻歴代帝王
世系統譜六巻 明凌廸知編 凌述知等校 鵜飼眞
奉點 寛文一二跋刊(覆明、醫學院) 返送縦 大 六〇
同 同(延寶九印、京、秋田屋山本平左衛門常知) 大 六〇
③ 自號錄 宋徐光溥編 享和三刊(官版) 句返 大 一

9 史評類

唐鑑二四巻 宋范祖禹 嘉永三刊(木活) 白 大 六
(東萊先生音註)唐鑑二四巻 同、呂祖謙注 天保
一〇刊(官版) 句返 大 五
同 同 同 嘉永六刊(官版) 句返 大 五
同 同(後印、江、出雲寺萬次郎) 大 五
同 同(明治印、内務省) 半 五
同 同 同 寛文九刊(唐本屋清兵衛・小松太郎兵
衛) 返送縦 大 六
同 同(後印、京、風月莊左衛門) 大 六

④ 同 同(後印、大、河内屋卯助等) 大 六
同 同(萬延元修) 大 六
同 同(同、後印、大、河内屋勘助等) 天保十四年/奥附液月 大 六
同 同(同、明治印) 大 六
⑤ 東宮勸讀錄 宋楊萬里撰 釋天章校 慶應四刊(兩
白堂) 句返 大 二
涉史隨筆 宋葛洪 寛政七刊(京、木村吉兵衛・吉
田新兵衛) 句返送縦 大 一
通鑑答問五巻 宋王應麟 文化三刊(官版) 句返 大 五
⑥ 同 同(文化六印、江、須原屋茂兵衛) 大 五
帝鑑圖説序首六巻 明張居正・呂調陽奉勅 安政
五刊(官版) 句返送縦 大 六
同 同(後印) 大 六
同 同(明治印、内務省) 大 六
讀史論畧詳註 清唐桂撰 石坂宗哲(竿齋)點 文政
八刊(陽州園) 句返 大 一
同 同(後印、江、須原屋茂兵衛等) 大 一

10 外國史類

朝鮮史略六巻 明萬曆刊本 〔朝鮮柳希齡〕撰 明郭

天中等校　文政五刊(覆明、官版)　句返　大　六

同　同(文政六以後印、江、出雲寺萬次郎)　大　六

朝鮮賦　呉必顯刊本　明董越　正徳元跋刊　返
送縦　↓別集類(参照)

安南志畧二〇巻(巻二〇原缺)首一巻　元黎崱　明
治一七刊(活版、楽善堂)　句　半　四

大越史記全書　外紀五巻本紀九巻本紀實録六巻本
紀續編三巻本紀續編追加一巻首一巻　安南呉大
連等　明治一八刊(活版)　大一〇

安南雑記　雑記五種巻二之内　清李仙根　刊(木活)

普法戰紀一四巻　清張宗良譯王韜編　明治一一刊
(陸軍文庫)　句返送振。　半　七

①同　同　同　明治二〇刊(活版、大、脩道館)句返　半一〇

②萬國通鑑四巻附圖一巻　(英?)謝衛樓撰　清趙如光
編　岡千仭(鹿門)點　明治一七刊　句返送　大　六

11　地理類

(二)　總志

大明一統志九〇巻　明李賢等奉勅　正徳三刊(京、
弘章堂山本長兵衛)　返送縦　大六〇

大明京師八景詩　大明一統志鈔出本　元禄七刊
(京、林九兵衛)　句返送縦　半　一

(彙輯)輿圖備攷全書　明潘光祖　寛文元刊　大　一

廣輿古今鈔二巻　清程晴川　文政四刊(官版)　大　四

(三)　都會郡縣

③南產志　閩書巻一五〇・一五一　明何喬遠　寛延四
刊(京、菊屋惣兵衛)　返送縦　大　二

同　同(後印)刊行者削　大　二

同　同(後印、京、柏原屋清右衛門)　大　二

(六)　山　水

盧山記五巻圖一巻　宋陳舜兪　昭和三二刊(影宋、
内閣文庫)　白　大　五

同　同　元禄一〇刊(山形屋吉兵衛等)　返送
縦　大　三

鼓山志一二巻　明釋元賢　元禄七跋刊(林五郎兵
衛)　返送縦　大　六

雲谷記一巻附雲谷二十六詠・雲谷雜詩十二首　宋
　朱熹　刊(京、武村市兵衛)返送縦　大一
①(新撰)名山勝槩圖三巻(名山圖)木村孔恭校　享
　和元刊(蒹葭堂)無文　大三
同　同(文政一一修)　大三
(稼圃)台岳眞帖　清江大來(稼圃)畫　明治一五
　刊(摹刻)　江、長崎ニテ、求ニ應ジテ描キシモノ　特大一
黄山領要錄二巻　知不足齋叢書本　清汪洪度　文
　久二刊(官版)白　中一
同　同(明治印、入于昌平叢書)　中一

(七)古蹟

洛陽名園記一巻附一巻　宋李格非撰　明毛晋校　松
　本幸彦校　文政一一刊(全交館)句　大一
同　同(文政一二印、江、田中長藏・和泉屋庄次郎)　大一
②平山堂圖志一〇巻名勝全圖一巻　清趙子壁　天保
　一四刊(官版)白　大四
同　同(明治印、入于昌平叢書)　大二
獅子巖志二巻又二巻　釋性幽編　釋如沛校　刊
　(長門、釋性賢・臨因道可)白　半一

(八)雜記

南方草木狀三巻桂海草木志一巻　晉嵇含(桂)宋
　范成大撰　平住專安點く　享保一一刊(大、大野木
　市兵衛)返送縦　高井見立校　大二
荊楚歲時記　(梁)宗懍撰(隋杜公瞻)注　(元祿)刊
　返送縦　神宮文庫ニ元祿九年大坂尾崎伊左衞門能宗ノ奉納本アリ。　大一
同　同、山内元春點　元文二刊(大、北田清左衞門)
　返送縦　大一
同　同(後印、江、須原屋市兵衛)　大一
同　同(後印、大、秋田屋太右衞門等)　大一
兩京新記原存一巻(巻三)　佚存叢書零本　唐韋述
　刊(木活)白　大一
同　同　鎌倉時代鈔本　同　昭和九刊(影印、尊經
　閣)白　一巻
(幽蘭居士)東京夢華錄一〇巻　元至正刊本　宋孟
　元老　昭和一六刊(影元、靜嘉堂)白　特大二
桂海虞衡志　宋范成大撰　窪木俊校　文化九刊(窪
　木氏睡僊堂)句返送　中二

同　同(後印、須原屋伊八)　中　二
嶺南雜記三巻　雜記五種巻三至五　清呉震方　刊
(木活)
雁山雜記　雜記五種巻二之内　清韓則愈　刊(木活)
臺灣雜記　雜記五種巻二之内　清李麒光　刊(木活)
①滬游雜記原存二巻(巻一・二)　清葛元煦撰　堀直太
郎點　明治一一刊　返送　中　二
上海繁昌記　(原名・滬游雜記)三巻　清葛元煦撰
同　藤堂良駿點　明治一一以後刊(稲田佐吉)　句返　中　三
銅活版　同　同　昭和五刊(影明治)　中　三
雜記五種五巻　刊(木活、探珍堂)　白　中　五

(九)　遊　記

②呉船録二巻　宋范成大　天明三刊　返送縦　中　二
同　同(寛政五修)　中　二
③入蜀記六巻　宋陸游　天明三刊(京、北村四郎兵衛・
武村嘉兵衛)　句返送　半　二
同　同(後修、京、北村四郎兵衛等)　中　二
同　同(後印、京、北村四郎兵衛・北村庄助)　中　二
④入蜀記六巻呉船録二巻　同(寛政六合印、京、瑤芳
堂北村太介・杏林軒北村四郎兵衛)　中　二
⑤同　同　宋陸游(呉)宋范成大　明治一三刊(銅版)小　三
西遊録　元耶律楚材　昭和二刊(活版、神田喜一郎)
白　中　一
客杭日記　元郭畀　文政元序刊(和泉屋金右衛門
等)　返送　中　一
同　同(明治印、村上勘兵衛等)　小　一
(陳眉公訂正)遊名山記四巻　明都穆　刊(木活)
白　大　二
遊名山記四巻　同、黒田善等校　文政九刊(京、積
善堂吉田屋治兵衛等)　句返送△　半　二

(十)　外　紀

⑥大唐西域記一二巻　唐釋玄奘奉勅譯　辯機編　刊
返送　未見　大　六
同　同(承應二印、中野五郎左衛門)　大　六
同　同　附考異・索引　同　(考索)羽田亨等編　明治四二刊(活版)半　四
西域聞見録八巻圖一巻　清(七十一)撰　畑道雲(金
雞)點　寛政一三刊(須原屋茂兵衛等)　句返　中　三

同　同(後印、江、英章吉)　未見　中　三
①扶桑游記三巻　清王韜撰　栗本某(鋤雲)點　明治一二・一三刊(活版、點者)　句返　中　三
同　同(明治一三合印)　中　三
②朝鮮國志四巻　關根録三郎點　明治一六刊(活版、丸屋善七)　句返送　中　二
中山傳信録六巻　清徐葆光撰　服(部)天游(蘇門)等校　明和三刊(京、蘭園)　句返送縦　大　六
同　同(後印、京、錢屋善兵衛)　大　六
同　同(後印、文錦堂林伊兵衛)　大　六
同　同(後印)無刊記　大　六
琉球國志略一六巻首一巻　清周煌　天保二刊(官版)　句返　大　六
同　同(天保三以後印、江、出雲寺萬次郎)　大　六
海島逸誌六巻附二種　清王大海　嘉永元刊(不活、居敬堂)　句　大　四
使東述畧　清何如璋　明治刊(活版)　句返　小　一
同　一巻附使東雜詠　同　(明治)刊　白　中　一

③瀛環《ママ》志畧一〇巻　清霍明高譯徐繼畬編　井上某(春洋)等點　文久元刊(阿波、對嵋閣)　句返圏　大　九
同　同(後印、徳島、宮嶋屋伊左衛門・小西吉④兵衛)　大　一〇
⑤同　同(後印、大、米澤清平)　大　一〇
⑥海國圖志　原存一巻(巻一)　清魏源撰　鹽谷世弘・箕作阮甫校　嘉永七刊(須原屋伊八)　句返圏　大　二
⑦同　原存二巻(巻一三・一四、印度國部)附一巻(巻五二)　清魏源撰　賴醇校　安政三序刊　句返送縦　大　三
同　原存三巻(巻三三ー五、英吉利國)　清魏源撰　鹽谷世弘(宕陰)・箕作阮甫點　安政三刊(江、須原屋伊八)　句返送圏　大　三
⑧同　原存三巻(巻三六ー八、北洋部)　同　安政二刊(江、須原屋伊八)　句返送△　大　三
⑨同　原存一巻(巻三八)　同　安政二刊　句返送圏△　大　一
歐北五國志　同(明治印、樂善堂)　大　一
海國圖志墨利加洲部八巻(原巻三九ー四三)附二巻

①(原巻五四・五一) 嘉永七刊(和泉屋吉兵衛等)
句返送　大 六

海國圖志 原存一巻(巻四六、國地總論) 明治二
序刊(池上學室) 句返送　大 一

③② 暎咭唎紀略 清陳逢衡撰 荒木謇之進點 嘉永六
刊(津、荒木氏) 句返送縦圏　半 一

④ 乘槎筆記二巻 清斌椿撰 大槻誠之點 明治五刊
(脩文塾) 句返送縦　半 二

海國位置録二巻 同(後印)　半 二

(十) 地 圖

大明九邊萬國人跡路程全圖 刊(梅村彌白、筆彩) 特大一鋪

皇明輿地之圖 明崇禎辛未孫起樞重刊嘉靖丙申金
谿吳悌校梓本 刊(臨泉堂)　一鋪

南北兩京十三省圖考 清呂君翰 寛延三刊　大一鋪

北京皇城圖 明人編 寶暦二刊(江、嵩文堂前川六
左衛門)　特大一鋪

歴代地理沿革圖 清馬徵麟訂 李兆洛編 林丑人點
明治一三刊(奎文堂) 句返　半 一

歴代分野之圖古今人物事跡 清呂君翰 寛延刊 (史鈔類、再攷)　一

坤輿萬國全圖 萬暦壬寅刊本 明西洋利瑪竇編
(大正一刊(影印)　一

12 時 令 類

玉燭寶典一二巻(巻九原缺) 貞和鈔本 隋杜臺卿
昭和一八刊(影印、育徳財團) 白　一一巻

熙朝樂事 明田汝成撰 大澤弘(南康)點 安永元
刊(青黎閣須原屋伊八) 返送訓　大 一

同 (題簽見返、上唐年中行事) 同(後印、須原屋伊八)　大 一

清嘉録一二巻 清顧祿撰 安原寛(方齋)校 天保八
刊(須原屋佐助等) 句返　大 五

⑤ 同 同(後修、大、河内屋源七郎等)　半 五

同 同(明治修、東、樂善堂)　半 五

13 職 官 類

(一) 官 制

大唐六典三〇巻 唐玄宗撰 李林甫等奉勅注 近衛

家熙校　享保九序刊(近衛家)　白　大三〇
同　同(大正三印、京都帝國大學文學部
科大學)　白　大一五
同　同　享保刊本　同　昭和一〇刊(影印、京大)
白　大一五
同　同　同　天保七刊(官版)　句返　大八
同　同(後印、江、出雲寺萬次郎)　大八
同　同(後印、江、出雲寺金吾)　大八
同　同(明治印、内務省)　大八
古今官制沿革圖一卷附歴代散官沿革考　明王光魯編
(附)伊藤長胤(東涯)撰　藤好校　寶暦一四跋刊
(京、圓屋清兵衛)　返送縦　大一
(増訂)〔四譯〕館則二〇卷新増官則一卷　清呂維祺
編　昭和三刊(活版、京大文東洋史研究室)　二

(二)　官箴

州縣提綱四卷　宋陳襄　天保七刊(官版)　句返　大一
同　同(明治印、内務省)　大一
官箴　佚存叢書本　宋呂本中撰　林衡校　刊(木活)

①

白　大一
同　宋呂本中　文政四刊(官版)　句返　大一
書簾緒論二卷　宋胡太初　天保一〇刊(官版)　句
返　大一
同　同　同　寶暦一〇刊(洞津、山形屋傳右衛門等)
返送縦　大二
(永嘉先生)八面鋒一三卷　宋陳傅良撰　山家博信
等校　天保一四跋刊(壬生藩自成堂)　句返　大四
同　同(明治印、東、福田屋勝藏等)刊記二種　半四
三事忠告　牧民忠告二卷風憲忠告一卷廟堂忠告一
卷　元張養浩　天保五刊(官版)　句返　大一
同　同　同　嘉永四刊(官版)　句返　大一
同　同(嘉永五印、出雲寺萬次郎)　大一
同　同(明治印、内務省)　大一
牧民忠告二卷　同　刊　返送縦　大一
牧民心鑑二卷　明朱逢吉　寛政一一刊(官版)　句
返　大一
同　同(後印、出雲寺金吾)　大一

同　同(享和元印、長谷川庄左衛門・須原屋茂兵衛)　大一
同　同(文化六印、江、須原屋茂兵衛)　大一
①同　同(文政六印、堀野屋儀助・岡田屋嘉七)　大一
同　同　同　嘉永五刊(官版)　大一
福恵全書三二巻　清黄六鴻撰　小畑行簡(詩山)點　嘉永三序刊(詩山堂)　句返送訓　大一八
同　同(明治印、大、河内屋文助等)　大一八
同　同(明治印、東、大橋操吉等)　大一八

14 政書類

(一) 通制

文獻通考鈔一巻續文獻通考鈔二巻　清史以遇・史以甲選　山井幹六校　明治一〇刊(木活、山井氏三升塾)　句　大三

(二) 各制

漢官舊儀二巻補一巻　漢衛宏撰　清紀昀等編　文化一三刊(官版)　句返縦　大一
同　同(明治印、入于昌平叢書)　大一

(三) 邦計

救荒活民補遺書二巻　明朱熊補　天保七刊(官版)　大二
同　同(明治印、入于昌平叢書)　句返　大二
荒政要覧一〇巻　明兪汝爲編　孟楠・金汝礪訂　刊(覆明)　返送縦　大四
同　同　同　明治刊(活版)　大一
同　同(既見巻一・二)　同　刊　返　中一
(欽定)康濟錄四巻　清陸曾禹　寛政七刊(紀藩含章堂)　句返送縦　大六
同　同(後印、大、河内屋喜兵衛)　大六
②同　同(文政九修、紀、綛田屋平右衛門)　大六
鈔幣論　清許楣　大正一一刊(活版、文求堂)　白　中一

(五) 法令

故唐律疏議三〇巻唐律釋文三〇巻首一巻　唐長孫無忌等奉勅　(釋)元王元亮　文化二・三刊(官版)　句返　大一五
同　同(文化六印、江、須原屋茂兵衛)　大一五
同　同(後印、江、出雲寺萬次郎)　大一五
同　同(明治印、内務省)　大一五

同　同(明治印、東、有隣堂・穴山篤太郎)　大一五

①大明律三〇巻條例三巻　明劉惟謙等奉勅撰 荻生觀(渓北)點　享保八刊(京、梅井藤兵衛・江、松會三四郎)　返送縦　大九

刊記ナキ初印本アリ

②同　同(後印、梅井藤兵衛)　大九

同　同(後印、松會三四郎)　大九

③同　同(後印、京、風月莊左衛門)　大三

同　同(後印、京、出雲寺松栢堂)　大九

同　同(後印、大、河内屋和助等)　大九

同　同(安政三以後印、大、河内屋和助等)　大九

同　同(明治三修、大、石田和助等)　大九

同　同(同、後印、大、大野木市兵衛等)　大九

同　同(同、後印、大、河内屋忠七等)　大九

同　同(同、後印、大、河内屋卯助等)　大九

同　同(同、後印、大、積玉圃柳原喜兵衛)　大三

④校訂大明律直解　昭和一一刊(朝鮮總督府中樞院)

白　一

大明令　大藏永綏點　延享三序刊(容塾)　返送縦大　一

同　同(延享四印、江、前川庄兵衛・西村源六)　大一

(増輯訓點)清律彙纂三三巻首一巻　清沈書城撰　松岡守信等校　明治七・八・一二刊(明法寮・警視局)　句返送　半二四

同　同(合印、東、須原鐵二)　半二四

問刑條令刑律　刊(大、河内屋忠七等)　大一

(六)　通交

⑤萬國公法四巻　美・恵頓撰 丁韙良等譯　慶應元刊(開成所)　句返　大六

同　同(後印、萬屋兵四郎)　大六

同　同(明治四印、同)　大六

公法會通一〇巻　徳・歩倫撰 Bluntschli 美・丁韙良譯 Martin, William Alexander Parsons 岸田吟香點　明治一四刊(活版)　句返送　半五

支那古代萬國公法　美・丁韙良撰 仙田謹一郎點　明治一九刊(活版、明法志林社)　句返　中一

15　詔令奏議類

(一)　詔令

聖諭　清聖祖　刊　句返　大　一
六諭衍義二巻　清范鋐注　享保六刊（官版）　返送
縦　大　二
同　同（後印、須原屋茂兵衛等）　大　二
聖諭廣訓　清聖祖　天明八刊（大、赤松九兵衛等）
返送　大　二
① 康熙帝遺詔一巻新帝登極詔一巻　清聖祖編　岡島
璞編　享保八刊（江、版木屋甚四郎・出雲寺和泉掾）
返送縦　大　一

(二)　奏議

陸宣公奏議一四巻　唐陸贄撰　母里豹校　嘉永七ー
② 安政二刊（木活、養閑盧）　白　大　五
同　四巻附與挙議・覆校與挙議　唐陸贄撰　田口文之校
安政六跋刊（木活、日向、横尾栗）　白　大　四
（唐）陸宣公奏議一二巻首一巻　唐陸贄　文久三刊
（長門、明倫館）　句圏　大　八
同　同（後印　江、和泉屋金右衛門）　半　六
同　同（後修）　半　六

③（葛氏評△點）陸宣公奏議四巻　同、明葛（鼒）評　桑原
忱訂　富岡百錬校　明治二刊（京、五車樓菱屋孫兵
衛等）　句返圏　半　四
同　同（明治三印、大、群玉堂河内屋茂兵衛
等）　半　四
東坡策三巻　宋蘇軾　刊（木活、水戸、進修堂丹虎次郎）
10 21　白　大　三
同　同　同　刊（木活）　10 19　白　半　三
同　同　同　刊（木活）　10 20 単辺無界　白　大　三
同　同　同　刊（木活）　10 20 左右双辺有界　白　大　三
④ 同　同（蘇長公論策）同、藤森大雅編　明治三
刊（名山書房牧野吉兵衛等）　句返評　中　三
蘇長公論策三巻　宋蘇軾撰　丹羽正濟校　明治三
刊（大、河内屋茂兵衛等）　句返　半　三
（松蔭先生批評）東坡策三巻　宋蘇軾撰　吉田矩方
評　吉田庫三校　明治三二刊（活版、松下村塾）　東、吉川半七出版
句圏　半　一

潁濱策二巻　宋蘇轍　刊（木活、澹寧社）白　大二
（宋）李忠定公奏議選一巻李忠定公文選一巻李忠定公詩選一巻　宋李綱撰　赤川次郎編　嘉永六刊（木活、玉山堂山城屋佐兵衛）　大二
同　一巻　宋李綱撰　頼襄（山陽）選　安政四刊（江、山城屋佐兵衛等）句返　大一
同　同（後印東、山城屋佐兵衛）　大一
①李忠定公集鈔　奏議　宋李綱撰　頼襄編　刊（頼氏）
②句返　大一
③行宮便殿奏劄（朱子奏劄）　宋朱熹　刊（京、武村市兵衛）　返送縦　大一
（誠齋先生）錦繍策四巻　宋楊（萬里）　刊（木活）
白　大四
千慮策三巻附淳煕薦士録　宋楊萬里撰　釋英肇校
安政五刊（京、勝村伊兵衛・江、須原屋茂兵衛）
句返　大三
同　同（後印、京、勝村伊兵衛等）無與附本ハ佚カ　大三
④同　同（後印、大、河内屋茂兵衛等）　大三

⑤王陽明奏議選四巻　明王守仁撰　桑原忱編　明治四刊（大、河内屋茂兵衛等）句返　半四
曾文正公奏議鈔二巻　清曾國藩撰　塚達選　明治一三刊（横碧居）句返　半二

○

歴代名臣奏議三一巻　明楊士奇等奉勅編　張溥刪
文久二跋刊（長門、明倫館）句　大六
同　同（文久三印、出雲寺松柏堂）　大二〇

16　目録類

（一）書目

國史經籍志六巻　明焦竑編　徐象橒校　承應三刊（京、板木屋七左衛門）白　大五
同　同（後印、京、野田庄右衛門）　大九
（乾隆欽定）四庫全書總目全四巻　清紀昀等奉勅編
文化二刊（官版）白　半六
同　同（文化五印、和泉屋庄治郎・伏見屋宇兵衛）　半六

同　同（文化一一印、和泉屋庄次郎）　半　六

① 同　同（嘉永五印、出雲寺萬次郎）　半　六

同　同（補修）　半　六

（欽定）四庫全書總目二〇〇巻（巻一三二－末　未刊）

同　刊（木活）　白　大　七五

同　原存三巻（巻一〇三－五　醫家類）　同、石坂文

和點　天保九刊（石坂氏陽州園）　句返送縱　中　三

（欽定）四庫全書簡明目錄四巻（以下未刊）首一巻

清紀昀等奉勅編　爽鳩允點　享和二序刊（田原藩

有朋館）　返　中　六

同　同（後印、江、角丸屋甚助等）　中　六

古今僞書考　清姚首源　文政五刊（官版）　句返　中　一

同　同（後印、和泉屋庄次郎）　文政元年與附流用　中　一

彙刻書目一〇巻　清顧修編　文政元刊（官版）白　中　一〇

② （二）金石

③ 隸續二一巻（有原缺）　宋洪适撰　荒井公廉點　文

化元刊　句　大　四

④ 金石例一〇巻墓銘舉例四巻金石要例一巻　元潘昂

霄（墓）明王行（要）清黄宗羲　寛政一一刊（官

版）白　四庫收入詩文評類　大　四

同　同（享和元印、江、長谷川庄右衛門・須原

屋茂兵衛）　大　四

諸碑別體字考　楷行薈編附録本　清顧炎武　嘉永

七序刊　白　大　一

竹雲題跋四巻　清王澍撰　錢人龍訂　長光太郎校

⑤ 安政四刊（江、山城屋佐兵衛）　返　大　四

同　同（後印、大、河内屋茂兵衛・江、山城屋佐

兵衛）　半　四

同　同（明治印、大、岡本明玉堂等）　半　四

同　同（明治印、京、山田茂助）　半　四

三子部

1 儒家類

孔子家語一〇巻 魏王肅 寛永一五刊(京、風月宗 大 五
智)
②①
孔子集語二巻 宋薛據編 明和元序刊 未見 大 一
同 二巻 同、奥村脩猷(茶山)校 享和元刊(江、
大和田安兵衛・西村源六) 大 二
同 一七巻 清孫星衍編 天保五刊(官版) 大 六
顔子(疏解)二巻 明高陽 延寶二刊(覆清順治、[和
本屋喜右衛門]) 大 四
同 同(後印、唐本屋田中清兵衛) 大 四
顔淵全書五巻 明高陽疏解 同(天和三修、京、永田長
兵衛) 前書ノ外題換本 大 五
荀子二〇巻 態作五巻 (荀子正文) 冢田虎(大峰)校
文化三刊(京、葛西市郎兵衛) 大 五
同 二〇巻 (荀子全書) 世德堂刊本 唐楊倞注
延享二刊(江、梅村彌市郎等) 大 一〇
同 同(後印、京、葛西市郎兵衛) 大 一〇
同 同(後印) 大 一〇
同 二〇巻荀子校勘補遺一巻 (荀子箋釋) 唐楊倞
注 清謝墉箋釋 朝川鼎(善庵)等校 文政一三序
刊(平戸藩維新館) 大 八
同 同(後印、江、和泉屋金右衛門) 大 八
同 同(後印、江、西宮彌兵衛等) 大 八
同 同 (增評荀子箋釋) 唐楊倞注 清謝墉箋釋 村
岡良弼點 明治一七刊(活版、東、報告堂) 半 四
孔叢子三巻 萬曆五年刊本 漢孔鮒 刊 大 四
同 同(後印、京、中川茂兵衛・中川彌兵衛) 大 四
同 同(後印、京、中川藤四郎) 大 四
同 同(後印、兒玉九郎右衛門) 大 四
新語二巻 (陸賈新語) 漢陸賈撰 明范欽校 延
享五刊(江、須原屋四郎兵衛) 大 一
同 同(井上通熙(蘭臺)點、寶曆一二修、須
原屋市兵衛) 大 一
同 同(寛政八以後修、大、河内屋喜兵
衛) 大 一

賈子新書一〇巻（賈誼新書） 漢賈誼撰 青木敦書（昆陽）點 元文二序刊 大五
同 同（寛延二印、京、田中市兵衛等） 大五
同 同（寛政五修、福井軏〔小車〕校） 大五
同 同（明治印、大、岡田茂兵衛） 大三
新書一〇巻 平津館叢書本 漢賈誼撰 清盧文弨校 天保四刊（官版） 大三
同 同（明治印、入于昌平叢書） 大五
鹽鐵論一二巻 漢桓寛撰 明張之象注 伊藤長胤（東涯）點 寶永五刊（徳山藩棲息堂） 大一二
同 同（後印、京、林九兵衛） 大六
① 同 同（天明七印、江、須原屋伊八郎） 大六
② 新序一〇巻（劉向新序） 漢劉向撰 明程榮校 平
③ 〔野〕玄仲（金華）點 享保二〇刊（江、植村藤三
④ 郎） 大五
同 同（後印、江、岡田屋嘉七） 大二
同 同（天保三修、秋田屋太右衛門等） 大二
同 同（明治印、小林新兵衛等） 大二

説苑二〇巻（劉向説苑） 漢劉向撰 明程榮校 寛文八刊（武村三郎兵衛） 大一〇
同 同（後印、瀬尾源兵衛） 大五
⑤ 同 同（後印、須原屋茂兵衛） 大一〇
同 同（後印、名、永楽屋東四郎・江、須原屋茂兵衛） 大五
（新纂門目五臣音註）揚子法言一〇巻 漢揚雄撰 唐李軌・柳宗元注 宋宋咸等添注 萬治二跋刊（中野小左衛門） 大六
⑥ 忠經 舊題漢馬融撰 河合直敬點 今井章校 明治三刊（京、菊屋喜兵衛等） 半一
同 漢馬融撰 土田泰點 明治刊（東、一貫堂）未見 半一
同 同 同 明治一五刊（東、一貫堂鈴木忠蔵） 半一
訓點忠經 漢馬融撰 佐藤益民點 明治一五刊（東、文苑堂・文秀堂） 半一
同 漢馬融撰 秋岡寅之輔點 明治一八刊（東、慶文堂） 半一
忠經 漢馬融撰 大槻清二標注 明治一五刊（嵩山房） 半一

忠經集註詳解　漢鄭玄撰　明余松年校　元祿四刊（松葉清四郎）　大　一
忠經集註　同　明治一六刊（福岡、林磊落堂）　半　一
（御覽頒行）忠經集註詳解　同　明曆二刊（小嶋彌左衛門）　大　一
同　同（後印）　大　一
①忠經集註詳解　頭書本　同、宇「都宮由的」（遯菴）頭書　元祿二跋刊（安田萬助）　大　一
同　同（後印、京、淺見吉兵衛）　大　一
②同　同（後印）　大　一
③同　同（文政八印、京、平野屋善兵衛）　大　一
同　同（安政三以後印、大、河内屋和助）　大　一
④同　同（後印、大　秋田屋太右衛門）　大　一
同　同（後印、井野屋喜兵衛）　大　一
同　同（明治印、小林新兵衛）　大　一
校訂忠經集註　漢鄭玄撰　五十川左武郎増注　明治一五刊（大、明善堂中川勘助）　大　一
⑤鼇頭増注忠經定本　漢鄭玄注　柳澤祐嗣増注　明治一六刊（大、日新書館）　大

増訂忠經集註　漢鄭玄撰　吉田利行補　明治一六刊（福岡、浩然堂）　半　一
忠經集註　〔漢鄭玄〕撰　明姚張斌訂　明治一八刊（山形、佩玉堂）　半　一
忠經大全　明姚張斌撰　三宅均補注　明治一六刊（濱松、齋藤書房）　半　一
潛《マヽ》夫論一〇巻　漢王符撰　奥田元繼「松齋」點　天明六跋刊　大　五
同　同（天明七印、大、田原平兵衛等）　大　五
同　同（後修、河内屋儀助）　大　五
⑥申鑒五巻　漢魏叢書本　漢荀悅撰　明黄省曾注　程榮校　天明六刊（覆明、京、上川治郎吉等）　大　三
⑦女誡一巻附處女賦　漢班昭撰　〔曾我部〕元寬（容所）校（附）井上通　明和四跋刊（容塾）　半　一
（曹大家）女誡　漢班昭撰　龜井魯（南冥）校　天明八跋刊　大　一
同　同（天保一二印、大、河内屋德兵衛等）　大　一
同　同（嘉永四修）　大　一

同　七篇　漢班昭撰　齋藤得衆注　熊「　」高英校　大　一
寛政三刊(齋藤氏琢玉齋)
同　同　同　文化三刊(再刻、江、石井理吉)　大　一
傅子　晉傅玄　享和二刊(官版)　大　一
同　同(明治印、入于昌平叢書)　大　一
①中說一〇巻(影宋本文中子中說)　隋王通撰　宋阮
逸注　文政一〇刊(官版)　大　一
②文中子中說一〇巻附文中子補傳　同、深田正純(厚
齋)校　元禄八刊(修文堂石田鴻鈞)　大　四
同　同(後印、京、唐本屋吉左衛門 玉樹堂)　大　四
同　一〇巻　隋王通撰　宋阮逸注　佐野憲(山陰)校
文化三刊(京、植村藤右衛門等)　總評・文中子纂事・年表ヲ補フ　大　四
③同　同(後修、大、積玉圃)　刊記ハ修文堂即チ跋ハ原刻本ニテ補フ　大　四
同　同(明治印)見返修文堂本ニヨル　大　四
帝範二巻附附考　唐太宗撰　「曾我部」元寛(容所)校
明和四跋刊(出雲寺)　大　一
同　四巻　唐太宗撰　注者未詳　文政一三刊(官版)大　一
同　二巻臣軌二巻　唐太宗撰　注者未詳(臣)唐武后
撰　注者未詳　文化九刊(木活、弘前藩稽古館)大　二
同　四巻臣軌二巻　武英殿聚珍版本　同　刊(木活、
尾州藩明倫堂)注ハ新舊唐志ノ實行ノモノカ未詳。大　二
同　二巻臣軌二巻　唐太宗撰　注者未詳(臣)唐武后
撰　注者未詳　寛文八跋刊(林和泉掾)　大　四
同　同(後印、京、出雲寺和泉掾)　大　二
同　同　同附帝範臣軌解題外題　寛文八跋刊本(狩
谷棭齋手校)　同(解)德富猪一郎(蘇峰)　大正四
刊(影印附活版)　半　三
同　同　同附帝範臣軌訂補　同(訂)細川潤次郎(十
洲)編　大正四刊(石印附活版、宮内省)　大　五
臣軌二巻　佚存叢書之内　唐武后撰　注者未詳　刊(木活)
同　同　同　明治一五刊(東、松林堂)　半　二
臣軌校本二巻　題唐王德纂注　羽山尚德校　明治
一五刊(東、清風閣)　半　二
④復性書　唐李翺　明和四序刊　未見　一
女孝經　唐陳鄭氏　寛政三刊(江、嵩山房小林新兵衛)大　一
女學孝經　同、片山「世璠」(兼山)點　明治六刊(京、

文華堂）　大一
勸孝歌　唐王剛　寛政五刊　未見　一
（唐王中書剛）勸孝篇一巻附同譯文　唐王剛撰　桑
（　孝）寛點　刊　半一
同　同（明和七印、大、尼崎屋佐兵衛）　半一
省心銓要　宋林逋撰　明陳約校　萬治三刊（田中文内）　大一
同　同（後印、平野屋佐兵衛）　大一
（寶顔堂訂正）省心録一巻附漁樵對問　宋林逋撰明
陳繼儒陳天保校　宇津木益夫（昆臺）校　（附）宋
邵雍撰明陳繼儒校　天保一四刊（京、林芳兵衛等）　大一
漁樵問答　宋邵雍　刊　未見　大一
同　同（延寶七修、玉屋吉兵衛）一一一四丁補刻　大一
漁樵對問　省心録附刻本　天保一四刊
家範一〇巻　（温公家範）　宋司馬光　寛政一一刊（官版）　大二
同　同（享和元印、江、長谷川庄右衛門。須原茂兵衛）　大二
迂書　宋司馬光　文政一二刊（官版）　大一
同　同（明治印、入于昌平叢書）　大一
同　（温公迂書）　宋司馬光撰　藤澤恒（南岳）校　明治一一刊（泊園書院）　中一

同　同（後印、大、松田正助）　中一
①（司馬太師温國公文正公）迂書史剡　宋司馬光撰
平遠明（蘭阜）校　享保一八刊（林權兵衛）　大一
②太極圖一巻太極圖説一巻附論性説　宋周敦頤（説）
宋朱熹　天保三刊（木活、仁壽山莊）　半一
同　同附無　寛文四刊（京、村上平樂寺）　大一
同　同　刊　9 18　大一
同　同　文化三刊（京、朝倉儀助・風月庄左衛門）9 17　大一
同　山崎嘉（闇齋）編　刊（壽文堂、延寶八印）初印未考　大一
③同　鼇頭本　宋周敦頤（説）宋朱熹　首書
延寶五跋刊（村上平樂寺）7 15　大一
④同　同　熊谷立閑首書　延寶六刊（京、孫兵衛）6 13　大一
同　同（元祿一三印、江、須原屋茂兵衛）　大一
同　同　大槻清準（平泉）點　文化八刊（養賢堂）　大一
⑤通書二巻　〔宋周敦頤〕撰　朱熹解　寛文六刊（京、
村上勘兵衛）　大二
同　同（後印、鈴木太兵衛）　大二
同　同（後印、京、淡海屋次郎吉）　未見　大二

①同　宋周敦頤撰　朱熹解　大槻清準點　文化九刊　大一
(養賢堂)
②周子書　宋周敦頤撰　山崎嘉編　正保四跋刊　大一
③同　同　延寶八刊(京、壽文堂)　大一
同　同　天保一四刊(風月莊左衛門・河内屋萬助)　大一
周書抄略三巻　山崎嘉(闇齋)編　延寶七序刊(京、
壽文堂)　大三
張書抄略三巻　同　[延寶]刊　大一
西銘　[宋張載撰朱熹解]　刊 8/16　大一
同　同　刊　大一
同　同　寛政一二刊(參前舍)　大一
同　同　寛政一二刊(京、久保權八等)　大一
同　宋張載撰　朱熹解　大槻清準點　文化八刊(養
賢堂)　大一
周張二子書　周子全書七巻張子全書一五巻　(周
張全書)　明徐必達編　延寶三刊(京、武村新兵
衛・田中長左衛門)　大一六
同　同(後印、武村新兵衛)　大一六

同　同(後印、京、天王寺屋市郎兵衛)　大一六
二程全書六八巻(巻四二―四五原欠)　宋朱熹編
④明徐必達校　刊(覆明　大二〇
伊川易傳　二程全書巻四二―四五　宋程頤撰　明
⑤徐必達校　貞享四刊(壽文堂)　↓經部　合印本アリ
二程先生類語七巻二程先生年譜一巻合八巻　明唐
伯元編　姜召等校　明曆三刊　大八
程書抄略三巻　山崎嘉(闇齋)編　延寶元序刊(壽
文堂)　大三
同　同(後印、大、伊丹善兵衛等)　大三
(伊川先生)四箴一巻附附考　宋程頤　(附)[淺見]
安正(絅齋)　刊　大一
晁氏儒言一巻晁氏客語一巻　宋晁說之　天保三刊
(官版)　大二
同　同(明治印、入于昌平叢書)　大二
青沈　(陳了翁責沈文)　宋陳瓘撰　山崎嘉校　刊
(京、武村市兵衛)　大一
童蒙訓三巻　宋呂本中　文化一三刊(官版)　大一

同　　同（明治印、入于昌平叢書）　大　一
（朱子增損）呂氏郷約　〔宋呂本中撰 朱熹編〕　寛
　文八刊（吉野屋權兵衛）　大　一
① 省心襍言　宋李邦獻　文政一二刊（官版）　大　一
② 同　　同（明治印）　大　一
上蔡先生語録三巻　宋謝良佐撰 朱熹編〔中村〕明
　遠（蘭林）校　寳曆六刊（江、前川六左衛門）　大　一
胡子知言六巻胡子知言疑義・附録各一巻　宋胡宏
　撰 橘直道校　寳曆六刊（江、出雲寺和泉掾）　大　二
同　　同（後印）　大　二
（致道先生）崇正辯三巻　宋胡寅　文政九刊（官版）大　三
世範三巻　宋袁采撰 明陳繼儒校　寛文九刊（村上）大　三
同　　同（後印）　大　三
同　　同（天明二印）　大　三
③ 同　同　同　寛政五刊（大、柏原屋清右衛門・柏原
　屋佐兵衛）　大　三
同　　同（後印、吉野屋權兵衛）　大　三
同　　同（後印、大、松村久兵衛）　大　三

世範校本三巻　同、片山信點　嘉永三序刊　三
同　　同（嘉永五印）　三
④ 同　　同（後印、前川善兵衛）　三
世範三巻　宋袁采撰 深井鑑一郎點　明治二五刊 半　一
延△平李先生師弟子答問一巻附延△平李先生答問後録△・
　延平答問補録　（延平答問）　宋朱熹撰　明周木
　校（後・補）明周木　正保三刊（風月宗智）　大　二
同　同　正保四刊　大　二
同　　同（後印、京、風月莊左衛門）　大　二
近思録一四巻　宋朱熹・呂祖謙編 山崎嘉校　安永
　九刊（新發田藩）　9 17　大　二
同　同　同　刊（木活）　大　二
同　同　同　刊（木活、好古堂）　9 16　大　二
同　同　宋朱熹・呂祖謙編 安部井褧校　天保二跋
　刊（木活、會津藩）　10 18　大　二
同　同　宋朱熹・呂祖謙編 山崎嘉點　寛文一〇序
　刊（壽文堂）　9 16　大　二
同　　同（後印、大、武村佐兵衛・京、武村市兵衛）大　二

同　同　同　安永三刊(覆寛文一〇序、壽文堂井上清兵衛)　9/16　大　二
① 同　　同(後印、京、勝村治右衛門等)　大　二
同　同　同　刊(菱屋孫兵衛)　未見　大　二
② 近思録[集解]一四巻　宋葉采　寛文八刊(覆朝鮮、
吉野屋權兵衛)　大　四
近思録集解一四巻　同　天保五刊(覆清、官版)　大　四
近思録[集解]一四巻　同　慶安元刊(風月宗知)　大　八
同　　同(萬治二印、京、吉野屋權兵衛)　大　八
同　　同(後印)　大　八
同　同　宋葉采撰　明吳勉學校　寛文八刊(石渠堂)　大　四
同　　同(寛文一二印、京、吉野屋權兵衛)　大　八
同　　同(寛文一三印、京、吉野屋權兵衛)　大　四
同　同　同　貞享五刊(覆寛文八、江、利倉屋喜
兵衛)　大　四
同　同　同　延寶元刊　未調　大　四
同　同　同　貞享五刊(覆明、京、八幡屋重兵衛)　大　四
同　同　同　元祿七刊(京、芳野屋權兵衛)　半　一
同　　同(文化九印、大、加賀屋善藏)　半　四
同　　同(後印、名、永樂屋東四郎等)　半　四

同　　同(後印)　半　四
③ 同　　同(弘化三修)　半　四
④⑤ 同　同　(鼇頭本)　宋葉采撰　宇[都宮]由的首書
延寶六刊(京、吉野屋權兵衛)　大一四七
同　　同(後印、大、吉野屋五兵衛・京、吉野屋權兵衛)　大　六
同　　同(後印、出雲寺和泉掾)　大　六
近思雜問　宋陳埴　寛文六刊(京、山森六兵衛)　大　一
近思續録一四巻近思別録一四巻　宋蔡模　寛文八
刊(京、小松太郎平)　大　六
五子近思録一四巻　清汪佑編、汪鑑校　天保六刊(大、加賀
屋善藏等)　大　六
(朱文公)童蒙須知　宋朱熹　刊(田村五郎右衛門)　大　一
同　同　寛政九刊(薩摩藩造士館)　半　一
童蒙須知　蒙養書第一冊之内　同　刊
(朱文公)童蒙須知　宋朱熹撰　宇都宮由的(遯庵)
首書　元祿一六刊(大、千種平兵衛)　大　一
同　　同(後印、平瀬新右衛門・新四郎)　大　一
同　　同(後印、大、河内屋八兵衛)　大　一

同　同（後印、岡田屋嘉七）　前書ト先後未攷　大一
白鹿洞書院掲示　宋朱熹　文化一一刊（木活、又新齋塾）　半一
同　〔宋朱熹〕　文政三刊（畏齋）　6/14　半一
同　天保一四跋刊（松崎氏、成徳書院）　大一
同　同　刊（氷戸藩?）　7/13　特大一
同　同　刊　7/18　大一
同　同　刊（木活）　要再考　大一
同　一巻附同附録　宋朱熹撰　山口景徳（剛齋）校　天明七刊（津和野藩養老館）　大一
①同　同（後印、大、河内屋八兵衛・播磨屋九兵衛）　大一
同　宋朱熹　刊　5/12　半一
同　一巻附掲示問　宋朱熹（附）佐藤坦　文政六刊　半一
同　同　同刊　5/12　半一
同　一巻　宋朱熹　天保一四刊（山岸見）　大一
同　同　刊（養賢堂）　大一
同　〔宋朱熹〕撰　芥子川律治校　昭和一三刊（石印、名、愛知縣第一師範附屬小學校）　大一
②同　蒙養書第一冊之内　宋朱熹　刊　大一

③小學全二巻（小學本註）　同　元祿九刊（壽文堂）　小一
同　同　寛政一一刊（官版）　大二
同　同　明治五刊（覆官版）　半二
同　同　同、正木正太郎點　明治一五刊（東、丸屋善七）　官版ノ界線ヲ去リテ覆刻　大二
同　同　明治一五刊（大、文榮書閣）　仝上　大二
同　宋朱熹撰　田中宗確點　明治一六刊（東、丸屋善七）　仝上　大二
④同　（倭版小學）　宋朱熹撰　山崎嘉點　刊（延寶四印、壽文堂）　大二
⑤同　同（後印、大、武村佐兵衛・京、武村市兵衛）　大二
⑥同　同　安永五刊（覆延寶四、京、錢屋利兵衛）　大二
同　同　刊（覆延寶四、天明三印、京、武村嘉兵衛等）　大二
同　同　天保一五刊（覆延寶四、京、田川武右衛門等）　大二
同　同　安永九刊（新發田藩）　大二
同　同　文化元刊（京、風月莊左衛門等）　大二

同　同　同　文政四刊(伊勢崎郷學)　大　二
同　同　同　刊(丹後、明倫館)　大　二
同　同　宋朱熹撰　須賀[安貞](亮齋)校　寛政一〇
刊(麗澤書院)　大　二
①同　同　宋朱熹撰　山崎嘉點　鷲雄左衛門(裕齋)標
注　天保一四刊(山城屋佐兵衛)　大　二
②同　同　同　明治一六刊(東、稲田佐兵衛)　大　二
同　同　同(後印、東、吉田久兵衛)　大　二
同　同　宋朱熹撰　浦野庄三郎點　嘉永二刊(江、青
雲堂英文藏)　中　二
同　同(明治印、東、福田屋勝藏等)　中　二
同　同　同　明治一四刊(覆嘉永二、岐阜、三浦源
助)　半　二
同　同　宋朱熹　嘉永三刊(養賢堂)　大　一
③同　四巻　同、佐藤[坦](一齋)點　天保一一刊(江、
須原屋源助等)　大　四
同　同(嘉永三印、大、秋田屋太右衛門等)　大　四
④同　同(後印)　大　四
⑤

同　同　同　明治三刊　大　四
同　同　宋朱熹撰　安部井褧點　弘化元刊(會津藩
日新館)　大　二
同　全二巻　無注旁訓本　宋朱熹　天和二刊(京、
井上忠兵衛)　大　二
⑥小學集註大全一〇巻附小學總論　明吳訥撰　陳祚
正誤　陳選增注　正保三刊(木活、風月宗知)　大　六
同　同　同　慶安三刊(武村市兵衛)　大　六
小學(句讀)六巻　明陳選　明暦二刊(京、村上平樂
寺)　大　六
同　同(寛文五印、京、田村五郎右衛門)　大　六
⑦同　同　同　寛文六刊　大　六
⑧同　同　同　寛文九刊(新右衛門)　大　四
同　同　同　寛文一〇刊(川崎治郎右衛門)　大　四
同　同　同、馬場直職校　延寶七跋刊　大　四
同　同　明陳選　延寶八刊　大　四
同　同(寛政元修、京、勝村治右衛門・江、須
原屋茂兵衛)　大　四

同　同　延寶八年刊本　同　刊(明治一五印、大、中

川藤四郎)　大　四

① 同　同　明陳選　元祿六刊(江、西村理右衛門)8/17　大　六

同　同　元祿七刊(江、萬屋清兵衛)8/16　大　四

② 同　同　同　刊8/17　刊印未調　大　四

同　同　同　寶永二刊?　未見　寛永カ、然ラバ位置前トナル　大　四

同　同　同　刊(享保二印、京、北村四郎兵衛)10/17　大　四

同　同(天保一四印、大、河内屋勘助等)　大　四

同　同　同、中村之欽(暘齋)點　陶山某(景山)校

享保六刊(大、柏原屋清右衛門等)　大　四

③ 同　同　同、貝原篤信(益軒)點　天和三刊(京、瑞

錦堂)8/18　大　四

④ 同　同(天保八印、大、鹽屋彌七)　大　四

同　同　明陳選　刊(享保一九印、大、松村九兵衛)8.17　大　四

同　同(寶曆六印、京、天王寺屋市郎兵衛)　大　四

⑤ 同　同　同　刊(寛政七印、大、大野木市兵衛等)10/20　大　四

⑥ 同　同　同、後藤世鈞點　文化三刊　未見　大　四

⑦ 同　同　同　文化七刊(北村四郎兵衛)　大　四

同　同　同　天保一四刊?　大　四

⑧ 同　同　明陳選　嘉永三刊(大、加賀屋善藏等)　大　四

⑨ 同　同　同　安政二刊　大　二

⑩ 同　同(明治印)　大　二

⑪ 同　同　同　慶應二刊(大、山内松敬堂)　未見　四

同　同　鼇頭本　同　刊(寛文八印)　大　七

⑫ 同　同(文政元以後印、菱屋孫兵衛)　大　八

⑬ 同　同　同、中井積善(竹山)注　刊(大、懷德堂)　大　三

(合註)小學全二巻　宋朱熹撰明陳選句讀　南摩綱

紀校　野賀郡平標注　明治一九刊(活版)　大　二

⑭ 小學集說六巻　明程念等　刊　大　六

(鼎鍥標題纂意句解評釋)小學合璧四巻　明陳際泰

編　陳仁錫校　萬治三刊(京、婦屋林傳左衛門)ヒ尉　大　二

小學合璧四巻　同　萬延元刊(木活、長谷川氏)　大　四

同　六巻　同、山中幸武標注　萬延元刊(山中幸武)　大　四

小學旨意存是六巻　困勉齋叢書本　明周文德　弘

化三刊(覆清、大草公明)　大　二

同　同(後印)　大　二

①小學章句六巻　明王雲鳳　寛文七刊（京、田中文内）大四
②小學〔纂註〕六巻首一巻　清高愈撰北條讓校　文
政五刊（覆清、福山誠之館）　大四
③同　同（後印、英平吉等）　大四
同　同（明治印、大、柳原喜兵衛）　大四
（増訂）小學纂註校本六巻首一巻　清高愈編川上由
藏校　明治一五刊（堺、赤井堂花野亀藏）　大四
小學纂註校本六巻首一巻　清高愈編　五十川左武
郎校　明治一五刊（大、此村庄助等）　大四
④小學書圖隱括纂要二巻首一巻　刊　大二
朱子抄略三巻　山崎嘉編　延寶九刊（壽文堂）　大五
晦菴先生語録類要一八巻　宋葉士龍編　寛文八刊
（京、田原仁左衛門）　大一五
朱子語類一四〇巻　明朱吾弼編鵜飼信之〔石齋〕・
〔安井〕眞祐點　寛文八跋刊（山形屋）　大六〇
同　同（寛政三修、大、泉本八兵衛）　大四六
⑤同　同（後印、大、秋田屋太右衛門等）　大四五
朱子語類日鈔五巻　清陳灃編　昭和一六刊（活版）　大一

敬齋箴　宋朱熹撰山崎嘉編　明暦元序刊　大一
同　同　刊（京、出雲寺松柏堂）後印カ　大一
同　同　刊（新發田藩）　未詳　大長一
同　宋朱熹〔嘉永〕刊（四益堂）　半一
同　一巻附格致補傳　同　文久三跋刊（平戸藩主
松浦詮）　半一
仁説　同、山崎嘉校　刊（村上平樂寺）　大一
朱子訓子帖一巻附同附録　同、（附）山崎嘉編　刊
（武村昌常）　大一
同　同（後修）　大一
行宮便殿奏劄（朱子奏劄）　宋朱熹撰　山崎嘉點
刊（武村市兵衛）　大一
朱子答呉晦叔知行書　宋朱熹　刊　大一
朱子讀書之要　宋朱熹撰山崎嘉編　刊　大一
朱子讀余隱之尊孟辨三巻　宋朱熹　元祿八刊（大、
池田屋三郎右衛門）　大一
不自棄文　同　延寶五跋刊（川崎七郎兵衛）　大一
⑥朱子靜坐説　同　正德四刊（名、風月孫助）　大一

學的二卷　明丘濬編　鵜〔飼〕信之點　承應二刊（京、
村上平樂寺）　大二
同　同（元祿一三印、上村四郎兵衛）　大二
同　同（後印、京、丁字屋源次郎）　大二
同　同（後印、京、丁字屋源次郎等）　大二
同　同（元治元印、秋田屋太右衛門等）　大二
（晦菴朱先生）心學録七卷　明王蓂編　明暦元刊
（京、婦屋林傳左衛門）　大五
同　同（寛文三修、京、村上平樂寺）　大五
同　同（明和六修、京、海老屋彌兵衛・伊豫屋
佐右衛門）　大三
同　同（後印、江、藻雅堂須原屋嘉助）　大二
同　同（後印、大、河内屋藤兵衛）　大二
朱子文語纂編一四卷　清嚴鴻逵編　安政三刊（覆
清、濱松藩主水野氏）　大一〇
①同　同（後印）　大一〇
（陸稼書先生）讀朱隨筆小注四卷　清陸隴其撰　趙
②鳳翔等校　天保四刊（官版）　大四

程董二先生學則　宋程端蒙・董銖　文化一〇刊（學
習齋）　大一
大學衍義四三卷　宋眞德秀撰　明陳仁錫校　刊（覆
明）（篠山藩）　大二〇
③同　同（天明七修、京、林伊兵衛等）　大二〇
同　同（後印、前川文榮堂河内源七郎）　大二〇
大學衍義補一六〇卷首一卷　明丘濬撰　陳仁錫評
福井軏（衣笠）校　寛政四序刊（篠山藩）　大六〇
同　同（寛政五印、京、林伊兵衛等）　大六〇
同　同（後印、大、柏原屋清右衛門、同武助）　大六〇
同　同（後印、京、秋田屋太右衛門等）　大六〇
同　同（後印、河内屋茂兵衛）　大六〇
心經附註四卷　明程敏政　正保四刊（京、澤田庄左
衛門）　大二
同　同（慶安二印、京、村上平樂寺）　大二
同　同（後修）　大二
（北溪先生）性理字義二卷　〔宋陳淳〕　寛永五刊
（中野宗左衛門）　大二
同　同　同　寛永九刊（中野宗左衛門）　大二

同　同（後印、中野市右衛門）　大　二

同　同（後印、中野小左衛門）　大　二

同　同　首書本　同、熊谷立閑首書　寛文一〇刊

①（中野小左衛門）　大　二

同　同（後印、中野宗左衛門）　大　二

②（北溪先生）字義詳講二巻附一巻　宋陳淳撰　王雋編　山脇重顕點　寛文八刊（京、村上平楽寺）　大　二

③（新編音點）性理羣書句解二三巻　宋熊節編　熊剛大集解　寛文八刊（吉野屋惣兵衛）　大　六

同　同（後印）　大　六

性理字訓　舊題宋程端蒙撰　程若庸補　寛文刊未査　大　一

④同　同（後印）　前書ト同異再調　大　一

（程勿齋先生）性理字訓　同　安永刊　未見　大　一

性理字訓　同、江川龍校　寛政元刊（方圓齋）　大　一

性理字訓［補註］　刊（上村四良兵衛）　大　一

天地萬物造化論　宋王柏撰　周顕注　寛永一九刊（京、田原仁左衛門）　大　一

⑤同　同　刊　未見　大　一

⑥同　同（後印、大、寺田與右衛門）　大　一

同　同（文政一一印、大、加賀屋善藏）　大　一

同　同（天保五印、大、加賀屋善藏）　大　一

（考註）百忍圖附附錄　宋王應麟撰　明王止菴注　釋敬雄（金龍道人）校　明和六刊（京、梅井藤兵衛）　半　一

⑦（屛山李先生）鳴道集説　金李之純撰　赤松連城點　明治二八刊（活版、東、清水精一郎）　半　一

許魯齋先生心法　佚存叢書之内　元許衡撰　明韓士奇校　［寛政］刊（木活）　大　一

同　同、近藤養元點　寛文九跋刊　大　一

同　一巻魯齋心法附錄一巻　元許衡撰　明韓士奇校　伊藤維楨（仁齋）點　元祿四刊（京、林九兵衛）　大　一

石堂先生字義　元陳晉　刊　未見　大　一

同　同（寛文一一印、田原仁左衛門）　大　一

同　同（元祿七印、林九兵衛）　大　一

⑧（程氏家塾）讀書分年日程三巻綱領一巻　元程端禮　文化七刊（官版）　大　二

同　同（明治印、入于昌平叢書）　大二
①正俗篇　元王某（逸庵）撰　宇都宮由的（遯庵）點
寛文五跋刊　半一
②理學類編八卷　明張九韶　慶安二刊　大八
同　同（萬治二印、京、吉野屋權兵衛）　大八
同　同（後印）　大八
③孝經列傳一卷版心作卷七　明胡時化編　刊　大五
造化經綸圖　明趙謙　文政二刊（官版）　大一
童子習　明朱逢吉撰　淺見文次郎點　享保一〇刊
（京、風月堂莊左衛門）　大一
（新刻）性理大全七〇卷首一卷　明胡廣等奉勅撰
小出立庭（永庵）點　承應二刊（京、野田庄左衛門・
田中清左衛門）　大五一
同　同（後印、小嶋彌左衛門・田中清左衛門）大五一
（大明仁孝皇后）勸善書抜書二〇卷　釋日統編　寛
文三刊（京、西田勝兵衛）　大五
（大明仁孝皇后）内訓一卷附女訓・（大明）孝慈昭憲
至仁文德承天順聖高皇后傳　明内府刊本　明仁
孝皇后（女）明慈仁皇后（傳）明太宗　昭和六刊
（影明、皇后宮職）　特大二
同　同　同　天保三刊（官版）　大二
同　同（明治印、入于昌平叢書）　大二
五倫書六二卷　明宣宗撰　小出立庭點　寛文八刊
（京、小嶋彌左衛門）　大二二
讀書錄△一一卷讀書續錄△一二卷　明薛瑄撰　李淶等
校　刊　大一二
同　同（享保七修）　大八
④同　同、薛文清公策目一卷　同、（策）明甯杲編　刊　大五
同　同（天明八修、大、高橋善助等）　大八
同　同（天保四修、大、柳原喜兵衛等）　大六
同　同（後印、河内屋源七郎）　大六
（薛文清公）讀書錄抄二卷　（合刻宋明四先生語錄本
明薛瑄撰　凌琯編　刊
薛文清公策目　明甯杲編　張銓校　刊　大一
從政錄　明薛瑄　寛文二刊（京、村上平樂寺）　大一
（薛△文。清公）從政名言　明薛（瑄）撰　胡纘宗編　劉九容校　刊（木活）　半一

同　同　寛文九刊（山森六兵衛）　大　一
同　　同（後印？・京、天王寺屋市郎兵衛）　大　一
同　　同（後印、大、河内屋喜兵衛）　大　一
同　同　寛政四刊（京、唐本屋新右衛門）　大　一
○寛文九年刊本ト刊印關係再査スベシ。　大　一
同　　同（後印）　大　一
同　　同（文久三修、大、河内屋喜兵衛等）　大　一
同　明薛瑄撰　胡續宗編　寛政一一刊（官版）　大　一
①同　同　嘉永四刊（官版）　大　一
同　　同（後印、出雲寺萬次郎）　大　一
居業錄。四巻　明胡居仁撰　陳邦瞻・陳大綬校　刊
（中川彌兵衛・中川茂兵衛）　大　四
同　　同（後印）　大　四
性理千字文　明夏太和　寛文九刊（江、田中市兵衛・
京、田中長左衛門）　大　一
忠箴一巻附孝箴・青宮勉學詩十首・養老館記　明
丘濬（養）山口景德　天明七跋刊（津和野藩養老
館）　大　一

異端辯正三巻　明詹陵　寛永二一刊（京、風月宗知）大　一
同　　同（後印、始屋仁兵衛）　大　一三
同　同　同　刊（覆明嘉靖）　大　三
傳習錄。三巻附陽明先生詠學詩　明王守仁撰　徐愛
編（附）楊家猷編　刊　大　七
同　同　同　慶安三刊（風月宗知）　大　七
同　同　同　刊（覆慶安三）　大　七
②同　三巻傳習附錄。一巻　標注本　明王守仁撰
〔徐愛〕編　三輪希賢校　正德二刊　大　四
同　　同（後印、京、風月莊左衛門）　大　四
同　　同（後印、京、丁字屋藤吉郎等）　大　四
③同　　同（明治印、大、岡田群玉堂）　大　四
同　　同（後印、大、中川勘助等）　大　四
④同　三巻附欄外書　明王守仁撰〔徐愛〕編（附）佐
藤〔坦〕（一齋）　明治三〇刊（活版）　半　三
⑤陽明先生則言二巻　（合刻）宋明四先生語錄本、明
王守仁撰　錢中選校
（合刻）宋明四先生語錄　朱子語錄一巻象山先生語

録三巻(薛文清公)讀書錄抄二巻陽明先生則言二
巻　明呉勉學編　慶安五刊　大一〇
困知記二巻同續二巻同附録一巻版心作五巻　明羅欽順
萬治元刊(野田弥次右衛門)　大三
同　同(寛文三印)　大三
同　同　同　寛文七刊(京、山形屋七兵衛)　大五
①同　同(寶永三印)　大三
同　同(後印)　大四
②吉齋漫録二巻　明呉廷翰撰　呉國寶編　刊　未見
學蔀通辯前編後編續編終編各三巻　明陳建撰　清
顧天挺校　安政四刊(官版)　大四
同　同(後印、出雲寺萬次郎)　大四
同　同(明治印、入于昌平叢書)　大四
③同　同　明陳建撰安東守正(省菴)點　寛文三刊
(京、林傳左衛門)　大三
性理紀聞四巻　明葉涵　寛文七刊(小川太右衛門。
栗原九右衛門)　大四
同　同(寛文九印、山森六兵衛)　大四

閑闢録一〇巻　明程曈　文政一〇刊(官版)　大四
同　同(後印、出雲寺金吾)　大四
山中讀書印全三巻讀書印補一巻　明張鼐　萬治三
刊(京、竹笠屋清右衛門)　大二
④經學玄談三巻　同　正德刊　要調　大三
龍溪語録六巻　明王畿撰　貢安國編　昭和七刊(影
明萬曆、京城、葛城末治)　大三
⑤(崇正書院翻刻馮貞白先生)求是編　明馮柯　慶安
三刊(京、村上平樂寺)　大四
呂新吾先生語録六巻附呻吟語疑　明呂坤撰　清陸
隴其等校(附)清陸隴其　萬延元刊(官版)　大五
⑥(蕺山先生)人譜一巻人譜類記二巻　明劉宗周撰
⑦清洪正治編、谷操(繹齋)點　天保一二刊(大、岡田新治郎等)　大四
同　同(後印、河内屋和助等)　半二
同　同(明治印、大、河内屋茂兵衛等)　半二
同　同(明治印、大、柳原喜兵衛)　半二
人譜正編　明劉宗周　弘化三序刊　大一
袁了凡先生四則　明袁黄　文政元刊(木活)　半一
分類二十四章孝行録註解　明陳季常校　刊　大一

孔夫子三計圖・(寇萊公)六悔銘・(王逸庵)正俗篇・
程董二先生學則各一巻　刊(木活、志村五城)　中一
備忘四巻備忘録遺一巻　清張履祥撰　板倉勝明點
天保七序刊(板倉氏甘雨亭)　半四
同　同(天保八印、江、須原屋源助)　半四
明夷待訪録　清黄宗羲撰　黄承乙校　明治三六刊
(活版、東、文求堂)　中一
①吉齋漫録二巻　明呉廷翰撰　呉國寶編　刊
②格言僅録　昭代叢書本　清王仕雲撰　土井恪校
(明治)刊(木活、津藩)　大一
塾講規約　清施璜　文化一一刊(官版)　大一
③寒松堂庸言　清魏象樞撰　吉村信之助(抑亭)校
文久二刊(俵藩松陽樓)　大一
同　同(文久三印、大、河内屋新治郎)　大一
(朱夫子)治家格言　清朱(用純)　寛政四刊(高松
藩講道館)　48　大一
同　同　刊(比賢館)　69　大一
同　同　明治二八跋刊(活版、宮城、野村秀正)　半一

朱子家訓　同　天保五刊　大一
同　同、織田權(道齋)點　弘化三序刊(慶雲館)　大一
父師善誘法二巻　讀書作文語附刻本　清唐彪編
唐驤等校　享保二刊
同　同(後印)
齊家遺範　清陳宏謀編　顧金臺校　堀越善重郎點注
明治二四刊(東、堀越氏)　半四
④重増身世準繩四巻　清李廼先編　田結荘邦光校　明
治一九刊(外山氏)　半四
⑤聰訓齋語二巻　清張英撰　高澤達校　天保九・一〇
刊(江、須原屋善五郎等)　半二
經解入門八巻　舊題清江藩　昭和五刊(活版、京、
弘文堂)　半一
儒門語要六巻　清倪元坦編　倪頌堯校　弘化二刊
(京、堺屋仁兵衛)　大三
同　同(慶應元印、河内屋茂兵衛等)　大三
同　同(明治印、京、川勝徳次郎)　半三
輶軒語一巻附勸學編抄　清張之洞撰　小島祐馬點

大正四刊(活版、京、彙文堂)　半一

醒世格言　清無名氏撰　飯島耿介點　明治一五刊
(活版、東、玉山堂)　半一

○

①女四書全四巻　清王相注　西坂衷校　嘉永七刊(西
坂氏孝友堂)　大四

同　同(明治印)　大四

②同　同　同　明治二六刊(東、目黒書店)　半一

2 兵家類

六韜六巻同逸文一巻　平津館叢書本(逸)清孫同
元編　天保四刊(官版)　大二

同　同(後印、山城屋佐兵衛)　大一

同　同(明治印、入于昌平叢書)　大二

孫子白文　刊(木活)　半一

孫子　刊(木活、萩藩明倫館)　右ト同異未考　半一

孫子正文　刊(先憂後楽堂)　大一

孫子二巻孫子略解三巻　櫻田廸點　嘉永四序刊
(濟美館)　大四

(魏武帝註)孫子三巻　魏武帝注　岡白駒校　寶暦
一四序刊(蓮池藩)　大一

同　同(後印、京、村上勘兵衛)　大一

③同　同(後印、村上勘兵衛等)　大一

④同　平津館叢書本　魏武帝注　天保四刊(官版)大一

同　同(後印、出雲寺萬次郎)　大一

⑤同　同(明治印、入于昌平叢書)　大一

同　官版本　同　明治一六刊(銅版、東、江島
伊兵衛)　特小一

同　同　同、鹿又常點　明治一四刊(銅版、東、擁萬
堂)　特小一

(魏武帝註)孫子評說三巻　魏武帝撰　奥平神錫編
慶應三刊(大、文淵堂敦賀屋爲七)　特小一

孫子集註一三巻　明黄邦彦刊本　宋吉天保編　明
黄邦彦校　寛文九刊(京、村上勘兵衛)　大七

⑥同　同(後印、大、文榮堂伊丹善兵衛等)　大七

⑦孫子十家註一三巻孫子遺說・孫子敍録各一巻　宋

吉天保編　清孫星衍・呉人驥校　（遺）宋鄭友賢
（敘）清畢以珣編　天保一三刊（覆清、官版）　大四
同　同　同　嘉永六刊（覆清、官版）　大四
同　同（後印、出雲寺萬次郎）　大四
同　同（明治印）　大四
（趙註）孫子五巻附孫子考　明趙本學撰　梁見孟・周
著校　窪田清音點（附）長山貫　文久三刊（窪田氏）大五
呉子二巻　平津館叢書本　清孫星衍校　天保四刊
①（官版）　大一
同　同（明治印、入于昌平叢書）　大一
〔孫呉約説〕　孫武子一巻呉子一巻合二巻　明何言撰く
② 富岡〔猷輔〕〔鐵齋〕校　慶應二刊〔居易堂〕　特小二
③ 司馬灋三巻　平津館叢書本　天保四刊（官版）　大一
同　同（明治印、入于昌平叢書）　大一
（黄石公）三略三巻　荒木祐辰校　元和三跋刊（覆
④ 古活、京、上島勘三郎）　大一
素書　素書國字解附刻本　宇〔佐美〕恵〔灊水〕校
⑤ 明和二刊　半一

（黄石公）素書　宋張商英注　釋玄昌點　〔寛永〕刊　半一
同　同（後印）　異版ノ如クシテ同版ナリ　大一
同　同（後印、京、出雲寺和泉掾）　半一
同　同　天明刊（福江藩育英館）　未見　一
同　同、（源）美忠校　寛政七刊　未見　一
⑥ 心書　舊題蜀諸葛亮　慶安四刊（京、村上平樂寺）　大一
七書　無點本　孫子三巻呉子二巻司馬法三巻尉繚
子五巻（黄石公）三略三巻六韜六巻唐太宗李衛公
問對三巻　釋元佶校　江戸初刊（覆伏見版）　大七
同　附訓點本　孫子三巻呉子二巻司馬法三巻尉繚
子五巻（黄石公）三略三巻（黄石公）六韜六巻唐太
宗李衛公問對三巻　同　刊　大七
同　同　同　刊　大七
○静嘉堂所藏本右二種ノ何レカ、別カ、未考
同　孫子三巻呉子二巻司馬法三巻尉繚子五巻（黄
石公）三略三巻六韜六巻唐太宗李衛公問對三巻
同　寛永二〇刊　特大七
同　同　同　正保三刊　大七

同　孫子・呉子・司馬法・尉繚子各一巻(黄石公)三
略三巻六韜・唐太宗李衛公問對各一巻　林信勝
點　萬治二刊(野田弥兵衛尉)　大　七
同　同(後印、風月庄左衛門)　大　七
同　七巻態　寛文四刊(京、清水重右衛門)　大　七
同　全七巻　天和三刊　未確認　半　二
①同　同(江戸末印)　半　二
②(正文)七書序首　全七巻態　渓百年校　寛政五刊
(寛政七印、大、柏原屋嘉兵衛・江、西村源六)　大　二
③同　同(後印、大、河内屋太助)　大　二
同　同(明治印、青木嵩山堂)　大　二
七書　孫子三巻呉子二巻司馬法三巻唐太宗李衛公
問對三巻尉繚子五巻(黄石公)三略三巻六韜六巻
④渓百年點　安政二刊(大、河内屋太助等)　中　四
同　同(萬延元印、大、河内屋源七郎等)　中　四
同　同(後印)　中　四
同　同(文久修)　中?　一
⑤七書正文三巻　慶應二刊(大、河内屋源七郎等)　小　一

(標題)武經七書全文七巻附武經直解開宗合參　清
⑥汪桓校　(附)明張居正編　延寶刊　大　五
⑦同　同(後印、大、河内屋太助等)　大　五
同　同(後印、大、河内屋仁助等)　大　五
⑧(武學上舍施氏)七書講義四二巻　金施子美　寛永
一一刊(豐雪齋道伴)　大　一六
同　同(元祿一一印)　大　二〇
同　同(後印、井上忠兵衛等)　大　二〇
(施氏)七書講義四二巻　同　文久三刊(官版)　大　一〇
同　同(明治印)　大　一〇
⑨武經直解一二巻　明劉寅撰張居正增翁鴻業校　寛
⑩永二〇刊(京、澤田庄左衛門)　大　一四
⑪同　同(後印)　大　七
⑫同　同(元治元修、京、丁子屋庄兵衛)　大　一四
⑬武經開宗七種附七書義解宗評訂識　孫子二巻呉子・
司馬法・太宗問對・尉繚子・三略各一巻六韜二巻
⑭明黄獻臣　(附)山中倡庵　寛文元刊(中野市右衛門)　大　一四
(増附)武經七書評釋節要三巻　明陳元素校　寛文八刊(京、田中清左衛門)　大　二

(還讀齋秘擬鄉會兩聞標題主意增補)武經七書集註大全。
七巻首一巻　清王式玉編　林嗣環、錢登峰閲　元祿二刊　大五
殘儀兵的　題宋蘇軾　刊(林甚右衛門)　大　一
同　同(後印、川勝五郎右衛門)　大　一
同　同(後印、大、河内屋八兵衛)　大　一
同　同(後印、大、秋田屋太右衛門等)　大　一
同　同　寶永六刊?　未見　或ハ右後印カ　一
軍林兵人寶鑑　寛永一三刊(道也)　大　一
○或ハ和書。
同　刊　大　一
軍政集三巻　刊　大　一
○或ハ和書、二部前後未攷。
紀効新書一八巻首一巻　明戚繼光撰　平山潛(兵庫)校
寛政一〇刊　大　六
①同　同(後印、江、須原屋伊八)　大　六、
同　同(後印、須原屋伊八等)　大　六
②同　一四巻附一巻　明戚繼光撰　渡邊足保訂　弘
化二刊(大村五教館)　大　六

同　同(弘化三印、江、和泉屋善兵衛等)　大　六
紀効新書定本九巻圖解一巻　明戚繼光撰　相馬肇
編　安政八刊(大、秋田屋善助等)　大　六
練兵實紀九巻　明戚繼光撰　藤川憲點　弘化元刊
(弘化四序印、衡權堂)　大　六
③百戰奇法　明章潢　明曆四刊　未見　大?七
武備志二四〇巻　明茅元儀撰　鵜(飼信之)點　寛
文四刊(覆明天啓、中野氏)　大一〇〇
同(後印)　大八一
④同　同(寛政修、大、河内屋太助等)　大八一
同　同(後印、大、河内屋喜兵衛)　大八一
同　同(後印、大、秋田屋太右衛門等)　大八一
洴澼百金方一四巻　清惠麓酒民　嘉永元刊　大一六
神器譜五巻　明趙士禎撰　清水正德校　文化五刊
⑤(江、英平吉郎等)　大　五
同　同(弘化二印、江、青藜閣須原屋伊八)　大　五
同　同(後印、江、和泉屋金右衛門等)　大　五
⑥(西洋火攻)神器説　一巻附(西洋火攻)神器説國字解・
同補闕　兵錄巻十三所收　明何汝賓撰　平山潛校

〔國〕〔荻生雙松〕撰 堀貞結・平山潛校〔補〕平山潛撰
源貞篤校 享和二刊（江、須原屋伊八等） 大 二
利器解 文化六刊（江、西宮彌兵衛等） 大 一
武經射學正宗三卷 明高穎撰 江起龍編〔荻生〕茂
卿點 安永九刊（文刻堂葛西市郎兵衛） 大 三
武經射學正宗指迷集五卷 明高穎撰 荻生茂卿點
① 宇佐見惠校 天明五刊（京、葛西市郎兵衛等） 大 五
白猿奇書兵法雜占彖詞 舊題唐李靖撰明蘇茂相校
慶安四刊 大 二
（諸葛孔明異傳）兵法註解評林七卷 明章嬰注 薛
② 采評 萬治四刊（佐野七左衛門・中野仁兵衛） 大 七
同 同（寶永六印、大、大野木市兵衛） 大 七
何博士備論 浦城遺書本 宋何去非撰 清梁章鉅・
祝昌泰校 萬延元刊（官版） 大 一
同 同（後印、出雲寺萬次郎） 大 一
同 同（明治印） 大 一

3 法家類

管子〔抄〕 群書治要本 刊（木活） 9 16 無注 大 一
同 刊（木活） 9 17 無注 大 一
③ 管子二四卷首一卷 （管子全書） 舊題唐房玄齡注
明劉績增注 朱長春通演 沈鼎新・朱養純評 朱養
和編 武〔田〕欽繇校、 寶曆六刊（京、林權兵衛等）大 一三
④ 同 同（村瀨之熙修、寛政八修） 大 一三
同 同（同、後印） 半 六
⑤ 同 同（後印、大、伊丹屋善兵衛等） 大 一三
⑥ 同 同（後印、京攝書房等） 大 一三
同 同（文政印） 大 一三
弟子職一卷附一卷 梁瀨昆滿點 元文五跋刊（大、
河内屋八兵衛） 大 一
同 市川匡點 明和六序刊（三恕堂） 大 一
同 孝經合刊本 明和九刊 大 一
同 一卷附周易序 古文諸家傳受集本 頭書本
唐房玄齡注 明劉績增 張榜評注 刊
弟子職〔集註〕 孝經集註合刊本 清任兆麟 寛政四
刊（大、泉本八兵衛等）
商子五卷 漢魏叢書本 明程榮校 明和三刊（京、

田中市兵衛）　大二
韓非子二〇巻同識誤三巻　山田政徳等校
（識）清顧廣圻編　弘化二刊（覆清覆宋、脩道館）大七
① 同　二〇巻　芥川煥［丹邱］校　享保二刊　未見　大一〇
同　同　同　延享三刊（京、玉樹堂唐本屋吉左衛門・
博文堂丸屋市兵衛）　大一〇
同　同（後修、巻一一―二〇改版）　大一〇
同　同（韓非子全書）　同　寛政七刊（大、柏原屋
② 與左衛門）　大一〇
③ 同　同（文化八印、京、林伊兵衛）　大一〇
④ 韓非子識誤二巻　清顧廣圻編　刊（平戸、維新館）大二
⑤ ○修道館刊本、或ハコノ後印カ。
棠陰比事三巻　宋桂萬榮撰　元田澤校　［寛永］刊
（覆古活、京、闘吉右衛門）　大一
⑥ 同　同　同　刊（覆寛永、青藜閣須原屋伊八）　大三
同　同（後印、江、須原屋伊八等）　大三
⑦ 同　同　同　寛文一三刊　未見　大
祥刑要覧　明呉訥　寛永四刊（松岡作左衛門）　大一
⑧ 同　同、若山拯校　天保五序刊（岩村稽古所）　大一

4 農家類

齊民要術一〇巻首一巻　津逮秘書本　後魏賈思勰撰　山田好之
（羅谷）點　延享元刊（覆明、京、向榮堂山田三郎兵衛）大五
⑨ 同　同（文政九修）　大五
同　同（同、後印、大、河内屋喜兵衛等）　大五
耕織圖二巻　宋樓璹　延寶四跋刊（京、某氏）　大二
⑩ 農書三巻蠶書一巻　宋陳旉（蠶）宋秦觀　文政一三
刊（官版）　大一
救荒野譜一巻同補遺一巻　明王磐（補）明姚可成
刊（京、白松堂）　大一
同　同（後印、京、長松堂）　大一
同　同（後印、京、華文軒）　大一
⑪ （周憲王）救荒本草一四巻救荒野譜・同補遺各一巻 版心作二巻 大一
⑫ 明徐光啓編　松岡成章點（野）明王磐（補）明姚
可成　享保元刊（京、柳枝軒等）　大一七
同　一四巻救荒補遺一巻（巻九）救荒野譜・同補遺

各一巻　明徐光啓編（野）明王磐（補）明姚可成
小野識博（蘭山）校　寛政一一刊（京、長松堂大路
次郎右衛門）　大九
農政全書原存二巻（巻二五・二六）経典穀名考附刻
本　明徐光啓編　文政一〇刊（寶善堂）
耕織圖一巻附世宗詩及和聖祖詩韻　清聖祖撰　焦秉貞
畫（附）清世宗等　文化五刊（覆清、套印、姫路藩）
特大二帖
同　同（後印、須原屋平助等）　特大二帖
同　同（後印）　特大　二
同　同　同（明治）刊（銅版、套印、東陽堂）　特大二
同　同　同、森琴石摹　明治一六刊（銅版、套印、大、
同仲館）　横小二
（欽定）授時通考七八巻　清蔣溥等奉勅撰　織田完之
等校　明治一四刊（内務省勧農局）　大二四
① 重修植物名實圖考三二巻　清呉其濬撰　小野職愨重
修　岡松辰（甕谷）點　明治一六－二〇刊（活版、東
奎文堂）　中四〇

農具記　檀几叢書本　學藝叢談第二編所收　清陳
椒峯　明治一一刊（活版）

6　天文算法類

(一)　推　歩

周髀算經圖注　清呉烺　昭和一〇刊（影清、京大學生）中一
歩天謌　隋丹玄子　文政七跋刊（齊政館）　一帖
同　同、宋鄭樵補　三谷樸點　寛政九刊（京、華文軒
林宗兵衛・斯文堂中西卯兵衛）　小一
② 天經或問二巻圖一巻附大略天學名目抄　清游藝編
西川正休點　享保一五刊（江、萬屋清兵衛）　大四
同　同（後印、江、若菜屋小兵衛）　大四
同　同（寛政六修）　大四
同　同（後印、嵩山房）　大四
③ 崇禎暦書暦引二巻附暦引圖編　清李天經督修　伊羅
雅谷撰　伊龍華民・獨湯若望訂　澀川佑賢校（附）
澀川景佑《スケ》　安政二刊（木活附整版、渡邊粃）　大三
暦學疑問三巻　清梅文鼎撰　魏荔彤編　文政三刊

(齊政館)　大　三
同　同(後印、京、梶川利助等)　大　三

(二)　算書

①算經　孫子算經三巻五曹算經五巻海島算經一巻五經算術二巻夏侯陽算經三巻　(孫・五)唐李淳風奉勅注　(海)晉劉徽注　唐李淳風注　(五)北周甄鸞撰　唐李淳風注　寛政四刊(佐伯藩)　大　五
同　同(後印、京、葛西市郎兵衛等)　大　五
②(新編)算學啓蒙三巻總括一巻　元朱世傑　萬治元跋刊(京、田原仁左衛門)　大　三
③同　同(後印、京、天王寺市郎兵衛)　大　五
④(新編)直指算法統宗一七巻　明程大位　延寶四刊(江、唐本屋太兵衛・京、唐本屋清兵衛)　未見　大一二
同　同(後印、京、唐本屋忠兵衛)　未見　大一二
同　同(後印、京、河南四郎右衛門)　大　七
同　同(後印、大、田原平兵衛)　未見　大　六
同　同(後印、大、河内屋八兵衛)　半　五

7　術數類

(一)　數學

元經一〇巻　陰陽五要奇書第一・二册　題晉郭璞撰趙載注　明江之棟編　文化一一刊(齊政館)　大　二
⑤洪範皇極内篇五巻後錄一巻　宋蔡沈　寛文七序刊(壽文堂)　大　六
⑥天原發微五巻首一巻　宋鮑雲龍撰　元方回校　明鮑寧辨正　寛文九刊(京、唐本屋田中清兵衛)　大一〇

(三)　相宅相墓

黄帝宅經　苗村元長校　文化元刊(京、教來寺彌兵衛・西尾六兵衛)　大　一
同　同(後印)　大　一
同　同(後印、大、河内屋喜兵衛等)　大　一
同　同(明治印、大、文榮堂前川善兵衛)　大　一
同　同(明治印、含章堂藤屋橋本德兵衛)　大　一
(文殊師利菩薩及諸僊所說吉凶時日善惡)宿曜經二巻　唐釋不空奉詔譯　楊景風注　延寶九刊(京、村上勘兵衛)　大　二

同　同（明治印）　大　二

（四）占卜

①大易通變（焦氏易林）　漢焦贛撰　明喬鉢校　閻性
道點正　元祿五刊　大　六
②同　同（後印、京、風月堂野田氏）　大　六
③（邵康節先生）心易卦數（梅花心易）　舊題宋邵雍
寛永一〇刊　大　一
同　同（萬治二印、京、表紙屋庄兵衛）　大　一
同　同　寛永二〇刊（京、［田原］仁左衛門）　大　一
同　同（正保二印、豊興堂）　大　一
同　首書同　寛文一〇刊　大　一
同　同（後印、前川茂右衛門尉）　大　一
④同　同（延寶八印）　大　一
同　同（元祿印）　大　一
⑤同　同（後印）　大　一
⑥（増補）梅花心易　寛文八刊（中野是誰）　大　二
⑦（新鍥纂集諸家全書大成）斷易天機六巻圖一巻　明
劉世傑　正保二刊（京、藤田長吉）　大　六
同　同（後印）　大　六

（五）命書・相書

（新刻）看命一掌金　題唐釋一行　元祿二刊（山本
忠左衛門）　大　一
⑧琁璣經集註　陰陽五要奇書第三冊　晋趙載撰　明
顧滄等注　森重勝點　文化一一刊
演禽斗數三世相書　題唐袁天綱　昭和八刊（影宋、
日本書誌學會）　特大　一
三世相二巻　同　［元和］刊　大　一
同　同　同　［江戸初］刊　大　二
（重撰）三世相二巻　同　寛永一二刊（中野市右衛
門）　大　二
神相全編三巻　舊題宋陳摶　慶安四刊　大　三
同　同（後印）　大　三
同　同（後印、京、梅村三郎兵衛）　大　四
同　同（後印、京、梅村三郎兵衛・江、須原屋
茂兵衛）　大　二
同　同（後印、京　勝村治右衛門・江、須原屋
茂兵衛）　大　二
（康節先生）前定易數女命　舊題宋邵雍　延寶六刊

未見　大　二
①(新刊校正、増釋合併麻衣先生)人相編五巻　明陸位崇編
安永七刊(京、梅村三郎兵衛・江、須原屋茂兵衛)大　五
同　同(後印、京、勝村治右衛門・江、須原屋
茂兵衛)　大　五

(六)　陰陽五行

五行大義五巻　佚存叢書之内　隋蕭吉　刊(木活)大　五
同　原存一巻(巻五)　鎌倉時代鈔本　同　昭和七
刊(影印、高木氏)　半　一
同　五巻　同　元禄一二刊(井上忠兵衛)　大　五
同　同(後印、京、天王寺屋市郎兵衛)　大　五
同　同(後印、著屋嘉助等)　大　五
同　同(後印、大、象牙屋治郎兵衛等)　大　五
選擇叢書集要凡例　五集(原存二集 元經・璇璣經)
(陰陽五要奇書)　明江孟隆編　井上主殿校　文
化一一刊(齊政館)　大　三
陰陽諏吉便覽　清俞榮寶撰　陸理問校　文化一三
刊(套印、大、藤屋善七等)　中　二
同　同(文政一一修、附諏吉便覽指南 前田東齋)　中　二
②同　同(後印、京、著屋宗八)　中　二

八　藝術類

一　書畫

(合刻)書論三種　筆陣圖(晋衛夫人)・筆勢論(晋王羲之)・論篆(唐李陽冰)　刊　大　一
艸書要領五巻　唐虞世南等編　刊　大　一
③同　同　同　寛文四刊(彫雲山房)　大　五
○前書ト同版カ否カ未確認。
同　同(後印、尚書堂)　大　五
同　同(安永六修、京、錢屋利兵衛)　大　二
書譜一巻續書譜一巻　唐孫過庭　(續)宋姜夔撰　〔細井廣〕
(竹岡)點　明和四刊(京、林伊兵衛・吉村吉左衛門)　大　一
④同　同(後印、五樹堂唐本屋吉左衛門)　大　一
⑤同　同　明治刊(活版)　大　一
(孫過庭)書譜　同　明治三五跋刊(摹刻)　一帖
金壺記三巻　南宋刊臨安書棚本　宋釋適之　昭和
一四刊(影宋、靜嘉堂文庫)　大　三

圖繪寳鑑五巻圖繪寳鑑補遺△・圖繪宝鑑續補△五巻 版心通作 元夏文
彦（續）明韓昂 刊 江戸前期 大 五
同 同（後印、京、吉野屋佐兵衛） 大 三
同 同（承應元印、京、吉野屋權兵衛） 大 二
同 同（寛政八以後印、大、河内屋喜兵衛） 大 五
同 同（後印） 大 四
同 續編一巻 附明書畫考 明韓昂撰 毛晉訂 寶
曆二刊（淺野彌兵衛） 大 一
同 同（後印、野田彌兵衛） 大 一
同 同（同、後印、京、福井正寳堂・丁字屋源次郎） 大 一
六如唐△先生畫譜三巻 舊題明唐寅編 何大成校 天保
二刊（官版） 大 一
墨池瑣録△四巻 明楊愼 寛政五刊（林伊兵衛） 半 一
中書楷訣 明姜立綱 享保二〇刊（江、西村源六） 大 一
同 同（後印、江、須原屋伊八） 大 一
玄抄類摘六巻 明徐渭撰 陳汝元注 澤井居敬（穿石）點
寳曆五刊（京、小川多左衛門等） 大 五
①②王氏書苑補益存一巻（巻一） 明詹景鳳・王元貞校
元文四刊（京、松華堂藤屋甚兵衛等） 大 一
畫麈 明沈顥撰 木［村］孔恭注 明和六刊（大、蒹
葭堂）
同 同（後印、大、江嶋屋庄六） 大 一
同 同（後印） 半 一
同 同（明治印、大、近江屋平助等） 大 一
同 （重刻）内閣秘傳字府 序首 明黄鰲・黄鉞編 刊（寛
文四印、京、吉野屋權兵衛） 大 一
同 同 刊（覆寛文四、脇田小兵衛・河南四郎右衛
門） 奥附ニ「合版」ノ文字アルハ珍シ 大 一
同 同（後印、吉野屋權兵衛） ？ 大 一
同 同（文政七修、大、秋田屋太右衛門・江、
須原屋茂兵衛） 大 一
内閣秘傳字府 鼇頭本 刊（元祿九印、栗山宇兵衛） 大 一
同 同（後印、江、山城屋佐兵衛） 大 一
同 同（後印、江、淺倉屋久兵衛等） 大 一
書文式 書式一巻文式一巻合二巻 明左培編 刊 大 三
同 同（享保三印、京、柳枝軒・日新堂） 大 二
③（明李懲菴先生）八十四法 明李［淳］ 天保一〇跋刊 半長 一
④佩文齋畫説輯要二巻附一巻 釋白華編 （附［清沈宗騫］芥
舟） 明治二刊（江、和泉屋市兵衛） 大 二

書畫譜畧四巻首一巻 田子徳編 文化一四刊（木活、山中氏） 中 三
三雅撅言三巻 清陳鴻績撰 毛先舒校 享保一八
跋刊（京、博文堂丸屋市兵衛） 大 一
同 同（天明二印、大、河内屋八兵衛） 大 一
① 書法正傳一〇巻 清馮武 嘉永五刊（江、立身屋松吉等） 大 六
同 同（明治一四修、越後、弦巻氏）二二印アリ 大 六
② 同 同 同、石川英（鴻齋）點 明治一四刊（山中氏） 大 六
江邨銷夏録三巻 清高士奇撰 濱田世憲（杏堂）校
寛政一二刊（大、山口又一郎等） 大 六
③ 同 同（後印、大、河内屋太助等） 大 六
同 同（明治印、山田茂助） 大 六
漢溪書法通△解八巻 版心 清戈守智撰 陸鐘編 村瀬絅
（藤城）點 文政六刊（名、松屋善兵衛等） 半 六
同 同（後印 前者ノ見返「星文堂・樹徳書館・弘文堂」ノソノママ、最後「明善堂」ヲ「慶雲堂」ニ改ム） 大 六
同 同（後印京、鉛屋安兵衛等）見返ヲ弘文堂一肆トス 大 六
同 同（明治一四印、岐阜、成美堂三浦源助） 半 六
執筆圖 漢溪書法通解巻二抽刻本 清戈守智撰
藥袋濟美・齋藤象校 文化六刊（江、大和田忠助
等） 半 一
好古堂家藏書畫記二巻續收書畫奇物記一巻 清姚
際恒 文化五刊（江、須原屋源助等） 中 三
書法約言 昭代叢書本 清宋曹 明治三跋刊（木
活、津藩） 大 一
讀畫録。 昭代叢書本 清王棣 明治三跋刊（木活、
津藩） 大 一
明畫録。八巻 清徐沁 文化一四序刊（盤松軒） 中 二
同 同（後印、江、和泉屋金右衛門等） 中 三
同 同（明治印、東、松崎半造・太田金右衛門） 中 八
論書賸語 清三家書論之内 清王澍撰 市河三亥校
刊
④ 畫訣 清孔衍栻撰 顧卓校 文化五序刊 中 一
學畫淺説。 清王槩 天保二刊（官版） 大 一
⑤ 國朝畫徴録。三巻國朝畫徴續録二巻附明人附録 清
張庚撰 胡振祖校 十時賜（梅厓）等點 寛政一〇刊（覆清、名、風月堂孫助） 半 二
同 同（後印、名、美濃屋伊六） 半 五
同 同（明治印、名、静觀堂美濃屋伊六 玉潤堂美濃屋文次郎） 半 二
⑥ 芥舟學畫編△四巻 清沈宗騫 弘化元刊（覆清、大、
炭屋徹三郎等、弘化二補序） 半 四

同　同（後印、大、象牙屋治郎兵衛等）　半四
同　同（後印、京、菱屋孫兵衛等）　半四
同　同（明治印、大、前川善兵衛）　半四
同　同（明治印、京、聖華房山田茂助）　半四
同　同　同、田結荘齊治詮　明治一二刊（敦賀、九
如堂佐々木慶助）　中　四
繪事發微　清唐岱撰　春木麟（南華）點　弘化四刊（研雲堂）中　一
同　巾箱小品第三册之内　同　刊
冬心先生畫記五種　巾箱小品第一册　冬心先生畫
竹題記・冬心畫梅題記・冬心畫馬題記・冬心畫佛
題記・冬心自寫眞題記　清金農　刊
板橋題畫　巾箱小品第二册之内　清鄭燮　刊
桐陰論畫二卷首一卷附一卷桐陰畫訣一卷　清秦祖永撰　寺
西養藏（易堂）點　明治一三刊（覆清、朱墨套印）　中　四
述筆法　清段玉裁撰　松田元修（雪柯）書矢上勝之編　明
治一六刊（鳳文館）　半長一
同　同　刊（影明治一六、二色摺、増補）　半長一
書學捷要　清三家書論之内　清朱履貞撰　市河三
亥校　文政七刊

山舟書論　清三家書論之内　清梁元穎撰　市河三亥
校　文政七刊
臨池心解　文求堂書目附印本　清朱和羹　昭和六
刊（影印）　中　一
書槩　清劉熙載　大正二刊（活版、東、談書會）　半　一
學書邇言　附鄰蘇老人年譜　清楊守敬　大正元刊（活版）　半長一
楷法溯原　原存一卷（卷一）　同　明治二六刊　大　一
同　一四卷附楷法溯源所采古碑目錄　同　饒敦秩校　明治元刊
（影清、東、共益商社書店）　中一五
清名家論畫集二卷　清張祥河編　文久元刊（京、五
車樓菱屋孫兵衛等）　半　二
歷代畫史彙傳七二卷附二卷　清彭蘊璨編　明治一
五刊（木活、東、佚存書房）　重出

○

①
竹譜詳錄二卷　元李衎　寶曆六刊（京、林伊兵衛）大　二
同　同（後印、京、武屋佐七）　大　二
同　同（後印、京、錢屋惣四郎）　大　二
圖繪宗彝七卷　明楊爾曾撰　蔡汝佐畫　元祿一五

刊(京、唐本屋吉左衛門等)　大七
同　同(享保二〇修、江、嵩山房小林新兵衛) 二七三改刻　大五
(八種畫譜)唐詩五言画譜・(新鐫六言)唐詩畫譜・唐詩七言
畫譜・梅竹蘭菊四譜・(新鐫)木本花鳥譜・(新鐫)草本花
詩譜・唐六如画譜(選刻)扇譜　(明黄鳳池)編　刊(江、唐
本屋太兵衛等)　次ノ後印本ニハ唐本屋清兵衛トノ間ノ吉左衛門ヲ缺ク　特大八
同　同(寛文一二印、江、唐本屋太兵衛同清兵衛)　特大八
同　同　同　寶永七刊(京、山本藤兵衛・文臺屋
惣助)　特大八
八種畫譜八巻　樺井達之輔摹　明治一六刊(銅版、
大、同伸館辻本信太郎)　特小八
①(新鐫)梅竹蘭菊四種　明黄鳳池編　寶暦九刊(京、
山本藤兵衛)　八種畫譜ノ抽印　大四
(新刻)金氏畫譜　明金某撰　寄田延(九峰)摹　文
化一〇刊(名、片野東四郎等)　特大一
十竹齋書畫譜　墨華譜・果譜・翎毛譜・蘭譜・竹譜・梅
譜・石譜　清胡正言摹古張學耕校　明治一一刊
②(多色摺、覆清、大、前川善兵衛)　半一六帖

③同　清胡日従　明治一五刊(忠雅堂)　中一六
竹齋梅譜　十竹齋書畫譜抽刻本　清胡正言編　刊
(套印)　半一帖
芥子園畫傳五巻 版心作三巻　清王概等撰　柏[木]昶(如
亭)・(平)覆(樂山)點　文政二刊(大、北村佐兵衛等)　大三
同　同(後印、名、萬屋東平等)　大三
同　同(天保元印、名、萬屋東平等)　大三
同　同(弘化三以後印、京、菱屋孫兵衛)　大三
同　同(明治印、京、藤井理兵衛等)　半四
同　[人物式]二巻青在堂花卉翎毛譜二巻青在堂翎
毛花菓譜二巻巻末一巻　清王蓍等　刊(京、五車
樓菱屋孫兵衛)　大六
同　五巻　清王概等　刊(套印、京、河南氏)　大五
同　[花鳥譜]四巻[人物樓閣]式二巻　同　刊(套
印、京、河南四良兵衛等)　大六
④同　第四集青在堂花卉草蟲譜二巻　同　刊　大四
同　二巻第二集(梅菊蘭竹譜)一巻第三集(翎毛花卉
譜)一巻第四集(草蟲花卉譜)一巻　同　明治一
三・一四刊(前川宗七)　中一八

〔同〕第四集（青在堂花卉草蟲譜）二巻　刊　大四
同　二集　大正一二・一四刊（套印、東、圖本叢刊會）　特大八
書画同珍見返　清鄒聖脉編　寶暦一二刊（江、丹波屋理兵衛・小川彦九郎）　大二
同　同（天明三印、京、林伊兵衛）　大二
①晩笑堂畫傳一巻附明太祖功臣圖　清上官周畫　文政七刊（京、五車樓菱屋孫兵衛・天王寺屋市郎兵衛）　大三
②同　同（明治印）　大三
費氏山水畫式三巻　清費澗撰　鈴木雍（芙蓉）畫　寛政元序自刊（江、須原屋茂兵衛）　大三
天罡地煞圖　清陸謙畫　多古眞祗（逸齋）摹　天保六序刊　大二
③小山画譜二巻附一巻　清鄒一桂撰　三田道校　文久三刊（津、山形屋傳右衛門）　半二
同　同（後修）上一九後「玫瑰」ノ和名ノ下ニ一名、三一前六行「夜來香」ニ注ヲ加フ　半二
山水畫譜　清伊海畫　田中重信編　明治一五刊（金澤、田中重信）　大一
〔冶梅蘭竹譜〕蘭譜・竹譜　清王寅撰　加島信成校　明治一五刊（大、吉岡平助）　大長二
書畫舫　山水・蟲魚　清金垂編　明治一五刊（銅版、大、豐住幾之助）　特小二
同　同（明治二七印）　特小二
胡蝶秋齋藏冊　清唐昆華編　明治一六刊（大、同伸館）　大一
紅樓夢圖詠四冊ママ　清改琦　明治一五刊（石印、水口久正）　中四
④紉齋畫賸二巻　清陳允升畫　明治一二刊（京、北村四郎兵衛）　大四
⑤同　同　同　明治一三刊（名、二酉堂）　中二
⑥同　同（明治一五修巻上改版、靜岡見附、古澤良作）　中二
同　同　同、田宮玄廣校　明治一四刊（東、田宮氏）特大四
歷代名公畫譜四巻　谷文晁摹刻本　明顧炳編　天明刊　四
同　同　同　寛政一〇跋刊

歴（ママ）代名公畫譜旨　同、徐叔回校　大正一五刊（図本叢刊会）特大　一五

治梅畫譜歴代名公眞蹟縮本四巻　清王寅編　明治一六刊（大、加島信成）　特小　四

(二) 法帖

① 右軍書記　二王法帖譯文　唐張彦遠編　明毛晉校　天保七序刊（江、松本氏勝鹿書屋）　半　一

② 十七帖述。　檀几叢書本　清王弘撰　王晫・張潮校　天明五刊（京、植村藤右衛門等）　半　一

同　清王弘撰　關先民校　文化七刊（江、和泉屋庄次郎）　中　一

同　文化七年刊本　同　〔明治〕刊（影印）　中　一

③ 唐太宗屏風書釋文一巻附考證　（考）小島知足　嘉永二刊（摹刻、盧橘園）　大　一

△唐孫過庭書　（孫過庭草書譜）　拓本　唐孫過庭　寛政一三跋刊（陰刻、和泉屋庄次郎）　大　一

④ 法帖刊誤二巻　宋黄伯思　刊（木活、成章堂）文化ごろ　大　一

證道謌　元趙孟頫　寛永二一刊（京、田原仁左衛門）　大長　一

千家姓　〔明〕陳肅書　刊　大　一

（新刻）草字千家詩　明李贄書　萬治三刊（覆明、京、田原仁左衛門）　大　二

百家姓　明董其昌書　寛保元刊（陰刻、京、植村玉枝軒）半長　一

唐詩帖題簽　同　刊　半　一帖

滎陽鄭氏碑　日下部東作校　明治一四刊（林安之助・磯部太郎兵衛）　大　八

庚子消夏録碑帖攷　清孫北海撰　池田觀校　明治一二序刊　小　一

同　同（後印、辻本信太郎）　小　一

（鐫古今名筆便學）臨池眞蹟目首一巻續（古今名筆臨池眞蹟一巻　嘉永五刊（朱墨套印、京、和樂園）半長　四

(三) 音樂

青蓮舫琴雅四巻　明林有麟編　刊　完全本未見　二

大古遺音　明楊掄編　刊　四

琴操二巻同補遺一巻　漢蔡邕撰　清孫星衍校　天保三刊（官版）　大　一

同　同（明治印、入于昌平叢書）　大　一

(四) 篆刻

⑤ （重訂）學古編　元吾丘衍　刊（木活）　中　一

學古編　同、明王(世貞)校　山(田好之)(羅谷)點　寛保三刊(山田三郎兵衛・唐本屋惣兵衛)　大一

同　同(後印、大、嵩高堂河内屋八兵衛)　大一

同　同(天保一二印、大、堺屋新兵衛等)　大一

古今印史。一巻附一巻　明徐官撰　(前田)時棟(一色東溪)校　(附)(前田)時棟編　元禄一〇序刊(京、武村新兵衛)　大一

同　同(後印、京、梅村三郎兵衛)　半一

同　同(後印、林久次郎)　半一

印正附説　集古印譜附録抽刻本　明甘暘撰　劉光校　寶曆一二刊(大、蒹葭堂)　大一

同　同(寶曆一三印、京、林伊兵衛)　大一

同　同(文化九印、大、松根堂加賀屋善藏)　大一

同　同(文政一一後印、大、加賀屋善藏)　大一

同　同(天保六印、大、加賀屋善藏)　大一

篆學入門　明鄭大郁　刊(朱墨套印、京、柳枝軒)　大一

印談　明沈野撰　中井兼之(敬所)點　明治三四刊(活版、東、點者)　中一

印章綺語　留青新集本・學藝叢談第二至六編本　清陳鑑侯　明治一二刊(活版)

篆刻鍼度八巻　清陳克恕撰　近藤元粋校　明治三一刊(活版、青木嵩山堂)　小二

①連珠印譜　清朱一元篆　釋元明(九華)摹　蒲菴道人補　安永四跋刊(朱緑墨套印)　半一

蘇氏印畧全四巻　清蘇宣篆　褚獻良等校　明治四二刊(光風樓書房)　大四

来振幽期二巻　清趙養篆　刊　大二

趙氏印譜二巻　同　明治五刊　小二

印譜　王氏印譜・鄭氏印譜　橘鼎(君山)編　寶曆一二序刊　半二

(五) 雑技

玄玄棊經　宋晏天章　江戸初刊　大一

七國象棋圖一巻附溫公七國象戲圖説國字解・七國象棊局　宋司馬光　(國)菊池武愼(南陽)　安永五刊(江、前川權兵衛)　大一冊一鋪

同　一巻附溫公七國象戲圖説國字解　同　萬延二

刊（江、山城屋政吉）　中一
①（新鐫）詩牌譜二巻附一巻重附一巻　清王良樞撰
周履靖校　細井知慎譯　享保五序刊（〔江〕柳枝軒小川
彦九郎）　大二
同　同（享保一五印、小川彦九郎）　大二
②王荷隱語四巻　清費源　明治九刊（覆清、京、北邨
四郎兵衛）　特小四
唐詩酒籌　巾箱小品第二冊之内　刊
西廂記酒令　同　刊

九　譜録類

（一）器物

（文石堂重刊曹氏）吉金圖二巻　清曹奎編　明治一
五刊（京、文石堂北村四郎兵衛）　特大二
（新鈔）西清古鑑序首二巻附古器用考〔清梁詩正
等奉勅撰〕吾妻健三郎選　大槻修〔二〕補（附）大
槻修〔二〕　明治二五刊（銅版、東陽堂）　大二
③泉志一五巻　宋洪遵撰　明胡震亨・毛晉校　一色〔時
棟〕（東溪）點　刊（元禄一〇印、京、林九兵衛）　半三
嘉蔭簃論泉截句　清劉喜海　明治四四刊（謄寫版、
三重、佐野英山）　大一
陶説六巻　清朱琰撰　葛西質點　文化三序刊（上善
堂）　中六
同　同（後印、大、種玉堂）　中六
同　同（天保四印、大、河内屋儀輔）　中六
同　同（後印）　中三
秦漢瓦當圖　清畢沅編　天保九序刊（套印）　大一
素園石譜　明林有麟編　刊　未見　大四
同　同（明治印）　大四
④同　四巻　同、大村某（西崖）校　大正一三刊（覆刻）大四
怪石録　巾箱小品第三冊之内　清沈心　刊
石譜二巻　清王寅　明治一四刊　日本ニテ編修　半二
硯箋四巻墨經一巻　棟亭十二種本　宋高似孫（墨）
宋晁説之　文政五刊（覆清、官版）　半一
同　同（文政六印、堀野屋儀助・岡田屋嘉七）半一
同　同　同　大正八刊（活版、喜多貞吉）　半一

同　同　同　刊（活版）　重複カ要再攷　半　一
冬心齋研銘　巾箱小品第二冊之内　清金農　刊
端石擬三巻　文求堂唐本目録附印本　清陳齡　大
正一二刊（活版）　中　一
筆史○　清梁同書撰　高木壽穎點　明治一六刊（東、
高木五郎兵衛）　半　一
文房四譜五巻附蜀牋譜・紙牋譜・紙説　宋蘇易簡
昭和一六刊（活版、京、便利堂）　半　二
三種圖賛序首　文房○△圖賛・同續・十友圖賛　（文）宋
林洪（續）元羅先登（十）明顧元慶　寛政六刊（京、
北村庄助）　大　二
同　同（後印、大、河内屋直助）　大　二
銅僊傳　文求堂唐本目録附印本　清徐元潤　大正
四刊（活版）　中　一
瓶史　明袁宏道撰　望〔月〕義想校　天明元刊（江、
青藜閣）　大　一
同　△一巻附養花挿瓶法　明袁宏道（附）清陳曰
明治一四刊（兵庫、大村純道）　半　一

同　同（明治一五印）　半　一
同　同（後印、東、松雲堂）　半　一

(二)　食譜

茶經三巻附茶具圖賛・茶經水辨・茶經外集・茶譜・茶譜
外集　唐陸羽撰　明鄭熜校　（具）〔明茅一相〕（譜）
明顧元慶（外）明孫大綬編　刊（春秋館）　大合二
同　同　同　寶暦八刊（京、佐佐木平八等）　大　二
同　同（天保一五修、京、佐々木惣四郎・辻本
仁兵衛）　大　二
同　同（後印、京、林喜兵衛・佐々木惣四郎）　大　二
同　同（後印）　大　二
同　同（弘化三補、京、銭屋惣四郎）　大　二
茶譜一巻同外集一巻　明顧元慶（外）明孫大綬編
文化四刊（京、小川源兵衛・佐々木總四郎）　大　一
同　同（後印、小川源兵衛）　大　一
茶董三巻　明夏樹芳　寶暦八刊（金澤、能登屋次助・
京、日野屋源七）　大　二
①茶集○三巻　明喩政撰　林靖校　文化元序跋刊（京・
小川源兵衛等）　大　三

同　同（後印、名、藤屋宗助）　大　三
茶史二巻同補一巻　蒹葭堂所藏本　清劉源長撰 劉謙吉編 陸求可校（補）清余懷撰 劉謙吉訂 享和元刊（香祖軒内田蘭渚）
同　同（享和三印、尾、長谷川孫助等）　半　二
同　同（後印、名、永樂屋東四郎等）　半　二
同　同（明治二四印、名、梶田勘助）　半　二
① 枕山樓茶略　清陳元輔　文化二刊（京、林喜兵衛）　大　一
煎茶訣　清葉雋撰 釋蕉中補　寶暦一四跋刊（大、蒹葭堂）　中　一
同　一巻補一巻　清葉雋撰 小田誠一郎點　明治一二刊（鹿鳴舍）　小　一
煙譜　清陸耀　刊（木活）　特大　一
煙草録一巻附煙草雑著　清褚逢椿 顧祿（附清顧祿）刊（覆清嘉慶、江、和泉屋金右衛門）　半長　一

（三）草木・蟲魚

秘傳花鏡六巻　清陳淏子撰 平賀某校　安永二刊（江、須原屋平助等）　半　六
② 同　同（文政元以後印、京、菱屋孫兵衛）　中　六
③ 同　同（文政一二修、菱屋孫兵衛等）　半　六
④ 同　同（弘化三後印、菱屋孫兵衛）　半　六
⑤ 同　同（明治印、京、北村文石堂）　半　六
梅花喜神譜二巻　知不足齋叢書本　宋宋伯仁　文政二刊（覆清、海門樓）　中　一
梅譜（劉雪湖梅譜）　明劉世儒　元禄八刊（京、古川氏學深軒）　大　一
羅浮幻質　明周履靖編〈藤堂良道（龍山）校〉文政五跋刊（藤堂氏如蘭亭）　大　一
竹齋梅譜　十竹齋書畫譜抽刻本　清胡正言編　刊（套印）重出　中　一
梅菊両譜序首　宋范成大撰 阿部喜任（櫟齋）校　文政一三刊（巴菽園）　中　一
同　同（天保二印、江、和泉屋吉兵衛等）　中　一
同　同（天保九印）未見　中　一
同　同（後印、堺屋定七等）　半　一
菊譜百詠圖二巻補一巻附一巻　明〔朱有炫〕（周藩鎮平王）撰 蔡汝似畫　刊　大　三
同　同　附訓本　同　貞享三刊（長尾徳右衛門）　大　三
曹州牡丹譜　文求堂書目附印本　清余鵬年　昭和

四刊(活版)　中一

一〇　雜家類

(一)　雜學

墨子一五巻　明嘉靖壬子芝城銅活字印本　吉田漢宦(篁墩)校　寛政一〇刊(木活篁林山房)　大四

①同　六巻(墨子全書)　明茅坤校　寶曆七刊(江、須原屋平左衛門・須原屋茂兵衛)　大六

②同　一六巻　清畢沅注　天保六刊(覆清、松本氏)　大五

③同　同(後印、江、北畠茂兵衛)　大五

同　同(明治三七印、須原屋)　大五

尹文子　高[橋]閔慎點　文化一四序刊　大一

鬼谷子二巻　唐尹知章注　皆川愿(淇園)校　安永三刊(金澤、鹽屋與三兵衛等)　大二

同　同(後印、鹽屋與三兵衛等)　大二

同　同(文化一〇修、大、河内屋太助・京、野田嘉助)　大二

同　同(同、後印、加賀屋善藏・河内屋文助)　大一

同　同(同、明治印、大坂書肆合梓)　大二

同　同(同、明治印、大、赤志忠七)　大二

④同　同(同、明治印、大、嵩山房)　大二

於陵子　旧題齊陳仲子撰　明沈士龍・胡震亨校　篠亮校　寛保二刊(芳桂居)　大一

同　同(弘化三以後印、菱屋孫兵衛)　大一

子華子二巻　晉程本撰　[三]浦衛興(瓶山)校　延享五刊(京、西村平八)　大一

同　大一

同　同　晉程本　文化六刊(大、文金堂河内屋太助)　大二

同　同(明治印、文榮堂前川善兵衛)　大二

同　同(後印、忠雅堂)　大二

呂氏春秋二六巻　漢高誘注　明宋邦乂・徐益孫校刊(京、文泉堂林權兵衛)　大一〇

同　同(後印)　大五

同　同(後印、大、伊丹屋善兵衛等)　大五

同　同(寛保三印、京、錢屋忠兵衛)　大五

同　同(後印、梶川七郎兵衛)　大五

同　同　經訓堂本　漢高誘注　清畢沅校　刊（覆清）　大五
同　同（後印、大、伊丹屋善兵衛等）　大五
同　同（後印）　大五
淮南鴻烈間詁　原存一巻（巻二〇）　高松宮家藏安幾
破起能有多末幾紙背本　漢高誘　昭和六刊（影
印）　一巻
淮南鴻烈解二一巻　同、明茅坤評　鵜「飼信之」（石
齋）點　寛文四刊（京、前川權兵衛）　大一三
同　同（後印）　大一三
同　同（後印、京、額田勝兵衛・額田正三郎）　大六
（改正）淮南鴻烈解二一巻　再刻改正本　漢高誘注
明茅坤評　宇野成之（東山）等校　寛政一〇刊（京、
額田勝兵衛・額田正三郎）　大一〇
同　同（明治印、大、河内屋茂兵衛等）　大一〇
①同　同（明治印、大、梅原亀七）　大一〇
同　同（明治印、大、文榮堂前川善兵衛）　大一〇
淮南子「箋釋」二一巻　清莊逵吉　明治一八刊（活
②版、東、大野堯運）　瀧谷脩藏点カ　半六
（新雕）劉子五巻　梁劉勰撰　唐袁孝政注　皆川愿校
寶曆八刊（京、山田三郎兵衛・西村平八）　大五
化書六巻　五代譚峭撰　明陳繼儒校　寶曆一〇刊
（大、星文堂）　大二
同　同（後印、吹田屋多四郎・藤屋彌兵衛）　大二
同　同（嘉永六印、京、文泉堂）　半三
③郁離子二巻　鄭能刊本　明劉基撰　松室「式部少輔」
點　享保一七刊　未見　大二
同　同（後印、京、安田萬助）　大二
同　同（後印、京、梅村三郎兵衛）　大二
同　同（後印、京、勝村治右衛門等）　大二
同　同（文化九印、大、加賀屋善藏）　大一
筆疇「明王達」　刊（木活、櫻僊堂）　大一
同　一巻附樵談　同、（附）明許棐　寛永六刊　大一
同　同（後印、中野道也）　大一
同　同　同　刊（長全館）　中一
（近溪子）明道錄八巻　明羅「汝芳」撰　詹事講編
刊　大八
同　同（後修）　大八

狂夫之言五巻　明陳繼儒撰　沈豫昌等校　安政六
刊(官版)　大　二
(明朝)破邪集八巻　明徐昌治編　安政二刊(水戸
藩弘道館)　特大八

○

顔氏家訓二巻　北齊顔之推　寛文二刊(京、村田庄
五郎)　大　二
同　同(後印)　大　二
同　同(後印、京、高橋忠兵衛)　大　二
同　同(文化七補、附攷證、京、葛西市郎兵衛)　大　二
同　七巻附二巻　清趙曦明注　盧文弨補　天保三刊(壬子年重校顔氏家訓・顔氏家訓注補并重校顔氏家訓注補正)
(官版)　大　四
菜根譚前集後集各一巻　明洪自誠撰　汪乾初校
林瑜(蓀坡)校　文政五序刊(知不及齋)　大　二
同　同(後印)　半　二
同　同(文政八印、江、層山堂西村宗七)　半　二
同　同(元治元印、大、秋田屋太右衛門等)　半　二
同　同(明治初印、大、鹿田靜七)　半　二
同　同(明治印、京、川勝德次郎)　半　二
①同　同(明治三八印?)　未見　半　一
②同　同　同　大正一四刊(影印)　中　二
(標註)續菜根譚二巻　清石成金撰　杉原某(恵山)
標註　明治四二刊(活版、明治四三印、東、松山
堂)　特小二
(標註)新菜根譚二巻　清劉子載撰　鵲巣庵陳人注
明治四三刊(活版、東、松山堂)　特小二
③五種遺規　養正遺規二巻補編一巻教女遺規三巻訓
俗遺規四巻補二巻從政遺規四巻　清陳弘謀編
天保三刊(荻野山中文庫)　大一二
同　同(天保四印、河内屋茂兵衛等)　大一二
同　同(後修)　大一二
④酔古堂剣掃一二巻　清陸紹珩編　池内奉時(陶所)
校　嘉永六刊(京、石田治兵衛等)　中　五
同　同(明治印、京、竹苞樓)　中　一
⑤同　同(明治印、京、山田茂助)　中　二
⑥同　同　同　明治四一刊(活版、東、青木嵩山堂)
學堂講話　清晦齋學人編　呉來安譯　明治一三刊　小　三

(永々堂)　半一

勸學篇二卷　清張之洞　明治三二刊(活版、東、勸學會)　中二

○

自警編九卷　宋趙善璙編　享和二刊(官版)　大六

同　同(文政六以後印、堀野屋儀助等)　大六

畜德録二〇卷　清席啓圖　天保五刊(官版)　大一〇

同　同　同　安政三刊(官版)　大一〇

同　同(明治印)　大一〇

(二)　雜　考

白虎通德論四卷　漢班固撰　明郎壁金校　鵜[飼]信之(石齋)點　刊　未見　大四

同　同(寛文二印、飯田忠兵衛)　大二

同　同(後印)　大二

①同　同(寛文一三印)　未見　大四

同　同(後印、美濃屋伊六・文次郎)　大四

獨斷　百川學海本　漢蔡邕　昭和八刊(影宋、京城大法文學部)　大一

同　二卷　同、明程榮校　寛文九刊(齋藤三左衛門)　大二

同　同(元祿五印、羽太與兵衛)　大二

同　同(後印、萬屋作右衛門)　大二

同　同(後印)　大一

②古今注　晉崔豹撰　明唐琳校　山縣子祺點　寛延二刊(京、丸屋市兵衛・山田三郎兵衛)　大一

蘇氏演義二卷　永樂大典輯本　唐蘇鶚　文化七刊(官版)　大一

資暇録　書麗蟫雋第一種・説郛本　唐李匡乂　刊　大一

兼明書五卷　璜川呉氏活字印本　唐邱光庭　文政三刊(官版)　大二

肎綮録　宋趙叔向　文政一二刊(官版)　大一

容齋隨筆一六卷　宋洪邁　(天保二)序刊(京、石田治兵衛)　大八

同　同(後印、京、錢屋惣四郎)　大六

(陳眉公重訂)野客叢書一二卷附一卷　宋王楙撰　明張昞校　承應二刊(中野是誰)　大一二

同　同(後修、尾、風月孫助・京、風月莊左衛

門） 大 六
攷古質疑六巻 武英殿版本 宋葉大慶 享和二刊
（官版） 大 二
同 同（享和三印、堀野屋仁兵衛） 大 二
困學紀聞二〇巻 宋王應麟 寛文元刊（京、中野道
也） 大 一五
①困學紀聞注二〇巻 清翁元圻撰 岸田吟香校 明
治一五刊（銅版） 小 六
②通。雅五二巻首三巻 明方以智撰 清姚文燮校 刊
（立教館） 大 二八
同 同（文化二印、江、寺本彦五郎等） 大 二八
③同 同（後印、前川傳吉等） 大 二八
日知錄八巻附譎觚十事 初刻本 清顧炎武 昭和
三六刊（影清康熙） 中 一
十三經考義七巻 （日知錄經部） 同 天保八刊（江、
和泉屋莊次郎等） 大 七
日知錄集釋三二巻栞誤二巻續栞誤二巻 清黄汝成
明治一七刊（銅版、樂善堂） 小 六

蘇齋筆記一六巻 清翁方綱 昭和八刊（影印、古典
刊行會） 五
訂譌雜錄一〇巻 湖海樓刊本 清胡鳴玉 文久元
刊（官版） 大 三
同 同（明治印、入于昌平叢書） 大 三
三餘偶筆一六巻 清左暄 刊 中 八
④同 同（天保一二印、江、和泉屋金右衛門等） 中 八

（三） 雜 說

⑤論衡三〇巻 漢王充撰 明黄嘉惠校 〔三〕浦衛興（石
陽）點 寛延三刊（京、山田三郎兵衛等） 大 八
同 同（後印、京、若山屋善右衛門等） 大 八
同 同（明治印、大、前川善兵衛） 大 八
風俗通義一〇巻 漢應劭撰 明鍾惺評 刊（萬治三
印、飯田忠兵衛） 大 四
同 同（後印） 大 二
同 同（後印、尾、美濃屋文治郎・伊八） 大 二
同 同（後印、京、中川藤四郎） 大 二
同 同（寛文一三印、福森長左衛門） 大 四

夢溪筆談二六巻　宋沈括撰　明毛晉校　刊(木活、
採珍堂)　半　六
蠡海集　宋王逵撰　明商濬校　正保二刊(京、田原
仁左衛門)　大　一
同　同(後印)　大　一
東坡先生志林五巻　宋蘇軾　文化六刊(木活、窪木
氏息耕堂)　大　三
同　同(文化九補、附宋史蘇文忠公傳、江、西
宮彌兵衛等)　大　四
晁氏客語　宋晁説之　天保三刊(官版)　大　一
同　同(明治印、入于昌平叢書)　大　一
①希通錄　書麗蟫雋第二種　宋蕭參　享保六刊
(新刊)鶴林玉露三集各六巻 版心作一八巻　宋羅大經
慶安元刊(林甚右衛門)　大　九
同　同(寛文二印、京、中野市右衛門)　大　九
草木子四巻　明葉子奇　寛文九刊(婦屋仁兵衛)　大　二
同　同(同、後印)　大　二
聴雨紀談　明嘉靖刊策彦和尚書入本　明都穆　昭
和六刊(影印、民友社)　大　一
(新刻)聴雨紀談　同、胡文煥校　元禄二刊(京、志
水長兵衛・久保田長兵衛)　大　一
②五雜組一六巻　明謝肇淛　寛文元刊　大　八
③同　同(後印)　大一六
同　同(寛政七修、松梅軒中川藤四郎等)　半　八
同　同(同、文政五印、大、前川源七郎等)　半　八
同　同(同、後印、大、秋田屋太右衛門等)　半　八
文海披沙八巻　同　寶曆九刊(京、唐本屋吉右衛門
等)　大　八
同　同(後印)　大　四
千百年眼一二巻　明張燧撰　范明泰校　明和四刊
(若狭、擴充堂)　大一二
同　同(後印、京、海老屋善七等)　大　六
④康濟先生日錄　明吳與弼撰　池田絹點　刊(大、岡
田群玉堂)　半　一
同　同(明治三印、大、河内屋茂兵衛等)　半　一
⑤櫝記一巻甕記一巻　明吳廷翰撰(源)良恭(松臺)

校　寶暦一二刊（大、嵩高堂河内屋茂八等）　大二
同　同（寶暦一三印）　大二
同　同（後印、大、大野木寶文堂等）　大二
焦氏筆乘六巻　明焦竑撰　謝與棟・焦尊生校　刊（覆明、慶安二印、京、林甚右衛門）　大五
①同　同（後印、京、伊勢屋額田正三郎）　大五
（董文敏公）畫禪隨筆　明董其昌撰　汪汝祿編　王鼒校　天保一一刊（須原屋茂兵衛等）　大三
同　同（後印、京、文鍾堂菱澤重兵衛）　大三
同　同（後印、京、山田茂助）　大三
水曹清暇録一六巻　清汪啓淑　文久二刊（官版）　大五
簷曝雑記四巻　清趙翼　文政一二刊（江、和泉屋金右衛門等）　大三
同　同（後印、江、宮屋源七）　大二
同　同（天保一二印）　大三
集古偶録　清陳星瑞撰　曹夢賚編　李曉江校　井田讓點　刊（死不休齋）　中一
主津新集四巻版心　清賀鷺江　〔明治〕刊（活版）或ハ清刊扱　中四

（四）雑品

物類相感志　題宋蘇軾　元祿三刊（京、林九兵衛）　半一
同　同　文化二刊（覆元祿、京、須原屋平左衛門・江、須原屋平助）　半一
同　同、酒見五郎一郎校　明治一二刊（銅版、稲田政吉）　特小一
洞天清祿集　宋趙希鵠　文化七刊（官版）　大一
同　同（明治印、入于昌平叢書）　大一
居家必用事類全集一〇集二〇巻　寛文一三刊（京、松栢堂林前和泉掾白水）　中二〇
遵生寶訓　遵生八牋本　明高濂　明治三跋刊（京、上京十八番小學校）　半一
考槃餘事四巻　明屠隆　享和三刊（江、金花堂近江屋與兵衛・慶元堂和泉屋庄次郎）　中四
②同　同（後印、文榮堂河内屋嘉七）　小四
同　同（明治印、文榮堂前川源七郎）　小四
天工開物三巻　明宋應星撰　江田益英校　明和八刊（菅生堂）　大九
同　同（後印、大、河内屋茂八等）　大九

同　同（後印、秋田屋太右衛門等）六冊　大九
同　同（後印、同）十冊　大九
同　同（天保四修、大、秋田屋市五郎）　大九
同　同（後印、大、秋田屋市兵衛等）　大九
①同　三巻附　天工開物の研究　同、（附）三枝博音　昭
和一八刊（影印明和）　半四
骨董秘訣鑑定新書三巻（清秘藏）　明張［丑］編　杉山鷄兒點　明治三刊　小三
古今秘苑一五巻古今秘苑續録一三巻　文化二刊（江、古香堂）　特小四
笠翁偶集　清李漁撰　享和元刊（江、堀野屋仁兵衛）　中二
同　同（後印）（余三垣・李將芳校）　中二
韻石齋筆談二巻　清姜紹書　刊（松本氏勝鹿文庫）　半一
賓告　昭代叢書本　清葉奕苞　刊（木活）　大一
聯瑾（家寶聯瑾）　傳家寶本　清石成金撰　宗像
洋點　嘉永五序刊（修焉塾）　大一
同　同（明治印、東、嶋屋平七等）　半一
文字蒙　清石成金　寛政六刊　↓小學類
讀書法　傳家寶本　［清石成金］編　木［澤］文龍校
寛政五序刊　半一

讀書樂　同　寛政四刊　半一
○後二合印本アリ。
傳家寶狐白　快樂印・快樂印言各一巻　清石成金
篆釋佚山篆　寶暦一三刊（京、林權兵衛）　大二
快樂原一巻快樂印一巻　清石成金撰　入江石泉編
明治一一刊（活版、大、倉澤枉七）　特小二
酒中趣二巻　清石成金撰　荒井公履校　嘉永二刊　中二
同　同（安政三印、江、青雲堂英文藏）　中二
（新撰）篆得確　學藝叢談初編所收本　清石成金
明治一一刊（活版）

（五）雜纂

琱玉集　原存二巻（巻一二・一四）　昭和七・八刊（影
印、古典保存會）　特大冊二
仕學規範　宋張鎡編　天保一三刊（官版）　大四
學範二巻　明趙謙　明暦二刊（上村次郎右衛門）　大二
閲古隨筆二巻　明穆文熙編　刊　大二
瑯邪代醉編四〇巻　明張鼎思撰　陳性學等校　延
寶三刊　大二三

同　同(後印)　大一八

(新鍥京板正譌音釋提頭大字)明心寶鑑正文 二巻

明王衡校　寛永八刊(道伴)　大二

同　同(後印)　大三

①讀書十六觀　明陳繼儒撰 沈從先校 井伊萬校　天

②保四刊(井伊氏四娟書屋)　中一

同　同(天保七補、附操觚十六觀(清陳鑑撰

井伊裕校))　中二

同　一巻　説郛續本・學藝叢談第四編所收本　明陳

繼儒　明治一一刊(活版)

演讀書十六觀　古今書抄本・學藝叢談第六編所收本

明居本畯　明治一二刊(活版)

羣碎録　續説郛本・書麗蟫雋第三種　明陳繼儒

元禄一一刊　大一

智囊二八巻　明馮夢龍　刊(官版)　大一四

③同　一〇巻　同、豬飼彦博編　文政四刊(京、大谷

仁兵衛等)　半三

④同　同(後印)　半三

同　同(後印、京、楠見甚右衛門)　半三

同　同(後印、京、大谷津逮堂吉野屋仁兵衛)半三

⑤同　同(明治八印)　半三

智囊補　原存四巻(巻一―四、上智部)　明馮夢龍

明治三刊(吉見藩)　中四

同　同(明治三印、近江屋半七等)　中四

聽松堂語鏡二巻　明閔度編　寛文二刊(京、上田長

左衛門)　大一

交友論　閩中欽一堂刊本・學藝叢談第六編所收本

明治一二刊(活版)

⑥格言僅録　昭代叢書本　清王仕雲　江戸末刊(木

活、津藩)　大一

○

蒙求　聖語藏舊鈔標題本　昭和四刊(影印、竹柏園)中一

同　刊(木活)　大一

蒙求標題三巻　片山世璠(兼山)校　明和七刊(江、

嵩山房小林新兵衛等)　大一

蒙求　佚存叢書零本　唐李瀚注　刊(木活)

同　三巻舊註蒙求考異三巻　同、龜田［長］興（鵬齋）校（考）龜田［長］興　寛政一二刊（江、若林清兵衛）　大　三
同　同（文化一一印、和泉屋庄二郎）　大　三
同　同（後修、勵風館）見返・跋改刻　大　三
（李氏）蒙求二巻　蒙養書第二冊　刊
（重新點校附音增註）蒙求三巻　唐李瀚注　細谷方明校　享和二刊（京、菱屋孫兵衛等）　半　三
（標題徐狀元補注）蒙求三巻　唐李瀚編　宋徐子光注　［元和］刊（覆古活）　大　三
同　同　［寛永］刊　大　三
同　同　同（寛永一二印、中野市右衛門）　大　三
同　同　同（後印、中野小左衛門）　大　三
同　同　慶安二刊　大　三
同　同　同（寛文一二修、中野小左衛門）刊カ修カ待攷　大　三
①同　同　同　天和二刊（北村書堂・角屋清左衛門）　大　一
同　同（後印、菱屋）　大　一
同　同　同、服部元喬校　元文刊　大　三

②同　同（寛保元印）　大　三
同　同　同　明和四刊（京、梅井藤兵衛等）　大　三
同　同（後印）　大　三
同　同　（新校正補注蒙求）同　寶暦四刊（京、村上勘兵衛等）　中　一
同　同　同　寛政二刊（後印、江、山崎金兵衛等）　大　三
同　同　同　享和元刊（後印、江、須原屋茂兵衛等）大　三
同　同　唐李瀚編　宋徐子光注　茂木房五郎點　明治一四刊（銅版、平城閣）　特小三
同　八巻　頭書本　唐李瀚編　宋徐子光注　承應三刊　大　八
③同　三巻　同、服部惟恭標注　刊　中　三
（新刊音釋校正標類）蒙求（新蒙求）　明李廷機編　寛永二〇刊（風月宗智）　大　一
④（王先生）十七史蒙求一六巻　宋王令撰　岡崎元軌點　岡崎正章校　文政八刊（大、河内屋茂兵衛等）大　四
純正蒙求三巻　元胡炳文　文化元刊（官版）　大　三
同　同（文化六印、江、須原屋茂兵衛）　大　三

同　同(後印、出雲寺萬次郎)　大　三

①同　同　官版本　同　明治一四刊(大、山口恒七)　半　三

(標註)純正蒙求校本三巻　村山義行標注　明治一五刊(東、尚友堂岡村庄助)　半　三

②刪定評註純正蒙求校本三巻　村上信忠標注　明治一五刊(東、奎文堂野口愛)　半　三

同　同　村上義友標注　明治一五刊(大、文敬堂大野千六郎)　半　三

同　同(後印、青木嵩山堂)　半　三

新撰標註純正蒙求校本三巻　亀山雲平標注　明治一五刊　半　三

左氏蒙求　佚存叢書零本　元呉化龍　刊(木活)

(六)雑編

群書治要五〇巻(巻四・一三・二〇原欠)　金澤文庫舊藏鎌倉時代鈔本　唐魏徴等奉勅編　昭和一六刊(影印、宮内省圖書寮)　四七軸

同　同、附群書治要解説　金澤文庫舊藏本　同　昭和一六刊(活版)　四八

羣書治要五〇巻(三巻原欠)　同　弘化四刊(銅活、紀州藩)　大　四七

同　同　同、細井徳民等校　天明刊(尾張藩)　大　四七

同　同(寛政三印)　大　四七

(胡元瑞)筆叢　九流緒論三巻　明胡應麟撰　岡崎信好(盧門)校　天明四刊(京、玉樹堂唐本屋吉左衛門)　大　二

諸子彙函二六巻(巻七ー末未刊)　明歸有光編　文震孟訂　山田安榮校　明治二六刊(活版、東、吉川半七・青山清吉)　大　七

小四書五巻　明朱升編　文化一三刊(官版)　大　四

(七)西學

③地球説畧三巻　美・褘理哲撰　箕作阮甫點　萬延元刊(江、老皀館萬屋兵四郎)　大　三

④⑤同　同(元治印)　大　三

同　同(明治四印)　大　三

⑥地理全志上編五巻　英・慕維廉　安政五刊(岩瀬氏爽快樓)　大　五

同　同(安政六修、附地理全志訂誤、江、山城屋佐兵衛等)　大五

同　同(後補　下編一〇巻)　大一〇

同　同(後印、江、山城屋佐兵衛等)　大一〇

同　同(明治印、東、稲田佐兵衛等)　大一〇

①英國志八巻　英・托馬斯米爾納撰　慕維廉譯　文久元刊(長門、温知社)　大五

②大美聯邦志畧二巻　美・裨治文撰　箕作阮甫點　文久元刊(江、老皂館萬屋兵四郎)　大二

同　同(元治印)　大二

同　同(明治四印)　大二

同　同(明治七印)　大二

③中西關係論三巻　美・林樂知撰　廣部精點　明治一二・一三刊(青山堂)　(英國模禮菘著)　半五

④古今萬國綱鑑録三巻　英・模禮菘撰　大槻誠之點　柳澤信大校　明治七刊(東、東生龜次郎)　大三

⑤致富新書　美・鮑留雲易編　平田宗敬校　明治四刊(鈴木喜右衛門)　大二

同　同(明治五印、東、文苑閣鈴木喜右衛門等)　半二

富國策三巻　英・法思德撰　清汪鳳藻譯　岸田吟香點　明治一四刊(活版、東、岸田吟香)　半三

⑥智環啓蒙　英・理雅各撰　英華書院譯　刊　半一

同　同　明治三刊(鹿兒島藩)　半一

同　同　明治三刊(沼津學校)　中一

⑦智環啓蒙塾課初歩　英・理雅各撰　英華書院譯　柳川春三點　慶應二刊(開物社)　三年秋、東、大和屋喜兵衛後印本アリ　中一

⑧德國學校論略　德・花之安撰　清王炳堃校　明治七刊　二

⑨利學二巻　英・彌留撰　西周譯　阪谷素(朗廬)評　明治一〇刊(東、鈴木慧淳)　半二

⑩航海金針三巻圖一巻　美・瑪高溫譯　安政四刊(木活、薩摩府學)　大一

同　同　同　刊(木活、愛華堂)　大一

⑪博物新編　帯図本　英・合信編　元治元刊　大三

同　五集　帯図本　英・合信(三)英・合信・清陳修堂(四・五)清容兆倫　明治五・八・九刊(大角豐次郎)　大五

○一ー三巻ハ再刻本。

同　三集　同　明治七刊(三刻、萬屋兵四郎)　大　三

(増補)博物新編四巻　英・合信撰　福田敬業點　明治八刊　四

(鼇頭)博物新編三集　帯圖本　英・合信撰　小室誠一頭書　明治九刊(小室氏)　大　三

(標註)博物新編三巻　英・合信撰　安代良輔注　明治一〇刊(田中久兵衛)　三

①植物學八巻　帯圖本　英・韋廉臣譯　清李善蘭編　刊(覆清咸豐)　大　三

同　同(昭和一四印、足利學校)　半　三

②數學啓蒙二巻附對數表　英・偉烈(明治初)刊(官版)　半　一

③代數術二五巻　英・華里司撰　傅蘭雅譯　清華芳編　神保長致點　明治八刊(陸軍文庫)　五

代數學存三巻(巻一ー三)　英・棣麽甘撰　偉烈亞力譯　清李善蘭編　明治五刊　二

④重學淺説　六合叢談附刻本　帯圖本　刊

同　荒井公履點　萬延元刊(黄花園)　半　一

⑤格物入門　存目巻一・圖・　美・丁韙良撰　何禮之助點　明治二刊(京、山城屋佐助等)　大　二

⑥同　七巻　美・丁韙良撰　本山漸吉點　明治二刊(明親館)　大　七

格物探原五巻　帯圖本　英・韋廉臣撰　熊野與點　奥野昌綱校　明治一一刊(原亂昭)　大　五

⑦化學初階二巻　帯圖本　美・嘉約翰譯　清何瞭然編　高見岱校　明治六刊(覆清同治九、大阪書林會社)　大　一

同　同　美・嘉約翰譯　清何瞭然編　市川央坡點　明治六刊　三

西藥略釋一巻附一巻　美・嘉約翰　明治七刊(覆清)　半　三

西藥畧釋二巻　同、内田嘉一點　明治七刊(活版)　二

⑧器象顯眞四巻　英・白力蓋撰　傅蘭雅譯　清徐建寅編　明治八刊(陸軍文庫)　一

⑨談天一八巻(巻一三ー八未刊)同附表一巻　英・侯失勒撰　偉烈亞力譯　福田泉點　福田正　等校　文久元序刊　大　六

同　同(後印、河内屋茂兵衛等)　大　三

全體新論二巻慇　同圖一巻　英・合信撰　清陳修堂

譯　安政四刊(京、勝村治右衛門等)　大　三

① 西醫略論三巻く　英・合信・清管茂材　安政五刊(桃　帯圖本

樹園)

内科新説二巻　同　安政六刊(桃樹園三宅氏)　大　三

同　同　同　安政七刊(京、天香堂)　大　三

婦嬰新説二巻圖一巻　同　安政六刊(京、天香堂)　六　二

同　同　同　刊(三宅氏桃樹園)　大　二

② 鴉片戒　美・培端　[明治]刊　中　一

六合叢談一三巻第二、二巻附重學淺説　刪定本

刊(江、萬屋兵四郎)　半一六

③ 中外新報　咸豐八年一一・一二月九年三・六・八・

一〇・一一・一二月十年四・九月十一年一月　英・應思

理　刊　一部份實査　半存　一一

香港新聞二巻　咸豐辛酉[十一]・同治壬戌[元]

刊(萬屋兵四郎)　半　一

④ 中外襍誌　同治壬戌　英・麥嘉湖編　刊(老皂館萬

屋兵四郎)　半　一

一一　小説家類

(一)　雜　事

西京雜記六巻　舊題晉葛洪撰　明程榮校　元禄三

刊(唐本屋又兵衛)　大　二

同　同(後印、江、須原屋市兵衛)　大　一

同　同(後印)　大　一

同　同(寛政八印、川口宗兵衛等)　大　二

同　同(後印、河内屋茂兵衛)　大　一

世説新語三巻同敘録二巻　宋劉義慶撰　梁劉孝標

注　(附)宋汪藻　昭和四刊(影宋、育德財團)　特大五 附解説

同　三巻　宋劉義慶撰　梁劉孝標注　宋劉辰翁評

天保二刊(官版)　大　六

⑤ (李卓吾批點)世説新語。補二〇巻　明何良俊撰　李

贄評　王世貞校　張文柱注　刊　大一〇

⑥ 同　同(元禄七修)　大一〇

同　同(同、後印、京、林九兵衛)　大一〇

同　二〇巻附釋名　明何良俊撰　王世貞編　王世懋
①批張文柱注　戸崎允明校　安永八刊(京、林九兵
衛)　大一〇
同　同(後印)　大一〇
同　同(後印、京、石田治兵衛)　大一〇
②世説逸　宋劉義慶撰　岡井孝先・大冢孝綽校　寛延
二刊(江、前川六左衛門)　大一
世説箋本二〇巻　秦鼎　文政九刊(滄浪居)　大一〇
同　同(後印、大、河内屋茂兵衛等)　大一〇
同　同(後印、名、永楽屋東四郎等)　大一〇
同　同(天保六序印名美濃屋伊六)　大一〇
南北史。續世説。一〇巻　(續世説新語)　唐李垕撰
明俞安期校　天保三刊(官版)　大五
唐世説新語一三巻　唐劉肅　天保三刊(官版)　大三
③唐國史補三巻　汲古閣本　唐李肇撰　龍公美校
天明二刊(覆明、京、柏屋喜兵衛等)　大三
開元天寶遺事　開元一巻天寶遺事二巻　五代王仁
裕　寛永一六刊(京、風月宗智)　大一
同　同(慶安印)　大一

同　同(後印、京、田原仁左衛門)　大一
同　同(後印、唐本屋吉左衛門)　大一
同　同(後印、京、錢屋儀兵衛)　大一
冷齋夜話一〇巻　宋釋惠洪　正保二刊(京、林甚右
衛門)　大二
同　同(寛文六印、京、上村次良右衛門)　大二
同　同(後印、須原屋伊八)　大二
同　同(後印、吉文字屋市兵衛)　大二
同　同(後印)　大二
同　同(文化三印)　大二
同　同　(螢雪軒叢書之内)　同　刊(活版)
(新編)醉翁談錄二巻　宋刊本　宋羅燁　昭和一五
刊(影宋、文求堂)　中二
輟耕錄△三〇巻　元陶宗儀　承應元刊(中野是誰)　大一六
同　同(後印)　大八
同　同(後印、京、須磨勘兵衛)　大八
同　同(文政六印)　大一〇
④麈餘二巻　明謝肇淛撰　三宅芳隆(嘯山)點　刊(京、

菱屋孫兵衛等）　半　二
①同　同（文政元以後印、京、菱屋孫兵衛）　半　二
同　同（弘化三以後印、同）　半　二
太平清話二巻　明陳継儒撰　大島文校　慶應元刊（官
版）　大　二
同　同（明治印、入于昌平叢書）　大　二
（皇明大儒）王陽明先生出身靖亂録三巻　明〔馮夢
龍〕刊（弘毅館）　大　三
同　同（慶應元印、江、岡村屋庄助）　大　三
同　同（後印）　三
同　同（明治印、大、岡島真七）　半　三
同　同（明治印、青木嵩山堂）　半　三
②皇明世説新語△八巻　明李紹文　寶暦四刊（京、萬屋
仁右衛門）　大　八
同　同（明和八印、京、菊屋喜兵衛）　大　八
今世説八巻　清王晫　享和三刊（名、片野東四郎等）　中　四
咫聞録鈔二巻　清（慵訥居士）撰　土橋荘編　明治一一
刊（活版、京、土橋氏）　中　二

夢鷗囈語　清葉煒撰　藤澤恒・土屋弘（鳳洲）評　周
壯十郎校　明治一三刊（大、柏原政治郎）　半　一

（二）異聞

③山海經一八巻　晋郭璞注　明蔣應鎬畫　刊　大　七
同　同（後修、一八七四國寺）　大　七
同　同（後印、河内屋吉兵衛）　大　五
同　同（文化八印）　大　五
同　同（明治三五印、名、文光堂梶田勘助）　大　七
穆天子傳六巻漢武帝内傳・飛燕外傳各一巻　晋郭
璞注　明汪明際訂（漢）題漢班固（飛）題漢伶玄
延享四刊（京、田中市兵衛）　大　二
同　同（明和三印、江、伏見屋善六等）　大　二
同　同（後印）　大　二
神△異經　題漢東方朔　貞享五刊（中村孫兵衛）　大　一
同　同（後印、河南四郎右衛門）　大　一
漢武帝内傳　題漢班固撰　太神貫道校　穆天子傳
④附刻本　延享四刊（後修）古今逸史本　大　一
⑤拾遺記一〇巻　苻秦王嘉撰　梁蕭綺編　明呉琯校
寶暦二刊（京、靈巻軒上板勘兵衛・華文軒中西卯

兵衛）　大五

搜神。記二〇巻搜神。後記一〇巻　津逮秘書本　舊題
晉干寶撰明胡震亨・毛晉校（後）舊題晉陶潛
元祿一二刊（井上忠兵衛・林正五郎）　大九
同　同（寛政八以後印、大、河内屋喜兵衛）　大五
同　同（後印、堺、北村佐兵衛）　大五
同　同（後印）　大六
① △述異記二巻　舊題梁任昉撰　明商濬校　享保元刊
（美濃屋又右衛門・京、川勝五郎右衛門）　大二
同　同（寛延二印、京、植村藤右衛門等）　大一
同　同（寶暦三修、大、淺野彌兵衛）　大一
② 同　同（安永四修、大、淺野彌兵衛）　大一
續齊諧記　梁吳均撰　源與叔校　文政九跋刊（木活、
鈴木氏）　大一
酉陽雜俎二〇巻續集一〇巻　津逮秘書本　唐段成
式撰　明毛晉校　刊　大一〇
同　同（元祿一〇印、京、井上忠兵衛等）　大一〇
同　同（後印、京、弘簡堂須磨勘兵衛）　大　五八六

冥報記三巻　長治二年鈔本　唐唐臨　昭和一二刊
（影印、育徳財團）　半長一
虞初新志二〇巻補遺一巻　清張潮編　荒井公廉點
文政六刊（大　岡田儀助等）　大一〇
同　同（後印、大、河内屋源七郎等）　大一〇
同　同（嘉永四以後印、大、近江屋平助・河内屋徳兵衛）　大一〇
同　同（後印、大、近江屋平助等）　大一〇
同　同（後印、大、河内屋茂兵衛等）　大一〇
同　同（明治印、大、岡田茂兵衛）　半一〇
③ 聖師錄　清王言撰　藤嘉言抄　［天明元？］刊　大一

（三）瑣語

博物志一〇巻續博物志一〇巻　晉張華撰　宋周日注
（續）宋李石　刊（天和三印、京、伏見屋藤右衛門）　大四
同　同（後修）　大四
同　同（後印、柳原喜兵衛）　大四
續博物志　題晉李石　刊　大二
同　同（延寶二印カ）　大二
同　同（後修、大、西河堂池内八兵衛）　大二
雜纂　正篇・次篇・續篇各一巻（正）唐李［商隱］

(次)宋王君玉(續)宋蘇〔軾〕 元祿八刊(京、吉村
吉左衛門) 半一
同 雜纂次編・雜纂三續・雜纂四續各一卷 (正)唐
李商隱 (次)宋王君玉 (三)宋蘇軾 (四)明黃允交
寶曆一二刊(京、玉樹堂唐本屋吉左衛門) 大一
同 一卷續・又續・三續・新續・廣雜纂各一卷 唐李
商隱撰 岸田櫻校(續)宋王君玉(又)宋蘇軾(三)明
黃允交(新)清韋光黻(廣)清顧祿 文久元序刊 特小二
風流珍聞漢文 正編・續編・雜纂又續・三續・新續・廣雜
纂 雜纂外題換本 同(明治一七印、井上勝五郎) 特小二
古今諺一卷附一卷 明楊慎編 孫宗吾校 安永六
刊(京、菱屋孫兵衛等) 半一
① ②
古今諺〔抄〕 巖垣彥明編 弘化三刊? 未見 一
古今諺補 明楊慎編 菅敬勝編 天明四刊(小林新
兵衛等) 半一
○正編ノ卷末ニ補フヲ以テ、本文漢籍トナス。
小窓別紀四卷 明吳從先撰 施沛等校 寛文一〇刊
(風月堂) 大四
癖顚小史 明(聞道人)撰 袁石公評 天保二刊(大、
不自欺齋京屋莊二郎等) 中一
梅雪爭奇三卷 明鄧志謨(武夷蝶庵主)編 新井祐
登(白蛾)校 明和元刊(大、星文堂藤屋孫兵衛・
梧桐館吹田屋多四良) 半三
同 同(文政六印、大、岡田群玉堂河内屋茂
兵衛) 半三
蔬果爭奇三卷 明〔鄧志謨〕(竹溪風月主人) 天明
七刊 半一
同 同(文政一二印、京、文曉堂林喜兵衛) 半一
同 同(後印、京、弘文堂) 半一
同 同(嘉永四修) 半一
花鳥春秋 清張潮 刊(木活) 一
○
(集南北諢砌)笑海叢珠三卷附醉翁滑稽樽俎笑苑千
金四卷・解說 上村幸次校 昭和二七刊(謄寫版) 半一
開卷一笑 原存一卷(卷二) 明李贄 寶曆五刊(大、

楊芳堂大賀惣兵衛・稱觥堂澁川清右衛門)　大　二
笑府二巻　明(馮夢龍)(墨憨齋主人)　明和五刊
(京、圓屋清兵衛・文臺屋多兵衛)　半　一
同　同(弘化三印、後京、菱屋孫兵衛)　半　一
同　同　同　明治一六刊(活版、森仙吉)　中　一
刪笑府　(風來山人)刪譯　刊　未見　半　一
同　同(安永五印)　半　一
同　同(明治印、東、武田傳右衛門・大川錠吉)　半　一
(譯解)笑林廣記二巻　清(遊戲主人)編(遠山圓陀)
(一噱道人)點　文政一二刊(江、玉巖堂和泉屋金
右衛門)　半　三
同　同(後印、江、和泉屋金右衛門等)　半　四
解人頤廣集雋　清胡澹菴撰 錢德蒼編　明和七序
刊(大、丹波屋半兵衛)　大　一
(江湖歷覽)杜騙新書　明張應俞　明和刊　半　一
同　同(文政元印、京、五車樓菱屋孫兵衛)　半　一
同　同(弘化三印、菱屋孫兵衛)　半　一
板橋雜記三巻　雜記五種巻一　清余懷　刊(木活)

同　二巻　同、山崎長卿(蘭齋)譯　桑(　)孝寛點
明和九刊(大、磧礫堂甲谷佐兵衛)　半　二
①唐土名妓傳二巻　同(文化一一修、江、慶元堂和泉
屋庄二郎)　半　一
同　同(後修)　半　一
同　同(同、文政四印、江、須原屋茂兵衛)　半　一
②白門新柳記一巻附白門新柳補記・白門衰柳附記
清許豫撰 楊亨校(野崎正文)(假名垣魯文)點
(附)清楊亨撰　明治一一刊(活版、貯書樓磯部屋)　小　二
秦淮豔品一巻附西秦曲譜　清張曦昭撰　田島
象二點(附)田島象二編　明治一一刊(東、若林
喜兵衛)　小　一
艷體聯珠　艷情奇觀之内　清葉小鸞　明治一三刊
(活版)
鴛鴦牒　艷情奇觀之内　清程羽文　明治一三刊(活版)
祓菴黛史　艷情奇觀之内　清張芳　明治一三刊(活版)
十眉謠一巻附十髻謠　艷情奇觀之内　清徐士俊
明治一三刊(活版)

美人譜　艶情奇觀之内　清徐震　明治一三刊(活版)
文章遊戯抄本二巻　清繆艮編　小野長愿(湖山)選
森魯直(春濤)訂　明治九刊(遊焉唫社)　中　二

(四)　傳奇小説

①遊仙窟　康永三年鈔本　唐張鷟　昭和二刊(影印、
古典保存會)　特大一
同　眞福寺所藏文和鈔本　同　昭和二九刊(影印、
貴重古典籍刊行會)　特大一
同　同　江戸初刊　大一
同　同(慶安五印、中野太良左衛門)　大一
長恨歌傳一巻附〔長恨歌〕・琵琶行　慶長勅版本
唐陳鴻(長・琵)白居易　昭和五刊(影印、貴重圖
書影本刊行會)　特大一
同　一巻附長恨歌・琵琶行・野馬臺　同　〔慶長〕刊　大一
同　同　同〔元和〕刊(覆古活)　大一
同　同　同(寛永四印、風月宗知)　大一
同　同　同〔寛永〕刊　8 18　大一
同　同(後修)　大一

②同　同　同　寛永二〇刊　大一
同　同　同(後印)　大一
同　同　正保二刊(京、婦屋林甚右衛門)　大一
同　同　同(後印、京、婦屋林甚右衛門)　大一
同　同　慶安元刊(京、仁左衛門)　大一
同　同　同(後印、京、西村又左衛門)　大一
同　同　同　刊(慶安三印)　大一
○寛永四年印本以下未攷。凡テ二一丁。版同
異再攷ヲ要ス。
風竹簾前讀　刊(竹田莊)　中一
西廂會眞記　蒲東崔張珠玉詩集附錄　唐元稹　正
德三刊
剪燈新話句解四巻　朝鮮〔尹春年〕(滄洲)撰〔林芑
(垂胡子)訂　慶安元刊(京、仁左衛門)　大四
同　同(後印、京、井筒屋六兵衛)　大四
同　同(後印、京、林正五郎)　大四
剪燈餘話七巻　明李昌祺撰　劉子欽編　元祿五刊
(京、林九兵衛)　大四

同　同（後印、河南四郎右衛門）　大　四

情史抄三巻　田中正彜（嘲々酔士）編　明治一二刊（東、内藤傳右衛門）　半　三

同　同（明治三八印、東、松山堂）　半　三

（漢譯）伊蘇普譚　阿部弘國點　明治九刊（東、青山清吉）　半　一

① 閙娯情傳　明和六刊（江、小川彦九郎・同正　凵　大　一

一二　類書類

編珠二巻補遺二巻合四巻續編珠二巻　隋杜公瞻編（補・續）清高士奇編　文政一二刊（官版）　中　六

歳華紀麗四巻　唐韓鄂撰　明沈士龍・胡震亨校　渡邊通（竹堂）點　寶永四跋刊（美濃屋又右衛門）　大　二

同　同　題唐韓愈編　明沈士龍・胡震亨校　寶暦八序刊（京、玉樹堂）　大　二

太平御覽一〇〇〇巻同經史圖書綱目一巻目録一五巻擧譌全一三巻附覆校擧譌　宋李昉等奉勅編（擧）田口文之編（覆）喜多邨直寛編　安政二ー文久元刊（木活、喜多邨氏學訓堂）（引書目二オ三「詩氾暦樞」）　半一五三

同　同（後修）引書目・總目改排（詩紀暦樞ト訂正）　半一五三

同　同（再修）再改排　半一五三

② （新刻）事物紀原一〇巻目二巻　宋高承編　明胡文煥校　鵜［飼］信之（石齋）點　明暦二刊（京、武村市兵衛）　大一一

同　同（寛文四印、京、武村三郎兵衛）　大一一

同　同（後印、京、武村新兵衛）　大一一

同　同（文政元以後印、京、菱屋孫兵衛）　大　五

同　同（弘化三修、京、五車樓菱屋孫兵衛）　大　五

同　同（同、後印、菱屋孫兵衛等）　大　五

（重刊）書叙指南二〇巻　宋任廣編　明喬應甲校　慶安二刊（中野小左衛門）　大　四

同　同（後印、京、中川彌兵衛・中川茂兵衛）　大　四

③ 同　同（後印）　大　四

海錄碎事一二巻　宋葉廷珪編　松崎復校　文化一五跋刊（掛川藩）　半　八

同　同（文政一三印）　未再調　半　八

④ （新編）古今事文類聚前集六〇巻目二巻後修五〇巻目二巻續集

二八巻別集三二巻新集三六巻外集一五巻遺集一
五巻　宋祝穆編（新・外）元富大用編（遺）　大一〇
元祝淵編　寛文六刊（京、八尾勘兵衛）
同　同（後印、京、上板勘兵衛）　大一〇
同　同（文化五修、大、河内屋吉兵衛等）　大一〇
①（新編）古今事類全書　同、雜集二巻　同、（雜）編人
缺　延寶五・六刊（延寶六印、京、紀伊國屋石橋源
兵衛尉）　大三一
同　同（貞享四印、京、山岡市兵衛等）　大二五
（新編羣書類要）事林廣記　甲集一二巻乙集四巻丙集
五巻丁至壬集各一〇巻癸集一三巻　帯圖本　宋陳元靚編
元祿一二刊（京、山岡市兵衛）　大一〇
同　同（後印、京、山岡市兵衛・中野五郎左衛門）大一〇
同　同（後印、京、今井七郎兵衛・中野五郎左衛門）大一〇
②小學紺珠一〇巻　宋王應麟編　村瀬誨甫點　文政一
〇刊（江、岡村庄助等）　小八
同　同（後印、三田屋喜八等）　特小八
同　同　宋王應麟編　赤案棠點　文政一〇刊（有栖
川宮）　小五
同　同（後印、河内屋吉兵衛等）　小五
（京本音釋註解）書言故事大全一二巻　題宋胡繼宗
編　明陳玩直解　李廷機校　正保三刊　大一二
同　同（後印、林甚右衛門）　大六
同　同（後印、伊吹權兵衛）　大六
同　同（後印、田中文内）　大六
同　同（後印）　大六
刪補書言故事大全一二巻　題宋胡繼宗編　柏木常雄
刪補　明治一八刊（活版、柏木氏古碧堂）　半五
重廣會史一〇〇巻　北宋刊本　昭和二・三刊（影宋、
育德財團）　半二〇
（增續會通）韻府群玉三八巻　元陰時夫編　陰中夫注
延寶三刊（覆古活、京、八尾勘兵衛）　大三八
（新編排韻增廣事類）氏族大全一〇巻増補一巻　明
張溥訂　刊　大一一
同　同（後印、京、風月莊左衛門）　大一〇
（分類合璧圖像句解）君臣故事三巻　（立菴）點　寛

文一二跋刊(京、上田甚兵衛)　大　三
同　同(延寶二印、澤村和平)　大　三
同　同(元祿二印、京、菱屋吉兵衛)　大合一
永樂大典　原存一一卷(卷一九四一六—二六)附元朝
驛傳雜考　東洋文庫叢刊第一　明解縉等奉勅編
昭和五刊(影印、附活版)　大　六
羣書拾唾一二卷　明張九韶編　汪道昆增　呉昭明校
承應元刊(崑山館道可處士)　大　六
同　同(萬治元印、村上勘兵衛)　大　六
同　同(寛政九印、京、葛西市郎兵衛)　大　三
①(新鐫詳解丘瓊山)故事必讀成語考二卷　明丘濬編
盧元昌補　天和二跋刊(長尾平兵衛)　半　二
同　同(後印、京、板木屋九兵衛)　半　二
②(新刻丘瓊山)故事雕龍二卷　明丘濬編　享保一〇
刊(京、升屋孫兵衛)　半　二
③同　同(後印、河内屋喜兵衛等)　半　一
(寄傲山房塾課新增)幼學故事瓊林四卷　明程允升
撰　鄒聖脉增補　草場謹三郎點　明治一八刊(銅版、
(京、正寶堂福井源治郎)　小　四
(精註)雅俗故事讀本二卷附索引　明程允升編　清
周達用補　平岡龍城譯　大正七刊(活版、東亞史
文學會)　半　二
(新鍥類解官樣)日記故事大全七卷　明張瑞圖校
寛文九刊(中尾市郎兵衛)　大　七
同　同(元祿五印、秋田屋大野木市兵衛)　大　七
同　同、鎌田(禎)(環齋)校　天保四刊(大、敦賀
屋九兵衛等)　半　三
同　同(後印、敦賀屋為七)　半　三
同　同(後印、大、象牙屋治郎兵衛等)　半　三
(新鍥類解官樣)日記故事大全七卷　同　明治一三
刊(大、松村九兵衛等)　中　三
同　同　明張瑞圖校　上總繁注　明治一六刊(大、
岡嶋眞七等)　半　四
④(標註)日記故事大全七卷　明張瑞圖校　松山麻山
標記　明治一四刊(駿河島田、麟鳳堂荒浪平次郎)中三
(新鍥鄭翰林類校註釋)金璧故事五卷　明鄭以偉編

刊(覆明萬暦)　大　五
(全一道人)勸懲故事八巻　寛文九刊(中尾市郎兵衛)大八
同　同(同、後印)　刊年一行削ル　大　四
(重刻楊狀元彙選)蓺林伐山故事四巻　(明楊愼)撰
黄克興編　正徳六刊(京、積善堂等)　大　五
(新刻)事物異名二巻　明余庭璧編　胡文煥校　延
寶二刊　小　一
同　同(後印、前川茂右衛門)　小　一
(新刻重校増補)圓機活法詩學全書二四巻(新刊校
正増補)圓機詩韻活法全書一四巻　明王世貞校
菊池東匀(耕齋)點　明暦二刊(京、八尾勘兵衛)大四〇
①②同　同(後印、文榮堂前川善兵衛)　大二〇
同　同(寛政一二印)　未見　大二〇
同　同(文化一五修、大、秋田屋太右衛門)　大二〇
同　同(元治元印、大、秋田屋太右衛門等)大二〇
③④同　同　同　寛文一二・一三刊(京、八尾甚四郎)　半二〇
⑤⑥同　同　同　刊　半二〇
⑦同　同(延寶元印、京、積徳堂)　半二〇

同　同　同　寛政一二刊　未見　七
同　同　明王世貞校　石川英(鴻齋)・清沈文熒訂　明治一七刊
(銅版、山中市兵衛)　中二〇
⑧⑨(校正増補)圓機活法全書　同　明治二九刊(活版)　一九
⑩(鼇頭韻學)圓機活法八巻　山崎昇編　明治一五刊
(銅版、大、尚書堂)　小　八
⑪同　同(明治二四印、大、積善館)　小　二
麗藻全八巻　明鄧志謨　安永七刊(京、汲古堂河
南儀兵衛)　大　四
同　同(後印)　大　四
文選錦字録二一巻　明凌迪知編　凌稚隆校　文政
元刊(官版)　大一〇
同　同(明治印、入手昌平叢書)　大一〇
⑫楚騒綺語六巻　明張之象編　凌迪知校　文政四刊
(覆明、官版)　大　三
卓氏藻林八巻　明卓明卿編　王世懋校　三雲義正點
⑬元禄九刊(京、村上平樂寺)　大　八
⑭同　同(元禄一一印)　八

①同　　同(後印、大、名倉翰林堂)　　四
五車韻瑞一六〇巻洪武正韻一巻　明凌稚隆編　菊
池東匀點　萬治二刊(覆明、京、八尾勘兵衛)　大五〇
②同　同(後印)
昭代選脣三〇巻　明李本緯等集王家賓編　黄塊開
補趙善鳴校　文政三刊(官版)　大七
同　同(明治印、入于昌平叢書)　大七
(新刊)古今類△書纂要△一二巻　明璩崑玉編　葉文懋
校　刊(寛文九印、山形屋)　大六
③同　同(享保一四印、京、額田正三郎)　大七
④(詩文切玉)對類正宗一九巻首一巻　[清]唐居子編　豐島
穀點　明治一六刊(銅版、東、玉香堂)　小八
淵鑑類△函纂要六巻　藤江浩編(養齋)　明治一四・一六刊
(大、藤江卓藏・三宅治三郎)　半六
⑤佩文韻府一〇六巻韻府拾遺一〇六巻　清蔡升元等
奉勅編(拾)清汪灝等奉勅編　叢谷修(一六)等校　明治
一五—一八刊(銅版、鳳文館)　半一〇〇
同　同(後修)御製序・與附異版　半一〇〇
同　一〇六巻(巻二二下—末未刊)　清蔡升元等奉
勅編　小野愿(湖山)等校　明治一五—一七刊(活
版、東、報告社大野氏)　大二七
⑥同　一〇六巻拾遺一〇六巻　同　明治三三刊(影
印、東、博文館)　一〇〇
同　同　同　明治四一刊(影印、東、吉川弘文館)　大七
⑦唐詩金粉一〇巻　清沈炳編沈生倬等校　安永三
刊(大、井上勘兵衛等)　半六
⑧同　同(天保七修)　半六
詞林合璧一二巻　清朱琰編　天保九序刊(越後、花
木鴻)　小四
事物異名錄四〇巻　清厲荃編　關槐增　刊(覆清、
官版)　半一二
同　同(明治印、入于昌平叢書)　半一二
⑨駢字分箋　清程際盛撰　林厚德補注　明治一四刊
(林氏卓然堂)　半一
⑩錦字箋四巻　清黄雲編　黄裕・侯文燈參　文政一一
刊(廣島、世並屋伊兵衛等)　中四
⑪同　同(後印、大、宋榮堂河内屋茂兵衛等)　中一

① 同 同 清黄霪編岸田吟香校 明治一四刊(銅版、
東、樂善堂) 特小四
佩文詩韻箋注五巻 清謝有煇・陳培脉編 明治一四
刊(慶應義塾出版社) 特小二
② 韻府一隅一六巻 清顔懋功編 文化一一刊(養賢
③ 堂) 中二
④ 同 平聲八巻仄韻八巻 同、中井豊民(乾齋)校
文政一一刊(英文藏等) 中六
⑤ 同 同(天保二以後印、大、河内屋茂兵衛等) 中六
⑥ 同 一六巻 清顔懋功編 明治一三刊(銅版、東、
甘泉堂山中市兵衛) 特小四
⑦ (鼇頭)韻府一隅八巻又八巻 同、牧正篤點 明治一三刊
(銅版、大、岡田茂兵衛等) 又、一四印アルカ 小四
⑧ 鼇頭韻府一隅一六巻 清顔懋功編 久保田(梁山)・佐
藤(櫻癡)、補 明治一四刊(銅版、東、文江堂木村文
三郎) 中六
⑨ 詩韻含英一八巻附詩韻異同辨(上層) 清劉文蔚編
(異)清任以治・蔡應襄編 文化一三刊(覆清、鳥
山侯) 中二
⑩ 同 同 同 文化一四刊(覆清、大、河内屋茂兵衛等) 中二
同 同 同 天保一一刊(再刻、覆清、京、堺屋新兵衛等) 中四
⑪ 同 同 同 嘉永二刊(大、河内屋茂兵衛等) 中二
⑫ 初學檢韻袖珍二巻 清姚文登編 姚炳章校 弘化三
刊(須靜堂) 中一
⑬ 同 同(後印、京、林芳兵衛) 中一
同 同 同 嘉永元刊(京、吉田治兵衛等) 中一
詩韻集成 清余照亭編 (明治初)刊(銅版) 中長二
⑭ 詩韻珠璣五巻 同、東條耕校 天保二刊(大、河内屋
茂兵衛等) 半八
(増補)詩韻珠璣五巻 清余照編 谷喬補 明治一三
刊(銅版、大、此村庄助等) 小二
⑮ 詩韻寸珠 刊(大正一〇印、隨鷗吟社) 特小二

一四 道家類

(黄帝)陰符經正義 明高思誠撰 竹内孚休校 寛
政一〇刊(須原屋文助) 大一
(黄帝)陰符經諸賢集解 河野玉鉉校 刊 大一

老子經　白文　刊　9/16　活字版ト誤認シカヌル田舎版　大一
同　二巻　白文　刊　8/16　田舎版ナラン　大一
老子正文　廣瀬範治校　明治一五刊（活版、山梨、
内藤傳右衛門）　10/20　半一
老子河上公注　零本　奈良聖語藏御物舊鈔本　漢河
上公　大正一三刊（影印）　一軸
老子經通考（序首題簽）　二巻　明陳元贇　延寶八刊（京、板
木屋久兵衛）　大四
同　同（寶永二印、京、富倉太兵衛）　大四
同　同（後印、星文堂藤屋彌兵衛）　大四
同　同（後印）　大四
老子道德經二巻附古今本攷正、道德經附録各一巻
魏王弼注　岡田權兵衛（維愼）點　享保一七刊（江、盧橘堂
野田太兵衛）　大三
① 老子道德眞經二巻　魏王弼注　唐陸德明音義　宇佐
美惠（灊水）校　明和七刊（江、須原屋平助等）　大二
② 同　同（次印、江、千鐘堂・花說堂）　松本善兵衛ナシ　大二

同　同〔明治印〕　大二
③ 同　同　同　昭和四刊（活版、東、文求堂）　大一
老子經音義　唐陸德明　延享三刊（江、前川六左衛
門）　小一
同　同（後印）　中一
○右二部印刷前後未攷。
（纂訂蘇註）老子道德經二巻　宋蘇轍撰　木山鴻吉編
明治一六刊（東、萬巻書堂東生鐵五郎、神奈川、栖
碧書堂山田淺次郎）　半二
④ 同　同（明治二三印、東、松山堂藤井利八）　半二
⑤ 同　同（明治二六印、東、松山堂）　半二
老子鬳齊口義二巻　宋林希逸　刊（覆古活）未見　大二
同　同　寛永四刊（京、安田安昌）　大二
○初印本已ニ刊記埋メ木故、未見ノ一書烏有カ。
⑥ 同　同　同　寛永六刊　大二
同　同　道春點首書本　同、林信勝（羅山）點　正保
二刊　未見　大二
⑦ 同　同　同　正保四刊（京、林甚右衛門）　或ハ印　大二

①同　同　同　正保五刊(豊興堂)　四刊ト八明ニ異版　大　二
同　同　同　明暦三刊(京、上村次郎右衛門)　大　二
②同　同　(老子林註)　宋林希逸撰　釋知非如一校
[寛文]刊　未見　大　二
同　同　増補首書本　宋林希逸撰　徳倉昌賢首書
延寶二跋刊(京、上村次郎右衛門)　大　二
同　同(寶永六修、須原屋茂兵衛)　大　二
③同　同(後印、大、寶文堂大野木市兵衛)　大　二
④同　同(明治印、京、田中治兵衛)　大　二
太上老子道徳經(述)註二巻　(無垢子注老子經)
明何道全　刊　大合二
老子億二巻　明王道　昭和七刊(影明、育徳財團)　半　二
⑤老莊翼　老子翼六巻莊子翼一一巻　明焦竑撰　王元
貞校　小出立庭(永安)點　承應二刊(京、小嶋市郎
右衛門)　大一六
同　同(後印)　大一七
同　同(寛延四修、京、梅村三郎兵衛)　大一七
同　同(同、後印、京、勝村治右衛門)　大一七

老子辯二巻　(陳眉公老子辯)　明陳繼儒撰　張鼐
訂　[小]幡玉斧(龍埜)校　明和七刊(京、小幡宗
左衛門)　大　二
老子道徳經解二篇　明釋徳清　刊(長谷川六兵衛)　大　二
⑥老子道徳經攷異二巻　清畢沅編　天保四刊(官版)大　二
○山城屋佐兵衛及ビ出雲寺萬治郎ノ二種ノ後印本アリ(補)。
同　同(明治印、入于昌平叢書)　大　二
⑦文始眞經三巻　(關尹子)　白井眞純校　元文五刊
(山城屋茂左衛門)　大　一
同　同(後印)　大　一
同　同(後印、江、淺倉屋久兵衛)　大　一
同　同(明治印、須原屋伊八)　大　一
⑧沖虚至徳眞經八巻　宋建刊本　晋張湛注　昭和二
四刊(影宋、育徳財團)　半　三
⑨同　同　世徳堂本　同　延享四刊(覆明、京、梅村
彌右衛門・山本平左衛門)　大　四
同　同　同　寛政三刊(覆明、京、小川多左衛門等)大　四
⑩同　同(明治一六修、森本専助・松村九兵衛)大　四
⑪同　同(明治一六修、大、文海堂)　未見　大　四

① ○或ハ右二部同一カ。
列子鬳齋口義二巻　宋林希逸　寛永二刊　大四
同　同(寛永六印)　後者ハ後印ナラザルベシ。　大二
同　同　寛永四刊(京、安田安昌)　大四
同　同(後印)　大四
同　同(慶安五印、崑山館道可処士)　大二
同　同(萬治二印、大和田九左衛門)　大二
同　同(後印)　刊者削去　大二
莊子二巻　正文本　刊　大二
② 同　一〇巻　元祿一七刊(京、井上忠兵衛等)　半五
同　同(後印、京、白玉堂等)　大五
同　原存七巻(巻二三・二六―八・三〇・三一・三三、雜篇)附舊鈔巻子本莊子殘巻校勘記　高山寺所藏舊鈔本　晋郭象注(附)狩野直喜編　昭和五・六刊(影印、東、東方文化學院)　七巻
同　原存二巻(巻一四、天運・二二、知北遊)　郭煌本　[晋郭象]注　昭和七刊(影印、東、東方文化學院)二巻
③ 莊子南華眞經一〇巻　晋郭象注　服部元喬(南郭)校　元文四刊(江、錦山房植村藤三郎・京、藤花房中野宗左衛門)　大一〇
④ (重刻)莊子南華眞經一〇巻　晋郭象注　千葉玄之[芸閣]點　天明三刊(江、山崎金兵衛等)　大一〇
⑤ 同　同(後印、京、須磨勘兵衛)　大五
⑥ 南華眞經一〇巻　晋郭象注　唐陸德明音義　有井範平點　明治一六刊(活版、報告堂)　半四
⑦ 同　同(明治二六印、松山堂藤井利八)　半四
南華眞經注疏解經三三巻　唐釋玄英　刊　大一三
同　同(萬治四印、中野小左衛門)　大一三
同　同(後印、中野宗左衛門)　大一三
(唐陸德明)莊子音義三巻　唐陸德明編　服部元喬校　寛保元刊(江、錦山房植村藤三郎)　大三
⑧ 莊子鬳齋口義一〇巻附新添莊子論　宋林希逸(附)李士表　刊　未見　大五
同　同(寛永六印、京、風月宗知)　大五
⑨ 同　同(萬治二印、吉野權兵衛)　大五
同　同　頭書本　同　寛文三刊(京、山屋治右衛門)大一〇

①同　同（寛文五修、風月庄左衛門）　大一〇
同　同（後印）　大一〇
②莊子翼一一巻　老子翼合刻本　承應二刊
④③（鍥）南華眞經三註大全二一巻　明陳懿典編　刊
（覆明）　巻五以降（新鍥云々）ニ作ル　大二一
⑤莊子因六巻　（補義莊子因）　獨見附標本　清林雲
銘撰　秦鼎補義　寛政九刊（尾、風月孫助等）　大　六
⑥同　同（後印、尾、片野東四郎等）　大　六
⑦同　同（後印、大、積玉圃柳原喜兵衛等）　大　六
⑧同　同（明治印）　大　六
⑨標註莊子因六巻　同、東條保標註　明治二三刊（大、
溫古書屋）　大　六
⑩⑪文子一二巻　（文子全書）　入江忠囿〔南溟〕校　寶
曆八刊（勉勵堂・文英閣）　大　三
⑫同　同（後印、須原屋伊八）　大　四
抱朴子殘二巻（内篇第二・三）　古鈔本　晉葛洪
大正一二刊（影印、文求堂）　半　一
（新鐫）抱朴子　内篇・外篇各四巻　同　（一色〔前田〕時棟〔東溪〕校

元祿一二刊（井上忠兵衛・林正五郎）.　大　八
⑬（全文）抱朴子　内篇・外篇各四巻　晉葛洪撰　辰巳
興（泰齋）重訂　同（享保一一修、京、梁文堂・京、
桐華軒）　大　八
同　同（同、明治印、大、文榮堂前川善兵衛）　大　八
牟子理惑論　支那撰述本　刊（三縁山）　大　一
天隱子　唐司馬承禎　明和六刊（蒹葭堂）　大　一
朱子周易參同契考異一巻附朱子陰符經考異　宋朱
〔熹〕（附）黄瑞節　享和二刊（官版）　大　一
同　同（明治印、入于昌平叢書）　大　一
⑭老子守庚申求長生經一巻附一巻　天保四跋刊（木
活）　中　一
太上感應經　明和元跋刊（伊勢、光攝寺）　6/11　小　一
同　享保四刊（彦根藩）　一　帖
同　一巻附〔太上感應篇諺解〕　天明八年刊傍訓本
文政八刊（越後柏崎、護摩堂）　5/16　半　一
同　一巻　文政七刊（套印）　8/20　小　一
同　一巻附文昌帝君陰隲文　巻大任書（菱湖）　文化一〇

跋刊(陰刻、越後、市島處德)　小一帖

太上感應篇　文政一二刊(大、谷賀彬) 4/15　小長一帖

同　一巻附文昌帝君陰隲文。過淫篇・敦孝篇　安増速郎點(過)清石璿　明治一八刊(活版、東、點者)　半一

(太上感應篇)經文　刊 10/20　大一

同　刊(覆刻) 10/20　大一

太上感應編《たいじやうかんおうへん》　一巻附太上感應編靈驗　旁訓本　天保八以前刊 7/12　半一

太上感應編《だいじやうかんおうへん》　旁訓本　和語陰隲錄附刻本　天保二刊(京、澤田吉左衛門) 8/15　半一

太上感應編《たいじやうかんおうへん》　平假名附本　刊(江、平野屋平助)　半一

太上感應篇《だいぢやうかんおうへん》附(譯文)　平假名附本　嘉永二刊 4/12　中一帖

太上感應篇箋註圖說　全二巻　清沈溥撰　黃廷松・程如且校　元祿八刊(中野宗左衛門・中野小左衛門)　大八

同　同(後印)　?　大八

(文昌帝君)陰隲文　安永五刊(淡海、竺常)　一枚

同　寛政元序刊 6/13　大一

同　天保三序刊 9/15　半一

同　一巻附通俗陰隲文　寛政二刊 7/15　小一

同　同　天保一〇刊 7/15　小一

同　同　天保三刊 7/14　小一

同　同　旁訓本　天保七跋刊(尾、柳原豪)　半一

(明賜進士袁了凡先生)陰隲錄一巻自知錄二巻附一巻　明袁(黄)撰　陳昇・黃幼清校(附)釋袾宏　元祿一四刊(釋信阿)　大二

(明賜進士袁了凡先生)陰隲文一巻附決科要語・功過格款　明袁(黄)撰　陳昇・黃幼清校　田口孝太郎點　明治二六刊(活版、日本國教大道社)　半一

同　同(明治二七印)　半一

覺英篇題簽　太上感應篇一巻・(姚文然)感應篇頌言・(施刻)丹桂籍・(文昌帝君)勸孝文・(孚佑帝君)教孝篇・附錄・關聖帝君真経・關聖帝君訓孝諭

① 文政七刊(如一道人)　中一

(九天開化主宰元皇司祿宏仁文昌帝君)陰隲文註案

四巻文昌帝君陰騭文一巻首一巻續編巻末各一册
(丹桂籍) 明顔正注 清顔文端補 文政一二刊(覆
清、蒼龍堂) 大 五
同 同(後印、須原屋源助等) 大 五
同 同(後印) 大 五
(九天開化主宰文昌司祿元皇梓潼帝君)陰騭文疏
證 一巻附陰騭文 清?沈九如等編 陳觀鉦等校
寶永元刊(京、感思堂) 半 一
自知錄二巻 明袾宏 萬治三刊 大 一
同 二巻附一巻 同 元祿一四刊(京、升蓮社) 大 一
遏淫篇一巻 太上感應篇附刻本 清石璿撰 安増逸
郎點 明治一八刊(活版、東、點者)
道藏七籤(庚申部)三巻 宋張君房編 明張萱評
明和元刊(京、林權兵衛・京、芳野屋作十郎) 大 一
列仙傳二巻同考異一巻 漢劉向撰 岡田挺之校
寛政五刊(名、片野東四郎) 大 一
同 同(寛政六印、名、永樂屋東四郎等) 大 一
同 同(同、同、後修) 大 一

○刊記ノ書林ノ第一行ノ「河内屋八兵衛」ノ「八兵衛」
ヲ「喜兵衛」ト改刻シタルモノ。
同 同(寛政八印、名、片野東四郎等) 大 一
同 同(明治三五印、名、梶田勘助) 大 一
① (有象)列仙全傳九巻 明王世貞編 汪雲鵬校 刊 大 七
同 同(慶安三印、京、藤田庄右衛門) 大 七
同 同(後印、京、秋田屋平左衛門) 大 五
同 同(寛政三修、大、柳原喜兵衛等) 大 九
同 同(同、後印、大、柳原喜兵衛等) 大 九

四集部

1 楚辭類

楚辭一七卷（楚辭正文） 川口有斐校 刊 大 三
同 同、楚辭音一卷（王註楚辭） 漢劉向編 王逸
章句 寛延三刊（前川六左衛門） 大 六
① 楚辭 同 同 寛政八刊（河内堂） 三
楚辭（補注）一七卷（楚辭箋註） 宋洪興祖撰 清
毛表校 寛延二刊（覆清、京、上柳治兵衛等） 大 八
同 同（後印、風月莊左衛門等） 半 五
楚辭（集註）八卷楚辭後語六卷 宋朱熹 刊（慶安
四印、京、村上平樂寺）（註解楚辭全集） 大 一一
② 同 同（享保九修、辯證二卷、文臺屋治郎兵衛
等） 大 七
楚辭燈四卷首一卷 清林雲銘撰林沅校 楊攀梅訂
寛政一〇刊（大、池内八兵衛等） 大 四
同 同（後印、大、川端徳兵衛） 大 四
③ 同 四卷附楚懷襄二王在位事蹟考 清林雲銘撰
林沅校秦鼎點 寛政一〇刊（尾、風月孫助等） 大 四
同 同（文政七修） 大 四
同 同（天保一三修） 大 四

2 別集類

（一） 漢魏六朝

賈長沙集 漢賈誼撰 明張溥校 刊（木活、松代、如
蘭社） 大 一
諸葛丞相集二卷附一卷 蜀諸葛亮撰 清朱璘編
（明治）刊（長門藏版局） 半 三
同 鶴塾叢書之内 同、荻原裕評 明治一三刊（西
疇精舍）
④ 集古梅花詩二卷 晋王羲之撰 兒玉少介校 明治
三四刊（活版） 大 一
⑤ 陶淵明文集八卷 三謝詩合刻本 晋陶潛撰 松崎
復（慊堂）校（天保一一序）刊（羽澤石經山房） 中 二
⑥ 陶靖節集一〇卷首一卷 晋陶潛撰 菊池東勻（耕齋）

點　明暦三刊（覆明天啓二、武村市兵衛）　大八
同　　同（寛文四印、武村三郎兵衛）　大三
同　　同（後修、京、五車樓等）　大八
①同　　同（寶暦一一修、京、野田藤八）　大四
②同　同　晋陶潜撰　馬場春海校　明治一九刊　半四
③陶淵明集八巻首一巻　晋陶潜撰　近藤元粋點　明
④治二七刊（活版、大、嵩山堂）　小四
⑤彭澤詩鈔　晋陶潜撰　頼襄（山陽）選　山田鈍校　明
治三四刊（京、山田鈍）　半一

（二）　唐

〔王勃〕集存一巻（巻二八附祭文一首）　上野氏藏
舊鈔本　〔唐王勃〕〔明治〕刊（影印）　特大一
王勃集残二巻（巻二九・三〇）　京都帝國大學文學部景
印唐鈔本之内　富岡氏藏舊鈔本　同　大正一一刊（影印）
〔同〕残一巻　正倉院藏慶雲四年鈔本　〔唐王勃〕
大正一〇刊（影印、佐々木氏）　一巻
王勃集二巻　唐王勃撰　明張遜業校　芥〔川〕煥點　延
享四刊（京、唐本屋吉左衛門）　大二

駱賓王集二巻　鄭能校刊本　唐駱賓王撰　明張遜
業校　入江〔兼通〕（若水）點　刊　小一
同　　同（後印、大、嵩高堂河内屋八兵衛・同八
助）　小一
⑥樂毅論　南郡秘笈之内　唐夏侯泰初　大正一〇刊
（影印）　半一巻
李嶠詩殘巻　東山御文庫所藏平安朝鈔本　唐李嶠
昭和二三刊（影印、講談社）　特大一
李嶠雜詠集　同　延寶三刊　半二
李巨山詠物詩二巻　同、石川貞〔金谷〕校　寶暦一一
序刊　中一
（唐丞相）曲江張先生文集一二巻附一巻　唐張九齡
文化二刊（木活、尾藩明倫堂）　大七
（唐丞相）曲江張先生詩集二巻　同、久田犁（湖山）
點　刊（京、采蘭堂）　未見　大二
同　　同（寛政一一修、大、澁川與左衛門等）　大二
⑦孟浩然詩集　唐孟浩然撰、明孫仲逸校　永口詢美（華
陽）點　元文四刊（京、志長軒長代源七）　中一

同　同（後印、京、林伊兵衛・岩垣善兵衛）　小　一

同　同（後印、京、林伊兵衛）　小　一

同　同（後印、京、並河甚三郎・河南四郎右衛門）　小　一

同　同（文政三印、大、加賀屋善藏・京、葵屋孫兵衛）　中　一

同　三巻　唐孟浩然撰　宋劉（辰翁）批　北村可昌（篤所）點　元祿三刊（玉樹堂唐本屋吉左衛門）　大　三

① 孟襄陽集三巻附一巻　唐孟浩然撰　近藤元粋校
② 明治三三刊（活版）　小　二

③ 寒山詩集　宋刊本　唐釋寒山　昭和三刊（影印、審美書院）　半　一

同　同　明治三八刊（活版、民友社）　半　一

④ 寒山詩一巻附豐干禪師錄・拾得詩　同　（寛永）刊　大　一

同　一巻附豐干禪師錄・拾得錄・拾得詩　同　寛永一〇刊（中野市右衛門）　大　一

⑤ 同　同（後印）　刊行者名剜去　大　一

同　同（後印、小川多左衛門）　大　一

寒山詩集　同　寶曆七刊　未見　二

崔常詩集序首・見返　崔顥詩集二巻常建詩集三巻　唐崔顥（常）唐常建、熊谷維（竹堂）點　正德三刊（白松堂）　大　一

王昌齡詩集五巻版心作二巻　唐王昌齡撰　明許自昌校（菊隠）點　享保一八刊（京、天王寺屋市郎兵衛）　大　一

⑥ 同　同（寛政八修補、附王昌齡集拾遺、皆川愿（淇園）訂補、京、天王寺屋市郎兵衛）　大　一

○唐王右丞詩集六巻（王維詩集）　明萬曆庚寅吳氏漱玉齋刊本　唐王維撰　明顧可久注　木口房祥點　正德四刊（覆明萬曆、京、唐本屋八良兵衛・萬屋喜兵衛）　大　六

同　同（後印、山田三良兵衛）　大　三

同　同（後印）　刊行者名剜去　大　三

杼山集一〇巻補一巻詩式一巻　唐三高僧詩集之内　唐釋皎然　元祿八刊（田中庄兵衛・梅村彌與門）　大　四

○（分類補註）李太白詩二五巻（唐翰林）李太白年譜一

巻（李詩補註）　唐李白撰　宋楊齊賢集註　元蕭
士贇補註明許自昌校　山脇重顯（道圓）點（年）明
薛仲邕編　延寶七刊　大二〇
同　同（後印）　大二〇
① 杜工部集二〇巻諸家詩話一巻唱酬題詠附錄一巻
② 唐杜甫　文化九刊（覆清、崇文堂前川六左衛門等）　中八
③ 杜工部七言律詩二巻（杜律虞註）　唐杜甫撰　元
虞集注　刊（寛文八印、京、堺屋善兵衛）　半四
（翰林攷正）杜律五言趙註句解三巻　元趙汸撰　明
蘇濬校　慶安四刊（中村市兵衛）　三
杜律（集解）　五言四巻七言二巻　唐杜甫　萬治二
刊（水田甚左衛門）　小三
同　同　同　刊（覆萬治二、田中庄兵衛）　小三
同　同　同（後印）　小三
同　（杜律集解素本）　旁訓本　同　同　天和三刊　半六
④ 杜律集解五言四巻七言二巻　明邵傅撰　陳學樂校
寛永二〇刊（京、風月宗智）　大六
同　同　同　刊（覆寛永二〇）　大六

同　同　萬治二刊（京、前川茂右衛門）　大三
同　同　寛文一三刊（後印、油屋市郎右衛門）　大三
⑤ 同　同　新版改正題签本　貞享二刊　大三
⑥ 同　同　刊（貞享三印、西村市郎兵衛・西村半
兵衛）　大六
⑦ 同　同　同　刊　10/18　大三
（音註）杜律集解五言四巻七言二巻　同　元禄七
刊（京、西村市郎右衛門等）　大三
⑧ 杜律集解五言四巻七言二巻　鼇頭本　同　寛文一
〇刊（京、丸屋庄三郎）　大三
同　同（後印）　刊行者名剜去　大六
同　同　鼇頭增廣本　同、清水玄迪標注　刊　大六
同　同　明邵傅撰　陳學樂校　宇都宮由的標注　元
祿九刊（京、美濃屋彦兵衛）　大一二
同　同（後印）　大一二
⑨ 杜律集解大全　七言四巻五言八巻　明邵傅撰　陳學

欒校　寛文五刊（中野道也）　大　八
①（刻）杜少陵先生詩分類△集註二三巻首一巻　（杜詩
集註）　明邵傅撰 過棟參箋 鵜飼信之（石菴）點
明暦二跋刊（京、衣棚通）　大二四
同　同（後印）　大二四
（刻）杜少陵先生詩集註絶句　（杜詩絶句）　李杜絶
句零本　明邵寶撰 過棟參箋　寛文二刊（吉田太
郎兵衛）
同　同（後印）　大二
杜工部七言律詩分類集註二巻　明崇禎刊本　明薛
益　慶安四刊（中村市兵衛）　大二
（辟疆園）杜詩註解五言律一〇巻七言律五巻　清顧
宸　元禄六刊（京、唐本屋又兵衛）　大一〇
同　同（元禄一七印、文臺屋治郎兵衛・風月
庄左衛門）　大　五
②杜詩評△鈔四巻　清沈徳潛　明治二〇刊（京、文求堂）　半　二
③岑嘉州詩八巻　唐岑參撰（淀上菊隠叟）點　寛保
元刊（京、山田屋參郎兵衛・天王寺屋市郎兵衛）　大　四
元次山集一二巻　唐元結撰 清黄又・黄晟校　文政
四刊（官版）　大　五
毘陵集二〇巻補遺一巻附一巻　唐獨孤及　天保四
刊（官版）　大　五
同　同（明治印、入于昌平叢書）　大　五
唐李長吉歌詩（箋註）四巻外巻一巻　宋呉正子撰
劉辰翁評　文政元刊（官版）　大　三
同　同（明治印、入于昌平叢書）　大　三
柳文四三巻同別集二巻同外集二巻附一巻　唐柳宗
元撰 劉禹錫編 明游居敬校　天保一〇刊（官版）大　六
同　同　安政四刊（官版）　大　六
同　同（明治印、入于昌平叢書）　大　六
唐柳河東集四五巻讀柳集敘説・同遺文各一巻同外集
二巻（柳文）　注韓柳文單行本　唐柳宗元撰 明蔣之翹注
④鵜飼信之（石齋）點　寛文四刊（京、秋田屋平左衛
門）　大三六
同　同（後印、京、中江久四郎）　大一二
同　同（後印、秋田屋太右衛門）　大二五
同　同（明治修、大、梅原龜七等）　大一二

韓文四〇巻同外集一〇巻同集傳・同遺集各一巻
唐韓愈撰 明游居敬校 天保一〇刊(官版) 大六
同 同 同 嘉永七刊(官版) 大六
同 同(明治印、入手昌平叢書) 大六
唐韓昌黎集四〇巻讀韓集叙說・唐韓昌黎集附録・唐
韓昌黎集遺文各一巻唐韓昌黎外集一〇巻(韓文)注韓
柳文單刊本 唐韓愈撰 明蔣之翹注 萬治三刊
(京、秋田屋平左衞門) 大四〇
同 同(寛文四印) 大四〇
同 同(後印、大、秋田屋太右衞門) 大四〇
① 韓文起《ママ》一〇巻韓文公年譜一巻 清林雲銘撰 神野世
猷(半洲)校 秦鼎補標 秦世壽校 文政六刊(名、永
樂屋東四郎等) 大一〇
同 同(明治印、東、須原屋茂兵衞等) 大一〇
昌黎先生詩集注一一巻昌黎先生年譜一巻 清顧嗣
立 文政九刊(官版) 大五
同 同(明治印) 大五
唐盧綸詩集三巻 唐盧綸撰 明劉成德編 元祿二跋
刊(伊勢屋清兵衞) 大二

天地陰陽交《ママ》歓《ママ》大樂賦 唐白行簡 〔大正二〕刊(影
印) 特大一
韋蘇州集一〇巻同拾遺一巻 唐韋應物 文政三刊
(官版) 大四
同 同(文政六印、尚古堂岡田屋嘉七・寶翰
堂堀野屋儀助) 大四
同 同(明治印、入手昌平叢書) 大四
② (須溪先生校本)韋蘇州集一〇巻同拾遺一巻 同、
(宋劉辰翁)校 寶永三刊 大五
唐王建詩集九巻 唐王建撰 明朱之蕃校 恩田仲任
(蕙樓)點 文化七刊 大二
同 同(文化八印、京、丘本嘉七等) 大二
宮中詞一百首 唐王建 刊 大一
(賈浪仙)長江集一〇巻 唐賈島 正德五刊(京、柳
枝軒茨木多左衞門) 大三
李文一八巻附後一巻 唐李翶 文政二刊(官版) 大四
同 同(明治印、入手昌平叢書) 大四
③ 復性書 同、葛阪高峻校 明和四刊(小川彦九郎・

清水兵吉）　大一
〔白氏〕文集原存二巻（巻三・四）　神田喜一郎氏蔵
舊鈔本　唐白居易　昭和二・四刊（影印、古典保存
會）　特大二
同　七一巻　同　文政六刊（官版）　中三〇
新樂府一巻　同　慶安三刊（片山舎正）　一帖
七徳舞　御物傳源俊房手筆本　同　昭和七刊（影印、
佐佐木信綱）　特大一帖
①白氏長慶集七一巻目二巻同附一巻（白氏文集）
同、明馬元調校　明暦三刊（京、松柏堂林和泉掾）　大三五
同　同（萬治元印、同）　大三五
同　同（後印、京、出雲寺和泉掾）　大三五
同　同（嘉永元印）　大一〇
同　同（明治二八修、京、松栢堂出雲寺文治
郎）　大二〇
長慶集警悟選　唐白居易撰　明釋袾宏編　元禄一一
刊（千種市兵衛・中村五兵衛）　大二
（新刻抜粋）白氏長慶集巻一末（新刻抜粋分類）白氏
七言八句・（新刻）白氏長慶集絶句七言詩・（新刻
抜粋分類）白氏絶句五言各一巻　唐白居易　寛
文一一刊（安井治右衛門）　小一
同　同（元禄一五印、京、中川茂兵衛）　中二
②（新選）白詩集全二巻 版心作二巻 唐宋詩醇刪定本
唐白居易撰　宍戸方鼎選　神谷重纏・加藤秉彝
校　文化一四刊（米華堂）　中二
同　同（明治印）　中二
白詩鈔定本四巻（白少傅詩鈔）　唐宋六家詩定本
相馬肇編　嘉永六序刊（立誠堂）　半四
白詩選八巻　唐白居易撰　源世昭編　寛政九刊（須
原屋伊八等）　小一
同　同（天保四印、京、須磨勘兵衛）　小一
同　同（後印、京、出雲寺和泉掾）　小一
③同　同（明治印、東、文永堂大島屋武田傳右
④衛門）　小一
⑤白樂天詩集五巻　唐白居易撰　近藤元粹編　明治
二九刊（活版、青木嵩山堂）　小二

①同　同(明治三五印)　小　二

②同　同(明治四〇印、青木嵩山堂)　小　五

③丁卯詩集四巻　唐許渾　天保六序刊(木活、彦根藩)　大　一

④樊川詩集八巻　唐杜牧撰館機(柳灣)點　文化一四
刊(萬笈堂)　大　四

同　同(明治印、大、鹿田松雲堂)　大　四

⑤杜樊川詩集八巻　文化十四年刊本　同　明治四一
刊(活版、青木嵩山堂)　小　四

温飛卿詩集二巻温飛卿詩別集一巻　唐温庭筠撰　藤
森大雅(弘菴)・林韑(鳳岡)校　天保四序刊(如不
及齋・梅花深處)　半　二

同　同(後印、江、和泉屋吉兵衛)　半　二

同　同(後印)　半　二

(新板増廣附音釋文)胡曾詩註三巻　宋胡元質　寛
永山刊　大　三

⑥胡曾詩鈔三巻　宮脇彌一解　延寶六刊　未見未調　一

唐皮日休文藪一〇巻　唐皮日休撰明許自昌校　享
和二刊(官版)　大　三

同　同(明治印、入手昌平叢書)　大　三

白蓮集一〇巻　唐釋齊己　元祿八刊(覆汲古閣、田
中庄兵衛・梅村彌與門)　大　四

禪月集二五巻附補遺　唐釋貫休撰釋曇域編(補)明
毛晉編　刊(覆汲古閣)　大　八

同　同(後印、京、松月堂小川源兵衛)　半　四

(禪月大師)山居詩(注)全二巻　唐釋貫休撰　釋海
門注　元祿一〇刊(京、田中庄兵衛)　大　一

同　同(後印、京、小川源兵衛)　大　一

韓翰林集三巻　全唐詩本　唐韓偓撰　野原衡校
⑦文化七刊(京、林安五郎等)　半　二

(韓内翰)香奩集三巻　唐韓偓撰　館機・巻大任校
文化七跋刊(江、萬笈堂英平吉)　半　一

同　同(文化八印、江、山田屋佐助・須原屋伊八)　半　一

同　同(同、同、後印、青雲堂英文藏)　半　一

同　同(後印、和泉屋吉兵衛・須原屋伊八)　半　一

(三)宋

閑居編五一巻附一巻　宋釋智圓　元祿七刊(京、茨

城方道）　大一一
和靖先生詩集二巻　宋林逋　貞享三刊（京、柳枝軒
茨木多左衛門）　大二
①同　四巻拾遺一巻附酬唱題詠・諸家詩話　同、近藤
②元粋校　明治三〇刊（活版）　小二
（慶元府雪竇明覺大師）祖英集二巻　宋釋重顯撰
③釋文政編　慶安三刊（後印、京、烁田屋平左衛門）大二
（雪竇明覺大師）祖英集二巻　鼇頭本　同　天保六
刊（大智院）　大二
（宋）李盱《ママ》江先生文抄三巻　宋李覯撰　杉原直養（心
④齋）校　慶應二刊（文苑閣鈴木喜右衛門等）　大三
蘇老泉先生全集一六巻　宋蘇洵　文政一三刊（木
活、雙硯堂）　大八
同　同（後修）　大四
（宋大家）蘇文公文抄一〇巻　同、明茅坤評　安政
⑤四刊（官版）　大四
擊壤集六巻附一巻合七巻　擊壤全書巻一八至三四
宋邵雍撰　明徐必達校　山脇重顯點　寛文九刊
（京、長尾平兵衛）　大八
同　同（同、後修）　大八
（宋大家）歐陽文忠公文抄三二巻　宋歐陽脩撰　明
茅坤評　慶應元刊（官版）　大一四
歐陽文忠公文集三六巻　宋歐陽脩撰　歐陽發編　孫
謙益校　皆川愿（淇園）・清（田）絢（儋叟）校　寶曆
一四刊（京、吉田四郎右衛門）　大一〇
同　同（文政一一印、大、山本淺次郎・京、吉田
四郎右衛門）　五
同　同（明治印、大、青木嵩山堂）　大一〇
⑥鐔津文集一九巻　宋釋契嵩　（江戸前期）刊（覆明）　大一〇
同　同（後印）　大六
⑦韓魏公集三八巻史傳一巻家傳一〇巻忠獻韓魏王別
録・忠獻韓魏王遺事一巻　宋韓琦撰　明康丕揚校
（史）明毛九苞編（家）宋韓宗祖・韓原道編　朱紱
來等校　（遺）宋強至編　天保一三－弘化三刊（大
洲藩）　大一七
同　同（後印、山城屋佐兵衛等）　大一七
（韓忠獻王）安陽集二巻　編次諸家文集零本　宋韓

琦撰 明葛鼒靖等校 田島謙之允校 嘉永四刊
(木活)
(宋大家)曾文定公文抄 宋曾鞏撰 明茅坤編 慶
應元刊(官版) 大 四
①(司馬文正公)傳家集(選)六巻版心 宋司馬光撰 明葛
鼒選 刊(木活) 大 六
王荊文公詩五〇巻補遺一巻 宋王安石撰 李壁注
天保七刊(官版) 大 八
同 同(明治印) 大 八
王荊公絶句九巻 宋王安石撰 館機編 天保四序
刊(萬笈堂) 特小四
同 同(天保七印、玉山堂山城屋佐兵衛・山
城屋新兵衛) 特小四
②芝園集二巻 宋釋元照 刊(中村五兵尉) 大 二
淮海集鈔 宋秦觀撰清呉之振編 土屋正修(東河)校 享
和三序刊 大 一
梅花百詠 宋秦観 天和一〇跋刊(丁字屋仁兵衛)大 一
(新刻)東坡禪喜集九巻 明楊爾曾 元祿二刊(京、
中野伯元) 大 二
(宋大家)蘇文忠公文抄二八巻 宋蘇軾撰 明茅坤
編 安政五刊(官版) 大一二
③東坡文抄二巻 宋蘇軾撰 赤松勲(蘭室)編 文化元
刊(江、山城屋佐兵衛等) 大 二
④同 同(明治一九印、吉野善之助・伊藤武左
衛門) 大 二
⑤蘇長公小品四巻 明王納諫編 布川通璞校 弘化
刊(江、英文藏) 半 四
同 同(明治印、大、河内屋茂兵衛等) 半 四
蘇長公論策三巻 宋蘇軾撰 丹羽正濟校 明治三
刊(大、河内屋茂兵衛等) 半 三
⑥東坡策↓史部奏議
蘇東坡先生上神宗皇帝書 清乾隆丙寅錫山蔡氏刊
本 宋蘇(軾)撰 清蔡焯注 刊(明治印、三重縣)半 一
東坡先生詩集三二巻東坡先生年譜一巻 宋蘇軾撰
王十朋編 明陳仁錫評(年)宋王宗稷編 正保四
刊(京、林甚右衛門) 大三三

同　同（明暦三印、林和泉掾）　大三三
同　同（後印、京、出雲寺和泉掾）　大三三
① 蘇文忠公詩集擇粋一八巻　清趙古農編　紀昀評　平田敬（虚舟）點　文久三刊（玉山堂山城屋佐兵衛等）　大一〇
② 同　同（後印、江、淺倉屋久兵衛等）　大一〇
東坡先生詩鈔全七巻　清周之麟・柴升選　朝川鼎・松井元輔校　文化三刊（仙台、西村屋治右衛門等）　大四
同　同（天保三印）　大一
同　同（後印）　半四
（懐寶）東坡集二巻　中川昇編　明治一二刊（銅版、東光舎北川常蔵）　特小二
（新刻抜粋分類）蘓東坡絶句　七言・五言各一巻　四家絶句本　宋蘇［軾］撰　山本［泰順］（三徑）編　寛文八序跋刊　後ニ黄山谷ト合印　特小一
同　同（延寳五印、永田調兵衛）　小一
③ 蘇東坡絶句四巻　宋蘇軾撰　源修（石齋）編　田能村孝憲校　文化刊　未見　半三
同　同（文化一四印、大、加賀屋善藏等）　半三
④ 同　同（嘉永元修、京、近江屋佐太郎等）　半三
同　同（同、明治印、大、墨香居、北尾禹三郎）　半三
東坡百絶　土井恪［贅牙］編　刊（［明治］印、活版）　半一
東坡詩粋二巻東坡文粋三巻　宋蘇軾撰　森川次郎編　明治一四刊（銅版、松田幸助）　特小五
（今體）蘇詩一斑二巻　山村良行（勉齋）編　佐藤彝經・吉野和成校　明治二二刊（活版、修文館）　半二
⑤ 蘇東坡詩醇六巻　宋蘇軾撰　近藤元粋（南洲）編　［明治］刊（活版）　小二
⑥ 同　同（大正印）　小二
⑦ （増刊校正王状元集註分類）東坡先生詩二五巻附東坡紀年録　（新板東坡集註）　宋蘇軾撰　劉辰翁編　（紀）明傅藻編　明暦二刊（京、上村吉右衛門）　大二七
⑧ 同　同（後印、京、松栢堂林和泉掾）明暦奥附流用　大二七
九相詩　宋蘇軾　貞享二刊　大一
⑨ 后山詩註一二巻　宋任淵　元禄三刊（京、茨木多左衛門）（陳后山詩集）　大一二

(新刻)錦帯補註　宋釋杜門撰 明胡文煥校　寛永
七刊(京、小佐治半右衛)　大一
山谷詩集二〇巻　宋黄庭堅　寛永一二刊(京、風月
宗知)　半二
同　同(寛永二一修)　半二
同　同　同　元禄四刊(梅村彌右衛門等)　大二
(新刻拔萃)黄山谷絶句　四家絶句單刊本　宋黄庭
堅撰　山本「泰順」(三徑)編　寛文刊　中一
山谷詩集注二〇巻序目一冊　宋任淵　寛永六刊(京、
大和田意閑)　大一一
同　同(後修、京、田原仁左衛門)　大一一
同　同(慶安五修、野田弥兵衛)　大一一
山谷題跋四巻附二巻　宋黄庭堅　刊(敦教舍)　大四
同　同(後印、和唐紙褶)　大六
①(宋大家)蘇文定公文抄二〇巻　宋蘇轍撰 明茅坤
編　安政六刊(官版)　大八
石門文字禪三〇巻　宋釋恵洪撰 覺慈編　寛文四
刊　大一〇

宗忠簡文鈔二巻　宋宗澤撰 藤口信成編　文久元
刊(江、抱月堂)　大二
同　同(後印、山城屋佐兵衛等)　大二
豫章羅先生文集一七巻年譜一巻　宋羅從彦撰 林
衡校 (年)元曹道振編 明謝鸞校　寛政八跋刊
(聽雨精舍)　大五
同　同(寛政一二印)　大五
②(須溪先生評點)簡齋詩集一五巻　朝鮮明嘉靖二十
三年刊本　宋陳與義撰 劉辰翁評　刊　大五
同　同(慶安元印、野田弥兵衛)　大五
(宋)李忠定公文集選二九巻首四巻宋李忠定公奏議
選一五巻目二巻　宋李綱撰 明左光先選 李春熙
編 戴國士等校　寛政八―享和元刊(木活、尾張、
明倫堂)　大二五
③(宋)李忠定公奏議選一巻李忠定公文選一巻李忠定
公詩選一巻　宋李綱撰 赤川次郎編　嘉永六刊
(木活)　大二

①李忠定公集鈔一巻李忠定公雜文詩一巻 版心合作二巻 大 二
宋李綱撰 賴襄編 文久三刊（賴又次郎）
同 同（後印、大、河内屋吉兵衛等） 大 二
②同 同（元治元印、大、秋田屋太右衛門等） 大 二
李伯紀忠義編七巻 宋李綱撰 冢田虎編 文化六
序刊（江、嵩山房・無星閣） 大 七
同 同（後印、六橋書屋） 大 七
用人材以激士風劄子 學問士風二種之内 李忠定
公全集本 宋李綱 明治五刊
岳忠武王集一巻補遺一葉 宋岳飛撰 明單恂編
嘉永五刊（木活） 大 一
③同 一巻 同、山縣半藏校 文久三刊（玉巖堂和泉
屋金右衛門） 半 一
同 同（明治印、和泉屋金右衛門） 半 一
同 一巻異同一葉 宋岳飛 刊（木活、雙研堂） 大 一
忠正德文集一〇巻（巻五－一〇未刊）首一巻 宋趙
④鼎 文久元序刊（木活） 大 四
（新刻）瓊琯白先生集一四巻 宋葛長庚（白玉蟾）
元祿一〇刊（京、柳田六左衛門・梅村彌右衛門） 大 一五
同 同（後印） 大 一五
⑤茶山集八巻 浙江版武英殿聚珍版本 宋曾幾撰
館機（柳灣）點 文政一一刊（萬笈堂） 中 二
⑥⑦同 同 宋曾幾撰 文政一一刊（大、種玉堂） 中 四
⑧經筵玉音問答 宋胡銓撰 近藤瞱・長炗（三洲）校
文久二序跋刊 中 一
南軒先生文集四四巻 宋張栻 刊（寛文九印、京、
芳野屋權兵衛） 大 一〇
刊記ウメ木故、暫ク印トス
城南雜詠二十首一巻 同 刊（京、武村市兵衛）一本無刊記 大 一
陸象山先生集要七巻陸象山先生年譜一巻合八巻
明聶良杞編 閔師孔・官盡臣校 刊 大 八
同 同（後印、京、田中清左衛門） 大 四
⑨陸象山先生文抄三巻 桑原忱編 文久三序刊 半 三
同 同（明治三印、大、群玉堂岡田茂兵衛） 半 三
龍川文集一五巻 宋陳亮撰 藤森大雅校 嘉永三
刊（木活、如不及齋） 大 八
同 一六巻 同（補修、如不及齋） 大 八

〇巻一第二八葉第四行「寂ニ」ニ作ル。
同　三〇巻　同（補修、如不及齋）　大一五
一〇「寂寂」ニ作ル。次モ同ジ。但シ巻一七至末ハ同一。
①同　同（補修、如不及齋）　大一五
同　同（嘉永五印、和泉屋善兵衛）　大一五
②龍川先生集要六巻　宋陳亮撰　佐佐原遠父校　萬
延元刊（大、河内屋茂兵衛等）　半六
③龍川先生文鈔四巻　宋陳亮撰（芥隠居士）編　大
橋正順（訥菴）校　安政六刊（芥隠書屋）　半四
④同　同（後印、和泉屋金右衛門）　半四
同　同（明治印、大、敦賀屋森本專助・松村九
兵衛）　半四
⑤龍川文鈔三巻　宋陳亮撰　藤森大雅編　石原樹等校
文久三刊（京、額田正三郎等）　大三
⑥同　同（明治印、和泉屋金右衛門）　半三
同　同（明治印、京、文榮堂等）　半三
（龍川先生）酌古論二巻　宋陳亮撰　史朝富編　徐鑑
校　天保四刊（木活、松代、如蘭社）　大二

同　同（後補）　大二
同　同〔宋陳亮〕　刊（木活、如不及齋）　大二
⑦石湖先生詩鈔全六巻（范石湖詩鈔）　宋范成大
撰　清周之鱗・柴升編　大窪行〔詩佛〕・山本〔信〕謹
〔綠陰〕校　文化元刊（慶元堂和泉屋庄次郎等）　大三
同　同（文化八印、大、柏原屋武助等）　大三
同　同（天保一一印）　大三
⑧石湖詩　詩詞雜俎本　宋范成大〔享和三〕跋刊（成
趣園）　大一
同（范石湖田園雜興）　同〔享和三〕序刊（晩晴
堂）　中一
石湖詩集（范石湖田園雜興）　汲古閣本〔宋范
成大〕刊　半一
同　同（後印）　大一
范石湖四時田園雜興詩鈔　清田嘿編　明治一二刊
（清田氏）　中一
（石湖居士）蜀中詩　宋范成大撰　松本愼（愚山）校
寛政一二刊（京、瑤芳堂北村庄助）　中

①（晦庵先生）朱文公文集一〇〇巻目二巻同續集一一巻同別集一〇巻　宋朱熹撰明胡岳等校　正徳元刊（京、壽文堂）　大八〇

同　同（後修）　［巻一元末書名ニ三ウ丙］　大八〇

同　同（同、寛政八以後印）　大四〇

同　同（後印、秋田屋太郎右衛門）　大四五

②朱子文集三六巻續二巻別二巻　宋朱熹　明和元刊（柳原喜兵衛）　未詳調　四〇

朱子文範五巻　貝原篤信編　寛文八刊（村上三郎兵衛）二

朱子文集輯要五巻　同　正徳二刊（京、萬屋喜兵衛）大五

山北紀行　宋朱熹　刊（京、武村市兵衛）　大一

③朱子一班《ママ》　山村良行（勉齋）編　佐藤彝經・吉野和成校　明治二一刊（活版、修文館）　半一

④晦菴朱先生牧齋淨稿　宋朱熹撰　楠施敬校　文化一一序刊（木活）　中一

朱子訓蒙詩　宋朱熹　明暦三刊（村上平樂寺）　大一

⑤菊礀遺藁　宋十五家詩選本　宋高翥撰、清陳訏編　松［甫］則武（篤所）點　文化八刊（江、英平吉等）　半一

同　同（後印、［江、］萬笈堂英平吉）　半一

嚴滄浪先生詩集二巻　宋嚴羽撰　明陳士元編　黄清老校　河合孝衛（春川）等點　安永五序跋刊（京、好文軒秋田屋伊兵衛）　大一

白石道人詩集　宋姜夔撰　五十嵐師曾・藤森遜校　天保一四序刊（木活、澹寧社）　半一

同　宋姜夔　刊（木活）　大一

楊誠齋詩鈔六巻［版心］　宋楊萬里撰　清吳孟擧・吳自牧校　大窪行［詩佛］［等］校　文化五刊（逍遙堂若林清兵衛等）　大五

⑥同　同（後印）　大五

⑦同　同（天保四印、江、山城屋佐兵衛）　大五

江湖詩鈔三巻　宋楊萬里　文化元刊（大、嵩高書堂泉本八兵衛等）　半三

誠齋題跋　同、平光胤編　文政五刊（京、楠見甚左衛門等）　半一

⑧橘洲文集一〇巻　宋釋寶曇　元禄一一刊（織田重兵衛）　大二

(名公妙選)陸放翁詩集前集一〇巻後集八巻　宋陸
游撰（前）宋羅椅編（後）宋劉辰翁編　承應二刊
(京、田中庄兵衛)　大四
同　同(後印、瀧庄三郎)　大二
① (増續)陸放翁詩選七巻　宋陸游撰　羅椅・劉辰翁編
村瀬之熙校　文化八刊(京、葛西市郎兵衛等)　大七
〇剣南詩稿ニヨリ栲亭補ヒ改ム純粋ノ漢籍ナラズ。
② 放翁先生詩鈔全八巻　宋陸游撰　清周之鱗・柴升
編　山本［信］謹等校　享和元刊(和泉屋庄次郎等)大四
同　同(元治元印)　大四
同　同(後印、大、堺屋新兵衛等)　大四
同　同(後印、大、秋田屋太右衛門等)　大四
③ 陸放翁詩醇六巻　近藤元粋編　明治四二刊(活版)嵩山堂　小六
④ 頤菴居士集二巻　宋劉應時　木山聚・藤森大雅(弘
菴)校　天保四刊(江、和泉屋吉兵衛)　特小一
同　同(後印)　或ハコノ一行有ルカ。　特小二
同　同(明治印、東、椀屋喜兵衛等)　特小二
同　同(［明治］印)　特小二
北礀文集一〇巻北礀和尚外集・北礀和尚續集各一巻
宋釋居簡　元祿一六刊(木活)　大一〇
北礀詩集九巻　同　寶永三刊(木活)　大四
秋崖詩鈔(方秋厓〔ママ〕詩鈔)　宋方岳撰　清吳之振編
大窪行［詩佛］・佐羽芳(淡齋)校　文化二刊(青黎閣須原屋伊八・
綺文堂須原屋孫七)　大二
藏叟摘稾二巻　宋釋善珎〔ママ〕　寛文一二刊(藤田六兵衛)　大二
淮海挐音二巻　宋釋元肇　元祿八刊(京、柳枝軒茨城方道)半二
同　同(正德五印)　大二
同　同　同　大正二刊(影元祿、東、民友社)　半二
淮海外集二巻　宋釋元肇　寶永七刊(木活)　大一
雪岑和尚續集　宋釋行海　寛文五刊(藤田六兵衛)　大一
後邨居士詩六巻　宋劉克莊撰　清姚培謙校　天保
八刊(覆清、江、芳潤堂須原屋源助等)　半三
後村詩鈔二巻　宋劉克莊撰　幾阪世達(煙崖)校
文政元序刊(陽華堂)　半二
真山民詩集一巻補一巻　宋眞山民撰　泉澤充(履齋)
校點　文化九刊(北林堂西宮彌兵衛等)　大一
同　同(後印)　大一

同　同(後印、江、萬笈堂英平蔵)　大　一
同　同(文化一五印、江、山城屋佐兵衛等)　大　一
同　同(文政八修、玉山堂山城屋佐兵衛)董序補文　大　一
①同　同(同、天保四印、山城屋佐兵衛)　大　一
②同　同(天保七印、山城屋新兵衛・山城屋佐
兵衛)　大　一
④③眞山民詩集　宋眞山民撰 村瀬之熙校　石川之褧訂
文化一〇刊(京、神先宗八・林喜兵衛)　半　一
⑤文文山文鈔六巻　宋文天祥撰 横山正邵編　萬延
元序刊(木活)　大　二
同　同　文謝文鈔零本　宋文天祥撰 龔世大編
萬延二刊　大　三
⑥文文山詩選二巻　宋文天祥撰 城井國綱編　明治
三刊(萬笈閣梶屋喜兵衛等)　半　二
⑦同　同(後修)跋文改刻　半　二
⑧指南録四巻文信國公紀年録一巻　宋文天祥撰 安達
忠貫點　明治三刊(因州、先憂閣)　大　三
⑨(宋)文文山先生集杜詩　宋文文山先生全集巻十六

宋文天祥編明鍾越評 内村篤校　明治五刊(松
江、生馬屋新助等)　大　一
謝疊山文鈔四巻　文謝文鈔零本　宋謝枋得撰 龔
世大編　萬延二刊(大、河内屋茂兵衛等)　大　二
(宋鄭所南先生)心史(鐵函心史)咸淳集一巻大
義集一巻中興集二巻　宋鄭思肖　文久三序刊
(木活)　大　三
(所南翁)一百二十圖詩集　知不足齋叢書本　同、江、
郡(澤)徹編　文化一四刊(堀野屋儀助等)　中　一
同　同(後印)　小　一
同　同(明治一七印、大、菊井吉太郎)　中　二
烏々歌　宋樂雷發　刊(木活)　半　一

(四)金・元

⑩元遺山先生文選七巻　金元好問撰 清李祖陶評 竹
添光鴻(井井)編　明治一四刊(奎文書屋)　半　四
同　同(明治一六補、同補・元遺山先生詩選
各一巻)　半　五
⑪遺山先生詩鈔二巻　金元好問撰 垣内保定(溪琴)

① 編　天保七刊(帯香草閣)　大　二
同　同(明治印、京、山田茂助)　大　二
同　同　同　同　明治四一刊(活版、大、青木嵩山堂)　小　二
② 元遺山先生詩選　金元好問撰　竹添光鴻編　明治一四刊(奎文堂)　半　四
同　同(明治一六印、武田傳右衛門・大川錠吉)　半　一
③ 元遺山詩選二巻　小松直之進(各嶺)編　大正八刊(活版、含翠吟社)　半　二
白雲集四巻　元釋實存　寛文五刊(藤田六兵衛)　大　一
④ (鼇頭)白雲集四巻　同　貞享五刊　大　二
(筠渓)牧潛集全二巻　(天隠禪師文集)　元釋圓至　寶永六刊(木活)　大　一
⑤ 魯齋全書七巻　元許[衡]撰　明郭緒編　何瑭校　寛文九刊(京、村上勘兵衛)　大　三
同　同(後印)　刊行者名削去　七
廬山外集四巻　元釋道惠　寛文三刊(京、長尾平兵衛)　大　二
楊仲弘詩集八巻　元楊載　延寶八刊(川勝又兵衛)　大　五
同　同(後印、京、古川三郎兵衛)　大　五

蒲室集一五巻書問・語録・疏各一巻　元釋大訢　(語)釋廷俊等編
⑥ 承應二刊(京、風月庄左衛門)　大　一〇
⑦ 梅花百詠　元韋珪撰　安積信(艮齋)校　文政七刊(吉田氏花魁園)　半　一
澹居稾　元釋至仁撰　皇甫琮編　寛文四刊(飯田忠兵衛)　大　一
雪廬稾　元釋克新　寛文六刊(藤田六兵衛)　大　一
歐陽論範二巻　元歐陽起鳴撰　藤森(大雅(天山))校　嘉永六刊(如不及齋)　大　二
同　同(後印、岡田屋嘉七等)　大　二
同　同(後印、山城屋佐兵衛等)　大　二
同　同(嘉永七印、大、河内屋)　大　二
同　同(明治印、東、萬青堂等)　半　二
⑧ (新芳)薩天錫雜詩妙選藁全集一巻後跋文疏一巻　元薩都剌　明暦三刊(京、餔粕子)　大　一
同　同(元禄七印?)　未査　一
同　同　同　明治三八刊(活版、民友社)　半　一
二十四孝詩註序首　刊　大　一

（新刊全相）二十四孝詩選　明嘉靖二十五年朝鮮刊
本轉寫本　元郭居敬　昭和二一刊（影印、全國書
房）　大　二
昭忠逸詠　元劉麟瑞　刊（木活）　大　一
① 詠物詩　元謝宗可撰〔高〕田擬校　明和七刊（京、
西村市郎右衛門・田中甚兵衛）　大　一
同　同　文化六刊（再刻、京、五車樓藤井孫兵衛・文
林堂中川藤四郎）　中　一

（五）　明

高季迪先生大全集　原存三卷絶句部（卷十六—十八）
明高啓　天保八刊（覆清、江、萬笈堂英氏）　大　三
同　同（後印、大、文榮堂伊丹屋善兵衛等）　大　三
高青邱絶句三卷　同（文久二修、家里衡校、京、額田
② 正三郎等）　卷中七ウ九「度」下三五ウ三「竟至」補刻　半　三
③ 青邱高季迪先生絶句集三卷　同、清金檀注〔中島〕
規（櫻隱）校　天保一〇刊（山城屋佐兵衛等）　大　三
同　同（明治印、京、小林文石堂）　大　三
青邱高季迪先生律詩集五卷　明高啓撰　清金檀注
梁〔川〕孟緯（星巖）校　安政三刊（京、林芳兵衛等）　大　五
④ 同　同（文久元印）　大　五
⑤ 青邱高季迪先生詩集一八卷附青邱高季迪先生年譜・
青邱高季迪先生遺詩・青邱高季迪先生扣舷集
明高啓撰　清金檀注　近藤元粹編（年）清金檀編
明治二八—三〇刊（活版、青木嵩山堂）　中　二一
⑥ 同　同 版心合作二〇卷　同　大正七刊（活版）　中　二〇
⑦ 高青邱詩醇七卷　齋藤〔正〕謙（拙堂）編　嘉永三刊
（有造館）　半　三
同　同（嘉永三印、和泉屋金右衛門等）　半　四
同　同（嘉永五印、和泉屋金右衛門）　半　四
同　同（明治印、三重縣）　半　四
同　同（明治三〇印、津、関西図書）　半　三
同　同　明治一六刊（銅版、大、豊住幾之助）　特小　四
⑧ 同　同　同、近藤元粹校　明治三一刊（活版、大、青木
嵩山堂）
⑨ 高太史詩鈔二卷　〔明高適〕撰　仁科幹（白谷）編　天
保六刊（酔古堂）　大　二
⑩ 高青邱詩鈔　明高啓撰　清李〔漁〕評　廣瀬〔建〕（淡

窓)點　廣瀬〔謙〕(旭荘)編　明治一二刊(大、山本重助)　半　二
①誠意伯詩鈔四巻　明劉基撰　垣内保定編　野呂公麟校　天保一〇刊(帯香艸閣)　大　四
同　同(天保一一印、世壽堂阪本屋喜一郎等)　大　四
同　同(明治印、三重、豊住伊兵衛)　半　四
②劉誠意文鈔三巻　明劉基撰　奥野純編　天保一五刊(大、赤松九兵衛等)　半　三
③同　同(後印、大、河内屋茂兵衛等)　半　四
④劉誠意文粋三巻　同　天保一五刊　半　四
同　同(後印、大、河内屋茂兵衛等)　半　四
(新刊)宋學士全集三四巻　明宋濂撰　韓叔陽集　張元中編　周日燦補　張應廣訂　元祿一〇刊(京、柳田六左衛門・梅邨彌右衛門)　大　三一
⑤宋學士文粋三巻　明宋濂撰　村瀬誨輔編　松下綱校　文久二刊　半　三
同　同(文久三印)　半　三
⑥同　同(文久四印、大、河内屋茂兵衛等)　半　三

全室外集二巻　明釋宗泐　寛文九刊　大　四
同　同(後印)　刊行者名剜去　大　四
同　同(寛文一三印、福森兵左衛門)　大　四
⑦方正學文粋六巻　明方孝孺撰　村瀬誨輔編　文政元序刊(大、河内屋茂兵衛・江、和泉屋金右衛門)　半　四三
⑧同　同(文政一二印、大、河内屋茂兵衛等)　半　四
⑨同　同(天保二印)　半　二
同　同(文久四印、大、河内屋茂兵衛等)　半　四
同　同(明治印、岡田群玉堂)　半　四
同　同(明治一五修、大、文海堂)　半　四
同　同　同　明治一四刊(銅版、松田幸助)　特小　四
深慮論　明方孝孺　文化一〇刊(木活、乾々齋)　半　一
君學　同　文政七刊〔平戸藩松浦家乾齋〕　半　一
詠物新題詩集二巻　明瞿佑　寶永七刊(瀬尾源兵衛)　半　二
⑩同　同(後印)　刊記なし　大　一
蒲東崔張珠玉詩集二巻西廂會眞記一巻　明張楷(西)唐元稹　正德三刊(大、村上清三郎・江、升屋

五郎右衛門）　大　一
五友詩　明薛瑄　刊（京、武村市兵衛）　大　一
同　同（後印、京、出雲寺松栢堂）　大　一
瀟湘八景詩　明薛〔瑄〕　刊（藤井五郎右衛門）　大　一
朝鮮賦　朝鮮史料叢刊第十く明董越　昭和一二刊
（影印、朝鮮總督府）　朝鮮明嘉靖刊本　大　一
同　呉必顯刊本　同、宇〔都宮〕三的（圭齋）點　正德
二跋刊　大　一
同　同（享保二印修、京、臨泉堂）　大　一
同　同（後修、大、星文堂）　大　一
陳白沙文抄三巻　明陳獻章撰　桑原忱編　文久三
刊（大、群玉堂河内屋茂兵衛等）　半　三
同　同（文久四印、大、河内屋茂兵衛等）　半　三
同　同（明治印、大、群玉堂河内屋茂兵衛）　半　三
虚齋蔡先生文集九巻　明蔡清　寛文一一刊（京、中
野太郎左衛門）　大　四
李西涯擬古樂府　明李東陽撰　謝鐸・潘辰評　何孟春
注　眞下穆校　安政五刊（木活、遊焉唫社小野氏）大　一

①六如居士全集三巻　明唐寅撰　清唐仲冕編　清魏標
校　嘉永六刊（存誠閣）　半　三
②唐白虎集　明唐寅撰　清沈?思編　曹元亮校　享和元
刊（大、山口又一郎・京屋吉右衛門）　小　一
同　同（後印、大、河内屋吉兵衛）　小　一
③同　同（明治一六印、美濃、三浦源助）　小　一
唐六如先生才子文　巾箱小品第四冊之内　刊　特小
王文成公全書　原存五巻（巻五－八）　三十八巻本
明王守仁撰　三輪希賢點　刊　大　五
④陽明先生全書三一巻陽明先生語録・陽明先生年譜各
三巻　明王守仁撰　銭洪甫等編　明治一六刊（活
版）　中　二四
⑤王陽明先生文録鈔一〇巻　明王守仁　承應二刊
（五倫書屋）　大　五
同　同（後印、伊吹權兵衛）　大　三
⑥王陽明文粹四巻　同、村瀬誨輔（石庵）編　文政一一
刊（大、河内屋茂兵衛等）　半　四
⑦同　同（天保二印）　半　四

同　同（後修、大、河内屋茂兵衛等）　半　四
同　同（同、明治印、大、中川勘助）　半　四
同　同（同　明治一五修、大、松邨九兵衛等）　半　四
同　同　明治一三刊（銅版、山川九一郎）　特小四
同　同　同　明治一三刊（銅版、松田幸助）　特小四
①王陽明先生詩鈔二巻　明王〔守仁〕撰　塚原某（苔園）
評點　明治一三刊（長坂熊一郎）　中　二
②③王心齋先生全集五巻　明王艮撰　清王棨祿編　春日
〔仲〕襄（潛庵）點　岡田裕校　弘化四序刊（大、河内
屋茂兵衛等）　大　二
同　同（嘉永元印、江、英屋大助・大、河内屋茂兵衛）　大　二
同　同（明治印、京、聖華房山田茂助）　大　二
順渠先生文錄一二巻　明王道　昭和七刊（影明、育
德財團）　半　五
楊椒山先生集四巻附椒山先生自著年譜　明楊繼盛
撰　豐田亮校　嘉永四序刊（木活）　大　四
④文衡山先生詩鈔二巻　〔明文璧〕撰　原簡（優所）編　文化
一四刊（十六堂）　半　二

⑤王遵巖文粹五巻　明王愼中撰　〔村瀨〕誨輔編　天
保一五刊（田邊新次郎）　半　五
同　同（後印、大、岡田羣玉堂）　半　五
⑥唐荊川先生文集序記部四巻　明唐順之撰　齋藤五
郎象校　文政一三刊（大、河内屋吉兵衛等）　半　四
唐荊川文粹四巻　明唐順之撰　村瀨誨輔編　文政
一三刊（大、河内屋茂兵衛等）　半　三
⑦同　同（後印）　或ハ此ノ行削除カ。　半　四
⑧同　同（天保八補一巻 版心作五巻 ）　半　四
⑨⑩同　同（後印、大、青木嵩山堂）　半　四
聯錦詩集二巻 版心作四巻　明夏宏編　鷹尾季村點　元祿
一五刊（京、八尾市兵衛）　半　四
滄溟先生集一四巻附一巻　明李攀龍撰　關世美校
延享五刊（京、向榮堂山田三郎兵衛・廣文堂圓
屋清兵衛）　大　一〇
同（後印、京、華文軒加賀屋卯兵衛・山田三郎兵衛）
同（補註）李滄溟先生文選四巻附一巻　明李攀龍撰
宋光廷校　宋祖駿・宋祖驊補注　山田〔好之〕（蘿石）點　延享元刊（京、向
榮堂山田三郎兵衛等〔山田・丸屋・錢屋〕）　大　一二

同　同（後印、京、廣文堂丸屋清兵衛・山田三郎兵衛）　大一〇
同　同（後印、京、華文軒加賀屋卯兵衛等）順ハ山田 加賀ヤ鍵ヤ　大一二
歸震川文粋五巻　明歸有光撰 村瀬誨輔編　天保八
刊（大、河内屋茂兵衛・江、和泉屋金右衛門）　半五
同　同（後印、大、河内屋茂兵衛等）　半五
同　同（明治印）　半五
謝茂秦山人詩集五巻　明謝榛撰 龍公美編　寶暦一二刊
（京、竹苞樓佐佐木總四郎・興文閣小川源兵衛）　大三
同（後印、京、鸚鵡惣四郎）　大三
龍谿王先生全集二〇巻首一巻　明王畿撰 丁賓編
黄承玄・張汝霖校　刊　大二一
①弇州山人四部稿選八巻　明王世貞撰 沈一貫編 芥川
煥（丹丘）校　延享五刊（京、博文堂田中市兵衛）　大八
同　同（後印、大、嘉嚮堂上田卯兵衛）　大六
②弇園詠物詩　四部稿　明王世貞撰 小池桓校　享保
二一刊（京、文林堂中川茂兵衛等）　小一
弇園詩集八巻　明王世貞撰 〔菅沼〕撃髯〔玉屋〕校
延享五刊（大、玉筍堂丹波屋半兵衛等）　小合一

弇園摘芳三巻　明王世貞撰 釋玉宣編　寛保二刊
（後印、須原屋茂兵衛）初印本別ニアランカ　大一
弇州山人讀書後全四巻　明王世貞撰 陳繼儒編
刊（木活、江、源閣・菱花軒）　大四
同　同（後印、江、植村藤三郎）　大四
（翠娯閣評選）屠赤水先生小品二巻　明屠隆撰 何
偉然選 陸雲龍評　刊（木活、傳官版）　大二
同　同（後印、江、青山堂鴈金屋清吉）　大二
③白雪齋詩集二巻　明李言恭撰 胡應麟編　寶暦三
刊（京、銭屋七郎兵衛）　大二
（梨雲館類定）袁中郎全集二四巻首一巻　明袁宏道
元禄九刊（京、小島市右衛門等）　大二四
④詠物詩　明朱之蕃撰 井伊友直（仁山）編　弘化元
序刊（山城屋佐兵衛）　大一
鼇峰絶句鈔　明徐𤊹撰 宮澤正甫（雲山樵人）編
文政四序刊（宮澤氏）　半一
田園雜興　明徐𤊹撰 高澤達（菊礀）校　嘉永二序刊　中一
宮閨組韻二巻　明陳圳撰 鄭汲校　元禄七刊（山城
屋市郎兵衛・蝸屋忠兵衛）　大二

同　同（後印）　大　二
孫忠靖公文抄三巻（孫忠靖公文粹）　明孫傳庭撰
　桑原忱編　明治四刊（大、羣玉堂）　半　三
同　同（後印、大、青木嵩山堂）　半　三
①劉蕺山文抄二巻　明劉宗周撰　桑原忱編　文久四刊
　（大、河内屋茂兵衛等）　半　二
②莽蒼園文藁餘　明張非文　嘉永四序刊（木活）　大　一
紫栢老人詩集三巻　明釋眞可　元禄五刊（木活、京、
　石田茂兵衛）　大　二
擬寒山詩　萬暦刊本　明張守約　刊　一
③菊花詩絶二巻　明楊（南峯）　元禄二刊（江、伊勢屋清
　兵衛）　大　二
山居詩卅　明釋明梁　寛文一二刊（澤田又兵衛）　大　一
居東集　明陳留謝　刊　未見
永覺和尚禪餘外集八巻　明釋道順編　延寶五刊（戸
　嶋惣兵衛）　八
太湖蘭山祖禪師和三籟集二巻　明釋道蒙編注　寶
　永四刊（京、田原仁左衛門・江、中村孫兵衛）　大　二

指月集　明董士英評　寛文五跋刊　大　一
集句閨情百詠　安永九刊（額田正三郎）　半　一

（六）清

華胥詩不分巻（華胥放言）　清周銘　元禄七刊
　（京、麩屋小山半兵衛）　大　一
蘭花百詠　清鄧會　元禄七刊（京、古川氏）　半　一
④壯悔堂文集一〇巻壯悔堂遺稿一巻版心通作一一巻侯方域年譜一巻　清侯方域撰
　賈開宗等評　内村篤棐校　萬延二刊（大、河内屋
　茂兵衛等）　大一一
⑤同　同（後印、和泉屋金右衛門）　大一二
⑥同　同（明治印、大、岡田茂兵衛）　大一〇
侯朝宗文雋五巻　清侯方域撰　宮原煥編　刊（木活）　大二
（牧齋）初學集詩註二〇巻（牧齋）有學集詩註一四巻
　清錢曾撰　朱梅校　明治一六刊（木活、擁書城）大二六
⑦魏伯子文抄　清魏際瑞撰　吉見經綸點　明治一四
　刊（錦森堂）　半　一
魏叔子文鈔六巻　清魏禧撰　相馬肇編　弘化三序
　刊（木活、不朽閣）　大　六

同　三巻　清魏禧　弘化三刊（江、須原屋茂兵衛等）　大　三

① 魏叔子文選要三巻　同、桑原忱編　安政刊（大、羣玉堂河内屋茂兵衛等）　半　三

同　同（文久二印、同）　半　三

同　同（文久三印、同）　半　三

同　同（文久四印、同）　半　三

同　續篇三巻　同　明治三刊（大、河内屋茂兵衛等）　半三

晩香園梅詩　清林潭撰 陳元輔注　享保一〇刊（京、
積翠堂岡本半七）　大　一

同　同　安政二刊（玉池唫榭・盤谷書院）　大　一

與友人論學書　學問士風二種之内　亭林文集本
清顧炎武　明治五刊

咸悦堂詩文集二巻　清葉有馨撰 蔡啓傳等校　舟維
聚點　寛延三刊（大、毛利田庄太郎等）　大　四

旅泊菴稿四巻　清釋爲霖　元禄五刊（江、村上源兵
衛・京、勘道軒）　大　五

汪堯峰文選要二巻　清汪琬撰 桑原忱校　文久二刊
（玉巖堂・大、群玉堂）　半　二

② 同　同（明治印、大、河内屋茂兵衛等）　半　二

③

④ 外國竹枝詞　昭代叢書本　清尤侗撰 汪楫・張潮校
天明五刊（大、良埜六兵衛等）　大　一

⑤ 青門賸稿八巻　清邵長蘅　刊（木活、傳官版）　大　四

二十七松堂集一六巻　清廖燕撰 山田徵點　文久
二刊（江、内野屋彌平治等）　半　一〇

同　同（明治印、東、内野屋彌平治等）　半　一〇

⑥ 高江邨集鈔六巻　清高士奇撰 川口恭校　天保三
刊（赤松園）　半　二

⑦ 曝書亭文集一一巻　清朱彝尊　天保一四刊（大、河
内屋茂兵衛等）　序記之部　半　四

⑧ 朱竹垞文粋六巻　同、村瀬誨輔編　天保五刊（大、
岡田群玉堂等）　半　六

或ハ序ノ文政元初印カ

⑨ 店名中、英文蔵ト代ヘタルアリ。

⑩ 王阮亭詩選六巻　清王士禛撰 韓珽編　文化一〇
刊（木活、京、文臺屋庄左衛門等）　中　二

（漁洋山人）清華録絶句鈔二巻　清王士禛撰 日柳
政懋編　明治一九刊（活版、大、浪華文會）　半　一

⑪ 花曆百詠二巻附百花賦備采羣芳名目・百花和稱記
清翁長祚撰 大窪行等校　文政七刊（芳潤堂須原

屋源助等）　半　二
同　同（明治印、東、鈴木忠藏）　半　二
同　同（明治印、東、福田屋勝藏）　半　二
兪寧世文集四卷　清兪〔長城〕刊（木活、傳官版）　大　四
菊花百詠　清張逢辰　元祿七刊（石梁齋）　半　一
敬業堂詩鈔四卷附一卷　清査愼行　嘉永二刊（江、
出雲寺萬次郎等）　大　四
同　同（後印）刊行者なし　大　四
①海珊詩鈔一一卷補二卷明詩雜詠四卷　清嚴遂成撰
服部轍批　昭和二刊（活版、名、雅聲社）　半　四
②板橋詩鈔存一卷（卷一）　清鄭燮　慶應元刊（老皀
館）　半　一
③海峰文集八卷　清劉大櫆撰　方國校　明治一四刊
（木活、磯部太郎兵衛等）　大　一〇
忠雅堂詩鈔三卷　清蔣士銓撰　平井輸編　文化一
二刊（京、菊屋源兵衛）　中　三
同　同（安政五印、京、菱屋友七郎等）　中　三
同　同（後印、京、竹岡文裕）　中　二

④切問齋文鈔原存三卷（卷一－三）　清陸燿　天保
五刊（大、河内屋喜兵衛等）　大　三
同　同（後印、名、永樂屋東四郎）　大　三
⑤隨園詩鈔六卷　清袁枚撰〔市山〕河世寧編　市河三亥
校　文化一三刊（須原屋伊八）　半　三
⑥隨園絶句抄一〇卷　清袁枚撰　元冲校　弘化四刊
（京、林芳兵衛等）　半　五
⑦隨園文鈔三卷　清袁枚撰　田中恭編　安政四刊（田
中氏從吾軒）　半　三
⑧同　同（安政五印）未見　半　三
同　同（明治一八修、東、愛知堂）　半　三
隨園文粹六卷　清袁枚撰　高木熊三郎編　明治一五
刊（大、羣玉堂岡田茂兵衛）　半　六
⑨王夢樓絶句二卷　清王文治撰　宍戸逸郎編　明治
一四刊（富田彦次郎・林信）　中　二
甌北詩選二卷　清趙翼撰　碓井歡編　文政一〇刊
（岡村庄助等）　半　二
同　同（後印、江、和泉屋金右衛門等）　半　二

同　同（明治一二印、小林新造）　半　二

①船山詩草三巻第二集六巻　清張問陶撰　上野口（圭
庵）・篠崎長平點　嘉永元・三刊（京、山城屋佐兵
衛等）　大　七

同　同（後印、大、河内屋茂兵衛等）　大　七

同　同（明治印、聖華房山田茂助）　大　二

大雲山房文鈔二巻　清惲敬撰　鈴木魯編　明治一〇
刊（松香山房）　二

同　同（明治一一印）　二

有正味齋詩集二巻　（有正味齋絶句）　清呉錫麒
刊（木活）　半　二

②蔡雲呉歈鈔二巻附江郷節物詞　清嘉録鈔本　清蔡
雲撰　顧祿編　大森欽録　廣瀬章校（附）清呉存楷
天保五序刊（万安堂）　特小　二

靈芬館詩　初集四巻二集一〇巻三集四巻　清郭麐
明治一七・一八刊（石印、擁書城林安之助）　中　一五

頤道堂詩鈔四巻　清陳文述撰　市村水香編　明治
③一二刊（京、文石堂北村四郎兵衛）　中　四

④陳碧城絶句二巻　清陳文述撰　櫻井監編　〔文久元〕
刊（京、擁萬堂菊屋喜兵衛等）　中　二

同　同（次印、大、河内屋吉兵衛等）　中　二
〇奥附ニハ「文久元年初冬刻成」トアリ。

同　同（後印、京、今井喜兵衛）　小　二

愛吾廬題跋　清呂世宜撰　林維源校　大正一二刊
（活版、林熊光）　半　一

攀古小廬文　清咸豐七年高均儒刊本　清許瀚　昭
和七刊（影清、文求堂）　一

同　同　刊（活版、文求堂）　中　一

未灰齋文集八巻外集一巻　清徐鼒　明治刊（活版）大　四
〇唐本扱ヒニスベキニ似タリ

曾文正公文鈔二巻首一巻　清曾國藩撰　塚達編
明治一二刊（東、編者）　半　二

⑤曾公全集鈔録　巻上（以下未刊）　白岩龍平編　明治
三六刊（活版、今田主税）　半　一

⑥鳴原堂論文二巻　清曾國藩編　曾國荃訂　明治一五
刊（活版、樂善堂）　半　二

⑦味梅華館詩鈔二巻　清陳鴻誥撰　原田隆編　明治

一三刊(石印)　中二
曲園自述詩　清兪樾撰　井上陳政校　明治二三刊(活版、博文館)　半一
使東雜詠　清何如璋撰　兼阪光貞點　明治一三刊(活版、山中市兵衛)　小一
蘅華館詩錄五卷首一卷　清王韜撰　石川〔英〕(鴻齋)點　明治一四刊(活版、山中市兵衛等)　中二
日本雜事詩二卷　清黃遵憲撰　〔王韜〕(遯窟)校〔明治〕刊(活版)　半一
同　同　同、飯島有年點　明治一三刊(活版、早乙女要作)　半二
① 舟江雜詩　清王治本撰　坂口仁一郎編　明治一六刊(活版、新潟、佐藤庄八等)　小一
② 壬癸集　清王國維　〔大正一三?〕刊(木活)　特大一

3 總集類

(一) 斷代

③ 宋

三謝詩　宋謝靈運等　文政七刊　未見　中一
同　陶淵明文集合刻　同、松崎復校　〔天保一一序〕刊　中一

唐

篋中集　唐元結編　文政七刊(官版)　大一
河嶽英靈集三卷　唐殷璠編　文政七刊(官版)　大二
國秀集三卷　〔唐芮挺章〕編　文政七刊(官版)　大一
御覽詩　唐令狐楚奉勅編　文政七刊(官版)　大一
中興間氣集二卷　唐高仲武編　文政七刊(官版)　大一
極玄集二卷　唐姚合編　宋姜夔點　文政八刊(官版)　大一
又玄集三卷　唐韋莊編　享和三刊(官版)　大一
才調集一〇卷　蜀韋縠編　文政八刊(官版)　大五
搜玉小集　文政七刊(官版)　大一
〔翰林學士〕集　原存一卷(卷二)　〔大正〕刊(影印、汲古留真)　一卷
唐百家詩選二〇卷(卷六―一〇・一六―二〇原缺)　宋王安石編　昭和一一刊(影宋)　大四
④ (王荊公)唐百家詩選二〇卷　同　享和三刊(官版)　大七

同　同（文化六印、江、須原屋茂兵衛）　大　七
同　同（明治印、入于昌平叢書）　大　七
（宋洪魏公進）萬首唐人絶句四〇巻目四巻　宋洪邁
編　明趙宧光校　黄習遠補　文政六刊（官版）　大二〇
同　同（後印、江、尚友堂岡村庄助）　大二〇
① 唐人萬首絶句選七巻　宋洪邁編　清王士禛選　龍肅
明點　元文二刊（江、植村藤三郎）　小　一
同　同（寶暦印、吉文字屋市兵衛・源十郎）　小　一
唐△絶句選△　同（天明元印、大、河内屋虎治郎等）　小　一
唐人萬首絶句選七巻　千代田文庫本　宋洪邁編
清王士禛選　明治四四刊（活版）　洋　一
衆妙集（唐詩衆妙集）　宋趙師秀編　享和元刊（官版）　大　一
② 同　同（享和三以後印、江戸同　須原屋伊八　孫七）　大　一
同　同（明治印、入于昌平叢書）　大　一
唐詩絶句五巻　宋趙蕃・韓淲編　謝枋得注　弘化四
刊（三餘堂雁金屋善助）　大半　一
③ 同　同　同、森大來校　明治四一刊（活版、民友社）　中　一
（贅箋）唐詩絶句精選五巻　宋趙蕃・韓淲編　謝枋得
注　明胡次焱箋　正保三刊（林和泉掾）　大　三
同　同（後印）無刊記　大　三
④（唐賢絶句）三體詩法　原存一巻（巻一）〔宋周弼〕編
〔江戸初〕刊　8 2句　後者ノ底本カ　大　一
同　同　白文本　同　刊　8 2句　大　一
同　同　附訓本　同　刊　8 2句　大　一
⑤（唐賢）三躰詩法　同　錦繡段合刻　同　寛永一一
刊（京、風月宗知）　特小　一
同　同　同　寛永一六刊（覆寛永一一）　特小　一
同　同　同　寛永一八刊（京、風月宗智）　9 2句　大　一
三躰詩白文三巻　宋周弼編　寛文一一刊（中尾市
良兵衛）　8 15　一
（唐賢）三體詩法三巻／片假名旁訓本〔宋周弼〕編　元禄八刊（大、
秋田屋大野木市兵衛）　10 2句　或ハ印　半　三
同　同　平假名傍訓本　同　寛文九刊（八尾清兵
衛・山本五兵衛）　10 2句　大　三
同　同　無注傍訓本　同　享保八刊（大、大野木市
兵衛）　8 15　小　一

（袖珍）三體詩三巻　宋周弼編　文政一〇刊（大、前
　川源七郎等）　特小三
同　同　同、田浦晉（周堂）校　弘化二刊（大、敦賀
　屋彦七等）　特小三
唐詩三體家法三巻　宋周弼編　館機・館儁校　天保
　一二刊（英文藏・英大助）　横一
同　同（後印、岡田屋嘉七・山城屋佐兵衛）　横一
平仄傍訓三體詩　宋周弼編　中野了隨點　明治一三序
　刊（銅版）　横特小三
唐音三體詩譯讀三巻　岡島璞　享保一一刊（大、澄
　口太兵衛・秋田屋市兵衛）　半三
（箋註唐賢絶句）三體詩法二〇巻　宋周弼編　元釋圓至
　注　文政四刊（官版）　全部絶句　大三
同　同（文政六印、堀野屋儀助・岡田屋嘉七）　大三
（新增唐賢）三體詩法二〇巻　同、後藤機（松陰）點
　安政三刊（山城屋佐兵衛）　大三
同　同（後印、玉山堂山城屋佐兵衛等）　大三
同　同（後印、大、敦賀屋九兵衛等）　大三

同　同（明治印、崇山堂）　大三
（増註唐賢）三體詩法三巻首一巻　［宋周弼］編　元
　釋圓至注　裴庾增注　［寛永］刊（覆明應）　大三
同　同　同　寛永七刊（又左衛門）　大三
同　同　同　寛永二〇刊（京、林甚右衛門）　大三
同　同　同　正保三刊　10 20　大三
同　同　同　慶安三刊（覆正保）　10 20　大三
同　同　同　承應二刊　10 20　大三
　○以下三體詩、再調ヲ要ス。
同　同　同　延寶三刊　未見　大三
同　同　同　刊（貞享二印、永古堂）10.21 重校正　大三
同　同　同　貞享三刊（禎照軒）10 21 校正新版　大三
同　同　同　刊 10 21 刊語アリ　大三
①同　同　同　天和二刊（井筒屋六兵衛）10 21 〃「大字改正」　大三
同　同　同　天和四刊（敦賀屋三右衛門）10 21 〃「大字改正」　大三
同　同（元禄八印、京、西村喜兵衛）10 21　大三
同　同　同　貞享五刊（大、鹽屋七郎兵衛）「重校正」　大三

①同　同　同　元禄五刊(京、川勝五郎右衛門)10/20「羅山訓點」　大　三
同　10/20　大　三
同　同　同　元禄六刊　大　三
②同　同　同　元禄七刊(萬屋清兵衛)　大　三
同　(後印、吉野屋權兵エ 河内屋茂兵エ)　大　三
③同　同　同　享保三刊(明誠堂・含英堂)　10/22
同　同　同　享保一〇刊(京、文華堂)　大　三
④　○或ハ後印。
(首書増註唐賢)三體詩法一三巻發題一巻　[松永]
昌易首書　承應三・明暦三刊(京、田原二左衛門)　大　六
(増註唐賢)三體詩法三巻　宋周弼編　元釋圓至注
裴庾増注　世良柳安(順齋)標正　元禄七刊(山本
八左衛門・伊藤五郎兵衛)　大　三
⑤(宋謝疊山)唐詩合選二巻　宋謝枋得編　立田誦・竹
⑥△　山亭校　文久四刊(揀山房)　特小　二
⑦唐詩鼓吹一〇巻　金元好問編　元郭天挺注　明廖文
炳解　銭朝鼒・王俊臣校註　王清臣・陸貽典參解

元禄二刊(京、五樹堂唐本屋吉左衛門)　大一一
同　同(寶永七印、京、藤屋古川三郎兵衛)　大　五
同　同(後印)　書店名剜去　大　五
唐詩註解一〇巻　金元好問編　元郭天錫注　延享
四刊　五
唐音首序(批點唐音)　唐詩始音一巻唐詩正音一三巻
唐音遺響一巻合一五巻　元楊士弘編　明顧璘批點
呉鉞重訂　享和二刊(官版)　大　五
同　同(享和三印、堀野屋仁兵衛)　大　五
唐詩品彙　原存一八巻(巻三八—五五)　明高棅編
服部元喬校　享保一八刊(須原屋新兵衛)　小　四
同　原存一三巻(巻二五—三七)　同　刊(木活)
同　原存一五巻(巻五六—七〇)　明高棅編張恂　大　七
訂　寛政九刊(木活、忘憂館)　唐詩拾遺原存三巻(巻五—七)　大一〇
同　原存一一巻(巻七一—八一)　同、中村廣等校
文化一三刊(木活、曬書樓)　大　七
同　原存九巻(巻八二—九〇)　明高棅編張恂訂
元文三刊(須原新兵衛)　大　五
唐詩正聲二二巻附詩人世次爵里　明高棅編　呉中

珩校　享保一四刊(京、瀬尾源兵衛等)　半　八
同　同(後印、京、山田三良兵衛等)　半　八
同　同(後印、京、小川多左衛門等)　半　八
同　同(文化九印、大、加賀屋善蔵)　半　二
① ○無刊記本ト異版ノ如シ。要再調。
② (新刻李袁二先生精選)唐詩訓解七巻首一巻　明李
攀龍撰　袁宏道校　刊(覆明、京、田原仁左衛門)　大　五四
③ 同　同(後印、京、田原勘兵衛)　大　五四
④ 唐詩選七巻　明李攀龍編服部元喬校　刊(木活、
曬書樓) 10/20　大　三
同　同　同　刊(木活、弘前藩稽古館)　半　二
⑤ 同　三巻　明李攀編　刊(木活)　大　三
⑥ 同　同　同　刊(木活)　10/20　大　三
同　同　同　刊(木活)　大　三
同　七巻　同、服部元喬(南郭)校　享保九刊(嵩山
房)　半　三
同　同　同　延享二刊
⑦ 同　同　同　明和四刊(小林新兵衛)　半　三

⑧ 同　同　同　寛政四刊(嵩山房小林新兵衛)　半　三
⑨ 同　同　同　文化一〇刊(小林新兵衛)　半　三
同　同　同　文政一三刊(小林新兵衛)　半　三
同　同　同　天保一四刊(嵩山房須原屋新兵衛)　半　三
同　同　同　安政二刊　半　三
⑩ 同　同　同　萬延二刊　半　三
同　同　同　刊(嵩山房)　半　三
⑪ 同　同　同　慶應三刊(嵩山房)　半　三
同　同　同(明治印、嵩山房等)　半　三
同　同(明治八印、嵩山房)　半　三
同　同　同　刊(松山堂藤井利八)　大　二
同　同(後印、松雲堂)　大　二
同　同　同　刊(弘前藩稽古館)　半　三
同　同(明治一二印、青森、神彦三郎)　半　三
同　同　同　明治一二刊(嵩山房)　半　三
同　同　同　天明二刊(小林新兵衛)　中　三
⑫ 同　同　同　文化一四刊(小林新兵衛)　中　三
⑬ 同　同　同　天保六刊(小林新兵衛等)再刻　中　三
⑭

同　同　同　刊　中　一
同　同　同　文政元刊（江、小林新兵衛）　小　三
同　同　同　刊（嵩山房）　小　一
同　同　同　安永四刊（江、小林新兵衛）　中　一
同　同　同　明治一二刊（銅版、小林新兵衛）　特小
①同　同　四聲並片假名附　同　寶暦八刊（小林新兵衛）未見　中　三
同　同　同　明和四刊（小林新兵衛）　假名附　中　三
②同　同　同　安永五刊（小林新兵衛）　中　三
同　同　同　天明五刊（小林新兵衛）　未見　中　三
同　同　同　寛政六刊（嵩山房）　平假名　中　三
同　同　同　寛政八刊（嵩山房）　片假名　中　三
同　同　同　享和元刊（嵩山房）　中　三
同　同　同　刊（嵩山房）　7　14　假名附　中　三
同　同　同　明治一四刊（小林新兵衛）　片假名　中　三
同　同　同　文政九刊（嵩山房）　平假名　中　三
同　同　同　文久元刊（嵩山房等）
同　同　同　弘化二刊（後印、紀府、高市氏）　半　三
同　同　明李攀龍編　神埜世猷校　天保四跋刊　中　二

同　同（嘉永二印、松堂軒）　中　三
同　同　同　明治一四刊（東、向井瀧藏）
同　同　同　刊　中　一
③同　同　同　明治一七刊（大、明玉堂岡本仙助）　半　三
同　同（明治一九修、宋榮堂）　半　三
同　同　同　片假名附　明治二二刊（銅版、聚榮堂大川錠吉）　小　一
同　同　同　明治二四刊（銅版、薫志堂井上勝五郎）　特小　一
④同　同　明李攀龍編　慶應元刊（大佛久遠）　片假名附　特小　三
同　同　同、堀中徹藏點　明治一五刊（銅版）　小　一
同　同、附唐詩人物小傳　明李攀龍編　荒木榮直訓
明治一五刊（銅版、京、鴻寶堂石田忠兵衛）　特小　一
同　同（明治二五印、京、川勝德次郎）　特小　一
⑤増補唐詩選七巻　明李攀龍編石川〔英〕（鴻齋）點
明治一三刊（文華堂鈴木滿治）　片假名附　小　三
同　同（後印、綿榮堂大倉孫兵衛）　中　三
（増補）唐詩選七巻　明李攀龍編　清錢謙益評　齋藤
實穎抄錄　明治一四刊（香草書院磯部太郎兵衛）　中　三
唐詩選唐音　明劉道菁撰　高田識訂　安永六刊（嵩

山房小林新兵衛）　中一
①（頭書）唐詩選七巻　明李攀龍編　昆明淵注　池龍子
校　享和元跋刊　中三
②（鼇頭和解畫入）唐詩選七巻　明李攀龍編　大久保常吉
（櫻洲）解　明治一七刊（銅版、春陽堂和田篤太郎）特小二
唐絶類奇　明敖英編　寶暦一二刊（京、田原勘兵衛等）特小二
（辟蘿園）唐詩註解一五巻　明顧宸　元禄六刊（京、
唐本屋又兵衛）　大五
③全唐詩聯選二巻　明王譽編　寛延元刊（結崎市郎
兵衛等）　大二
唐詩題苑一巻附句題　（全唐詩題苑）　津阪達編
文化一一刊（勢州、山形屋東助等）　全唐詩中箇古雅馴題ヲ選　中一
唐三體詩三巻　清高士奇編　文化八跋刊（木活）　大三
④唐三體詩絶句三巻　清高士奇編　大冢弘（雲碣）解
法　天保一〇序刊（木活）　大三
唐賢三昧集三巻　清王士禛編　文化七刊（官版）　大三
⑤廣唐賢三昧集四編　荊州田呉炤所藏舊鈔本　清［溥］
文昭編　明治四三刊（影印、七條愷氏）　中一〇
⑥
晩唐詩選七巻　明曹學佺編　館機（柳灣）選　文化
六刊（英平吉郎等）　小四
同　同（天保七印、江、山城屋新兵衛・同佐兵
衛）　小四
⑦晩唐詩鈔二六巻　清査克弘・凌紹乾編　楊兆璜校
館機校　天保一一刊　小一
唐僧詩選二巻　明釋白菴［如］水編　釋澂高泉校
元禄四刊（京、林九兵衛）　半二
（弄石庵）唐詩名花集四巻　明楊肇祉編　元禄九刊
（京、婦屋小山半兵衛）　大一
同　同　同　享保二刊（覆明、京、富倉氏）　大四
⑧同　同（後印）　大二
⑨三隱詩集三巻　宋閭丘胤編　寛文一一刊（林久次郎）大三
同　同（後印、戸嶋惣兵衛）　大三
⑩同　同（寶暦九印）　大一
三隱集版心・題簽　寒山詩・豐干禪師録・拾得詩各一巻
同　慶應二序刊　横中一
李太白絶句二巻刻杜少陵先生詩集註絶句二巻

①　明楊齊賢集注 蕭士贇補注（杜）明邵寳集注 過棟
參箋　寛文二刊（吉田太郎兵衛）　大四
同　同（後印）　大四
同　同（文政三修、大、吉田善藏等）　半四
同　同（明治印、大、忠雅堂赤志忠七）　半四
李杜詩法精選二巻附（二刻増訂）李杜諸體詩法　詩
法入門巻三抽印改題本　清游藝編　刊（大、星文堂）　半二
同　同（文化三印、大、三宅吉兵衛等）　半二
唐十二家律詩二巻　〔明張遜業〕編　田天民校　元
禄一一刊（古川三郎兵衛・中村孫兵衛）　半三
同　同（後印）無刊記　半一
②　李孫文集四巻　清儲欣編　土居光華點　明治一三
刊（正栄堂内田彌兵衛）　半四
③　韓柳全集見返　唐韓昌黎集四〇巻同遺文一巻同外傳
一〇巻同附録一巻唐柳河東集四五巻同遺文一巻
同外集二巻　唐韓〔愈〕・柳〔宗元〕撰　明蔣之翹注
萬治三・寛文四刊（後印、京、中江久四郎）　大七六
同　同（明治修、大、梅原亀七等）　大五〇

韓柳文粋三巻首一巻　清林雲銘評注　櫻井菊太郎
纂評　明治一四刊（大、櫻井氏）　半三
④　四詠唱和　唐陸亀蒙・皮日休撰　館機編　文化七跋
刊（萬笈堂）　特小一
唐三高僧詩集　元禄八刊　一二

宋

宋詩鈔九巻　（宋詩百一鈔）　清張景星編　大窪行
（詩佛）等校　寛政六刊（青黎閣須原屋伊八）　中四
宋名家詩選　同（後修）北山ノ序ヲ去リ丁付ヲ改メ版心等ヲ削ル　中二
⑤　宋詩別裁集　同（明治一三印、金鱗堂）　中四
宋詩百一鈔八巻　清張景星等編（徹雲）校　慶應
二跋刊（大、尚友堂）　特小八
（批評）宋詩鈔六巻　清張景星編　後藤元太郎纂評
明治一五序刊（大、松田尚友堂）　小四
同　同（後印、大、青木嵩山堂）　小四
⑥　（今體）宋詩選四巻　清陸式玉編　山本謹（緑陰）校
文化三刊（玉山堂山城屋佐兵衛等）　中二
（増廣）聖宋高僧詩選　知不足齋叢書本　前集一巻後集三巻續集一巻

高僧詩補遺一巻　宋陳起編（補）明毛晋編　文
政三刊（官版）　中　二
①同　同（弘化五印、出雲寺萬次郎）奥附ニ八改正再校　中　二
②宋僧詩選全四巻　宋釋眞淨編　刊（藤屋古川三郎
兵衛）　半　二
中興禪林風月三巻　宋孔汝霖編　蕭澥校　寛永一七
刊（敦賀屋九兵衛）　大　二
同　同（後印、京、敦賀屋久兵衛）　大　二
一帆風　宋釋盧堂等　寛文四跋刊　大　一
③月泉吟社二巻　宋呉渭編　享和二刊（角丸屋甚助、
大和田安兵衛）　半　二
④同　同（後印）　半　二
宋十五家詩選全一五巻　清陳訏編　文政一〇刊
（官版）　大一六
二李唱和集　宋李昉編　刊（覆宋）　大　一
（註釋）三蘇文苑二巻　明李叔元編　内藤耻叟點
明治一四刊（秋元晋）　中　一
⑤四靈詩鈔　葦碧軒詩鈔・二薇亭詩鈔・芳蘭軒詩鈔・
清苑齋詩鈔各一巻　清呉之振編　佐羽槐等校
文化一二刊（文刻堂・萬笈堂）　半　二
同　同（後印、江、英文藏）　半　二
⑥蘇黄題跋　東坡題跋二巻山谷題跋三巻　清温一貞
編　天保三刊（大、京屋浅治郎等）　中　一
⑦同　同（後印、倉橋屋彌一郎等）　中　二
同　同（後印、大、岡田群玉堂）　小　五
⑧文謝文鈔　文文山文鈔六巻謝疊山文鈔四巻　奚世
大編　萬延二刊（河内屋茂兵衛等）　大　五
同　同（後印）　或ハ削ルベシ　大　二
編次諸家文集二編各二巻　明葛鼎・葛鼒編　田島某
校　嘉永四刊（木活、水戸、蠖屈舎）　大　四

金・元

中州集一〇集序目一冊　金元好問編　延寶二刊
（田中理兵衛）　○明治四一、近藤元粋校訂鉛印巾箱本アリ。　大一〇
⑨金詩選四巻　清顧奎光編　陶玉禾評　館機點　文化
四刊（宮商閣須原屋善五郎等）　無刊記本初印カ　大　四
同　同（天保七印、江、山城屋新兵衛・山城屋

佐兵衛）　大　四
皇元風雅　前集後集各六巻　元傅習・孫存吾編（後孫存吾編　萬治二刊　四六
同　同（元禄六印）　六
同　同（後印）　大　四
①金玉編　元釋仲銘編　刊（京、長尾平兵衛）　大　一
元詩自攜　七言律詩一六巻七言絶句五巻　清姚廷謙編　安政五刊（官版）　大　一〇
②元詩鈔九巻　清張景星等編　寛政一二刊（青黎閣須原屋伊八）　小　四
同　同（明治印、大、忠雅堂赤志書房）　小　四

明

明詩選二巻　明李贄編　延寳六序刊　大　二
③同　同（後修、柳枝軒）　大　二
④同　同（正徳五修、大、伏見屋藤次郎・京、伏見屋藤右衛門）　大　二
⑤同　同（享保六修）　無刊記ハ更ニ後印カ　大　二
續皇明詩選二巻　明李贄編　正徳五刊（大、伏見屋藤次郎・京、伏見屋藤右衛門）　大　二
同　同（後印、京、唐本屋吉左衛門）　大　二
⑥四先生文範序首四巻態　明焦竑編　大内忠太夫點　元文二・寛保元刊（谷村豐左衛門等）　大　四
⑦明詩正聲一八巻首一巻　明穆光胤編　陳素蘊校　瀬尾維賢點　享保一一刊（京、奎文館瀬尾源兵衛）　大　六
同　同（後印）　刊行者名剜去　大　四
⑧（新鐫註釋出像）皇明千家詩四巻　明汪萬頃注　貞享二刊（京、淺野久兵衛）　大　四
國朝名公詩選　原存三巻（巻一〇―一二）（皇明詩選）　明陳繼儒編　陳元素注　錢協和校　寳暦三刊（京、山田三良兵衛等）　小　三
七才子詩七巻　［松下］辰（烏石）校　元文二刊（山口茂兵衛等）　中　一
同　同（後印、京、梅村三郎兵衛等）　中　一
同　同（後印）　無刊記末ニ東都源君徽考訂」トアリ　中　一
（新刻陳眉公攷正）國朝七子詩集註解七巻　明陳繼儒句解　李士安補注　刊　大　二

同　同（元禄二跋印）　大　二

同　同　同　延享四刊（京、梅村三郎兵衛等）　大　二

明詩選一三巻　明陳子龍等編　享保一八刊（文刻堂西村源六）　中　六

①同　同（寛保二印、風月堂）　小　六

②③列朝詩鈔二巻　清銭謙益編（香山）選　川上顒校　天保元刊（京、吉田治兵衛）　特小　二

④明九大家詩選五巻　清陳蒇・李昂枝編　元文二刊（京、奎文館瀬尾源兵衛）　大　五

明詩別裁集一二巻　清沈徳潜・周準編　文久二刊（長門明倫館）　小　二

⑤明七才女詩集七巻　明周之標編　明和七刊（京、梅村源二郎等）　小　一

清

清詩選（絶句抄）全二巻　清孫鋐編　黄朱芾校　藤淵選　寶暦四刊（京、蓍屋勘兵衛・同仁兵衛）　小　一

⑥清詩選選一〇巻（皇清詩選鈔）　清孫鋐編　坂倉通貫選　片岡正英校　寶暦五刊（赤石、流芳閣有馬屋荘橘等）刊記ノ本ハ大、敦賀屋九兵衛　大　四

清僧詩選（皇清詩選鈔）　釋亮潤選　寛保三刊（長谷川庄右衛門）　大　一

七子詩選七巻附一巻　清沈徳潜編　高（階）彝編　寶暦七刊（京、田中甚兵衛等）

清詩別裁選七巻　清沈徳潜編　荒井公廉選　明治一五刊（大、忠雅堂赤志忠七）　大　三

小　四

⑦國朝四大家詩鈔目首　茘裳詩鈔・愚山詩鈔・阮亭詩鈔・竹垞詩鈔　清屠徳修等編　文化六刊（英平吉等）特小　四

⑧清六大家絶句鈔　清李敬編　桑原忱校　嘉永五序刊（大、河内屋茂兵衛等）　半

⑨同　同（明治印、大、青木嵩山堂）　半

湖海詩傳鈔二巻　川島孝（楳坪）編　明治一二刊

⑩（埼玉、長島書屋）　半　二

⑪清名家文粋三巻　清陸燿編　天保五刊（覆清、哼囉館）　大　三

⑫同　同（嘉永二印、須原屋茂兵衛等）　大　三

同　同（後印、大、藤屋禹三郎）　大　三

國朝古文所見集一三巻　清陳兆麒編　天保一五刊

（大、藤屋善七等七肆）　半　五
同　同（後印、藤屋善七等五肆）　半　五
① 同　同（後印、大、河内屋茂兵衛等）　半　五
② 同　同（後印、大、藤屋禹三郎等）　半　五
③ 經世文編抄　甲至庚集各三卷　清賀長齡編　齋藤
正謙校　嘉永元・三・五刊（木活、津藩有造館）　大二一
表忠崇義集二卷附一卷　清印經等編　嘉永四刊（松
浦武四郎）　大　三
表忠詩鈔三卷附一卷　同、伊藤清民鈔　嘉永四刊
（伊藤氏花繞書屋）　大　三
④ 清名家文鈔　三餘堂刊本　清徐斐然編　東條永胤
點　明治一〇刊（光風社、錦森堂）　半　四
清國光緒名臣文粹二卷　清饒玉成編　石川英（鴻齋）
補　明治一九刊（和樂堂嶋田謙次郎）　半　二
⑤ 清名家論畫集二卷　清張祥河編　文久元刊（京、五
車樓菱屋孫兵衛）　半　二
隨園女弟子詩選選二卷　清袁枚編　大窪行選　碓井
歡・福田廷芳校　文政一三刊（和泉屋庄次郎等）　半　二
同　同（天保一五印、大、藤屋善七）　半　二

⑥ 三魏文鈔　魏伯子文鈔・魏叔子文鈔・魏季子文鈔各
一卷　奥野純（小山）編　安政五刊（木活、南林堂）　大三
清二大家詩鈔見返　宋荔裳詩鈔・王漁洋詩鈔各一卷
⑦ 相馬肇（九方）編　弘化四刊（木活、大、炭屋儀三郎等）大二

（二）　通　代

⑧ 文選白文一二卷首一卷　〔梁蕭統〕編　明王象乾校
元祿一二刊　大　六
同　同（後印、京、風月勝左衛門）　大　六
文選正文一二卷序目一冊　〔梁蕭統〕編　〔片山世璠〕
（兼山）點　葛山壽校　天明四刊（京、風月莊左衛
⑨ 門）　大一三
⑩ 同　同　同、久保謙重訂　文政一一刊（京、風月庄左
⑪ 衛門）　大一二
⑫ 同　同　嘉永三刊（京、風月庄左衛門、尾、風月
孫助）　大一三
同　同（萬延元修、大、秋田屋市兵衛等）　大一三
⑬ 同　同（同、萬延二印）　大一三
同　同　同　明治一四刊（大、簗城勇助・森本專助）大一三

同 同 同 明治一四刊(活版、大、岡島眞七) 中一二
① 同 同 梁蕭統 編 近藤元粋音釋 明治一五刊
(大、中川勘助等) 大一二
(新刻)文選正文音訓一二巻 平田豐愛(誠齋)編
岡本壽茂等校 嘉永五刊(一貫堂萬屋忠藏) 大一三
同 同(後印、和泉屋金右衛門等) 大一三
(標註)文選一二巻 〔梁蕭統〕編 原田由己注 明治
一五刊(水野書館) 半一三
文選刪註一二巻首一巻 (文選素本) 明王象乾編
承應三刊 大一三
② 同 同(後印、風月庄左衛門) 大一三
文選音註一二巻首一巻 同、宇〔都宮由的〕(遯庵)校
貞享四刊(風月莊左衛門) 大一三
③ (評苑)文選傍訓大全一五巻 明王象乾 元祿一一
刊(江州青山、河添新左衛門・大、大田權右衛門) 大一〇
同 同(後印、大、崇道堂大田權右衛門・京、
④ 辻勘市) 大一〇
⑤ 同 同 同 元祿一三刊(京、風月庄左衛門) 大一〇
⑥

(李善註)文選六〇巻(巻二一—六〇未刊) 唐李善
撰 秦鼎點 文政元刊(尾、片野東四郎等) 大一〇
同 同(後印、永樂屋東四郎) 大一〇
〔文選〕 五臣註本 古鈔本 紙背弘決外典抄 原存
一巻(巻二〇、首尾缺) 〔梁蕭統〕編 〔唐呂延濟
等〕注 昭和一二刊(影印) 一巻
⑦ (文臣註)文選六〇巻序目一冊 梁蕭統編 唐李善等
注 明吳勉學校 慶安五刊(佐野治左衛門) 大六一
同 同(後印、京、林權兵衛) 大六一
⑧ 同 同(寛文二修、京、八尾勘兵衛・野田庄右
衛門) 大六一
同 同(同、後印、京、八尾勘兵衛・山本平左
衛門) 大六一
同 同(同、後印、植村藤右衛門) 大六一
同 同(寛文三修) 大六一
玉臺新詠一〇巻 陳徐陵編 文化三刊(官版) 大 二
同 同(文化六印、須原屋茂兵衛) 大 二
詩紀 古逸一〇巻目六巻 明馮惟訥編 方天眷校

秦鼎點　享和元刊(尾、久木屋治右衛門等)　大　四
古樂苑抄三巻〔明梅鼎祚〕編　芥〔川〕徽卿(徂山)編
明和四刊(京、林宗兵衛)　大　三
①(新刊迂齋先生標註)崇古文訣三五巻〔宋樓昉〕編
文政三刊(官版)　大　八
○古文眞寶ハ後考○
②(魁本大字諸儒箋解)古文眞寶　集　巻　平假名
旁訓本　萬治三刊(次良兵衛)　10/18　大　一
(魁本大字諸儒箋解)古文眞寶　前集一〇巻　假名
附無注本　刊(天和三印)　7/15　半　三
(諸儒箋解)古文眞寶後集一〇巻　無注本〔慶安
以前〕刊(林和泉掾)　9/15　小　三
(魁本大字諸儒箋解)古文眞寶後集一〇巻　片假名
旁訓無注本　刊　7/15　中　二
(圖畫)古文眞寶　後集一〇巻　刊(林和泉掾)　大　三
同　同〔寛文頃〕刊　半　三
(魁本大字諸儒箋解)古文眞寶　後集二巻　片假名附
帯圖本　貞享五刊(南松堂)　8/17　半　二
(魁本大字諸儒箋解)古文眞寶　前後集各一〇巻

斷句本　寶永四刊(京、瀬尾源兵衛)　9/17　大薄　四
同　同　慶安二刊(山屋治右衛門)　10/17　大　四
同　前集一〇巻　刊(敦賀屋九兵衛)　9/17　大　三
同　同　元禄四刊　大　一
同　同　中島某(浮山)校　享保元刊(江、林源兵衛
等)　8/17　大　二
同　同　刊　10/17　大　三
同　後集一〇巻　無點本　刊　大　二
同　同(正保三印)　大　二
同　同　無點本　貞享二刊(前川茂右衛門)　9/18　大　二
同　同　寛永元刊(清韓)　大　三
同　同　寛永三刊(京、伊藤助兵衛)　8/15　大　二
同　同　寛永四刊(道伴)　9/18　大　二
同　同　寛永一九刊　9/18　大　二
同　同(後印、京、治右衛門)　9/18　大　二
同　同　慶安元刊(田原仁左衛門)　未見　大　二
同　同(後印)　或ハ除クベシ　大　二
同　同　慶安四刊(豐興堂)　9/18　大　二

同　同　延寶四刊　大　二
同　同版愍作二巻　刊　8 17　未見　大　二
同　同(延寶五印、村上勘兵衛)　8 17　大　二
同　同　貞享四刊(江、須原屋茂兵衛)　大　二
同　同　中島某(浮山)校　正德二刊(京、文英閣林久次郎・江、林源兵衛)　8 17　大　二
同　同愍二巻刊(寛政九印、京、鉛屋安兵衛)　10 17/18　大　二
同　前集三巻　無注本　享保五刊　三
同　同　旁訓無注本　弘化三刊(京、勝村治右衛門等)　8 18　中　三
同　同(後印、吉野屋仁兵衛)　中　三
同　後集二巻　片假名旁訓無注本　刊　半　二
同　同　片假名旁訓無注本　刊　8 18　小　二
同　同(享保八印、大、大野木市兵衛)　小　二
同　同　片假名旁訓無注本　元文五刊(大、大野木市兵衛)　8 18　小　二
同　同　同　?刊(文化九印、京、山本長兵衛)　小　一
同　同　片假名旁訓無注本　文政一〇刊(名、萬屋東平・本屋久兵衛)　中　二

同　同　片假名旁訓無注本　文政刊(椀屋喜兵衛等)　8 18　中　二
古文眞寶　前集後集各二巻　片假名附無注本　刊(大、河内屋茂兵衛等)　12 10　横　四
① (魁本大字諸儒箋解)古文眞寶　前集三巻　貞享四刊　10 20　未見　大　二
同　同(文化二修、大、秋田屋太右衛門等)　大　二
同　同(同、文政七修、秋田屋太右衛門・須原屋茂兵衛)　大　二
同　同(同、天保一五印、秋田屋太右衛門等)　大　二
同　同　鈴木善教點　寛延四刊　10 19　未見　大　二
同　同　同　寶曆三刊(再刻覆寛延四、京、勝村治右衛門)　大　二
同　同　同(後印、秋田屋平左衛門)　未見　大　三
② 同　同　同　安政二刊(三刻、勝村治右衛門等)　大　三
同　同(安政三印)　10 19　大　三
同　同(後修)　大　三
同　同(同、文久二印)　大　三
同　同(同、明治九印、京、梅村伊兵衛)　大　一
同　同　寶曆五刊(江、須原屋治右衛門)　未見　大　二

①同　同　元禄四刊(大、磯野三郎右衛門)　10 20　大　二
②同　同(後　大　二
同　同　寶暦一二刊(覆元禄四、河南四良兵衛等)　10,20　大　二
同　同(文政一〇修、京、津逮堂吉野屋仁兵衛)　大　一
同　同(同、嘉永元印、京、吉野屋仁兵衛)　大　一
同　同　刊　10 20　大　三
同　同　海老名恒校　安政二刊(大、秋田屋太右衛門等)　10 18　大　一
同　同(元治元印、大、秋田屋太右衛門等)　大　一
同　後集二巻　刊　9 18　未見　大　二
同　同(明暦元印、京、武村市兵衛)　大　二
同　同　寛文九刊(京、上村次郎右衛門)　8 17　大　二
同　同　延寶三刊　8 17　未見　大　二
同　同(後印、吉田四郎右衛門)　大　二
同　同　刊(延寶五印、村上勘兵衛)　8 17　大　二
同　同　寛文一〇刊　8 16　未見　大　二
同　同(後印、山田市郎兵衛)　大　二

同　同　寛文十年刊本　寶暦四刊(京、山田三良兵衛等)　8 20　大　二
同　同(安政二印)　未見　大　二
同　同　安政四刊(覆寶暦四、京、永田調兵衛)　8 20　大　二
同　同(後印)　大　二
同　同　貞享四刊(江、須原屋茂兵衛)　大　二
同　同　刊　未見　9 18　大　二
同　同(元禄二印、梅村)　大　二
同　同　享保三刊　10 19　未見　大　二
同　同(後印、京、北村四良兵衛)　大　二
同　同(後印、北村四良兵衛)　題簽異版　大　二
同　同　享保四刊(杉生五郎左衛門)　未見　二
同　同　元文五刊(京、長村半兵衛・河南四良右衛門)　8 20　大　二
同　同　寶暦五刊(覆元文五、京、長村半兵衛・河南四良右衛門)　特大二
③同　同(文政一〇修、京、吉野屋仁兵衛)　大　二
同　同　刊　9 17　未見　大　二
同　同(寶暦九印、大、柏原屋清右衛門)　大　二

同　同　刊（後印、出雲寺松栢堂）9/19　順未考　大二
同　同　天明元刊　大二
同　　同（後印、京、北村四郎兵衛）　大二
同　同　文政六刊（大、加賀屋善蔵等）9/15　大二
同　同　安政五刊（覆文政六、大、加賀屋善蔵等）9.15　大二
同　同　刊　8/18　未見　大二
同　　同（嘉永五印、名、萬屋東平等）　大二
（校本）古文眞寶後集二巻　鈴木善教校　安政五刊　大二
（魁本大字諸儒箋解）古文眞寶後集一〇巻　鼇頭本
慶安元刊（後印、京、上村次郎右衛門）　大二
（魁本大字諸儒箋解）古文眞寶前集一〇巻　鼇頭本
山崎保春（雲菴）注　寛文五刊（武村三郎兵衛）大五
同　同　同　刊（元禄一〇印、京、武村新兵衛・武村
三郎兵衛）　大四
同　後集一〇巻　鼇頭本　同　寛文一三刊　未見大五
同　　同（後印、寺田與平治）　大五
同　同　鼇頭本　同、生駒登《山崎保春》（雲菴）増注　延寶六
跋刊（延寶八印、山本長兵衛）　寛文六刊本より　大七

同　後集三巻　鼇頭新増本　刊（元禄一〇印、京、武村新兵衛 三郎兵衛）大八
①（魁本大字諸儒箋解）古文眞寶合解評林　後集一〇
巻　□□□増注　延寶七刊　大一〇
②同　同（後印、山本長兵衛）　大一〇
文體明辯六一巻首一巻目六巻附一四巻目二巻　明
徐師曾編　寛文六刊（京、伊東氏）　大八四
同　同（寛文一三印、山岡四郎兵衛）　大四一
同　同（後印、山岡勘右衛門等）　大八四
同　同（後印、野田庄右衛門）　大五〇
③樂府明辯五巻　同（寛延二序修、京、柏屋四郎兵衛）　半五
④同　同　同　嘉永五刊（京、謙謙舎）　大八〇
⑤同　同（後印、京、俵屋清兵衛等）　半四〇
⑥文體明辯粋抄二巻　刊　大二
⑦同　同（寛文元印、京、吉文字屋次郎左衛門）　大二
同　同（元禄七印、大、毛利田庄太郎）　大二
同　同（後印、大、油屋与兵衛）　大二
同　同（後印）刊行者名削去　大二
同　同（寛政六修、京、林宗兵衛）　大二
同　同（後印、松村九兵衛等）　大二

文體明辯纂要三巻　大郷穆編　明治一〇刊(原亮
三郎等)　大三
王氏詩教三巻　清明王鑾編魏屽・郭升元校　元文
三刊(京、尚古堂藤屋甚兵衛)　中合一
古今名詩選　詩法入門巻四抽印改題本　清游藝編
文化一四刊(京、玉枝軒植村藤右衛門)　半二
古文辭類纂三巻　清姚鼐編　竹添光鴻編竹添利鎌
注　明治一七刊(奎文堂)　論辨類二冊序跋類一冊　大三
古詩選　五言詩一七巻七言詩歌行鈔一五巻　清王士
禛編　宋犖校　文政三刊(官版)　大一一
古今詩刪三四巻　明李攀龍編　徐中行校　寛保三
刊(京、文林軒田原勘兵衛)　半一三
①
佩文齋古今詠物詩選(鈔)　清汪霦等奉勅編　阮元
校　文化八刊　四
佩文齋詠物詩選(鈔録)全二巻　館機(柳灣)編
文化九・文政一三刊(萬笈堂英平吉、泰山堂竹川
藤兵衛)　横二
②
佩文齋詠物詩選　初編　清汪霦等奉勅編　嘉永三

刊(萬笈堂英太助)　一
同　同(後印、英文藏等)　一
同　二編各二巻　清張玉書等撰館機編　文政一三
刊(江、玉屋久五郎等)　横四
③
咏物詩選八巻　清俞琰編　大江資衡校　天明元刊
(林伊兵衛等)　半四
④
同　同(後印、京、武村嘉兵衛等)　半四
古文觀止二巻(以下未刊)　清呉乗權・呉大職編　藤
井籛點　明治一六刊(與斯文館)　半二
古文析義雋二巻　釋敬雄選　明和八刊　未見　二
古文析義鈔　村田常道選　天保二刊(京、吉田屋治
兵衛等)　大合一
漢魏詩集廣序　明朱嘉徵論正　許三禮參定　寛延
二刊(京、聚文堂芳野屋作重郎)　大一
同　同(後印)　刊行者名削去　大一
文館詞林　原存二巻(巻六六二・六六四各尾欠)　佚
存叢書零本　唐許敬宗等奉勅編　寛政一三刊
(木活)　大一

同　原存一巻（巻一五七首）　同　刊（摹刻小林辰）　大　一

（摹刻）文館詞林　原存五巻（巻一五六中末・一五七首末・六六五首末・六九一末・六九五首末）　同

刊（摹刻、小林辰）　大

文館詞林　原存一巻（巻六六八末欠）　弘仁鈔本

同　昭和二四刊（影印、圖書寮）　一巻

選詩（補註）八巻選詩補遺二巻選詩續編四巻　元劉履

文政三刊（官版）　大　七

（刪訂）古今文致二巻　明劉士鱗編王宇刪補　鹽谷

世弘（宕陰）刪訂　慶應三刊（擁翠樓）　大　二

①同　同（明治一一印、東島屋儀三郎等）　大　二

②鳴原堂論文二巻　清曾國藩編曾國荃訂　岸田吟香

校　明治一五刊（活版、樂善堂）　↓別集類　半　二

（疊山先生批點）文章軌範七巻　宋謝枋得編　嘉永

六刊（覆元、官版）　返10 22　大　三

同　同　同　文政元刊（覆朝鮮、官版）　返9 22　大　二

同　同（文政六印、堀野屋儀助・岡田屋嘉七）　大　二

③正文章軌範百家評林註釋七巻續文章軌範百家批評

註釋七巻　明李廷機　萬治二刊（津田氏）　大　四

同　同（後印）　刊行者名剷去　大　四

④同　同　正德五刊（京、植村藤右衛門等）　大　四

⑤同　同　同、〔伊〕東龜年補　寛政六跋刊　大　三

同　同（嘉永四修、大、河内屋茂兵衛等）　大　六

⑥聲畫集八巻　宋孫紹遠編　文化一三刊（覆清、官版）　半　四

同　同（文化一四印、堀野屋儀助・和泉屋庄

次郎）　半　四

（東萊先生）古文關鍵二巻　宋呂祖謙編　文化元刊

（官版）　大　四

⑦（分門纂類）唐宋時賢千家詩選二二巻　宋劉克莊編

天保九刊（覆清、官版）　半　四

（精選唐宋千家）聯珠詩格二〇巻　宋于濟・蔡正孫

編　〔寛永〕刊（覆古活）　10 20　大一〇

同　同（寛永九印、京、村上平樂寺）　大一〇

同　同　同　〔寛永〕刊　未見　大一〇

⑧⑨同　同（正保三印、吉野屋權兵衛）　10 20　大　四

⑩（精刊唐宋千家）聯珠詩格二〇巻　同、大窪行〔詩佛〕

校　文化元刊　　大　五　10/21

① 同　同（後印、須原屋孫七等）　五

同　同（明治印、東、和泉屋金右衛門等）　半　五

（精選唐宋千家）聯珠詩格二〇巻　宋于濟・蔡正孫
編　文化七刊（和泉屋庄二郎等）　中　一

② 同　同（後印）　木ヨリ二ノ前川弥兵衛ヲ若林清兵衛ト改刻　大　二

同　同　同　天保二刊　大一〇

同　同（後印、京、弘簡堂須磨勘兵衛）　大一〇

同　同（後印、京、出雲寺文治郎等）　大一〇

同　同（後印、京、出雲寺和泉掾）　大一〇

③ 同　同（後印）　大一〇

④ 同　同（明治印、大、河田屋忠七等）　大　五

同　二巻（宋于濟・蔡正孫）編　天保四刊（京、朝倉
儀助等）　横小一

⑤ 聯珠詩格三巻　四聲傍訓附　宋于濟・蔡正孫編　内
山屋牧山校　弘化二刊（大、河内屋茂兵衛・江、山
城屋佐兵衛）　横中三

同　同（後印、須原屋茂兵衛等）　横中三

⑥（新刊唐宋千家）聯珠詩格二巻　宋于濟・蔡正孫編　横小二
⑦ 安政三刊（須原屋茂兵衛）

（新刊唐宋）聯珠詩格二巻　同　刊（沈香書閣）　横　一

⑧ 同　同　同、根津全孝編　明治一二刊（永尾銀次郎）　横小一

（新刊唐宋千家）聯珠詩格二巻　宋于濟・蔡正孫編
明治一二刊（銅版、佐々木惣四郎）　横小二

同　同　同、小石祿郎標記　明治一二刊（銅版、京、
出雲寺文治郎）　横小二

（精選唐宋千家）聯珠詩格二〇巻　宋于濟・蔡正孫
編　齋藤弘（巌城）校　明治一五刊（富永保　）　横　二

唐宋弘秀集六巻（唐宋名僧詩選）宋李龍・陳起編
元祿一二刊　未見　二

（鼎鐫註釋解意懸鏡）千家詩二巻　宋謝枋得編　明
陳生高注　正保三刊（治右衛門）　大　二

同　同（正保四印）　大　一

同　同（後印、飯田忠兵衛）　半長一

同　同（寛文四印、武村三郎兵衛）　大　一

⑨ 同　同　同　元祿五刊　小　一

同　同（後印、林正五郎）　小　一

同　同　鼇頭本　同、熊谷立閑頭注　延寶八跋刊（敦賀や弥兵エ？）　大　一
（新訂京本増和釋義魁字）千家詩選二巻　鼇頭本
宋謝[枋得]編　明陳生高注　寛文七刊（神原十兵
衛）　大　二
同　同（後印、藤屋古川三郎兵衛）　大　一
瀛奎律髄四九巻　元方回編　寛文一一刊（村上平
樂寺）　大二〇
同　同（後印）　刊行者削？、　大二五
同　三巻　同、朝川鼎（善庵）校　文化二序刊　横　三
同　同（文化五印、京、朝倉儀助等）　横　三
①同　同（後印、大、河内屋和助等）　横　三
（虞邵庵批點）文選心訣一巻（性學李先生古今）文章
精義一巻　元虞[集]編　（精）宋李[塗]編　文化
元刊（官版）　大　一
同　同（後印、出雲寺萬次郎）　大　一
同　同（明治印、入于昌平叢書）　大　一
②（晩邨先生）八家古文精選目首　清呂葆中編　安政
③六刊（官版）　大　八

唐宋八家文讀本三〇巻　清沈德潛編　文化一一刊　半一六
（覆清、官版）
④（増評）唐宋八家文讀本三〇巻　同、頼襄評　安政
二刊（玉巖堂和泉屋金右衛門）　半一六
同　同（文久元修、玉巖堂）　半一六
⑤同　同（同、明治印）　半一六
⑥（御選）唐宋詩醇原存一八巻（李白・杜甫）　清高宗
⑦編　嘉永四・文久二刊（大、伊丹屋善兵衛等）　半　九
唐宋詩醇抄六巻　長允文（梅外）評　長冰校　明治
⑧一五刊（活版、萬字堂）　中　六五
（重刻）四家宮詞四巻　明張學禮編　元文六刊（京、
錢屋三郎兵衛）　小　四
同　同（後印、江、植村藤三郎）　小　一
同　同（後印、大、塩屋長兵衛）　小　一
濂洛風雅七巻　元唐良瑞編　寛文一〇跋刊（京、吉
田四郎右衛門）　大　四
⑨同　九巻　清張伯元編　魏廖徵校　文政八刊（官版）　大四
歴代題畫詩類絶句抄二巻　清陳邦彦奉勅編　西島

長孫(蘭溪)選　文化一〇刊(堀野屋儀助)　小　一
同　同(文化一四印、堀野屋儀助等)　小　一
①(康熙御定)歴代題畫詩類四函　清陳邦彦奉勅編
巻大任(菱湖)校　天保九刊(英大助等)　横　四

②郡　邑

③淅西六家詩鈔六巻　清呉應和・馬洵編　嘉永六刊
④(覆清、京、林芳兵衛等)　大半　六
⑤同　同(後印、大、河内屋茂兵衛等)
⑥同　一二巻　同、清李瑞榕等校　嘉永六刊(木活)　大　一二
⑦同　六巻　清呉應和・馬洵編　賴襄編　後藤機點
嘉永二刊(江、須原屋茂兵衛等)　大　三
同　同(後印、大、藤屋禹三郎)　半　三
⑧同　同(明治印、京、山田茂助)　半　三
⑨乍浦集詠鈔三巻附一巻　清沈筠編　横山巻鈔　嘉
永二序刊(遊焉唫社)　大　二
同　同(後印、江、菊屋幸三郎等)　大　二
(大明)晋安風雅一二巻首一巻　明徐𤊹編　陳薦夫
校　董養斌編　伊藤元點　元文五刊(植村藤右衛
門等)　中合四
轅門十詠二巻　明朱成等　享保五刊(兒玉勘十郎)　小　一

詠物詩全三巻　清賀光烈編　文化七刊(萬笈堂)　大　三
⑩同　同(文政八修、江、須原屋源助等)　大　三

4 尺牘類

(一) 別集

韓文公書牘二巻　唐韓愈撰　山本公輿(南陽)等編
天明四刊(奚疑塾)　大　二
⑪東坡尺牘四巻　清黄始編　岡本行敏校　明治一二
刊(千鍾房北畠茂兵衛)　中　四
同　同(明治一五印)　中　四
大蘇手簡四巻　清黄静御編　岡本行敏校　明治一三
刊(東、星野松蔵)　中　四
婦人寐寤艶簡集　題宋蘇轂　刊　一
李空同尺牘二巻　明李夢陽　延享五刊(京、青雲館
西村吉兵衛)　大　一
⑫滄溟先生尺牘三巻　明李攀龍撰　張所敬編　田中武
助校　享保一五刊(江、須原屋新兵衛)　大　一
⑬同　同　明李攀龍撰　張所敬編　潘煥宸校　田中良

暢（蘭陵）點　寶曆元刊（嵩山房小林新兵衛）　大一

續滄溟先生尺牘三巻版心　明李攀龍　延享三刊（京、圓屋清兵衛・山田三郎兵衛）　大一

弇州先生尺牘選二巻　明王世貞撰　沈一貫選　曾有原校　刊　大二

同　同（寛保二印、京、丸屋市兵衛）　大二

①袁中郎先生尺牘二巻　明袁〔宏道〕撰　宮川徳（崑山）・鳥居吉人（九江）編　山本時亮（北阜）校　安永一〇序刊（奚疑塾）　大一

②同　同（後印、京、勝村治右衛門等）　大一

③謀野集刪　明王穉登撰　田〔中〕良暢編　享保二〇刊（冨士屋弥三右衛門・大和屋孫兵衛）　大一

④同　同（後印、植村藤三郎等）　大一

同　同（後印、大、松村九兵衛）　大一

天目先生集　書　明徐中行　延享元刊（京、林權兵衛）　小一

（明）徐天目先生尺牘　明徐中行撰　瀬口觀（櫟岡）校注　天明七跋刊（時習館）　大一

弢園尺牘鈔　清王韜撰　大谷孝藏點　明治一六刊

(二)　總　集

翰海一二巻（巻五－一二未刊）　明沈佳胤編　寛延三・寛保元刊（京、丸屋市兵衛）　小三

尺牘奇賞一五巻　明陳仁錫選　鐘惺評　鄭國校　貞享四刊（京、柳枝軒茨木多左衛門）　大四

同　同（明治印、大、鹽野芳兵衛）　大四

（新刻）古今尺牘集要四巻　明謝君度　貞享元刊（文臺屋治郎兵衛）　大三

〇

歐蘇手簡四巻　正保二刊（京、村上平樂寺）　大四

⑤同　同　吉松（潤甫）校　天明元刊（京、吉村新右衛門等）　大二

同　同（明治印、京、尚徳堂堺屋儀兵衛・尚書堂堺屋仁兵衛）

歐蘇手簡後編二巻　松本愼（愚山）　寛政九刊（京、楠見甚左衛門等）　大二

同　四巻後編二巻　吉松潤甫・松本愼編　〔天明元〕・寛政九刊（明治印、京、和樂堂島林專次郎・博文堂島林專助）　大二

五老集二巻　（東坡先生）蘇公小簡・（仲益尚書）孫公

小簡・(柳南先生)盧公小簡・(秋崖先生)方公小簡・
(清曠先生)趙公小簡　慶安三刊(京、村上平樂寺)　大四
同　同　刊　同版カ　大四
①盛明七子尺牘註觧七巻　明顧起元編李之藻校
延享四刊(京、山田参郎兵衛等)　末ハ須原や茂兵エ　大二
②歴朝名媛尺牘二巻　清陳韶編　大岡譲點　明治一一
刊(大、関原利助)　特小二
③歴代名媛尺牘二巻　清陳韶編　島田均校　明治一一
刊(東、萬青堂別所平七)　小二

(三) 文　例

杜家立成雜書要略　光明皇后御筆本　南都秘笈
本　大正一一跋刊(影印)　一巻
尺牘清裁　原存一巻(巻五六)　明王世貞編　王世懋
校　林義卿選　寛延四序刊(京、伊勢屋額田正三郎)　大一
④(新鐫時用通式)翰墨全書一二巻　明王宇撰陳瑞錫
注　寛永二〇刊(京、田原仁左衛門)　大一〇
(増補較正賛延李先生)雁魚錦箋九巻　明李賛廷注
寛文二刊(大和屋九左衛門)　大四
(新鐫増補較正寅幾熊先生)尺牘雙魚九巻　明熊寅
幾　承應三刊(中野市右衛門)　大四
同　同(後印)　刊行者名削去　大四
(新鐫熊寅幾)尺牘雙魚五巻　同、瓜生寅校　明治一
二刊(山中市兵衛)　書名再調ﾆ要ス　五
(新刻古今切要士民便用書簡)翰苑玄英四巻　明謝
⑤君度編　寛文一二刊(京、小嶋通春)　大四
⑥(鼎鐫漱石山房彙編註釋士民便覽)雲箋柬四巻　明
⑦陳翊九編　寛文一一刊(今井五兵衛)　大四
⑧同　同(天明八印、大、河内屋八兵衛、同甚兵
衛)　大二
翰墨指南四巻　同　寶永二刊(藤花軒藤屋五郎兵衛)　半二
(新鐫註釋)玉堂尺牘彙書一巻附玉堂帖式　清陳晋
撰　蔡方炳注　貞享四刊(林五郎兵衛)　半二
⑨(新鐫)四六彙書　清蔡方炳編　正徳六刊(古川進
七・京、古川三郎兵衛。江、同進七)　半三
同　同(後印)　武ハ除クカ　半一

(新鐫)尺牘青銭廣編　清蔡方炳編　元禄一三刊
(京、古川参郎兵衛)　半　三
(新刻簡要達吏集)時俗通用書東二巻　清陸九如編
田中清房訓　安永五刊(京、秋田屋伊兵衛等)　半　一
(附)　對聯
①全唐詩聯選二巻　明王釁編　刊(江、奥村喜兵衛)　大　二
(春窓聯偶巧對)便蒙類編二巻　明曾(梅軒)編
寛永一三刊(田原仁左衛門)　大　二
②(精選百家)金聲巧聯　明余公仁編　賀向陵校　文
化元刊(青藜閣須原屋伊八・千鐘房須原屋茂兵衛)中　一
同　同(後印)　刊行者名剣去　小　一

5　詩文評類

文心雕龍一〇巻　梁劉勰撰　明張遂辰校　刊(木活、
尚古堂)　大　二
同　同　梁劉勰撰　岡白駒(龍洲)點　享保一六刊
(大、敦賀屋九兵衛・敦賀屋治兵衛)　両版アリト云　未對校　大　二
③二家詩品序首　詩品三巻詩品二十四則一巻　明毛晋
編(中西維寧)(淡淵)校　元文四刊(玉枝軒植村
藤三郎等)　大　一
同　同(後印、英平吉)　大　一
同　同(文政六印、大、河内屋茂兵衛)　大　一
文章縁起註一巻附續文章縁起　明陳懋仁撰　銭棟
校　寳暦八刊(大、渋川清右衛門・京、田中市兵衛)大　二
④詩式　唐釋皎然　明和三刊(京、好文軒秋田屋伊兵衛)小　一
唐詩式　同　安政四刊　前者後印カ　未対校　小　一
本事詩　唐孟啓　寛保元刊(京、仰山堂舛屋孫兵衛・
江、舛屋忠兵衛)　大　一
同　同(文化四修、京、堺屋伊兵衛/河野信成)　大　一
⑤同　同、猪口維嶽校　寛政一二刊(會津藩)　半　一
同　同(後印、江須原屋伊八)　大　一
風騒旨格　津逮秘書本　唐釋齊己撰　明毛晋校
刊　既見本末缺ニツキ、出版事項未確認　大　一
詩品二十四則　二家詩品之内　唐司空圖　元文四刊
二十四詩品　王香園近世叢書第七行本　唐司空圖撰
葛口潸訂　文政一〇刊(廣島、世並屋伊兵衛)

賦譜一巻附文筆要訣（舊抄本（附）唐杜正倫　昭和一五刊（影印）　五島慶太所藏　一巻

①樂府古題要解二巻　題唐呉兢撰　伊藤元啓（南昌）・羽淵文仲（青城）校　享保一七刊（江、衡山房杉浦三郎兵衛）　大　一

②同　同（後印、嵩山房須原新兵衛）　大　一

六一詩話　宋三家詩話之一　宋歐陽脩　刊

温公詩話　宋三家詩話之二　宋司馬光　刊

中山詩話　宋三家詩話之三　宋劉攽　刊

③藏海詩話　宋呉可有　享和二刊（官版）　大　一

同　同（後印、江、須原屋伊八・同孫七）　大　一

④漁隱叢話前集三巻　宋胡仔　刊　未見　大　三

同　同（明治二七印、大、鹿田松雲堂・京、山田聖華房）　大　三

同　同（後印）　大　三

（石門洪覺範）天厨禁臠三巻　宋釋惠洪　寛文一〇刊（京、長尾平兵衛）　大　一

文則二巻　宋陳騤撰　山井鼎（崑崙）點　享保一三刊（江、萬屋清兵衛・泉屋半三郎）　大　二

同　同（後印、江、若菜屋小兵衛）　大　一

同　同（後印、江、吉文字屋次郎兵衛）　大　一

同　同（後印、大、定榮堂・吉文字屋市兵衛）　大　一

同　同（後印、春秋堂）　大　一

（陳學士）吟窓雜録五〇巻　舊題宋陳應行編　文政九刊（官版）　大　一〇

同　同（後印、江、出雲寺金吾）　大　一〇

⑤全唐詩話六巻　宋尤袤撰　北條士伸（蠖堂）校　享和元刊（北條氏）　大　六

同　同（後印、久田治左衛門等）　大　六

誠齋詩話　宋楊萬里　享和二刊（官版）　大　一

同　同（享和三印、江、堀野屋仁兵衛）　大　一

放翁詩話　宋陸游撰　黒崎貞孝（璞齋）・飯村孫（岳麓）校　文化一〇刊（江、山城屋佐兵衛等）　大　一

⑥同　同（文政八印）　大　一

⑦同　同（後印、玉山堂）　大　一

同　同（明治印、玉山堂）　大　一

⑧詩人玉屑二一巻　宋魏慶之撰　釋玄惠點　［寛永

刊（覆朝鮮）　大一〇
同　同（寛永一六印、京、田原仁左衛門）　大一〇
同　同（後印、角屋清左衛門）　大五
同　同（正徳二印、瀬尾源兵衛・川勝五郎右衛門）　大一〇
同　同　宋魏慶之撰　日柳政愬校　明治一七刊（活
版、大、浪華文會）　中一〇
浩然齋雅談（浩然齋詩話）　宋周密　文化一一刊（讀騒齋）中一
同　同（文政七印、江、玉山堂山城屋佐兵衛）　中一
①（精選古今名賢叢話）詩林廣記一〇巻後集一〇巻
宋蔡正孫編　鵜飼眞昌等點　寛文六・八刊（中野
道也・中野吉右衛門）　一二
②（性學李先生）古今文章精義　宋李塗　文化元刊
（須原屋）　未見　一
③文章歐冶　元陳繹曾撰　朝鮮尹春年注　伊藤長胤
（東涯）點　刊　大三
④同　同（元禄元修、京、永原屋孫兵衛・唐本屋又兵衛）大三
同　同（後印）　半一
木天禁語一巻附杜陵詩律五十一格・詩家指要・詩法
源流　元范梈（詩）舊題范德機　天保一一刊（木
活・整板、伊勢、歐陽閣）　大一
金石三例↓史部目録類
（新刊）詩法源流一巻附詩法源流體意聲三字註解
明懐悦編（附）朝鮮尹春年　刊　大二
南濠詩話二巻　明都穆　元禄四刊（京、文會堂林九
兵衛）　大一
文章一貫二巻　明高琦・吳守素編　寛永二一刊（京、
風月宗智）　大一
同　同（後印、梅村彌右衛門）　大一
同　同　同　明治一五刊（活版、如蘭社小林礼五郎）半一
文章綱領　明徐師曾編　小野長愿編　大谷元和・辰
島知穢校　明治一〇刊（游焉吟社）（湖山）　半一
⑤氷川詩式一〇巻　明梁橋撰　梁相校　萬治三刊（京、
小嶋弥兵次・玉村次左衛門）　大七
同　同（後印、上村次郎右衛門）　大四
四溟詩話四巻態　明謝榛撰　清胡曾校　天明三刊
（覆清乾隆、佐伯文庫）　大二
同　同（天明四印、京、林伊兵衛等）　大四

評林文章指南五集　明歸有光編　清評佐蒐討　川島
　浩編　明治一八刊(金港堂)　半　五
(清歸震川先生)文章體則　歸震川頼山陽二大家文則之内
　明歸有光撰　古田梵仙・太田大俊校　明治一五
　刊(古田梵仙)
①名賢詩評△六巻　明俞允文編　李仲芳删　鵜飼眞昌點
　寛文九刊(中野吉右衛門)　大　三
②藝苑巵言八巻　明王世貞編　平瀨又吉校　延享元
　刊(京、唐本屋吉左衛門等)　大　四
同　同(後修、賴煥校)　大　四
同　續刻四巻　延享三刊(京、唐本屋吉左衛門等)　大　四
③(王弇州)明詩評四巻　明王世貞　享保一七刊(江、
　戸倉屋喜兵衛)　大　二
④文章九命　明王世貞　元文二跋刊(大、丹波屋理兵衛)　中　長一
⑤同一巻拾遺一巻　温故叢書第一集本　同　明治一三刊
⑥⑦詩藪　内篇・外篇・雜篇各六巻續篇二巻　明胡應麟
　貞享三刊(京、武村新兵衛)　大　八
⑧同　同(後修、武村新兵衛)　大　六
⑨古今文○評△　小隱窩爽言本　明王守謙　享保一三刊
　(京、奎文館瀬尾源兵衛)　大　一
同　温故叢書第一集本　同　明治一三刊
小草齋詩話三巻　明謝肇淛撰　馬斅校　天保二序刊　大　六
同　同(天保三印、江、西村宗七)　大　二
⑩秋星閣詩話　明李沂撰　中野與(素堂)校　文政一〇
　序刊(花王齋)　中　一
同　同、服部轍(擔風)校　大正一一序刊(名古屋、
　雅声社)　半　一
(新刻張太史手授)初學文式　明張溥撰　楊廷樞校
　享保一六刊(京、玉池堂梅村彌右衛門等)　小　一
⑪詩評△集觧　明蔣一葵編　良(野)芸之注　寶曆一二
　刊(京、文林軒田原勘兵衛)　半　一
⑫鈍吟老人雜錄一巻附一巻　明馮班撰　西口常道編
　天明元刊(蕙園)　半　一
書式二巻文式二巻　明左培編　享保三刊(京、日新
　堂・柳枝軒)　大　二
⑬同　同(後印)　刊記ナシ　大　二

魏叔子論文　清魏禧撰　亀谷行(省軒)校　明治一一
刊(石川治兵衛)　中
文家金丹二巻　清魏禧撰　土屋弘編〔鳳洲〕　明治一三刊
(土屋氏)　半　二
(聯璧堂彙纂)詩法指南二巻　清陳美發編　山脇重
顯點　延寶九序刊(歩玉堂長尾平兵衛)　半　四
①同　同(後印、藤屋古川三郎兵衛)　半　二
同　同(後印)　無刊記　半　三
②讀書作文譜一二巻父子善誘法二巻　清唐彪撰　唐
正心等校　松井暉辰點　刊(臨照堂)　大　二
同　同(後印、大、秋田屋市兵衛等)　大　四
同　同(後印、大、嵩高堂・賭春堂)　大　四
同　同(後印)　無刊記　大　四
同　同(明治三修)　大　四
③同　同(同、後印、柳原喜兵衛)　大　四
④詩法纂論一〇巻　清朱(飲山)撰　余丙照編　岸田吟
香點　小野長愿(湖山)校　明治一四刊(東、楽善
堂)　中　二
詩法纂論續編五巻　清游藝撰　岸田吟香點　明治
一七刊(楽善堂)　中　一
詩法入門五巻首一巻　清游藝　元禄三刊(大、芳野
屋伍兵衛等)　半　六
(増補)詩本事一巻附續詩本事　清程羽文編　張潮
補　敬直増(附)清敬直編　天保三序刊(京、文曉
堂)　中　一
操觚十六觀　王丹麓叢書本　清陳鑑　天保七序刊
(井伊氏四娟書屋)　中　一
同　學藝叢談第五編所収本　同　明治一二刊(活版)
(中倫堂較本)而菴詩話　(徐而菴詩話)　清徐増撰
梁〔川孟〕緯(星巖)點　文化一四序刊(唐紙褶)　半長　一
⑤同　同(後印)　半　一
古詩平仄論二巻　清王士禎撰　翁方綱校　森大來校
明治一六刊(寶書閣)　小　一
⑥漁洋詩話二巻　清王〔士禎〕撰　鄉成文校　天保四刊
(京、大文字屋正助等)　半　二
⑦古夫于亭詩問一巻附百家詩話抄　清劉大勤問　王
〔士禎〕答　朱琰校　天明七刊(大、文魁堂等)　小　一

同　同(後印、大、文魁堂)　小　一
同　同(後印、大、文金堂森本太助等)　小　一
同　同(文化九修、大、河内屋太助)　中　一
①杜律詩話二巻　清陳廷敬撰 林佶編 松岡玄達(恕庵)
點　正徳三刊(京、白松堂唐本屋佐兵衛)　半　一
②説詩晬語二巻　清沈德潛　文政一三刊(江、須原伊
八)　大　三
同　同(後印、京、錦華堂等)　大　二
③杜詩偶評四巻　同、潘承松校　享和三刊(官版)　大　三
同　同(後印、江、出雲寺萬次郎)　大　三
同　同(文化六印、須原屋茂兵衛)　大　三
④同　同(文政六印)　大　三
⑤⑥枕山樓課兒詩話　清陳元輔　元文元刊(京、河南四
郎右衛門)　小　一
⑦同　同(文政元序修、京、英華堂)　小　一
⑧枕山樓詩話　同、横關剛(天籟)校　明治一四刊(大、
北尾禹三郎)　小　一
(彙纂)詩法纂要三巻　清徐文弼編 貫名苞(海屋)點　安
政二刊(大、河内屋喜兵衛等)　大　二
同　同(安政四序印、京、俵屋清兵衛等)　大　三
同　同(明治印、大、文榮堂前川善兵衛)　大　三
⑨蕉塘外集 蓮坡詩話三巻　清査爲仁撰 加藤淵點
文政一二刊(植村藤右衛門等)　王香園近世叢書編刊前の單刊本　半　一
藝苑名言八巻　清蔣瀾　文政九刊(大、龍章堂 河内屋吉兵
衛等)　中　二四
同　同(明治印、大、淺井吉兵衛)　小　四
⑩同　同(明治印、唐紙摺)　小　四
⑪隨園詩話一〇巻補二巻　清袁枚撰 神谷謙編　文
化元刊　小　六
⑫同　同(文化五印)　小　六
初月樓文話二巻　清呉(德旋)撰 呂璜編　信夫粲(恕
軒)點　明治一二刊(奇文欣賞樓)　中　二
⑬甌北詩話一二巻　清趙翼撰 大窪(行)(詩佛)・(塘)
公愷(它山)點　文政一一刊(勝村治右衛門)　大　四
⑭同　同(後印、江、和泉屋金右衛門等)　大　四
⑮同　同(明治一三印、寶文閣、小林新造)　半　四
同　同(明治印、文淵堂淺倉屋久兵衛)　半　四
論文　學藝叢談第二編所收本　清徐曉亭　明治一

一刊（活版）
①二家詩品 詩品二十四則・續詩品三十二首各一巻 ○
横山卷編 （詩）唐司空圖 （續）清袁枚 嘉永四刊
（湖山樓） 大一
②詩話三種 序首 （三家詩話） 滄浪詩話・談藝錄・秇圃
擷餘 石川之清編 享保一一刊（嵩山房須原屋
新兵衛） 大一
③宋三家詩話 六一詩話・温公詩話・中山詩話各一巻
間口欣榮（可亭）編 文化一三刊（玉山堂） 大一
④温故叢書第一集 文章九命 古今文評 村田直景編 明治一三刊 特小一

7 戲曲小說類

(一) 戲曲

（破幽夢孤鴈）漢宮秋雜劇一巻（感天動地）竇娥寃雜劇
一巻 元馬致遠 （感）元關漢卿 明治四四刊（木
活、京、山田茂助） 大一
（感天動地）竇娥寃雜劇 元關漢卿 〔大正刊（油印、鹽谷氏） 大一
⑤（楊東來先生批評）西遊記 〔元楊景言〕撰 明楊東
來評 昭和三刊（活版） 一
（新編金童玉女）嬌紅記二巻 明劉兌 昭和三刊
（影明宣德） 半二
古今雜劇三十種 京都帝國大學文科大學叢書第二
大正三刊（覆元） 半五
○
⑥橘浦記二巻三二齣 〔明許自昌〕 昭和四刊（影明
萬曆） 半二
桃花扇傳奇二巻四二齣 〔清孔尚任〕（雲亭山人）
〔明治〕刊（活版） 中四

(二) 小說

（至治新刊）全相平話三國志三巻 內閣文庫所藏本
大正一五刊（影元、九皐会） 横大一
全相平話 四種 〔昭和〕刊（影印） 中四
（李卓吾先生批點）忠義水滸傳 引首・第一―一〇
回 舊題宋施耐菴撰 元羅貫中編 享保一三刊
（京、林九兵衛） 大五
同 同（後印） 大二
同 第一一―二〇回 同 寶曆九刊（京、林權兵衛・
⑦
林九兵衛） 大二

忠義水滸傳第一―九回　宋施耐菴　明治四一刊
（活版、共同出版）　中　二
（評論出像）水滸傳四巻一一回附水滸譯文　清金〔喟〕
評高知（平山）點　文政一二序刊（萬笈堂・慶元堂）大　四
同
同（明治印、大、青木嵩山堂）　大　四
① 草木春秋演義　含秀居叢書本　大正五刊（活版）　一
② 閨娛情傳　明徐昌齡　寶曆一三刊（江、小川彦九郎・
同庄七）　大　一
同　同　〔明治〕刊（木活）　大　一
同　一巻附大東閨語　同　〔明治〕刊（活版）　小　一
痴婆子傳二巻　（芙蓉主人）編　（情痴子）校　明治
二四跋刊　大　一
（新刻）癡婆子傳二巻　同　明治刊（木活、京、聖華
房）　大　一
（諧道人批評第二種）快書四巻　（酌元亭主人）　刊
（大、和泉屋卯兵衛）　半　四
評點五色石八巻　服部誠一點　明治一八刊（活版、高
田書屋定訓堂）　中　四

③ 近體奇説第一編二橋春話二巻　（筆錬閣）撰　服部誠一點
明治一〇刊（江藤喜兵衛・武田傳右衛門）　半　二
④ （漢譯）伊蘇普譚　阿部弘國點　明治九刊（青山清
吉）　半　一
肉蒲團四巻二〇回　（覺後禪）　寶永二刊（青心閣）半　四
同　同（後印）　半　一
同　同　（倚翠樓主人）點　〔明治〕刊　小　四
⑤ 同　同　明治二五刊（中川佐吉）　小　四

五　叢書部

佚存叢書　林衡（述齋）編　寛政一一―文化七刊（活版）　大　六a
書麗蟫篤　資暇録・希通録・槖碎録各一巻　〔前田〕
一色時棟（東溪）編　元祿一一刊　大　三
三餘故事　同（享保六印、杉生五郎左衛門）　大　三
⑥ 〔鷗夢吟社叢書〕　明治刊（活版）　中合　一
架藏ノモノ、白石道人詩説・花草蒙拾（清王士禎）・北江詩話（清洪亮吉）・石溪舫詩話（清吳嵩梁）・詞統源流（清彭孫遹）・靈芬館詞品（清郭麐）・芬陀利室詞話（清蔣敦復）ノ七種ナリ。今、分出セズ。

「和刻本漢籍分類目録稿」補正

「和刻本漢籍分類目録稿」について

長澤規矩也

一 「和刻本漢籍分類目録稿」は、もと編者が諸館諸庫の古書を整理する場合の基礎資料として作ったものであります。その資料の基は、年来目録をとり続けましたカードでありますが、カードが多くなりますにつれて、部分的にもせよ、これを携えて行くことが不可能になりましたので、これを原稿用紙に転写しまして、書目の形にして使って、随時補訂しておりました。いわば、私個人の玉手箱のようなものでありました。

二 かような未定稿のものでありまして、とても公刊できるものではありませんとて、実はこれを秘めておりましたが、独り占めにしているのはけしからんとおしかりは受けるし、ぜひ公刊して欲しいとせがまれまして、恥ずかしながら付印して、皆さまのご補訂を求めることにしました。しかし、私の不徳の致すところか、今日に至るまで、ほとんど、御教示に接しておりません。一方、私自身はかなりの刪補訂正をいたしました。

三 和刻本の漢籍は非常に多く、意外なものまで翻刻されております。しかも、前後した時期に異版本が出版されていることを現実に知らされました。その上、後印本・後修本・覆刻本が少なくなく、これを弁別することが難しくて、時には、実物をあれこれと比較対照しませんと、正しい結論が出ないこともあります。

四 特に、刊記や奥付によって出版年月が決定できないことがあります。その一は、江戸時代に、同じ刊記がある異版本があることです。

1 出版業が完全には企業になりませんでした江戸初期には、板木を長く保存しなかったこともありましたか、同文の刊記の異版本が存在しています。これは、和漢朗詠集とか、御成敗式目とか、純然たる和書にもありますが、四体千字文や大学章句抄などにもあります。

2　出版業が完全に企業化された江戸中期に、出版権――株と言われた――が同業組合間で保護されたころの、いわゆる海賊版にあります。この場合、原本に出版者名がある場合には、そのまま株の所有者の名が刻入されています。これは、大部の漢籍よりも、出版しやすい小冊である、狂詩や洒落本などに多いのですが、漢文の文典書などにも見られます。

その二は、新刊書に、あり合わせの自店の奥付を加えたものであります。

1　京都の出雲寺版に多いのですが、あれにはほとんど刊年が刻入されていませんので、実害はありません。要するに、本文の文字に比較しまして、奥付の文字が摩滅していますものがそれです。

2　出雲寺は、すでに早くからこういうことをやっています。漢書評林（六五ページ下段）や東坡先生詩（一七三ページ下段）などがその例であります。

3　寛政八年の河内屋喜兵衛の同版の奥付も数部に流用されています。

4　江戸末期になりますと、求版本――他店出版本の板木を買って売り出した本――などにこの例が少なくありません。天保四年の江戸山城屋佐兵衛の奥付、文政三年・弘化三年などの京都菱屋孫兵衛の奥付、嘉永四年の近江屋平助・河内屋徳兵衛の奥付など、皆同版の奥付が数種の漢籍に使われています。ことに、最後の一例などは、奥付に「補刻」の二字がありますので、補刻本でないものを補刻本と誤ります。

5　類例はまだ外にもあります。大坂・江戸、ときには名古屋の書店が列掲された奥付には、流用のものが多く、中には、販売店がめいめい自店で使った奥付を使ったことがあったようです。

6　幕末に河内屋茂兵衛が出版しました、某々文粋と名づけられた抜粋本などには、この例ばかりか、旧版の後印本に新刊本の奥付を流用したと思われるものがあります。

7　以上の外、寛永ごろの出版物では、企業の軌道に乗らなかった初印当時には、刊記なしで出版したものを、後に、ようやく商売気が出て、後印本に木記を加えたものもあります。又、その中には、板木を買って売り出しました求版本に木記が加えられた例もあります。草書韻会（五五ページ上）・蒙求（一四〇ページ上）・詩人玉屑（二一五ページ下）などがその例で、少し年代が下がると、戦国策譚棷（七四ページ下）や春秋左伝註疏（一五ページ下）・孝経註疏（二四ページ下）・爾雅註疏（四九ページ下）などがあります。

五　従って、既刊の書目の出版時期の記載には誤りが多く、私自身が編集しましたものにも誤りがありますことを恥じています。又、明治前期の出版物の奥付には、刊年の記載がなく、版権免許の年月のみ記入されていますものを直ちに刊年とした書目の誤りも少なくありません。

六　版の同異を写真によって決めようとするのは危険です。ことに、マイクロに取って引き延ばした焼付写真は資料にはなりません。匡郭や字面のごくわずかの切れた部分は、縮写するとつながってしまい、これを引き延ばして焼き付けますと、つながったままになります。私もこういう失敗の経験があります。焼付写真は、原寸大のものでないといけませんし、終極的には、実物の比較対照の外はありません。

七　正確に異版と明言しうる場合は、本文や序目などに、一ページも同版の部分がないときに限ります。一ページどころか、一部分でもと言う必要がありましょう。従って、本文の首尾の各葉とか、前付け後付けとかの一部分だけ比較対照して異版と言うことはできません。特に、活字本について注意すべきことで、一部分だけでは補修本に当たりまして、異植字本とは、全部にわたって同種活字で組み換えたものを言います。

八　実物を比較対照するということは難事であります。普通の館庫には、同一内容の古書はほとんど収蔵されていません。幸い私は、内閣文庫・神宮文庫・静嘉堂文庫のような、選択購入の方法に必ずしもよらずに集められました蔵書の整理に従事いたしましたので、かなり実物対照の便を得ましたが、それでも不十分でした。

九　そこで、戦後私は和刻本の購入に力を尽くし、地方で編目の際は、家蔵本を持参して行って、比較対照をしましたが、数年前まで容易に安価で買えました四書・三体詩・唐詩選・古文真宝などはほとんど見向きもしませんでしたところ、近来はこの類まで入手し難くなりました。孝経は薄くて特に安価でしたのでかなり集めましたが、単経本はもとより、流布の多いものは不完全です。

一〇　よって、本目では、特に版種の多い、明治以降出版の孝経・五経・四書・十八史略・唐詩選・古文真宝・文章軌範・唐宋八家文などは、覆製本以外は収録を見合わせましたが、孝経・四書・唐詩選・古文真宝などは、三体詩とともに不十分でした。

一一　孝経は慶大斯道文庫の大沼君に任せ、三体詩・古文真宝は自分でも集め、特徴を表示した原稿を作りました。その結果はまだ不十分でありますが、この補正本に、補記ができるような形で収めました。前項所掲の各書の外、三字経・忠経・近思録・白鹿洞書院掲示・小学・七書などにつきましても、不完全です。

一二　本目発表後、各書について所蔵者名を記入して欲しかったというご要望を受けましたが、本目の底稿には所蔵者名の記入がなく、原カードは携行中置き忘れなどして、目下欠けているものがかなりあり、記入ができなかったのです。

「和刻本漢籍分類目録稿」の使い方

長澤規矩也

一　まず本書で補訂・再補訂しました部分によって、既刊の「和刻本漢籍分類目録稿」（以下「本目」と称する）をあらかじめご訂正おき願います。

二　本目記載の各書名は、原則として、最も拠りどころとなります巻頭――本文第一葉首――に拠りましたので、本目を利用される方は巻頭書名（といっても、それが欠けているものや誤っているものなどについては、既刊の拙著「古書目録法汲古書院発売」参照のこと）を基準に願います。

三　分類はできるだけ四庫分類法に拠りました。それは四庫分類法は、漢籍の分類法としまして、学者間には、最も定着しましたものであるからです。分類法については、既刊の拙著「古書分類法」をご覧下さい。

四　四庫分類法に熟達していない方のために、本書中に、書名索引を加えました。その書名の字形は、原本に拠らずに、現行の新字形――いわゆる新字体――に拠り、旧字・正字・俗字・略字などで、漢籍の書名中によく使われる字形を付記いたしました。

五　索引の排列は読音による五十音順に従い、同一音内の順序は、原則として、まず頭字の画数により、同一画数の漢字の順は、原則として、目で見たままの扁や冠などから引ける、長澤編の漢和辞典（三省堂刊）の排列に拠りました。索引内の数字は本目のページ数でありますが、本書によって補訂ずみの本目を使用される場合は、符号がついていないページだけ検索されれば、それですみます。

（注）本版では、補訂のある部分は本目中に注記しているので、符号の付いたページは本索引にはない。

六　索引に掲げた書名は、簡便にするため、全書名を採らずに、二字ないし数個の頭字を採って、以下を省略した場合が多くあります。その書物を検索する場合には、何ページから何ページという間を、ていねいに、見落とさないように検索願います。

七　書名の中の（　）で包んだ部分は、いわゆる冠称で、冠称だけが共通し、内容は全く違い、従って、分類が全く違う漢籍もあります。冠称という区別がはっきりしない利用者のために、冠称からでも検索できるようにしました。

八　書名の次の巻数については、一巻本又は不分巻本で、首尾又は合刊書名のないものについては、目録規則に従って、巻数表示を省略いたしました。その下に、異名又は所依の底本のテキストを明示したものがあります。

九　編著者名は、多く注者校者まで列記しましたが、古書は新書と違って複雑なので、戦前の目録規則に従って、各二名まで連記、三名以上は代表者一人のみを掲げました。。その際は、漢籍の週間で、代表者は、中央又は中央の内の右側の人であることにご注意願います。

一〇　出版事項は最もややこしく、まず、刊・印・修の別を明らかにすることに留意しました。書名の下に巻数・編者名を省略し、三字分ぐらい空けて、「同」と記載してあるものは、その右の書と同版であることを示します。いわゆる外題換の書では、「同」の上の書名に外題換以後の書名を記しました。

一一　後印本又は補修本は「同」の下の（　）の中に、後印、何年印、後修、何年修などと記しました。

一二　既刊本の奥付を流用して、刊年が明かでない本については、「其年以後刊」とか、「其年以後印」とかいう表示をいたしました。

一三　出版者名は、（　）内の出版地に続き、二名まで連記、三名以上は代表者名を挙げて、その下に「等」の字を加えましたことは、編著者名と同様です。代表者は、古書における慣行で、原則として、奥付では最後のものをとり、奥付がないときは見返や扉について最初のものをとりましたが、本支店連記の場合は、本店出版のものは、奥付でも本店を最初に掲げるという例外があり、その場合は必ずしも原則に拠りません。連記の奥付面で、店印を押してあるものは、私の経験では、むしろ、その書物の扱い店のようであります。

一四　最下段の数字は原冊数です。実査の本の現在の冊数ではなくて、出版当時の冊数をできるだけ採りました。その上の大小などの符号は本の大いさを示します。「大」とありますのは美濃半紙二つ折りの本で、通称は大本。それ以上大きい本を「特大」としました。「半」とありますのは半紙二つ折り大の本で、通称は半紙本。大本の半分の大いさの本が中本、半紙本半分の大いさの本が小本。それ以下の小さい本は「特小」としました。各大いさの中間の大いさの本は、原則として、いずれか近い方に従います。

漢籍目録の作り方――特に図書館員諸君に対して――

長澤規矩也

一　今日の図書館員にとっては、古書目録を作るということは、すこぶる苦手のようにお見受けしますが、それは一応もっともと思います。なるほど、洋装になっている、いわゆる新書の目録をとるのよりも、はるかに難しいといえば難しいでしょうが、同じく新書の中に入るものでも、明治前期に出版されたものの整理は、決して易しいものではありません。今のＮＣＲの方法では、必ずしも処理できないからであります。明治初期に出版されたものは、洋装の新書でも、和装の古書でも、数十年の経験を持つ私でさえも、ときには苦しむことがあります。

二　皆さんは「同じ古書の中でも、和書ならなんとか整理できるが、漢籍は。」と初めから決め込んでおいでのようですが、古書整理に慣れている私の体験では、少し慣れて、方法が分かるようになりますと、同じ古書整理でも和書よりも漢籍の方がむしろはるかに処理し易いものです。それは私が漢学の専門家出身であるからという理由からではなくて、別に、はっきりした理由があるからです。一言で言えば、本邦伝存の漢籍はきちんと本になっているものが九分九厘までで、一方、和書の中には、図書としての性格を欠いたものが少なくないからです。

三　特に、江戸中期から明治前期までに集められた漢籍群は、ごく特別な蔵書を除いては、江戸から明治にかけて、わが国で出版された、いわゆる和刻本の漢籍が過半を占めていますので、戦後できた大学の付属図書館や和刻本を極端にきらった学者が集めたものを除いては、本目をお使いになれば同版本が見つかって、楽ばかりでなく、簡単かつ正確に目録がとれるからです。

四　江戸時代には、学問といえば漢学、詩といえば漢詩、文といえば漢文のことでしたので、和刻本の漢籍は、本目に見えるように、沢山あります。江戸時代から明治にかけて、学問に志す人は皆初めに漢学を学び、和刻本の漢籍を教科書として使い、漢学の専門家でも、多くは和刻本によってテキストを読み、少なくも、和刻本のある漢籍は、和刻本を主として使いました。

五　重要な漢籍が本邦において翻刻されましたのは、こういうわけからです。漢籍の写本にしも、九分九厘まで刊本の移写で、しかもその底本の多くは和刻本であります。いわば、ほとんどすべての伝本が、和刻本という、型にはまった書物なのです。それに対しまして、伝来の和書には未刊の写本が多いのであります。中には、完全な図書の形になっていないものが少なくないのであります。書物の体裁を成していないものは整理がしにくいです。

六　今日のわが国に伝わっています古書について大観しますと、全冊数については漢籍の方が多いかも知れませんが、全部数については和書の方がはるかに多いのです。それは、漢籍には一部何十冊という本が多いのに対して、和書には、一、二冊から成る本が多いからです。一見これは大変だと思われましても、漢籍の山は、整理しますとカードの枚数は以外に少なく、やっかいなのは、山の中から同じ山を取り出して、冊数の順序を決めることで、全く機械的作業、しろうとでもできることです。

七　和書には岩波の国書総目録があるが、漢籍にはそれに相当するものがないではないかと言われるかもしれませんが、実はあの目録は、しろうとを動員して、印刷目録やカードを基礎に作られたもので、資料も編集も統一されてはいません。ことに出版事項においては、版の同異が明確でありません。本目は自他ともに許すくろうとが、実査をもとに、三十年もかけて作ったものであるという、両書の根本的差を考えていただきとう存じます。

八　しかし、本目には索引が全くありませんでしたので、索引を頼りにされる方にはご不便であったと思います。ここにご要望に答えまして、各種の索引を続刊いたしますので、十分にご利用いただきます。本目の利用法ならびに記録方法体裁などにつきましては、同じく巻頭に掲げました拙稿を熟読して下さいませ。

九　従来、漢籍目録作製に当たっては、索引があるというので、京大の人文科学研究所の目録を使われた方がかなりありましたが、あの目録中には和刻本の漢籍が非常に少なく、同じ内容の漢籍は検索できても、同じ版本はほとんど見つかりません。その上、専門学者間に普及している四庫分類とは、実はかなり多く違っているのです。よって人文研の目録に慣れていない人には不便です。東大の東洋文化研究所の目録はこの索引を頼りに並べたものですから、同様です。

一〇　わが公共図書館所蔵の漢籍は和刻本が中心ですから、今後整理されようとする館ではもちろん本目を利用されたく、既刊の目録についても、本目に拠って再検討していただければ、学会を益するところが多いと信じます。そして、うまくあてはめることができなかった場合は、巻頭及び巻末の刊記のあるページや奥付などのコピーを付けてご遠慮なく編者（〒253　茅ヶ崎市菱沼一五九二）あて、具体的にご連絡下さいませ。仕事のひまに責任をもって、お答えいたしますし、どうしても実査が必要な場合は、暇を見て、健康の許す限り、手弁当で参上いたします。

（補記）編者に対する照会は、左記宛て御連絡下さい。不充分ながら対応させていただきます。

253-0017　茅ヶ崎市松林一―一―七一　長澤孝三

一一　なお、古書整理の場合、一群一山の沢山の書物では、片っ端からカードをとることは妥当な手段ではありません。同類の書や同一書の分かれなどが散在しますので、熟練した私なら実物の大略の分類をまずして、同類同一書をまとめて大体の排列をしてから目録をとると、同一参考書を続けて使うことができます。慣れない方でしたら、まず、特大本・大本・半紙本・中本・小本・特小本と本の大いさによって大別し、次に同型の書物ごとに、表紙の色で分けますと、大体一部の書物がまとまりますので、それから巻頭書名によって本書の索引を利用なさるとご便利です。この段階は、検索までは、全くのしろうとでも、機械的にできますし、次の検索の段階は、巻頭というものさえ教え、そして、索引の引き方をのみ込ませさえすれば、初歩の館員の仕事となります。

一二　ついでにつけ加えますが、唐本――シナで出版又は書写された本――が入っている場合、その多くは清代中期以前の版本で、明版も少なくありません。この明版も人文研には多くありませんから、本目と同様の分類に従った、内閣文庫の漢籍の目録の索引を利用されますと、意外に便利です。静嘉堂文庫の目録は、分類は大体従えますが、個々の書物に関する記述はかなり誤りがあります。私がこれまで編集しました蔵書目録三十余部はすべて分類法が一貫していますから、内閣に該当者がなかった場合は、静嘉堂目の索引で分類を調べた上で、該当書を見つけ出すという方法がありますが、それはかなり手間どることになります。なお、和刻本に関する限り、それら三十余部の記載よりも、本目本書記載の方が正確であります。

「和刻本漢籍分類目録稿」補正

長澤規矩也編
長澤　孝三補

凡　例

一、本補正は、昭和五十五年に編集者長澤規矩也が発表したものに、その後の調査で判明した情報を加えたものである。

二、目録に補正がある場合は、当該の箇所に①等の番号を附し、補正の内容を本補正に目録の頁数と番号を附して記述した。

三、目録の記述そのものに補正がある場合は記述の頭部に、追加がある場合は挿入の箇所の上部に①等の番号を附した。

四、本補正で使用する字体は、一部を除いて常用字体とした。

1
① 葛山寿→葛山〔長〕寿
② 江、和泉屋→江、玉巌堂和泉屋
③ （訓点）周易正文二巻　木村茂市郎点　昭和三刊（活版、東、高島易断所本部神宮館）
④ 同　同　片仮名附訓本　慶応三刊（江、一貫堂）　大　二
⑤ 小林珠淵校…大　五→小林珠淵（龍山）校…大　六
⑥ 漢鄭玄注…木村弘恭〔巽斎〕校　寛政七刊
→漢鄭玄撰…木村孔恭（巽斎）校　田〔中〕章（鳴戸）編　寛政七刊
⑦ 大　三→大　四
⑧ 同　同（後印）　大　五
⑨ 同　同（後印）　大　二

2
① 大　六→大　九
② 半　九→半一二
③ 宋程頤撰→宋程頤伝
④ （中野道伴）→〔中野〕道伴
⑤ 同　同（寛文三印、京、野田庄右衛門）　特大一〇

3
① 元禄七刊　未査→元禄七年刊（京、野田庄右衛門）　半一〇
② 刊　未査→文政七刊（大、秋田屋太右衛門・江、須原屋茂兵衛）
③ 宋程頤撰→宋程頤伝
④ 同　同（後印、大、秋田屋太右衛門等）　半一〇
⑤ （享保九印）→（享保九修、京、今村八兵衛）
⑥ 同　同（後印、大、秋田屋太右衛門等）　大一三
⑦ （大、積玉圃）→（大、積玉圃河内屋喜兵衛等）
⑧ 同　同（明治印、大、綱島真七等）　大一三
⑨ 慶応三刊→慶応三刊（再刻、大、河内屋喜兵衛等）
⑩ （明治印、須原屋茂兵衛・象牙屋治郎兵衛）
→（明治印、象牙屋治郎兵衛等）
⑪ 同　同（明治印、大、敦賀屋九兵衛等）　大一三
⑫ 全三巻→全一二巻版心作三巻
⑬ 大　五→大　七
⑭ 同　（後印）　或ハ除クベキカ→同（後印、青木勝兵衛

3⑮ 全三巻→全二巻大題下作全一二巻
⑯ 同　同（後印、河内屋和助等）　大　五
4① 同　同（嘉永五印）　大　七
同　同（文政六印、江、堀野屋儀助等）　大　七
同　同（明治印、入于昌平叢書）　大　七
↓同　同（享和三以後印）　大　七
同　同（文政六印、江、堀野屋儀助等）　大　七
同　同（嘉永五印）　大　七
同　同（後印、江、出雲寺万次郎）　大　七
同　同（明治印、入于昌平叢書）　大　七
② 易学啓蒙→易学啓蒙四巻版心
③ 同　同（安永四印、大、藤屋弥兵衛・塩屋佐吉）　大　二
④ 同　同（後印、大、秋田屋太郎右衛門等）　大　二
⑤ 清納蘭成徳校→清〔納蘭〕成徳校
⑥ 同　同（後印、江、出雲寺金吾）　大　二
⑦ 小出立庭点→小出立庭（永菴）点
⑧ 同　同（宝永六修、大、大野木市兵衛）　大二七
5① 同　同（後印、江、須原屋伊八等）　半　八
② 嘉永二刊（山城屋佐兵衛等）　大　一
↓嘉永元刊（尚友堂　大　一
同（嘉永二印、山城屋佐兵衛等）　大　一
③ 尚書一三巻　刊（木活、北野学堂）　大　二
④ 〔芥川〕煥章校→〔小田〕煥章（穀山）校

⑤ （東条塾カ）→（会津藩）
⑥ 明治刊→刊
⑦ 存泰誓→存泰誓首欠
（影印、京、聖華房）→（影印、京、神田喜左衛門）
6① 尚書一三巻　同→尚書一三巻　頭注本　同
② 〔古文〕尚書〔孔氏伝〕一三巻　同　鳥取尚徳館点　刊　大　四帖
③ 安永六刊（覆明）→安永六刊（覆明、京、風月荘左衛門等）
④ 書経〔集伝〕一〇巻　宋蔡沈　刊　未見　半一〇
↓書経集註一〇巻　宋蔡沈　慶安二刊（京、林甚右衛門）　特大一〇
同　同（寛文三印　京、野田庄右衛門）　大一〇
同　同　元禄八刊（京、野田庄右衛門）　半一〇
⑤ 中沼之舜校→中村之舜（葵園）校
⑥ （野田庄右衛門）→（新刻、野田庄右衛門）
⑦ （京、今村八兵衛）刊カ修カ要再考→（再刻、京、今村八兵衛）
⑧ 同　同（後印、大、河内屋喜兵衛）　大　六
⑨ 同（後印、秋田屋太右衛門等）→同（後印、大、秋田屋太右衛門等）
⑩ 慶応二刊→慶応二刊（三刻、大、秋田屋太右衛門等）
⑪ 同　同（慶応三印、大、河内屋茂兵衛等）　大　六
同　同（明治印、大、敦賀屋九兵衛等）　大　六
7① 同　同（明治九、五印、大、汲書房梅原亀七）　大　六
② 同　同（嘉永五印、尚友堂岡村荘助）　大　六
③ 同（後印、出雲寺万次郎）→同（嘉永五印、出雲寺万次郎）

7 ④ 同　同(後印)　大　三
⑤ 版心作一〇巻→版心通作一六巻
⑥ (正保四印、林甚右衛門)→(正保四印、京、林甚右衛門)　大　八
⑦ 同　同(明治一二印)　大　三
⑧ 同　同(後印、大、河内屋太助)　大　八
8 ① (東条塾?・)→(会津藩)
② (江、前川六左衛門等)→(江、前川六左衛門・浅倉屋久兵衛)
③ 同　同(後印)　大　五
④ 大　五→大一〇
⑤ 同　同(明治修、大、青木嵩山堂)　大　五
同　同(後印)　大　五
9 ① 同　同(明治修、文栄堂前川善兵衛)　大　五
② 詩経(古注標記)五巻　(毛詩鄭箋)　同　宇野成之標注
天明六刊　書名ヲ特殊書名トスレバ準漢籍　大　九
→詩経(古注標記)版心五巻見返・題簽作毛詩鄭箋標註　同
宇野成之(東山)標注　天明六刊
書名ヲ特殊書名ト見ルトキハ準漢籍　大　九
③ 同　同(後印、江、須原屋新兵衛等)　中　六
④ 同　同　同　刊　6 16、返・送・タテ　大　八
→同　一五巻　同　慶安二刊(京、林甚右衛門)　大　八
⑤ 同　同(後印)　半　八
10 ① (今村八兵衛)→(京、今村八兵衛)
② 同　同(後印、大、河内屋佐助等)　大　八

③ (削除)
④ 同　同(弘化二印)　大一八
⑤ (弘化二印)→(弘化二以後印)
⑥ 陳子龍校→陳子龍訂　徐方白校
⑦ 同　同(後印)　大二二
⑧ 詩経説約二八巻　明顧夢麟撰…(覆明、芳野屋権兵衛)
→詩経説約二八巻　太倉顧夢麟織簾居刊本　明顧夢麟
撰　楊彝校　寛文九刊(覆明、京、吉野屋権兵衛)　大二八
11 ① 詩経正解三三巻　清姜文煥…
→詩経正解三三巻　(題簽・合参折講・詩経正解)　清姜文煥…
② 詩経万物集成　清茅原定　文化五刊(惜陰堂)
③ 漢韓嬰　宝暦九刊(江、前川荘兵衛等)
→漢韓嬰撰　太宰純(春臺)校　宝暦九刊(江、前川権兵衛等)
④ 鳥(山)宗成点→鳥(山)宗成(岳松)点
⑤ 同　同(後印、大、吉田松風堂加賀屋善蔵)　大　五
⑥ 森本専助)→森本専助等)
⑦ 周礼全六巻儀礼一七巻　周哲点　寛永一三序刊　大一五
→周礼全六巻　釈周哲点　寛永九跋刊　大　三
⑧ 周礼全六巻儀礼一七巻　釈周哲点　同(寛永一三序合印)　大一三
⑨ 同　同(文政元印、江、西村宗七・松本平助)　大　三
同　同(後印、青藜館)　大　三
⑩ (京、前川六左衛門等)→(江、前川六左衛門等)
⑪ 同　同(明治印)　大　七

11⑫ 周哲点→釈周哲点
12① 葛山寿・萩原万世点→葛山（長）寿（葵園）・萩原万世（大麓）点
② 同 同（文政元印）
同 同（天保七印、江、玉巌堂和泉屋金右衛門等） 大 五
③ 礼記一巻附釈義音注 多賀蔪（之仲）点 寛文元刊（京、梶
川七郎平衛等） 大 四
④ （同、宝暦九修）→（同、宝暦九修、京、丸屋市兵衛等）
⑤ 慶安五刊→慶安三刊
⑥ （享保九印、→（享保九修、
⑦ （後印）→（後印、大、河内屋喜兵衛等）
⑧ 享和二刊（官版）→享和二刊（覆清・官版）
⑨ 檀弓二巻 明万暦四十四年刊本
→檀弓二巻（題簽・批点・檀弓）明万暦四十四年刊本
仲由起校→仲（子）由基（岐陽）点
⑩ 大戴礼記一三巻 旧題漢戴徳撰→一三巻附大戴礼逸 旧題
漢戴徳撰
13① 同 同（文化六印、江、須原屋茂兵衛） 大 四
② （崇文堂前川六左衛）→（江、崇文堂前川六左衛門
③ 三七巻→三七巻（巻一五原欠）
④同 同（後印） 大一〇
⑤ （新発田藩、京、林権兵衛・山本平左衛門印）→（新発田藩
⑥ 同 同（後印、京、林権平衛・山本平左衛門 大一五
⑦ 同 同 同 寛政八刊（大、河内屋喜平衛 大 三

14① 家礼（儀節）八巻 明丘濬→家礼（儀節）（目首・文公家礼儀
節）八巻 金陵舒瀛渓刊本 明丘濬
② 同 同（後印、出雲寺和泉掾 大 四
③ 同 同（明治印、東、知新堂・錦新堂 大一五
④ 同 同（後修 大一五
⑤ 大、大野木市兵衛等）→大、秋田屋太右衛門等）
⑥ 唐陸徳明釈文→唐陸（徳明）釈文
15① 同 同（文政六印、江、須原屋茂兵衛等 大一五
② （文政七修）→（文政七修、秋田屋太右衛門）
③ 同 同 同 明治一三刊→同 同 文化九年刊本 同
明治一三刊
④ 同 同 同 明治一三刊（称四刻、大、松村九兵衛等 大一五
⑤ 同 同（後印 大一五
⑥ 同 同（後印、博文館 大一五
⑦ 近藤元粋増→近藤元粋増注
⑧ 同 同（後印、大、山内五郎助 大一五
⑨ 六〇巻 北監本→六〇巻（題簽・左伝注疏正義）北監本
⑩ （後印、村上勘兵衛等）→（後印、京、村上勘兵衛等
16① 明黄之寀校 元禄一三跋刊
→明黄之寀校 伊藤長胤（東涯）点 元禄一三跋刊
② 同 同（明治印、大、鹿田静七
③ 明治一二刊→明治一二以後刊
④ 同 宋林堯叟撰…奥田元継（尚斉）点→同（題簽・春秋左氏

16　伝評林）　宋林堯叟撰…奥田元継（尚斎）補頭注
⑤　同　同（後印、大、象牙屋治郎兵衛等）　大一五
⑥　野村煥点→野村煥（藤陰）点
（美濃、岡安書房）→（美濃、岡安書房岡安慶介）
⑦　同　同（後印、江、山城屋佐兵衛等）　大四
17①　同　同（文政元以後印、菱屋孫兵衛）　大二
②　（前川六左衛門）→（江、崇文堂前川六左衛門）
③　・陸浩編　貫名楨・→・陸浩編　沈乃文等評　馮翼孫等校　貫名楨・
④　同　同（後印）　大薄四
⑤　左伝義法挙要　清方苞　大正七刊（油印、西村天囚）
→左伝義方挙要　抗希堂十六種本　清方苞撰　王兆符・
程崟編　大正七刊（油印、大、西村天囚）
18①　（沈氏）左伝小疏　清沈彤　刊（木活）→（沈氏）春秋左伝小
疏　清沈彤撰　樊封校　刊（木活、聚星堂）
②　春秋集伝三七巻　宋胡安国　刊　未見　半一五
→春秋集註三七巻巻四末題春秋集伝　承応二刊（京、林甚
右衛門）　半一〇
③　同　同（寛文三印）　半一〇
④　首一巻　〔松永〕昌易首書
→首一冊（題簽・首書・春秋集註）　〔松永〕昌易首書
⑤　同　同（宝暦一一修、江、吉文字屋太郎兵衛・大、吉文字
屋市兵衛）　大一
⑥　同　同（後印、江、吉文字屋治郎兵衛等）　大一

19①　左逸　明王世貞撰　湯〔浅〕元禎（常山）校　明和元刊（京、
唐本屋徳兵衛・唐本屋吉左衛門）　大一
②　同　同　嘉永二刊→同　享保十七年刊本　同　嘉永二刊
20①　同　同　慶応二刊（江、嵩山房）→同（太宇古文孝経正文）
同　慶応二刊（再版、江、嵩山房小林新兵衛）
②　筒井憲点→筒井〔政〕憲（鑾渓）点
③　同　明治一六以後刊（活版、甲府、徴古堂福村正義）　特小一
④　古文孝経　題漢孔安国伝　太宰純（春臺）点　京保一七刊
（紫之園）　大一
同　同（後印）　大一
同　同　山田文静（松斎）校　天保六刊（覆古活）　大一
同　同（後印）　大一
21①　同　同（後印、江、小林新兵衛）　大一
②　（出羽、→（京、
③　同　同（後印、江、嵩山房小林新兵衛）　大一
22①　同　同　同　享保一六刊（紫芝園）　大一
同　同（後印）　大一
同　（標説古文孝経）　同　同　〔渋井〕大室標注　享和二
跋刊（米沢、好正堂）　大一
同　同　同　同　文化一二刊（再刻、江、嵩山房小林新兵衛）　大一
同　同　同　片山世璠（兼山）標注　文政一二刊（江、嵩山房
小林新兵衛）　大一

22 同 同 同 同 安政七刊(江、嵩山房小林新兵衛) 大一
同 同(後印) 大一
同 同(明治九以後印、東、嵩山房小林新兵衛) 大一
② 孝経 刊(木活、北野学堂) 大一
③ 山口景徳点→山口景徳(剛斎)点
23① 同 安政二刊(覆文政一三)
同 同(後印、福井、帯屋喜平治) 大一
24① (明治印)→(明治印、大、青木嵩山堂)
② 刊本 昭和七刊→刊本 唐玄宗注 昭和七刊
③ 孝経註疏九巻首一巻 〔唐玄宗〕注 宋邢昺疏 宝永三刊
(覆明) 大三
④ 同 同(寛延元印) 大三
⑤ 京、唐本屋吉左衛門)→京、唐本屋吉左衛門等)
⑥ 同 同(後印、大、象牙屋治郎兵衛等) 大三
⑦ 京、吉村吉左衛門)→京、唐本屋吉村吉左衛門)
25① (京、万屋作左衛門) 未見→(後印、京、万屋作左衛門)
26① 文化一〇刊 未見→文化一〇刊(大、加賀屋善蔵)
② 首書本→首書本 存明暦二年序跋 同 刊 大二
③ 同 首書本 不存明暦三年序跋 同 刊 大二
同 同(後印) 大一
④ 同 同 刊(覆明暦三)
→同 同 〔寛文〕刊(覆明暦三、本屋長兵衛)刊記ハ明暦ノママ
⑤ (後印、→(後修、三〇丁後、首書三項ヲ削除

⑥ 同 同(嘉永四以後印、大、近江屋平助・河内屋徳兵衛) 大一
⑦ 寛政八刊→天明八刊
⑧ 同 同(後印、近江屋卯兵衛) 大一
⑨ (一行削除)
⑩ 孝経大全→孝経大全一〇巻
⑪ 同 同 昭和二刊(活版、東、松雲堂) 中一
27① 明暦二刊→明暦三刊
② 同 同(後印、京、柳枝軒植村藤右衛門) 大六
③ 刊(寛文一三印) 未査→寛文一三刊
④ 〔新刻校正五経〕 同 同 寛文一一刊(京、積徳堂) 大一一
〔五経〕 同 同 延宝七刊 大一一
⑤ (京、川勝寺)→(京、川勝五郎右衛門等)
28① 〔新刻校正五経〕 同 同 寛政五刊(京、北村四郎兵衛) 大一一
② 〔新点五経〕(見返・改点・五経) 同 林信敬(錦峯)点
寛政三刊(江、須原屋茂兵衛) 大一一
③ 同 同(後印、京、銭屋儀兵衛・銭屋七郎兵衛) 大一一
④ 〔五経〕 同 〔中村之欽〕(惕斎)点 刊 大一一
⑤ 大、山内五郎兵衛等)→大、松敬堂山内五郎兵衛等)
29① 同 同 同→同 (改正音訓) 同 同
② 〔音訓図説〕五経 頭注本 同 西尾寿閑校点(後藤点刪正)
安政七刊(江、金正堂) 大一一
同 同(明治印、東、玉屋久五郎等) 大一一
五経 村杉惟時(卜總)点 寛政四刊(江、須原屋伊八・須

29　原屋茂兵衛）　大一
③ 佐藤坦校→佐藤坦点
④ 天保一一刊　未調→天保一二刊
⑤ （再刻音訓）五経引首　同　天保一二刊（大、
→（校訂音訓）五経正文　同　天保一三刊（再刻、大、
⑥ 同　同（後印、山内五郎兵衛）　大一
⑦ 慶応三序刊→慶応三刊
⑧ 同　同（後印、富山、真田善次郎）　大一
⑨ （音註）五経　明新館点
→（音註）五経序首　周易版心作易経二巻尚書版心作書経二巻
詩経版心作二巻春秋礼記版心作四巻　明新館点
⑩ 宇都宮三近点→宇都宮〔由的（遯庵）〕点
⑪ 唐長孫無忌等　天明八跋刊
→唐長孫無忌等　吉田漢宦（篁墩）校　天明八跋刊
⑫ 寛文三刊（京、野田庄右衛門）
→寛文三印、京、野田庄右衛門）各種単刊本ヲ合印
⑬ 同　同（元禄九修、京、野田庄右衛門）初印本ノ返点送仮名ヲ削去　大五八
⑭ 同　同（後印、大、河内屋卯助等）　大五八
32① 大学　元趙孟頫書　寛文六刊（陰刻、武村三郎兵衛）　大一
② 伊藤維楨編→伊藤維楨（仁斎）編
③ 明治五刊→明治五以後刊
④ 同　同　〔文政・天保間〕刊（木活、〔松本〕）　中一
⑤ 同　同　〔林信勝〕点　文化一二刊〔鶴屋喜右衛門〕　大一

同同同　嘉永刊（英文蔵）　大一
⑥ 同　同　刊（三河屋甚助）　半一
33① 大学古本〔傍釈〕一巻附大学問一巻　明王守仁（附）明〔銭〕
徳浜編　佐藤坦補　南部保城校　明治三〇刊（活、大、六合館）
② 漢鄭玄注　□正美→漢鄭玄注　唐陸徳明音義　□正美　半一
③ 中庸〔章句〕　宋朱熹　天保一三刊（三河屋勘助）　大一
同　同（後印）
④ 大正五印、附→大正五印、堺、南宗寺、附
⑤ 文化八跋刊→文化八跋刊（倍梅園）
⑥ 刊→〔文化中〕刊
⑦ 同　嘉永元跋刊（木活、北野学堂）
34① 同　同　明治六刊（岐阜、東崖堂山岸弥右衛門）　大二
② 同　刊（木活）
③ 論語鄭注　唐景龍四年卜天寿鈔本　漢鄭玄撰　中国文物
出版局編　昭和四七刊（影印、東、平凡社）　一軸
④ （覆刻、市野氏）→（覆刻、市野氏青帰書屋）
35① （寛政七修）→（寛政七修、万滥堂）○盧文弨ノ序三葉追刻
② （元治元修、河内屋和助等）→（元治元修、万滥堂河内屋和助等）
③ 論語註疏一〇巻首一巻　書陵部所蔵南宋蜀刊本
→論語註疏二〇巻序一巻　書陵部所蔵南宋蜀刊本
36① 清阮元等編　刊→清阮元等編　孫同元校　刊
② 同　同（後印、京、尚書堂堺屋仁兵衛）　大一

36③ （影清同治五、↓（影清同治五年金陵存古書社刊本、
④ 孟子二巻　片仮名附訓本　刊（江、山城屋政吉等）　大　二
同　同（後印、江、和泉屋金右衛門等）　大　二
⑤ 孟子正文七巻　〔片〕山〔世璠〕（茶山）点　松岡忠貞校
安永九刊（青羅館）　大　三
↓孟子正文七巻　〔片〕山〔世璠〕（茶山）点　松岡忠貞校
寛延三刊（大、勝尾屋六兵衛等）　大　三
同　同　同　安永九刊（青羅館）　大　三
⑥ 同　同　同　寛政三刊（江、前川六左衛門等）　大　三
⑦ 同　同（文政元印）　大　三
↓同　同　同　文政元刊（江、西村宗七・松本平助）　大　三
⑧ 同　同（後印、江、和泉屋金右衛門等）　大　四
同　同　同　天明刊（江、浅倉屋久兵衛）　大　四
同　同　同　明治一二刊（東、上林新造）　大　四
⑨ 二巻↓全二巻
藤沢恒（南岳）校↓藤沢恒（南岳）校　井上揆評
⑩ 同　同（後印）　半　三
37① 藤野氏春↓藤野氏春（木槿）
② 刊↓〔元禄〕刊
③ 論語白文・孟子白文各全二巻　伊藤善韶（東所）校　刊　大　四
④ （覆正保四）↓（覆正保四、京、風月荘左衛門）
⑤ 同　同（後印）
38① 四書白文　大学・中庸各一巻論語・孟子各二巻　寛文七刊
（京、田中文丙）　大　五
② 同　同（後印、大、柏原屋源兵衛等）　半　四
同　同（天保一二印、大、加賀屋善蔵）　半　四
同　同（後印、名、永楽屋東四郎等）　半　四
③ 同　同（明治印、大、積玉圃柳原喜兵衛）　半　四
④ 同　同　刊↓同　同　天保五刊
⑤ 同　同　刊↓同版心題・四書白文　同　刊
40① 神山鳳陽校↓神山述（鳳陽）校
② 同　集註片仮名附訓本　正徳三刊（大、大野木市兵衛・江、
須原屋茂兵衛）　中　四
同　安永二刊（京、須原屋平右衛門等）　半　四
③ 同　片仮名傍訓本　同　享保八刊（大、大野木市兵衛・江、
須原屋茂兵衛）　小　四
同　同　同　文化一二刊（覆享保八、大、河内屋太助等）　小　四
④ 嘉永刊　中　↓嘉永元刊　中　四
⑤ 同　同（後印、山城屋新兵衛等）　中　四
⑥ 半↓半　三
41① 特小一↓特小三
② 同　同　寛文一二刊↓同　慎独斎刊本　同　寛文一二刊
③ 大薄五↓大薄三
42① 慶安三刊↓慶安三刊（中野道健）
② ～〇道春点系
同　同　同　元禄三刊（鍵屋善兵衛）　大　一〇

42
↓　○道春点系
〔四書章句集註〕　大学・中庸各一巻論語一〇巻孟一
四巻　宋朱熹撰　林信勝（羅山）点　慶安二刊（豊興堂）　大一〇
○闇斎点トイフモノハ、コノ本文ヲ版下ニ用ヰシモノナリ。8 14
同　同（寛文九印）　8 14　大一〇
同　同　元禄九刊（京、川勝五郎右衛門）　8 14　大一〇
同　同　寛文二刊　9 14　大一〇
同　同（寛文四印、野田庄右衛門）　9 14　大一〇
同　同　寛文九刊（京、山本五兵衛）　9 14　大一〇
同　同　延宝九刊（覆寛文九、新屋・菱屋）　9 14　大一〇
同　同　寛文一〇刊（京、村上勘兵衛）　9 14　大一〇
同　同　延宝二刊（松柏堂）　9 14　大一〇
同　同　天和三刊（京、長尾平兵衛）　9 14　大一〇
同　同　刊（常憲院本）　5 12　大二六
同　同（後印）　中二六
同　同　元禄三刊（鍵屋善兵衛）　9 14　大一〇
③同　同　同　刊　↓同　同　同　刊　大一〇
④（梅花堂）13 12↓（梅花堂）13 11
⑤刊（元錄八印）↓刊（元錄八印）8 15
⑥（京、山本長兵衛）8 14↓（京、弘章堂山本長兵衛）9 14
⑦慶元堂）　一〇↓慶元堂和泉屋庄二郎）　大一〇
⑧同　同（文政六印、江、永寿堂西村与八）　大一〇
⑨9 15　↓9 15　大一〇
⑩（道春点）四書集註　同　同　享保二刊（京、村上勘兵衛）
8 14　特大一〇
同　新板校正本　同　同　享保四刊（京、北村四郎兵衛）
9 15　大一〇
同　同　葛東郭（宣鳳）校　享保一七刊（京、文革堂）
9 15　大一〇
⑪同　同　同　天明六刊（初刻）　未見　大一〇
⑫文化九刊（再刻）↓文化九刊（再刻、大、河内屋喜兵衛・江、
前川六左衛門）　大一〇
43
①同　文化再刻　同　同　文化九刊（再刻、大、河内屋喜兵
衛・前川六左衛門）　大一〇
②同　同　同　延享元刊（大、塩屋利助）　大一〇
③同　同（後印、大、吉文字屋市兵衛）　大一〇
④同　同（後印、武村市兵衛）　大一〇
⑤同　字引付　同　宋朱熹撰　題林信勝点　天明七刊　大一〇
⑥同　同（後印、京、文正堂藤井卯兵衛）
⑦同　同（後印、大、積玉圃）　小薄三
⑧同　同　同　天保三、五刊（仙台、裳華房伊勢屋半右衛門）　大一〇
同　同　同　天保三刊（京、須磨勘兵衛）　大一〇
⑨同　同　同　弘化二刊（四刻、大、河内屋喜兵衛等）　大一〇
⑩同　同　同　明治一三刊（東、小林新造・高崎、高橋常蔵）　中薄三
↓同　同（明治一三印、東、宝大堂小林新造・高崎、換
手堂高橋常蔵）8 17　中　六

44① 同 同 同 嘉永刊（大、宋栄堂） 大一〇
② 嘉永刊（竹林堂）10 16 大一〇→嘉永五刊（竹林堂）10 16 大 六
③ 嘉永刊→嘉永刊（大、河内屋喜兵衛等）
④ 〔四書章句集註〕 大学・中庸各一巻論語一〇巻孟子七巻
宋朱熹撰 林信勝点 嘉永五刊（大、河内屋喜兵衛等） 特大 六
⑤ 〔四書章句集註〕以下三本ヲ、四五頁④ニ移ス
⑥ 同 同 同 安政六刊（三刻、大、梅村文会堂敦賀屋彦七） 大一〇
同 同（後印） 大一〇
同 大学・中庸各一巻論語一〇刊版心作四巻孟子七巻版心作
四巻 同 文久刊（大積玉圃河内屋喜兵衛等）10 20・
11 25 特大 六
○版心下方「万延新刻」
同 同 同 慶応刊（大、文海堂） 大一〇
45① 同 同 同 天保一五刊（大、秋田屋太右衛門等）9 16 大一〇
② 安政五刊（大、→安政五刊（六刻、大、
③ 四四頁⑤ヨリ移ス
④ 同 永日堂本 大学（章句）・中庸（章句）各一巻論語（集註）
一〇巻版心孟子（集註）七巻版心 同 享和三刊（大、池
内八兵衛等） 特大 六
⑤ 同 同（後印、大、河内屋茂兵衛） 大一〇
⑥ 安政二刊（江、千鐘房須原屋茂兵衛） 大一〇
→嘉永三刊（大、秋田屋太右衛門） 大一〇
同 同 宋朱熹撰 清呉志忠校 佐藤坦点 安政二刊（江、
千鐘房須原屋茂兵） 大一〇
⑦ 同 刊（十津川郷学） 特大一〇
46① 同 同（後印、京、玉枝軒植村藤右衛門） 大一〇
② 嘉永四修→嘉永四以後印
③ 同 同（元治元修、大、河内屋徳兵衛） 大一〇
④ 同 同（後印、大、河内屋長兵衛） 大一〇
⑤ （官版）→（覆清、官版）
⑥ 四書集註大全凡例首→四書集註大全凡例首 （題簽・官版四
書大全）
〔寛永〕刊→寛永一二跋刊
⑦ （周会魁校正）四書大全 一八巻 明胡広等奉勅編 周子
顕校 寛文九刊（京、黒沢源兵衛尉）句返送縦 大一八
47① 巻 明胡広等奉勅編→巻 明金閶五雲居刊本 明胡広等
奉勅編
② 鼇頭評注本 明胡広等→鼇頭評注本 五雲居刊本 明胡
広等
③ 鵜飼信之点→鵜〔飼〕信之（石斎）点
④ 熊谷立閑標注→熊谷立閑（荔墩）標注
⑤ 清呉荃編→金閶梅園堂刊本 清呉荃編
⑥ 天王寺屋市郎兵衛→天王寺屋市郎兵衛好是
⑦ 同 同（後印、京、川勝五郎右衛門） 大三〇
⑧ 豊川屋宇左衛門→豊田屋卯左衛門
⑨ 同 同（後印、大、伊丹屋善兵衛等） 大三〇

47
○「四書大全説約合參」ノ後印本トシテ入ルベキモ、順未攷。
⑩ 同　同　同　明治六刊（覆元禄一〇）　大三〇
→同　同（後修、大、豊田卯左衛門等）　大三〇
○「四書正解序」ハ元禄十年刊本ト同版デ、ソレ程後印デナイ。本文ハ異版（元禄本有界、明治本無界）。明治本、跋ハ有界、巻三〇末ノ木記ガナイ。
⑪ 一四巻　明陳琛撰
→一四巻（見返・陳紫峯先生四書浅説）　明陳琛撰

48
① 鵜飼信之点→鵜〔飼〕信之（石斎）点
② 篠崎弼点　嘉永元刊（群玉堂・
→篠崎弼（畏堂）点　嘉永元刊（覆清、群玉堂・
③ 同　同（後印、江、山城屋佐兵衛等）　大一〇
④ 一〇九頁④ニ移ス。
⑤ 同　同（明治一七印）　半一五
⑥ 篠崎弼（小竹）点→篠崎弼（畏堂）点
⑦ 四書賸言四巻　清毛奇齢　天保一〇刊（江、山田佐助等）　大三
→　四書賸言　清毛奇齢　刊（撫松館）　大三
同　同（天保一〇印、江、山田佐助等）　大三

49
① 四書朱子本義匯參　大学章句三巻
→四書朱子本義匯參　敦復堂刊本　大学章句三巻
② 王士鼇編　天保七刊（加賀藩）
→王士鼇編　王継甸校　天保七刊（加賀国学）
③ 河内屋喜兵衛）→河内屋喜兵衛等）
④ 南宮岳校→南宮岳（大湫）校

50
① 河南四郎右衛門）→河南四郎衛門）
② （寛永一九印）→（寛永一九印、京、大黒屋）
③ 同　同（後印）
④ 同　同（後印）
⑤ 同　冠解鼇頭本　同　毛利〔瑚珀〕（貞斎）注　享保二刊
（京、梅村弥右衛門）　大一
→同　重訂冠解鼇頭本　同　毛利〔瑚珀〕（貞斎）首書
刊（京、玉池堂梅村弥右衛門）　大三
⑥ 同　同（後印、江、梅村弥吉郎・京、梅村弥右衛門）　大二

51
① 萩原裕点　明治刊→萩原裕（西疇）点　明治一〇刊
② （明治一四印）　中　一
→（明治一四印、東、近藤欽五郎）　小一
③ 大正六刊（影印、香川、萩原寺）　未見
→大正二刊（影印、香川、萩原寺佐伯行輝）　大一帖

52
① 寛文一三刊→寛文一〇跋刊
② 同（後印）→同（後印、京、小林庄兵衛等）
③ （古本玉篇）　唐孫強篇
→（古本玉篇）　清張氏沢存堂本　宋陳彭年等奉勅編

53
① 寛永二一刊→寛永二一跋刊
② 韻会玉篇巻上誤玉作正　刊　大一
③ 同　同（後印、江、出雲寺金吾）　大一
④ （江、前川六左衛門）
→（江、崇文堂前川六左衛門・文藻堂大田庄右衛門）　大六

54 ① 同　同(後印、大、河内屋喜兵衛等)
② 元禄一〇刊→元禄一〇序刊
③ 同　同　明治三六刊(東、博聞館)
④ 寛政三刊　未見→寛政三刊(大、葛城長兵衛等)　大　二
⑤ (寛政中補、→(後印、
⑥ (文政六印)→(文政六印、大、石倉堂河内屋長兵衛)
⑦ (明治印)→(明治印、柳原喜兵衛)
⑧ 安藤龍淵補→安藤宜(龍淵)補
55 ① (増補)草書韻会　五巻　金張天錫編　鵜飼(信之)(石斎)点
寛文三刊(京、秋田屋平右衛門)　大　四
② 同　同(天保一四印、江、須原屋茂兵衛)　半一二
③ 明治一三刊→明治一三以後刊
○本書ノ第三字ハ「彚」、前掲書ハ「彙」。
④ 同　同(後印、大、前川善兵衛)　半一二
⑤ 同　同(明治二四印、東、大川錠吉・武田伝右衛門)　半　六
⑥ 寛保一二刊→享保一二刊
⑦ 享保一二刊→寛保三刊
⑧ 四巻　六書通摘錄本　明閔斉伋撰
→四巻(題簽・六書通)六書通摘錄本　明閔斉伋撰
⑨ 同　同(後印、大、河内屋喜兵衛等)　大　四
⑩ 同　同(明治印、大、積玉圃柳原喜兵衛等)　大　四
⑪ 同　同　明和九刊(微古堂)　大　四
56 ① 同　同　明治四五刊→同　同　長谷川良察袖正　明治四五刊
② 同　同　同　刊→字彙　同　同　刊
○本書ノ第一字ハ「彚」、前掲書ハ「彙」。
③ (削除)
④ 同　同(寛文一一印(京、忠興堂)　大一四
→同　同　寛文一一刊(京、忠興堂)　大一四
○扉ニ「四声韻字彙」トアリ。
⑤ 同　同　同　刊　八行　半
○一《イツ キ》 トアリ
⑥ 同　同附字彙増註補遺　頭書
→同　同附字彙増註補遺(題簽・増註・頭書字彙)頭書
57 ① 清康熙中勅撰→清凌紹雯等奉勅編
② 清凌紹雯等奉勅編　石川→清凌紹雯等奉勅編　清張玉書　石川
(銅版、鳳文館)→(銅版、東、鳳文館)
③ 同　同(再版、明治二五印、東、博聞館)　中　六
④ 明治一八刊→明治一九刊
⑤ 関亀齢校→関亀齢(泰堂)校
⑥ 刊　未見→寛保元刊(京、玉枝軒伏見屋植村藤右衛門道有)
58 ① (新編)偏冠尽画引古文十体千字文　宝暦六刊(京、水宝堂　天
王寺屋市郎兵衛)　半　一
② 同　同　延宝七刊(京、井筒屋六兵衛)　大　一
③ 嘉永六序刊(大野藩愛蘭居)→嘉永六序跋刊(札幹暢愛蘭居)
④ 同　同　天保四刊(和歌山、眉寿堂阪本屋大二郎)　半　一
59 ① 同　同(眉寿堂、後印、和歌山、阪本屋佐兵衛等)　半　一

59 ② 三字経正文　同　慶応四刊（静岡、本屋市蔵）　大一
③ 〔宋王応麟〕　明治三刊→〔宋王応麟〕　訂正本　明治二刊
④ 〔増山正賢（聖斎）〕注　刊（長島藩）　大一
→〔増山正賢（雪斎）〕増注　野呂公鱗（深處）校　天明
七跋刊（長島藩文理館）　大一
⑤ 同　宋王応麟　明治六刊　一
→同　改点本　宋王応麟　明治六刊（米山堂）版心下部ニ「二冲学校」　半一
⑥ 文化元序刊→文化元序刊（下溪堂）
⑦ 宋張麟之→旧題宋張麟之
60 ① 同　同　元禄六刊（京、中村五兵衛）　大一
同　同　元禄九刊（京、川勝五郎右衛門）　大一
→同　同（元禄九印、京、川勝五郎右衛門）　大一
同　同　元禄六刊（京、中村五兵衛）　大一
② （校正）韻鏡　三巻　宋張鱗之　貞享二跋刊（京、丸屋源兵衛）　大一
61 ① 同　同（文化六印、江、須原屋茂兵衛）　大五
② 同　同（後印、文海堂）　小長一
③ 頭字韻　五巻　清余照（春亭）編　津坂達鈔　天保三刊
（津、有造館）　中四
同　同（後印）　中四
同　同（明治印、三重県）　中四
同　同　同　明治三〇刊（津、関西図書）　半二
④ 同　同　明治八刊（京、文生堂菊屋源兵衛）　特小一
⑤ 元禄一二刊→元禄一二刊（林庄五郎）

⑥ 阿波加頴編→某編
63 ① 同　同（後印）　大一五
② 明凌稚隆編→明凌稚隆編
③ 同　同（延宝二修）　大五〇
→同（題簽・新版考正史記評林）　同（延宝二修、京八尾甚四
郎友春）　大五〇
64 ① 同　同（後印、京、山中瑞仙堂・丸屋善兵衛）　大二五
② 同　同　同　明治一三刊（三版、大、松邨九兵衛等）　大五〇
→同　八尾本　同　同　明治一三刊（覆天明六、三刻、
大、松邨九兵衛等）　大五〇
③ 未見　○俗伝ニヨル。→（削除）
④ 明治二刊（鶴牧藩）→明治二刊（鶴巻藩修来館）
⑤ （大、岡島真七等）→（大、同盟書楼岡島真七等）
⑥ 首一巻　明凌稚隆編→首一巻附正誤表　明凌稚隆編
明治一五刊（鳳文館）未査
→明治一五・一六刊（銅版、東、鳳文館前田円）
⑦ （補標）史記評林…明治一八刊（活版、東、大野堯運）
→史記評林…明治一六―一八刊（活版、東、報告社）
65 ① 池内奉時校→池内奉時（陶所）校
② 同　同（後印）　大一五
③ 加藤熙…→加藤熙（桜老）・
66 ① 紀邦基抄→紀邦基（驥園）抄
② 唐李賢注→唐〔李〕賢注

66③ （志）梁劉昭撰　唐李賢注→（志）晋司馬彪撰　梁劉昭注

④ 呉書二〇巻→呉書二〇巻　○魏書・蜀書・呉書、皆版心題

67① 荻生宗右衛門点→荻生（天祐（鳳鳴））点

② 荻生宗右衛門点→荻生（天祐）点

③ 〔村瀬誨輔（栲亭）〕校→〔村瀬之熙（栲亭）〕校

④ 同　同（後印、前川文栄堂・河内屋源七郎）　大一五

⑤ 明治一七刊→明治一六刊

68① 明史三伝六巻　嘉永五刊（大、河内屋茂兵衛等）　半　六
→明史三伝　清張廷玉等奉勅　嘉永五刊（大、群玉堂
河内屋茂兵衛等）　半　六

② 同　同（嘉永六印）　半　六

③ 同　同（後印、河内屋茂兵衛等）　半　六

④ 天保四序刊→天保五序刊

⑤ 大、嵩高堂→大、崇高堂

⑥ 同　同（天保四修、大、秋田屋市五郎）　大　二

⑦ 京、堺屋新兵衛等）→大、堺屋新兵衛等）

69① 石川之褧等校→石川之褧（竹厓）等校

② （嘉永二補）→（嘉永二補、津、山形屋伝右衛門等）

③ 同　同（明治印、東、山中市兵衛）　大一四八

④ 同　同　同　秋月胤水・箕輪醇点　明治一四刊（猶興館）　中一〇

⑤ 明治一七館…半三〇→明治一五―一七刊…半七〇

⑥ 同　同（明治一七印）　半三〇

⑦ （後修序補）→（元治二修補序）

66⑧ 鵜飼真昌〔石斎〕点→鵜飼真昌（錬斎）点

⑨ （文化六補第三編一〇巻→（享和三補第三編一〇巻

70① （享和三印）→（後印、阿波、宮嶋屋伊佐衛門等）

② （大、文海書屋）→（大、文海書屋村松久兵衛）

③ 明袁黄撰　鵜飼信之〔石斎〕点→明袁黄編　鵜〔飼〕信之〔石斎〕

④ 半二〇→大二〇

⑤ 〔清傅恒等奉勅編〕→〔清楊述曾等奉勅編〕

⑥ 森本太助→文金堂河内屋森本太助

⑦ 河内屋源七郎等）→河内屋前川源七郎等）

⑧ ○「明鑑易知録」ヲ合印ノ際、末葉ノ界線ヲ去リ、大題ヲ前半葉ノ末ニ移シ、ソノ前行「奄有二四海一」ヲ「奄二有四海一」ト改ム。故ニ修ナリ。

71① 明治一五刊→明治一五刊（山中市兵衛）

② （東、別所平七）→（東、万青堂別所平七）

③ （東、弘文館）→（活版、東、弘文館）

④ 文化四刊→文化四刊（永野氏伍石軒）

⑤ 同　同（後印、浅野弥兵衛等）　大　八

⑥ 同　同（明治印、大、北野禹三郎）　大　八
同　同（後印、大、梅原亀七）　大　八

72① （淀藩）→（覆明、淀藩）

② 安積信校→安積信（艮斎）校

③ 半三〇→大三〇

④ 山梨、内藤伝右衛門）→山梨、温故堂内藤伝右衛門）

⑤ （巻一一―四）→（巻一一―四・武事餘紀）

72⑥ (削除)叢書ニ入ルベシ。二二一頁⑥ニ移ス。
⑦ 芳川逸点→芳川逸(波山)点
⑧ 芳川逸点→芳川逸(波山)点
73① 同　同　明正統六年刊本　同　正保五刊　大　七
② 同　同(後印)　大　七
③ 同　同　天明元年刊本　同　刊(五刻)　大　七
同　同(明治三印、京、五車楼・松栢堂)　大　七
同　同　天明元年刊本　同　明治一〇刊(八刻、京、出雲寺
松栢堂)　大　七
同　同(明治一三印)　中　七
④ 同　同(後印)　大　七
⑤ (箋註)十八史略校本七巻　元曾先之撰　明陳殷音釈　明劉
剡校　近藤元粋注　明治一三刊(大、明善堂中川勘助)　大　七
同　同(後印)　大　七
同　同(後修)　大　七
同　同(後印)　大　七
同　同(明治一九以降印・別製本届)　中　七
⑥ 八巻→八巻首一巻
⑦ 増田貢頭書→増田貢(岳陽)頭書
⑧ (本項、重複ニツキ削除)
⑨ 明舒弘謨編　宝暦元刊→明舒弘謨編　後藤世鈞訂補　宝暦元刊
⑩ 同　同(明治八印、京、藤井弥太郎)　大　四
74① 大一〇→大一二
② 同　同(元治元印、大、秋田屋太右衛門等)　大　六
③ 同　同(後印)　大一五
④ 同　明治一七刊→同　鈴木義宗点　明治一七以後刊
⑤ 同　同(後印)　大　八
⑥ 大　八→大一五
75① 吉文字屋市右衛門→吉文字屋市兵衛門
② 同　同→貞観政要(集論)　同
③ 同　同(後印、若山、阪本屋大次郎)　大一〇
④ (京、風月宗知)→(後印、京、風月宗知)
⑤ 同　同(後印、題簽「大明軍記」)　大　二
→同　(題簽・大明軍記)　同　刊○外題替本ト思ヒ込ミヰタリシハ誤。　大　二
⑥ (京、田中清左衛門)→(京、小鳳堂田中清左衛門)　大　四
76① 高見猪之助点→高見(岱(昭陽))点
② 撰　明銭敬臣校→撰　元徐天祐校　明銭敬臣校
③ 同　同(後修)　大　六
④ (準漢籍トシテ、コノ三行削除スベキカ。)
○巻二ノ五オ九・六ウ八、巻三ノ九オ八・九等ニ頭注ヲ加刻。
⑤ 八巻　清曠敏本編　阿部修助注　明治一四刊(青山清吉)
→八巻沿革図一巻　清曠敏本編　阿部修助注　阿部弘国増注
明治一四刊(東、青山清吉)　半　八
⑥ (削除)
⑦ 同　同(後印)　大　一
77① 歴代紀畧　明梁寅編　刊　大　一

77 ①→歴代敍畧附歴代敍略〔抄〕　明梁寅編(附)題林信勝
(羅山)　江戸前期刊　大　一
② (宝永六印、河内屋喜兵衛)→(宝永六印、大、田中庄兵衛)
③ 同　同(後印、大、河内屋喜兵衛)　大　六
78 ① (京、植村藤三郎等)→(京、玉枝軒植村藤三郎等)
79 ① 河内屋八兵衛)→河内屋茂兵衛)
② (玉巌堂)→(江、玉巌堂)
③ 鵜飼真奉(称斎)点…大　六→鵜飼信泰(称斎)点…　大一二
④ 同　同(明治一七印)　大　六
⑤ 八巻　宋李幼武撰
→八巻　清道光元年歙績学堂洪氏校刻覆宋刊本　宋李幼武撰
80 ① (明治印、→(後印、
② (明治一五)刊(木活)→明治一五刊(木活、東、佚存書房)
③ (石村氏)→(石村氏桐陰書屋)
81 ① 同　同(後印)　大　八
② (参訂劉向)列女伝三巻　漢劉向撰　松本万年標註　松本荻江校
明治一一刊(東、万青堂別所平七)　半　一
列女伝一六巻　知不足斎叢書本　明王道昆撰　仇英画　大正
一五刊(影印、東、図本叢刊会)　大一六
③ 同　同(明治印)　大　一
④ (同、後印、大、河内屋勘助等)
→(同、天保一四以後印、大、河内屋卯助等)
⑤ 東宮勧読録　宋楊万里撰　釈天章校　慶応四刊(両白堂)
→東宮勧読録一巻附一巻　宋楊万里撰　釈英肇校　慶応
四刊(大原家両白堂)
⑥ 江、須原屋茂兵衛)→江、千鐘房須原屋茂兵衛)
82 ① 脩道館)→脩道館山田米造)
② (英?)謝衛楼撰…明治一七刊→(美)謝衛楼(Shaffield, D.Z.)撰
…明治一七刊(埼玉、盛花堂長島為郎等・地図銅版)
③ 明何喬遠　寛延四刊→明何喬遠撰　都賀庭鐘校　寛延四刊
83 ① (新撰)名山勝槩図三巻　(名山図)　木村孔恭校　亨和元刊
(蒹葭堂)　大　三
→(新撰)名山勝槩図序首三巻　(名山図)　鈴木雍
(芙蓉・老蓮)摹　木村孔恭校　亨和元刊(江、
須原屋茂兵衛・須原屋源八郎)　大　三
○従ツテ厳格ニイヘバ漢籍ナラズ。
② 松本幸彦校→松本幸彦(月痴)校
84 ① 明治一一刊→明治一一刊(東、大塚禹吉・山中市兵衛)
② 呉船録→呉船録
③ 同　同(寛政六印、京、北村庄介・杏林軒北村四郎兵衛)　中　二
④ 瑤芳堂北村太介→瑤芳堂北村庄助
⑤ 小　三→小　四
⑥ 刊　未見→刊
85 ① 栗本某(鋤雲)点…(活版、点者)
→栗本瑞見(鋤雲)点…(活版、東、点者)
② 朝鮮賦→別集類(一八三頁)参照

85③ 大　九→大一〇
④ 同　同(後印、江、内野屋弥兵衛)　大一〇
⑤ 米沢清平→米津清平
⑥ 原存一巻(一巻)→清道光二十九年刊本　原存一巻(巻一)
⑦ 頼醇校→頼醇(鴨涯)校
⑧ 原存三巻(巻三六－八…大　三→原存二巻(巻三六・七…大　二
⑨ 同　原存二巻(巻五六・五八)　同　服部棟隆校　安政二跋刊　大　二
86① (原巻五四・五一)　嘉永七刊→(原巻五四・五一)　清林則徐訳　魏
源編　中山(盛履(菁莪))校　嘉永七刊
② 四述奇附航海述記　存採叢書第一三　清張徳彝　刊　中　四
③ (津、荒木氏)→(津、荒木氏采蘭書屋)
④ 同　同(後印、江、和泉屋善兵衛)　半　一
⑤ 同　同(後印、江、青雲堂英文蔵)　半　五
87① 同　同(天保一五印、江、青雲堂英文蔵)　大　四
同　同(後印)　大　四
88① 文政六印→文政六以後印
② 同　同(後印、紀州、阪本屋大二郎・阪本屋喜一郎)　大　六
89① (渓北)点　享保八刊→(北渓)点　享保七跋刊
② (後印、栂井藤兵衛)→(享保八印、栂井藤兵衛)
③ 大　三→大　九
④ 同　同(後印、五書堂)
⑤ 万国公法四巻　美・恵頓撰　丁韙良等訳→万国公法四巻
清同治三年北京崇書館刊本　美・恵頓(Wheaton, Henry)撰
丁韙良(Martin, William Alexander Parsons)等訳　大　二
90① 咸豊上諭　刊(木活)
② 養閑盧)→養閑廬)
③ 四巻　同…桑原忱訂　富岡百錬校
→四巻首一巻　同…桑原忱(鷲峰)訂　富岡百錬(鉄斎)校
④ 同　同(蘇長公論策)　同　藤森大雅編　明治三刊
→同　同　同　藤森大雅編　林鈞校　明治三刊
91① 頼襄編　刊→頼襄編　赤川坤補　刊
② 行宮便殿奏劄　(朱子奏劄)　宋朱熹撰　山崎(嘉(闇斎))校
刊(木活)　7 14　大　一
③ 行宮便殿奏劄　(朱子奏劄)　宋朱熹　刊(京、武村市兵衛)　大　一
→同　同　刊(京、武村市兵衛)　返送縦　大　一
④ 大、河内屋茂兵衛等)→大、群玉堂河内屋茂兵衛等)
⑤ 桑原忱編　明治→桑原忱(鷲峰)編　高木穀(越橋)校　明治
92① (嘉永五印、出雲寺万次郎)→(嘉永五印、江、出雲寺万次郎)
② 同　同(後印、江、慶元堂加賀屋庄次郎)
③ 荒井公廉点　文化元刊→荒井公廉点　森川世黄校　文化元刊
④ 同　同(後印、大、河内屋儀助等)　大　四
⑤ (江、山城屋佐兵衛)→(覆清、江、山城屋佐兵衛)
93① 同　同(後印)　大　二
同　同　標箋本　魏王肅撰　太宰純(春臺)増注　千葉
玄之(芸閣)訂　寛政元刊(嵩山房)　大　五

93② 明和元序刊　未見→明和元序刊(京、精義堂)
94① 江、須原屋伊八郎)→江、青藜閣須原屋伊八郎)
② 同　同(明治印、大、伊丹屋中尾新助)　大　六
③ 江、植村藤三郎)→江、錦山堂植村藤三郎)
④ 同　同(後印、京、植村藤三郎等)　大　五
同　同(後印、京、柳枝軒植村藤右衛門)　大　五
⑤ 同　同(後印、須原屋茂兵衛)　大一〇
→同　同　刊(須原屋茂兵衛)　大一〇
⑥ 同　同(後印)　大　六
95① 忠経集註詳解…大　一
→忠経集註詳解一巻附(御覧頒行)忠経解　頭書本　同
漢馬融撰　鄭玄注　明余松年校　宇(都宮由)的(遯菴)頭書
元禄二跋刊(安田万助)　大　一
② (後印)→(後印、江、青藜閣須原屋伊八)
③ 同　同(文政八印、京、平野屋善兵衛)　大　一
→同　同　同　文政八刊(再刻、京、平野屋善兵衛)　大　一
同　同(嘉永四印、江、嵩山房小林新兵衛)　大　一
④ 同　同(後印、江、須原屋伊八)　大　一
⑤ ○明治刊本省略
⑥ 同　同(安政三以後印、江、河内屋和助等)　大　五
⑦ 大　三→大　四
96① 同　同　清紀昀等校　千葉要重校　文政四序刊　大　一
同　同(後印、名、東壁堂)　大　一

② 文中子補伝　同…石田鴻鈞)
→文中子補伝(題簽・文中子)六子全書本　同…石田鴻鈞子)
③ 大、積玉圃)→大、積玉圃河内屋喜兵衛)
④ 未見→集部別集類(一六八頁末)
97① (林権兵衛)→(京、文泉堂林権兵衛)
② 宋周敦頤→宋周惇頤
③ 宋周惇頤→宋(周惇頤)
④ 熊谷立閑首書→熊谷立閑(茘墩)首書
⑤ 〔宋周敦頤〕→〔宋周惇頤〕
98① 宋周敦頤撰→宋周惇頤撰
② 周子書　宋周敦頤撰　山崎嘉編
→周子書(通書)　宋周惇頤撰　山崎嘉(闇斎)編
③ 同　同　延宝八刊(京、寿文堂)　大　一
同　同　天保一四刊(風月荘左衛門・河内屋万助)　大　一
→　同　同(天保一四印、河内屋万助・風月荘左衛門)　大　一
同　同　延宝八刊(養賢堂)　大　一
④ (覆明)→(覆明)
⑤ 貞享四刊→貞享元刊
99① 朱文公増損郷約　寛文八刊(京、小松太郎平)　大　一
② 同　同(後印、出雲寺万治郎)　大　一
③ 同　同　同　寛政五刊(大、→同　同(寛政五印、大
④ 同(後印、前川善兵衛)→同(明治印、大、文栄堂前川善兵衛)
100① 同　同(後印、京、勝村伊兵衛等)　大　二

100

②同　同　同　安政三刊（会津藩）　大　二

③（弘化三修）→（弘化三修、大、加賀屋善蔵）

④同　同　刊（覆元禄七、大、加賀屋善蔵等）　半　四

⑤大一四七→大　七

101

①河内屋八兵衛→河内屋泉本八兵衛

②学規　（題簽・見返・白鹿洞学規）　白鹿洞書院掲示・朱子読書之要　〔宋朱熹〕　慶応三跋刊（名、石川氏継志館）　半　一

③小学　（題簽・小学白文）　六巻　附訓本　宋朱熹　寛文七刊（平野屋佐兵衛）　大　二

④同　（版心・倭版小学）　同　同　山崎嘉（闇斎）点　延宝四刊　8 16　大　二

⑤同　同（後印、寿文堂武村清兵衛）　大　二

⑥同　同（後印、河内屋太助）　大　二

102

①同　同　宋朱熹撰…（山城屋佐兵衛）→同（合璧摘要小学読本）同　宋朱熹…（京、山城屋

②同　同（後印、三国屋喜八）　大　二

③（一斎）点　天保一一刊→（一斎）点　本多懋校　天保一一刊

④（後印）→（後印、大、河内屋和助等）

⑤同　同（後印、近江屋平助等）　9 18　大　四

同　同（後印、大、象牙屋治郎兵衛等）　大　四

同　同（後印、大、豊田屋宇左衛門等）　大　四

⑥同　内篇外篇　宋朱熹　元禄七刊（鈴木太兵衛・藤田小右衛門）　8 18　半　二

⑦同　同（後印、京、村上次郎右衛門）　大　六

⑧同　同（寛文八印）　大　四

103

①同　同（後印）　大　四

②刊　8 17　刊印未調

→元禄七刊（京、川勝五郎右衛門・江、須原屋茂兵衛）　8 17

③同　同　明陳選撰　貝原篤信（益軒）点　天和三刊（京、長尾平兵衛）　大　四

○次ト同版ナリヤ、未攷。

④同　同　元禄五刊（梅村）

⑤同　同　同　安政二刊（覆寛政七、大、前川源七郎・柳原喜兵衛）　10 20　大　二

⑥同　同　同　明治一四刊（大、日新館塩冶芳兵衛）　大　四

⑦同　同　明崇禎八年刊本　天保三刊（武村青文堂）　大　四

⑧（大、加賀屋善蔵等）→（大、河内屋喜兵衛・加賀屋善蔵）　大　四

⑨（削除）

⑩同　同（後印、大、中川勘助等）　大　四

同　同（後印、大、河内屋源七郎等）　大　四

⑪同　四巻　明陳選撰　後藤機（松陰）点　明治一六刊（大、日新書館）　大　二

同　同　林某点　天保七刊（京、川勝五郎右衛門・江、須原屋茂兵衛）　大　四

同　同　後藤世鈞点　明治刊（鹿児島県）　大　四

⑫以後刊、菱屋孫兵衛）→以後刊、京、菱屋孫兵衛）　二

103⑬ 同　六巻　宋朱熹撰　明陳選注　近藤元粋点　明治一二刊
(大、森本太助等)　小　四
⑭ 明程念等　刊　大　六→明程愈等　寛永二〇刊(京、風月宗知)　大　四
○別版アリヤ否ヤ、未攷。
⑮ 同　同(後印、三田屋喜八等)　大　四
同　同(明治三印、大、堺屋芳兵衛)　大　四
104① 小学章句六巻　明王雲鳳　寛文七刊(京、田中文内)　大　四
→小学章句六巻　明王雲鳳　刊　大　四
同　同(寛文七印、京、田中文内)　大　四
② 小学(纂註)…北條譲校…福山誠之館
→(重訂)小学(纂註)…北條譲(霞亭)校…誠之館戯寒堂
③ (後印、英平吉等)→(後印、江、英平吉等)
④ (標英)小学定本四巻　清饒順卿撰　岡本敏校　明治一三刊
(千鐘房)　大　四
同　同(後印)　大　四
⑤ 大四五→大四六
⑥ 同　同(大正四補、京、聖華房山田茂助)　大　一
105① (後印)→(後印、江、中尾徳兵衛等)
② 同　同(後印、江、出雲寺万次郎)　大　四
③ 同　同(後印、大、河内屋茂兵衛等)　大一〇
106① (中野小左衛門)　→(中野宗(小)左衛門)
② 王雋編　山脇重顕点→王雋編　華信厚校　山脇重顕点

③ 同　同(後印)　大　二
④ 同　同(後印)→同　同(後印、上村四郎兵衛)
⑤ (削除)
⑥ 同　同(後印、大、→同　同　刊(大、
⑦ (屏山李先生)鳴道集説　金李之純撰　赤松連城点　明治
三八刊(活版、東、清水精一郎)　半　一
→(屏山李先生)鳴道集説五巻　金李之純撰　赤松
連城点　延享二刊(中野是誰)　大　五
同　同　明治二八刊(活版、東、清水精一郎)　半　一
⑧ 元程端礼　文化七刊→元程瑞礼撰　清顧昌等校　文化七刊
107① 寛文五跋刊→寛文五跋刊(埜田弥兵衛)
② 慶安二刊→慶安二刊(風月宗知)
③ 同　同(承応二印、伊吹吉右衛門)
④ 同　同(後印、大、河内屋源七郎)　大　六
108① 同　同(享和元印、江、長谷川庄右衛門・須原屋茂兵衛)　大　一
② 三輪希賢校　正徳二刊→三輪希賢校(附)楊家猷編　正徳二刊
③ 同　同(後印、京、銭屋惣四郎)　大　四
同　同(後印、京、聖華房山田茂助)　大　四
④ 同　同　大正一三跋刊(洗心洞文庫)　大　四
⑤ 同　同(一二版、明治四三印)　半　三
109① (宝永三印)→(宝永三印、大、大塚屋既康堂)
② 二巻　名呉廷翰撰…未見
→二巻　名万暦十五年刊本　明呉廷翰撰…大　二

109 ③ （京、林伝左衛門）　大　三→（京、婦屋林伝左衛門尉）　大　四
④ 同　同（後印）　大　三
○四八頁④ヨリ移ル。
⑤ （崇正書院翻刻馮貞白先生）求是編　明馮柯　慶安三刊
（京、村上平楽寺）　大　四
→（崇正書院翻刻馮貞白先生）求是編四巻 丁附二巻　明馮柯　刊
大　四
同　同（慶安三印、京、村上平楽寺）　大　四
同　同（後印）　無刊記　大　四
⑥ 二巻　明劉宗周撰…刊（大、岡田新治郎）
→二巻　清刊本　明劉宗周撰…刊（覆刻、大、岡田新治郎）
⑦ 同　同（後印、河内屋喜兵衛等）　大　四
110 ① （削除、重複ニツキ）
② 土井恪校→土井恪〔謦牙〕校
③ 吉村信之助〔柳亭〕校→吉村遷〔柳亭〕校
④ 田結荘邦光校→田結荘邦光〔千里〕校
⑤ 高沢達校→高沢達〔菊礀〕校
111 ① 女四書全四巻　清王相注　西坂衷校
→女四書〔箋註〕全四巻　清王相撰　西坂衷〔成庵〕校
② （東、目黒書店）→（活版、東、目黒十郎支店）
③ （後印、村上勘兵衛等）→（後印、京、村上勘兵衛等）
④ 同　同（後印）　大　一
⑤ 同　同（後印、江、山城屋佐兵衛）　大　一

⑥ 同　同（後印、大、河内屋源七郎等）　大　七
⑦ 同　同（後印、大、敦賀屋九兵衛等）　大　二
112 ① 同　同（後印、江、出雲寺万治郎）　大　一
② 富岡〔献輔〕〔鉄斎〕校→富岡〔百練〕〔鉄斎〕校
③ 同　同（後印）　特小　一
④ （覆古活、京、上島勘三郎）→（覆古活、江、伊藤新兵衛）
⑤ 同　同（明和六印）　半　一
⑥ 旧題蜀諸葛亮　慶安四刊→旧題蜀諸葛亮撰　明何言訂　慶安四刊
113 ① （江戸末印）→（弘化四修）
② 全七巻版心　溪百年撰
→全七巻版心　（題簽・見返・七書正文）　溪〔世尊〕〔百年〕校
③ 同　同（後印、大、河内屋源七郎等）　大　二
④ 溪百年点→溪〔世尊〕〔百年〕点
⑤ 同　同（後印、大、前川文栄堂）　小　一
⑥ 同　同（後印、大、加賀屋善蔵）　大　七
⑦ 同（後印、大、河内屋太助等）
→同（弘化三印、大、文金堂河内屋大助等）
⑧ 同　同（後印、大、河内屋源七郎）　大　五
同　同（後印、大、河内屋喜兵衛等）　大　五
⑨ 武経直解一二巻→武経直解目首一二巻
⑩ （挿入）○或ハ印カ。
⑪ 同　同（後印、風月庄左衛門）　大一　四
⑫ 同　同（後印）　大一　四

113 ⑬ 武経開宗七種→武経開宗〔経解〕　大　七
⑭ 同　同(後印、京、風月荘左衛門)　大　六
114 ① 同　同(後印、江、須原屋伊八)　大　六
同　同(後印、須原屋伊八等)　大　六
→同　同(後印、江、須原屋伊八等)　大　六
同　同(後印、江、青黎閣須原屋伊八)　大　六
② 同　一四巻→同(題簽・删定紀効新書)一四巻
③ 同　同(後印、江、須原屋伊八等)　大　六
④ (寛政修、→(寛政四修、
⑤ (江、英平吉郎等)→(覆明、江、英平吉郎等)
⑥ 平山潜校→平山潜(兵庫)校
115 ① 宇佐美恵校→宇佐美恵(灊水)校
② 薛寀評　万治四刊→薛寀評　李静修校　万治四刊
③ 首一巻…武〔田〕欽繇校→首一冊…武〔田〕欽繇(梅龍)校
④ (村瀬之熙修、→(村瀬之熙(栲亭)修、
⑤ 同　同(後印、京、永田調兵衛)　大一三
⑥ 同　同(後印、秋田屋太右衛門等)　大一三
116 ① 同　同(後印、江、和泉屋善兵衛等)　大　一
② 同　同(後印、大、伊丹屋善兵衛等)　大一〇
③ 同　同(後印、江、前川太左衛門等)　大一〇
④ 韓非子識誤二巻　清顧広圻編　刊
→韓非子識誤三巻　清顧広圻編　片山格(述堂)・朝川鹿辰
〔周斎〕校　刊

⑤ ○修道館刊本、或ハコノ後印カ。→○修道館刊本、コノ後印。
⑥ (覆寛永、青黎閣→(覆寛永、江、青黎閣
⑦ 未見→(削除)
⑧ 若山拯校→若山拯〔勿堂〕校
⑨ 同　同(後印)　大　五
⑩ 宋泰観→宋秦観
⑪ ○「救荒野譜」ニ「正徳六刊(川勝七郎兵衛)　三冊」本アリ。
版ノ同異未攷。
⑫ 松岡成章点→松岡玄達点
117 ① 重修植物名実図考三二巻…明治一六―二〇刊
→重修植物名実図考三八巻…明治一六―二一刊
② (江、万屋清兵衛)→(江、松葉軒万屋清兵衛)
③ 独湯若望訂　渋川佑賢校(附)渋川景佑　安政二刊
→独湯若望訂　高橋至時(東岡)点　渋川佑賢(滄洲)校(附)渋川景
佑編　渋川佑賢校　安政二刊
118 ① 算経　孫子纂景二巻→算経題簽　孫子算経三巻
② 万治元跋刊(京、田原仁左衛門)→万治元跋刊
③ 同　同(後印、京、田中仁左衛門)　大　三
④ (新編)直指算法…延宝四刊(江、唐本屋太兵衛・
→(新編直指)算法…延宝四刊(覆明、江、唐本屋太兵衛・
⑤ 洪範皇極内篇五巻後録二巻　宋蔡沈　寛文七序刊(寿文堂)
→洪範皇極内篇三巻首巻末巻各一巻　宋蔡沈(首・末)章品撰
山崎〔嘉〕編　寛文七序刊(寿文堂)
⑥ 天原祭微五巻首一巻　宋鮑雲龍撰→天原発微五巻首一巻

118 明天順五年鮑氏耕読書堂刊本　宋鮑雲龍撰
119 ① 大易通変(焦氏易林)…明喬鉢校…元禄五刊
→大易通変六巻（焦氏易林）…明喬中和編　喬鉢校
…元禄五刊(京、風月堂木原氏)
② 同　同(後印、星文堂浅野弥兵衛)　大　六
③ (梅花心易)旧題宋邵雍
→（梅花心易）　明景泰五年刊本　旧題宋邵雍
④ 同　同(延宝八印)→同　同　延宝八刊
⑤ 同　同　宝永六刊(出雲寺和泉掾)　大　一
⑥ ○コノ「後印」ハ、何レノ後印カ未攷。
⑦ 明劉世傑…(京、藤田長吉)
→明劉世傑撰　徐紹錦校…(京、藤田仁左衛門長吉)
⑧ 琁璣経集註→璇璣経集註
120 ① (新刻袁柳荘先生)秘伝相法五巻図一巻　明袁忠徹撰
雲林子校　宝暦七刊(大、松村九兵衛等)　大　五
② 同　同(後印、大、文栄堂)　中　一
③ (彫雲山房)→(彤雲山房)
④ 同　同(明和五跋印)　大　一
⑤ 同　同　天明七刊(楓江舎)　大　一
121 ① 同　同(後印、京、石田治兵衛等)　大　五
同　同(明治一六修、京、聖華房山田茂助)　大　四
② 天氏書苑補益　存一巻(巻一)　明詹景鳳・王元貞校
→王氏書苑補益　存一巻(巻一)附続書譜一巻　唐孫過庭撰
(附)宋姜夔撰　明詹景鳳・王元貞校
③ 同　同(嘉永四印、江、須原屋茂兵衛等)　大　二
④ 釈白華編(附)清〔沈宗騫〕(芥舟)　明治二一刊(江、和泉屋市兵衛)
→釈白華編　明治二以後刊(東、博愛堂)
122 ① 同　同(文政六印、大、曾谷定七)　大　一
② 同　同(明治二三印、東、六合館)　半　六
③ 同　同(後印、松邨九兵衛等)　大　六
④ 画訣　清孔衍栻撰→画訣　昭代叢書本　清孔衍栻撰
⑤ 半　二→半　四
⑥ 芥舟学画編四巻　清沈宗騫
→芥舟学画編四巻　清乾隆中琴書閣刊本　清沈宗騫
123 ① 同　同(後印)　大　二
○「京都」「林伊兵」ノミ埋メ木カ。
124 ① 四種→四譜
② 同　八種　清胡正言摹古〔張学畊〕校　木下彪解　昭和一一・
一二刊(影印)　大六一
③ 明治一五刊→明治一四刊
④ 同　清康熙四十年芥子園甥館刊本　初集五巻二集八巻三集六巻四
集二巻　清王槩等　嘉永三刊(套印、京、五車楼菱屋孫兵衛)
125 ① 晩笑堂画伝→晩笑堂竹荘画伝　大一九
② (明治印)→(明治印、京、芸艸堂)
③ 三田道校→三田道(花農)校

125④ 紉斎画賸二巻→紉斎先生画賸二巻
⑤ 同　同　同→紉斎画賸封面・題簽　同
⑥ 同　同（後印、大、赤志忠雅堂）　中　四
126① 凌烟閣功臣図　清劉源画　文化元刊（温古堂）　大　一
② 弘文館蔵帖（館本十七帖）一巻附十七帖釈文
（附）〔沢田〕鱗（東江）　安永二跋刊　半　一
③ （削除）和書ニツキ。
④ 孫過庭書譜　草書・北宋元佑二年河東薩氏摸刻本　明治
三六跋刊（摸刻）　大　一帖
⑤ 元吾丘衍　刊（木活）→元吾丘衍　宝暦五刊（木活）
127① 同　同（明治三七印、再板、大、青木恒三郎）　小　二
同　同（大正三印、四版、大、青木嵩山堂）　小　二
同　同（大正九印、六版、東、文京堂武田伝右衛門）　小　二
128① 投壺新格一巻附儀節　宇司馬光撰　田中清（江南）補　明和
六刊（江、西村源六等）　大　一
② 王荷隠語→玉荷隠語
③ 一色〔時棟〕（東渓）点→一色〔前田〕〔時棟〕（東渓）点
④ （覆刻）→（覆明）
129① 林靖校→林守勝〔読耕斎〕校
130① 同　清陳元輔撰　田癡点　明治三刊（布袋庵）　大　三
② （削除）○本文ニ既ニ十二年ノ修ガ入ッテイル。
③ 一二修、菱屋孫兵衛等）→一二修、花説堂菱屋孫兵衛等）
④ 同　同（後印、京、菱屋孫兵衛）　半　六
⑤ 同　同（後印、京、勝村伊兵衛等）　半　六
131① 同　六巻（墨子全書）明茅坤校　宝暦→同　六巻　（題簽・墨子
全書）　明茅坤校　秋山儀〔玉山〕等点　宝暦
○序ニヨッテ秋山ヲ補フ。
② 一六巻　清畢沅注→一六巻　経訓堂刊本　清畢沅注
③ 江、北畠茂兵衛）→江、千鐘房北畠茂兵衛）
④ 大、嵩山房）→大、嵩山堂青木恒三郎）
132① 同　同（明治印、大、伊丹屋善兵衛等）　大一〇
② 東、大野堯運）→東、報告堂大野堯運）
③ 松室式部少輔点→松室〔秦〕〔熙載（松峡）〕点
133① 同　明洪応明（自誠）撰　近藤元粋点　明治三三刊（京、川勝
鴻宝堂）　小　二
② （標註）菜根譚　前集後集各一巻　清洪自誠撰　東敬治
（正堂）注　明治四〇刊（活、東、松山堂）　特小　二
同　同（明治四二印、一〇刷、東、松山堂）　特小　二
③ （荻野山中文庫）→（明遠堂荻野文庫）
④ 酔古堂劒掃一二巻…中　五
→酔古堂劒掃一二巻　清陸紹珩編　池内奉時（陶所）校
嘉永五刊（京、星文堂等）　中　五
同　同（嘉永六印、京、文華堂石田治兵衛等）　中　五
同　同（明治印、京文華堂石田治兵衛）　中　四
⑤ 京、山田茂助）→京、聖華房山田茂助）
⑥ 同　同（明治四四印、大、青木嵩山堂）　小　三

133　童子摭談　清張暢園撰　浦添王子朝熹（約斎）校　弘化
元刊（藍印、琉球）　中長一
134 ①（寛文一三印）未見→（寛文一三印、福森兵左衛門）
②山県子祺点→山県〔魯彦（洙川）〕点
135 ①（銅版）→（銅版、東、楽善堂）
②（立教館）→（覆清、立教館）
③（後印、前川伝吉等）→（後印、白河、前川伝吉等）
④同　同（後印、江、英文蔵等）　中　八
⑤論衡三〇巻　漢王充撰→論衡三〇巻（題簽・王充論衡）漢王充撰
136 ①（冊数）→大　一
②大　八→半　八
③大一六→半　八
④池田緝点→楠本孚嘉（碩水）点
⑤甕記一巻　明呉廷翰撰→甕記一巻　（呉氏二記）　明呉廷翰撰
137 ①（後印、→（嘉永六印、
②同　同（文政六印、大・文栄堂河内屋源七郎等）　中　四
138 ①同　同（明治印、大、管生堂）　大　九
139 ①井伊万校→井〔伊〕万〔四娟〕校
②天保四刊→天保四跋刊
③（京、大谷仁兵衛等）→（京、楠見甚右衛門）
④（後印）→（後印、京、津逮堂大谷仁兵衛等）
⑤（明治八印）→（明治八印、京、大谷仁兵衛）
⑥（削除）○一一〇頁ト重複ニツキ。

140 ①大　一→大　三
②（寛保元印）→（寛保元印、江、植村藤三郎・玉枝軒植村藤右衛門）
③同　同（後印）　大　四
④宋王令撰　岡崎元軌点→宋王令撰　清程宗璜・朱甫田校　岡崎元軌点
141 ①（纂評箋註）蒙求校本三巻　唐李翰撰　宋徐子亮注　石川英輔
（鴻斎）評注　明治一二刊（東、山中市兵衛）　半　三
②（箋註）純正蒙求校本　三巻　近藤元粋箋註　明治一五刊
（大、広書館相原政治郎）　大　三
同　同（後印、大、花井卯助・鹿田静七）　大　三
③三巻　美褘理哲撰
→三巻　清咸豊六年寧波華花書房刊本　美・褘理哲（Way Richard
Quarteman）撰　大　三
④同　同（後印）
○図版位置ノ移動ガ確認サレルガ、補修デナク、図版用版木ノ移動ノミト思ハレル。
⑤（元治印）→（元治以後印、江、老皀館万屋兵四郎）
⑥英・慕維廉→英・慕維廉（Muirhead, William）
142 ①英・托馬斯米爾納撰→英・托馬斯米爾納（Thomas Milner Gibson）撰
②裨治文→裨治文（Bridgeman, Elijah Caleman）
③美・林楽知撰→美・林楽知（Allen, Young Jhon）撰
④古今万国綱鑑録三巻　英・模礼菘撰…（東、東生亀次郎）
→（英国模礼菘著）古今万国綱鑑録三巻　英・模礼菘（Morrison, R）撰…
（東、修文堂東生亀次郎）
⑤平田宗敬校→平田宗敬（虚舟）校

142
⑥
⑦英・理雅各撰→英・理雅各(Legge, Jamus)撰
⑧ 清王炳堃校…刊→清王炳堃校 小林虎(病翁)点…刊(求志楼)
⑨ 英・弥留撰→英・弥留(Mill, John Stuart)撰
⑩ 航海金針三巻図一巻 美・瑪高温訳 安政四刊(木活、
薩摩府楼) 大 一
同 同 同 刊(木活、愛華堂) 大 一
→航海金針三巻図一巻 清咸三年愛華堂刊本 美・瑪高温
(Damel Jerome Macgaw)訳刊(木活、薩摩府学) 大 一
○「郁嘉平刻」ノ四字、末葉ノ末ニアル。
同 同(後印、江、岡田屋嘉七) 大 一
同 同 同 刊(木活、異植字版、薩摩府学) 大 一
○「郁嘉平刻」ノ四字、末葉ノ首ニアル。
同 同(後印、江、岡田屋嘉七) 大 一
同 同 同 刊(木活、異植字版、薩摩府学) 大 一
○「郁嘉平刻」ノ四字、不存。
⑪ 英・合信編→英・合信(Holson, Benjamin)編
143
① 英・韋廉臣訳→英・韋廉臣(Willamson, Alexander)訳
② 英偉烈→英・偉烈(Wylie, Alexander)
③ 英・華里司撰、傅蘭雅訳→英・華里司(Harris, William)撰 傅蘭雅
(Fryer&Jhon)訳
④ 刊→〔明治〕刊
⑤ 存目巻一 美・丁韙良撰→存目・図・巻一 美・丁韙良(Marlin, William
Alexander)撰

⑥ (明親館)→(菊間藩明親館)
⑦ 美・嘉約翰訳→美・嘉約翰(Kerr, John Glasgou)訳
⑧ 英・白力蓋撰傅蘭雅訳→仏・白力蓋撰 傅蘭雅(Le Bland Vincant)訳
⑨ 英・侯失勒編 偉烈亜力訳 福田泉点 福田正等校
→英・侯失勒(Herschel, F.W.)撰 偉烈亜力(Wilye, Alexander)訳
福田泉点 福田半等校
144
① 同 同(後印) 大 三
② 美・培端→美・培端(Mc Cartee, Davie Bethune)
③ 九月十一年一月…刊
→九・十一月・十一年一月…刊(老皀館万屋平四郎)
④ 中外襍誌第一号 同治壬戌 英・麦嘉湖編
→中外襍誌第一号 同治壬戌六月—一一月 英・麦嘉湖(Macgawan,
John)編
○所収月、故増田〔渉〕氏示教。
⑤ 明何良俊撰 李贄評→明何良俊撰 王世懋校 李贄評
⑥ (元禄七修)→(元禄七修、京、林九兵衛)
145
① 戸崎允明校→戸崎允明(淡淵)校
② 岡井孝先・→岡井孝先〔嵰洲〕・
③ 龍公美校→龍公美〔草廬〕校
④ 刊→寛政元刊
146
① 同 同(寛政一〇印、京、津逮堂吉野屋仁兵衛) 半 二
② (京、万屋仁右衛門)→(京、器貫堂万屋仁右衛門)
③ 刊→刊(前川文栄堂)

146④ 延享四刊(後修)→延享四刊(京、田中市兵衛)
⑤ 同 同(後修) 大 一
147① 同 同(文化三、正以後印、大、加賀屋善蔵) 大 六
② 同(安永四修、→同(高孟彪修、安永四修、
③ 同 同(明治印、前川文栄堂) 大一〇
148① 同 同(弘化三以後印) 半 一
② (削除)
149① 唐土名妓伝二巻 同→唐土名妓伝二巻 板橋雑記改題本 同
② 同 同(明治印、東、松山堂藤井利八) 半 二
150① 康永三年鈔本→醍醐寺所蔵康永三年鈔本
② 同 同(後印、風月宗知) 大 一
151① 閫娯情伝 明和六刊(江、小川彦九郎・小川正二) 大 一
→閫娯情伝 明徐昌齢 宝暦一三刊(江、小川彦九郎・
小川庄七) 大 一
同 同(明和六印) 大 一
同 同 明治刊(木活、京、聖華房) 大 一
同 一巻附大東閨語 同 〔明治〕刊(活版) 小 一
② (新刻)事物起原…鵜〔飼〕信之(石斎)点
→(新刻)事物紀原…鵜〔飼〕信之(石庵)点
③ (後印)→(後印、京、村上勘兵衛)
④ 前集六〇巻目二巻後修五〇巻目二巻
→前集六〇巻目一冊後集五〇巻目一冊
152① 同…編人欠 延宝→前六巻後五巻続・別・新各四巻外三巻雑一巻遺
集二巻…某編 明鄒可張訂 宝暦
② 村瀬誨甫点→村瀬誨甫〔石庵〕点
153① 盧元昌補 天和→盧元昌補 中島義方〔訥所〕点 天和
② 同 同(後印、京、板木屋九兵衛) 半 二
③ 同 同(後印、大、柳原喜兵衛) 半 二
④ 同 同(後印、大、嵩山堂青木恒三郎) 半 四
154① 同 同(天明二印、大、河内屋八兵衛等) 大二〇
② 〔削除〕
③ 同 同(後印、文栄堂前川善兵衛) 大二〇
同 同(明治印) 大二〇
④ 八尾甚四郎) 半二〇→八尾甚四郎友春) 半四〇
⑤ 同 同(後印) 半二〇
⑥ 刊→延宝元刊(京、積徳堂)
⑦ 同(延宝元印、京、積徳堂)→同(後印)
⑧ 同 同(明治三四印) 中 三
⑨ 同 明治二九刊(活版) 一九
→同 近藤元粋編 明治二九刊(銅版、大、温古書房等) 中二〇
同 同(薄葉刷) 中 六
⑩ (削除)○準漢籍ノタメ
⑪ (削除)○準漢籍ノタメ
⑫ 同 同(〔昭和〕印) 大一〇
⑬ (京、村上平楽寺)→(京、銅駝坊村上平楽寺)
⑭ 八→大 八

155 ①四→大　八
②　→大二五
③詩韻輯要五巻　明李攀龍撰　陳継儒訂　刊(京、梅邨)　小　一
④豊島毅点→豊島毅(羽斎)点
⑤(銅版、鳳文館)→(銅版、大、鳳文館)
⑥同　同　同　石川英輔(鴻斎)・巌谷一六校　明治一九刊　半六二
⑦(大、井上勘兵衛等)→(大、古愚書堂井上勘兵衛等)
⑧同　同(後印)　半　六
⑨(削除)○準漢籍ノタメ
⑩侯文燈参　文政一一刊→侯文燈参　王弘訂　文政一一刊
⑪同　同(明治印、三重、桂雲堂豊住伊兵衛・大、豊住幾之助)　中　一
156 ①詩韻押韻二集　明耿純編　元禄四刊(大、浅見吉兵衛・度度清兵衛)　半　二
②(養賢堂)→(仙台、養賢堂)
③同　同(後印、江、袋屋亀治郎・仙台、管原屋安兵衛)　半　二
④(英文蔵等)→(青雲堂英文蔵等)
⑤同　同(後印)　中　二
⑥同　同(明治印、大、青木嵩山堂)　中　六
⑦明治一三刊又一四印アルカ→明治一四刊
⑧同　同(後印)　特小　一
⑨詩韻含英一八巻　清劉文蔚編　秦鼎・小河鼎校　享和三刊　中　四
⑩同　同(天保二印、大、河内屋茂兵衛)　中薄一

⑪同　同(嘉永七印、大、伊丹屋善兵衛等)　中　二
同　同　同　明治一一刊(銅版、京、勝村治右衛門)　中　四
同　同(後印、京、竹包楼佐々木惣四郎)　中薄一
(詞林類典増訂)詩韻含英異同辨　二巻　同　近藤元粋訂　明治二六刊(銅版、大、嵩山堂青木恒太郎)　小　二
⑫姚炳章校　弘化→姚炳章校　貫名苞(海屋)校　弘化
⑬同　同(後印、京、聖華坊山田茂助)
⑭詩韻珠機五巻　同　東條耕校　天保二刊(大、河内屋茂兵衛等)　半　八
→詩韻珠機五巻　同　東條耕校　天保二刊　半　八
同　同(後印、大、河内屋茂兵衛等)○十一肆　半　八
同　同(後印、大、河内屋茂兵衛等)○十肆　中薄二
同　同(明治印、大、群玉堂河内屋岡田茂兵衛)　半　八
⑮同　同(明治二六印、東、辻本九兵衛)　小　二
詩韻合璧五巻虚字韻藪・漁古軒詩韻附詩腋・詞林典腋　清湯文璐編　明治一五刊(銅版、東、楽善堂)　小　五
157 ①同　同(安永三印)　大　三
②同　同(次印、江、千鐘堂・花説堂)　大　二
→同　同(次印、江、花説堂須原屋平助・千鐘堂須原屋茂兵衛)　大　二
同　同(後印、江、須原屋平助)　大　二
同　同(後印、須原屋)　大　二
③(王註)老子道徳経　(王註老子評釈)　二巻附老子道徳経音義

157 魏王弼注　唐陸徳明音義　近藤元粋校注　明治四一刊(活、
大、青木嵩山堂)　大　二
④ 同　同→(纂訂評註)老子道徳経　同
⑤ 同(明治二六印、東、松山堂)
→同(三版、明治二六印、東、松山堂藤井利八)
⑥ 寛永六刊→寛永六刊(大野木市兵衛)
⑦ 同　同(後印)　大　二
158 ① (豊興堂)→(豊興堂中野小左衛門)
② 釈知非如一校　〔寛文〕刊　未見→明釈如一校　〔寛文〕刊
③ 同　同(後印、大、藤屋弥兵衛)　大　二
④ 同　同(大正一四以後印、東、松雲堂書店)　大　二
⑤ 〔永安〕→〔永菴〕
⑥ 老子道徳経攷異→老子〔道徳〕経攷異
⑦ (山城屋茂兵衛)→(京、山城屋茂兵衛)
⑧ 沖虚至徳真経八巻　宋建刊本
→沖虚至徳真経八巻（列子）宋建刊本
⑨ 同　同　世徳堂本　同　延享四刊(覆明、京、梅村弥右衛門・
山本平左衛門)　大　四
→同（張注列子）同　世徳堂本　同　延享四刊(覆明)大　四
同　同(後印、野田太兵衛等)　大　四
同　同(後印、京、梅村弥右衛門・山本平左衛門)　大　二
⑩ (明治一六修、→(明治一七印、
⑪ (削除)

159 ① (削除)
② 同　一〇巻→同(題簽・荘子素本)　一〇巻
③ 一〇巻　晋郭象注→一〇巻　(郭注荘子)　晋郭象注
④ 同　同(後印、京、玉枝軒植村藤右衛門)　大一〇
⑤ 同　同(明治印、文栄堂前川善兵衛)　半　五
⑥ 点　明治…半　四→点　瀧鍊太郎訂　明治…半　五
⑦ 半　四→半　五
⑧ 李士表　刊　未見　大　五→李士表　〔寛永〕刊　大一一
○「新添荘子論」ノミデ一冊トナル寛永期ノ刊本ガアリ、
「新添荘子論」ノミ既見。
⑨ 吉野権兵衛)→吉野屋権兵衛)
160 ① (寛文五修、風月→(寛文五修、京、風月
② (新鍥)南華真経三註大全二一巻(荘子大全)頭書本・
明万暦二十一年余氏自新斎刊本　明陳鼓典編　刊　大二一
③ 同　同(寛延四修、京、梅村三郎兵衛)　大　八
④ 二一巻　明→二一巻　明万暦癸巳余紹崖刊本　明
⑤ 荘子集釈一〇巻　清郭慶藩撰　孟純編　刊(思賢講舎)　大　八
解荘　一二四巻　明陶望齢撰　宇津木益夫(昆臺)校　明治一四
・一五刊　大二四
⑥ 同　同(後印、大、河内屋善兵衛等)　大　六
⑦ (後印、→(明治修
⑧ 同(明治印)→同(明治印、大、岡島真七等)
⑨ 東條保標註→東條保〔淡斎〕標註
⑩ 同　同　同　明治一八刊(京、聖華坊)　大　六

160 ⑪ 同 同(後印、大、松村九兵衛) 大一〇
同 同(後印、大、青木嵩山堂) 大 六
(唐陸徳明)荘子音義三巻 唐陸徳明編 服部元喬校
寛保元刊 大 三
同 同(後印、京、玉枝軒植村藤右衛門) 大 三
⑫ (後印、↓(後修、
⑬ 京、梁文堂・京、桐華軒)↓京、桐華軒・文栄堂)
⑬ 附一巻 天保四跋刊↓附一巻 (附)唐釈玄奘 天保四跋刊
161 ① 善悪慶殃篇 元禄一七刊(京、永田調兵衛) 半 一
162 ① 刊↓刊(覆明)
163 ① 同 同(明治印、大、嵩山堂) 大 四
同 同(明治印、大、豊住幾之助・伊賀上野、豊住伊兵衛) 大 六
② 同 同(後印) 大一 一
③ 同 同(後印、秋田屋太右衛門等) 大 四
同 同(明治印、大、青木恒三郎) 半 四
④ 前出師表・後出師表各一〇段 (武侯琴譜) 〔蜀諸葛亮〕 刊
大 一
⑤ 八巻 三謝詩↓八巻附一巻 三謝詩
⑥ 普陶潜撰 菊池東勻↓普陶潜撰 明無名氏注 菊池東勻
164 ① 同 同(文化七印、京、上林善輔) 大 四
② 明治一九刊↓明治一九刊(阿部氏史壁館)
③ 同 同 普陶潜撰 梁蕭統(昭明大子)編 宋蘇軾等評
文化七刊(覆明万暦八、京、上村善助・江、鴨伊兵衛) 大 四

④ 同 同(明治二九印) 小 四
同 同(明治三一印、四版、大、青木嵩山堂) 小 二
同 同(明治三五印、大、青木嵩山堂) 小 二
同 同(明治三八印、七版、大、青木嵩山堂) 小 四
同 同(明治四一印) 小 二
同 同(明治四二印、九版、大、青木嵩山堂) 小 二
同 同(大正二印、一〇版、大、青木嵩山堂) 小 二
同 同(昭和六印、大、田中宋栄堂) 小 四
同 同(同) 小 二
⑤ 彭沢詩鈔 普陶潜撰↓彭沢詩鈔 (題簽・陶詩抄) 普陶潜撰
⑥ 同 同(後印) 小 一
⑦ 永□詢美(華陽)点↓永□洵美(華陽)点
165 ① (活版)↓(活版、大、青木嵩山堂)
② 同 同(明治四二印、四版、大、青木嵩山堂) 小 二
③ 寒山詩集
↓寒山詩集 書陵部蔵宋刊本 一巻附豊干禅師詩・拾得詩
・天台山国清禅寺三隠集記 唐釈寒山(豊)唐釈豊干(拾)
唐釈拾得(天)宋釈志南 昭和三刊(影印、審美書院) 半 一
④ 寒山詩 正中刊本 昭和三三刊(影印、石井光雄) 大 一
⑤ 同 同(後印、京、天王寺屋市郎兵衛) 大 一
⑥ 拾遺 皆川愿↓拾遺 某(南陽)点 皆川愿
166 ① 李太白詩醇(李太白詩集)五巻首一巻 唐李白撰 近藤元粋編
明治三〇刊(活、大、青木嵩山堂) 小 五

166
同 同(明治三四印、大、青木嵩山堂) 小 五
同 同(同) 小 三
同 同(明治三五印、大、青木嵩山堂) 小 三
同 同(明治三八印、大、青木嵩山堂) 小 五
同 同(明治三九印、四版、大、 青木嵩山堂) 小 五
同 同(同) 小 三
同 同(明治四〇印、五版、大、青木嵩山堂) 小 三
同 同(明治四一印、六版、大、青木嵩山堂) 小 三
同 同(大正二印、八版、大、青木嵩山堂) 小 五
同 同(大正一四印、二〇版、大、田中宋栄堂) 小 五
同 同(昭和六印、二三版、大、田中宋栄堂) 小 五
② 同 同(明治元修、大、赤志忠七) 中 八
③ 本書以下二部ハ、④ニ移ス。
④ ③カラ二部ヲ挿入スル。
⑤ 大 三→大 六
⑥ 同 同(後印) 大 三
⑦ 杜律集解五言四巻七言二巻 鼇頭本 明邵傅撰 陳学楽校
刊 10 18 大 六
同 同(後印) 大 三
同 同 同 寛文一〇刊(京、丸屋庄三郎)10 16 大一二
同 同(後印) 刊行者名削去 大 六
同 同 同 刊 9 19 大 三
同 同 同 同 刊 8 17 大 三

同 同 鼇頭増広本 同 宇都宮由的標註 元禄九刊(京、
美濃屋彦兵衛) 大一二
同 同(後印) 大 六
⑧ 本書以下五項ハ、⑦ニ改訂収載ニツキ削除。
⑨ 杜律集解大全 七言四巻
→杜律集註大全 (題簽・杜律大全) 七言四巻
167 ① 明邵傅撰→明邵宝撰
② 杜工部詩醇(精選杜工部詩集)六巻 唐杜甫撰 近藤元粋編
明治三〇刊(活版、大、青木嵩山堂) 小 六
同 同(同) 小 三
同 同(明治三五印、再版、大、青木嵩山堂) 小 三
同 同(明治三八印、三版、大、青木嵩山堂) 小 六
同 同(明治四〇印、四版、大、青木嵩山堂) 小 三
同 同(明治四一印、五版、大、 青木嵩山堂) 小 三
同 同(同) 小 六
同 同(大正二印、六版、大、嵩文堂青木恒三郎) 小 三
同 同(大正九印)、 小 三
③ 岑嘉州詩八巻…… 大 四
→岑嘉州詩八巻 唐岑参撰 (淀上菊隠叟)点 刊 大 四
同 同(寛保元印、京、山田屋参郎兵衛・天王寺屋
市郎兵衛) 大 四
④ 鵜飼信之(石斎)点→鵜(飼信之)(石斎)点
168 ① 韓昌黎詩集一一巻詩話一巻 唐韓愈撰 近藤元粋点 近藤

168 元精校　明治四三刊（活版、大、青木嵩山堂）　小一一
② 宝永三刊→宝永三刊（駒井五郎兵衛等）
③ 葛陂高峻校→高峻（葛坡）校
169 ① 明馬元調校　明暦→明馬元調校　立野春節点　明暦
② 神谷重縄・→神谷重縄（雲潭）・
③ 同　同（後印、京、須磨勘兵衛）　小　一
④ 同　同（明治印、大、中川勘助等）　小　一
⑤ 同　同　小　二
同　同（明治三〇印、三版、大、青木嵩山堂）　小　五
同　同（明治三一印、四版、大、青木嵩山堂）　小　二
同　同（明治三五印、六版、大、青木嵩山堂）　小　二
同　同（明治三七印、七版、大、青木嵩山堂）　小　五
同　同（明治三八印、八版、大、青木嵩山堂）　小　二
同　同（明治三九印、九版、大、青木嵩山堂）　小　五
同　同（明治四〇印、一〇版、大、青木嵩山堂）　小　五
同　同（明治四一印、一一版、大、青木嵩山堂）　小　二
同　同（明治四二印、一二版、大、青木嵩山堂）　小　五
同　同（明治四三印、一三版、大、青木嵩山堂）　小　二
同　同（大正元印、一四版、大、青木嵩山堂）　小　一
○本書ノ各印本ニハ、並製五冊ト上製（薄葉・帙入）二冊ガアル。
170 ① （削除）
② （削除）
③ 白氏五妃曲　慶長勅版本　唐白居易　昭和四八刊（影印、
東、汲古書院）　特大一附一
④ 樊川詩集八巻……大　四
→樊川詩集八巻　唐杜牧撰　館機（柳湾）点　文化一三跋刊　大　四
同　同（文化一四印、江、万笈堂英平吉）　大　四
同　同（後印）　大　四
同　同（明治印、大、鹿田松雲堂）　大　四
⑤ 杜樊川詩集八巻……小　四
→杜樊川詩集八巻　文化十三年跋刊本　唐杜牧撰　近藤
元粋点　明治四一刊（活版、大、嵩山堂青木恒三郎）　小　四
⑥ 同　同（後印）　大　一
⑦ 同　同（後印）　半　一
171 ① （活版……小　二→（活版、大、青木嵩山堂）……小　四
② 同　同（同）　小　二
同　同（同）　小　一
同　同（明治三九印、再版、大、青木嵩山堂）　小　二
同　同（明治四一印、三版、大、青木嵩山堂）　小　二
同　同（大正二印、四版、大、青木嵩山堂）　小　二
③ 同　同（後印）　大　二
同　同（後印、京、秌田屋平左衛門）　大　二
④ 同　同（明治印、東、鈴木忠蔵等）　半　一
⑤ 同　同（嘉永五印、江、出雲寺万次郎）　大　四
⑥ 六一居士詩集　（欧陽文忠公詩集）　二一巻首一巻　宋欧陽脩撰

171 近藤元粋点　近藤元精校　明治四四刊（活、大、青木嵩山堂）　小　七
同　同（同）　小　四
⑦ 韓魏公集三八巻……大一七
→韓魏公集三八巻史伝一巻（忠献）韓魏王君臣相遇家伝
一〇巻（忠献）韓魏王別錄・（忠献）韓魏王遺事各一巻
宋韓琦撰　明毛九苞校（史）明毛九苞編（家）宋韓宗祖・
韓原道編　明朱紱來等校（列）宋王巖叟編　天保一三—
弘化三刊（大洲藩）　大一七
172 ① 明葛鼒選　刊→明葛鼒選　葛鼐・葛鏫校　刊
② 同　同（同、山城屋政吉・山城屋佐兵衛）　特小　一
③（江、山城屋佐兵衛等）→（江、二酉堂山城屋佐兵衛等）
④ 、吉野善之助・伊藤→、金鱗堂吉野善之助・真盛堂伊藤
⑤ 布川通璞校→布川通璞〔菱潭〕校
⑥ ○史部詔令奏議類ト重複
173 ① 平田敬（虚舟）点→平田〔宗〕敬（虚舟）点
②同　同（後印・江、山城屋佐兵衛）　大一〇
③ 源修（石斎）編→〔村瀬〕修（石斎）編
④同　同（後印・大、河内屋茂兵衛等）　半　三
⑤ 蘇東坡詩醇六巻……小　二
→蘇東坡詩醇（題簽・見返・蘇東坡詩集）六巻附弘簡錄
文翰伝一巻　宋蘇軾撰　近藤元粋編　明治四〇・一刊
（活版、大、青木嵩山堂）　小　六

同　同（明治四〇、六印、再版、大、青木嵩山堂）　小　六
同　同（明治四一印、三版、大、青木嵩山堂）　小　六
同　同（明治四四印、四版、大、青木嵩山堂）　小　六
同　同（大正四印、五版、大、青木嵩山堂）　小　六
同　同（大正七印、一六版、大、栄宋堂田中
太右衛門）　小　六
同　同（大正一四印、二〇版、大、栄宋堂田中
太右衛門）　小　六
○本書ノ各印本ニハ、並製六冊ト上製（帙入）三冊ガアル。
⑥（削除）
⑦ 明暦二刊（京、上村吉右衛門）→明暦二以後刊（京、松栢堂林和泉掾）
⑧ 京、松栢堂林和泉掾）→京、上村吉右衛門）
⑨ 一二巻　宋任淵→一二巻（題簽・陳后山詩集）宋任淵
174 ① 同　同（文化二印、白川、前川伝吉等）　大　六
② 本書以下二本ヲ、一七五頁④ニ移ス。
③ 宋季綱撰　赤川次郎編→宋季綱撰　頼襄（山陽）選　赤川次郎補
175 ① 宋季綱撰→宋季〔綱〕撰
② ○巻二第六丁第三・六・七行他ニ埋木ラシキ箇所ガアル。後印
→後修カ
③（玉巌堂→（江、玉巌堂
④ 一七四頁②ヨリ、二本ヲ移ス。
⑤（万笈堂）→（江、万笈堂）
⑥ 宋曾幾撰→宋曾幾

175
⑦ 同　同(後印、河内屋茂兵衛・河内屋儀助)　中　四
⑧ 長芡(三洲)校→長〔谷〕芡(三洲)校
⑨ 同　同(後印、河内屋茂兵衛)　半　三
176
① 同　同　同　嘉永三刊　大一五
② 龍川先生集要六巻……半　六
→龍川先生集要六巻　宋陳亮撰　佐佐原遠父校　刊　半　六
同　同(万延元印、河内屋茂兵衛等)　半　六
③ 龍川先生文鈔四巻→龍川先生文鈔四巻(題簽・陳龍川文鈔)
④ (後印、和泉屋金右衛門)→(後印、江、玉巌堂和泉屋金右衛門)
⑤ 藤森大雅編→藤森大雅〔天山〕編
⑥ 同　同(明治印、京、竹岡文蔵)　大　三
⑦ 文化元刊(慶元堂　→享和元刊(覆清、慶元堂
⑧ 同　同(明治印、大、文栄堂前川喜兵衛)　大　三
177
① 別集一〇巻→別集一〇巻(題簽・朱子文集)(版心・朱子大全)
② 同　同(後印、京、風月庄左衛門)　大四一
③ 朱子一班《ママ》……明治二二刊→朱詩一班《ママ》……明治二二刊
④ 晦菴朱先生牧斎浄稿→(晦菴朱先生)牧斎浄稿
⑤ (文公朱先生)感興詩　宋朱熹撰　蔡摸編　刊　大　一
⑥ 同　同(文政七印、江、玉山堂)　大　五
⑦ (天保四印、→(天保四以後印、
⑧ 同　同(文政七補跋)　半　一
178
① 村瀬之熙校→村瀬之熙(栲亭)・石川之褧(竹厓)校
② 同　同(後印、大、文栄堂伊丹屋善兵衛)　大　四

③ 同　同(明治印、大、青木嵩山堂)　大　四
④ 陸放翁詩醇六巻……小　六
→陸放翁詩醇六巻　(陸放翁詩集)　宋陸游撰　近藤元粋編
近藤元精校　明治四二刊(活版、大、青木嵩山堂)　小　六
同　同(大正二印、再版、大、青木嵩山堂)　小　六
179
① 天保四印→天保四以後印
② 天保七印→天保七修
③ 同　同(明治印、稲田佐兵衛)　大　一
④ 村瀬之熙校→村瀬之熙(栲亭)校
⑤ 真山民詩集一巻附序説　宋真山民撰　近藤元粋評訂(序)近藤
元粋　明治二八刊(活版、大、嵩山堂青木恒三郎)　小　一
同　同(明治三九印)　小　一
同　同(明治四一印、大、嵩山堂青木恒三郎)　小　一
同　同(明治四二印)　小　一
⑥ 城井国綱編→城井国綱編　中沢警(思方)校
⑦ 同　同(薄葉刷)　半　一
⑧ (因州、先憂閣)→(因州、安達氏先憂閣)
⑨ 同　同(後印、鳥取、岩田屋大五郎等)　大　三
⑩ (奎文書屋)→(東、奎文書屋野口愛)
⑪ 〔渓琴〕編　天保七刊→〔渓琹〕編　野呂公鱗(深処)校　天保七刊
180
① 同　同(後印、和歌山、世寿堂坂本屋善一郎等)　大　二
② 元遺山先生詩選→元遺山先生文選七巻詩選一巻
③ 小松直之進(各嶺)編→小松直之進(冬嶺)編

180
④ 貞享五刊→貞享五刊（京、銅駝坊平楽寺）
⑤ 魯斎全書七巻……何瑭校
→魯斎全書四巻附録三巻……何瑭校　鵜飼信昌〔錬斎〕点
⑥ 同　同（後印、京、風月庄左衛門）　大　四
⑦ ⑧ニ移ス。
⑧ ⑦ヨリ移動。
181
① 〔高〕田擁校→〔高〕田雍校
② 同　同（元治元印）　半　三
③ 〔中島〕規（楼隠）校→〔中島〕規（楼軒）校
④ 同　同（後印）　大　七
⑤ 青邱高季迪先生詩集一八巻……中　二
→青邱高季迪先生詩集　（高青邱全集）　一〇巻首一巻
明高啓撰　清金檀注　近藤元粋編　明治二八－三〇刊
（活版、大、青木嵩山堂）　中二一
同　同（明治三〇印、大、青木嵩山堂）　中二一
同　同（明治三一印、大、青木嵩山堂）　中二一
同　同（明治三四印、再版、大、青木嵩山堂）　中二〇
同　同（明治四二印、三版、大、青木嵩山堂）　中二一
同　同（大正七印、大、敬文堂書店）　中二〇
⑥ （削除）○⑤ニ含マレル。
⑦ 半　三→半　四
⑧ （削除）○⑤ニ含マレル。
⑨ 〔明高適〕→〔明高啓〕

⑩ 広瀬〔建〕（淡窓）点→広瀬〔建〕（淡窓）批点
182
① 垣内保定編→垣内〔菊池〕保定（渓菜）編
② 劉誠意文鈔三巻　明劉基撰
→劉誠意文鈔　（劉誠意文粋）　三巻　明劉基撰
③ （削除）
④ 同　同（明治印、大、青木嵩山堂）　半　三
⑤ 村瀬誨輔編→村瀬〔田辺〕誨輔〔石庵〕編
⑥ 同　同（明治印、大、群玉堂岡田茂兵衛）　半　三
同　同（明治印、大、青木嵩山堂）　半　三
⑦ 半　三 四→半　四
⑧ 同　同（文政一一印）　半　四
⑨ （天保二印）→（天保二印、大、河内屋茂兵衛・江、小林新兵衛）
⑩ 一八六頁②ニ移ス。
183
① 清魏標校　嘉永→清魏標校　椿□□（正卿）点　嘉永
② 清沈思編→沈思編
③ （明治一六印、→（明治一六修、
○第十三丁第三行ニ修ガ見ラレル。
④ 明治一六刊（活版）→明治一六以後刊（活版、東、磯部太郎兵衛）
⑤ 王学提要　（王陽明集抄）　明王守仁撰　吉野晋（秋陽）編
文久元刊　大　二
同　同（明治印、京、鴻宝堂川勝徳次郎）　大　二
⑥ 同　同（後印）　大　五
⑦ （天保二印）→（天保二以後印、大、河内屋茂兵衛・江、小林新兵衛）

184① （削除）　○準漢籍ノタメ。

② 王陽明詩集四巻首（明史本伝）一巻　明王守仁撰　近藤元粋点　小　四

明治四三刊（活版、大、青木嵩山堂）

同　同（大正一四印、大、田中宋栄堂）　小　四

③ 清王栄禄編→清王元鼎編　王栄禄等校

④ 同　同（文政元印、江、須原屋元助等）　半　二

⑤ 王遵巌文粋五巻……半　五

→王遵巌文粋五巻　明王慎中撰　〔村瀬〕誨輔〔石庵〕編

文政五刊（和泉屋金右衛門）　半　五

同　同（天保一五印、田辺新次郎）　半　五

同　同（後印、大、河内屋茂兵衛・江、須原屋茂兵衛）　半　五

同　同（後印、江、岡村屋庄助）　半　五

⑥ 斎藤五郎象校→斎藤五郎象点

⑦ 同　同（天保二以後修、補一巻、大、岡田羣玉堂）　半　四

⑧ 版心作五巻→版心作五巻　大、河内屋茂兵衛・江、和泉屋金右衛門）

⑨ 同　同（後印、大、河内屋茂兵衛）　半　四

⑩ （後印、→（明治印、

185① ○本書以下二本ノ記述ヲ左トスル。

弇州山人四部稿撰　六巻　明王世貞撰　沈一貫編　芥川煥

〔丹丘〕点　刊（上田卯兵衛）　大　六

同八巻　同（延享五補尺牘二巻等、京、博文堂丸屋田中

市兵衛）　大　八

○寛保二年後印「弇州先生尺牘撰」（二一二頁上段著録）ヲ

合印シ、別ニ雑文・跋四丁ヲ追刻。

同　（題簽・弇州文選）　同（後印、大、嘉嚮堂上田卯兵衛）　大　六

② 小池桓校→小池桓（南斎）校

③ 胡応麟編　宝暦→胡応麟編　柳〔沢〕里恭（淇園）点　宝暦

④ （仁山）編……（山城屋佐兵衛）→（仁山）点……（井伊氏仁山堂）

186① 劉戢山文抄二巻……半　二

→劉戢山文抄二巻　明劉宗周撰　桑原忱（就峯）編　刊　半　二

同　同（文久四印、大、河内屋茂兵衛等）　半　二

同　同（明治印、大、青木嵩山堂）　半　二

② 一八二頁⑩ヨリ挿入。

③ （削除）

④ 壮悔堂文集……大一一

→壮悔堂文集一〇巻壮悔堂遺稿一巻版心通作一一巻年譜一巻

清侯方域撰　侯必昌・侯訒校　賈開宗等評　内村篤棐点

万延二刊（大、河内屋茂兵衛等）　大一一

⑤ （後印、→（文久元印、

⑥ 大一〇→大一二

⑦ 明治一四刊（錦森堂）→明治一四以後刊（東、錦森堂石川治兵衛）

187① 桑原忱編→桑原忱（鷲峯）編

② （明治印、→（後印、

③ 同　同（明治印、大、河内屋茂兵衛等）　半　二

同　同（明治印、大、青木嵩山堂）　半　一

④ 汪楫・張潮校　天明五刊（大、

→張潮・汪楫校　奥田元継（仙楼）点　天明五刊（覆清、大、

187 ⑤ 山田徵点→山田徵〔吸霞〕点
⑥ 同　同（明治印、東、青山堂）　半　二
邵青門文鈔一巻附事略一巻　清邵長衡　明治一六刊（活版）　半　一
⑦ 同　同（天保六修）　半　二
⑧ 村瀬誨輔編→村瀬誨輔〔石菴〕編
⑨ 同　同（明治二五印、大、青木嵩山堂）　半　六
⑩ 韓珏編→〔山本〕（韓）珏（凹庵）編
⑪ 大窪行等校→大窪行（詩仏）等校
188 ① 服部轍批→服部轍〔擔風〕批
② 存一巻→原存一巻
③ （木活、磯部太郎兵衛等）……大一〇
→（木活、佚存書房磯部太郎兵衛等）……大　七
④ 本書以下二項ヲ総集（二〇〇頁⑩）ニ移ス。
⑤ 〔市〕河世寧編→〔市〕河世寧（寛斎）編
⑥ 元冲校→上田元冲（生生）校
⑦ 田中恭編→田中参（竹所）編
⑧ （安政五印）　未見→（安政五印、従吾軒）
⑨ 同　同（明治二五印、大、青木嵩山堂）　半　二
189 ① 篠崎長平点……（京、山城屋
→篠崎槩（竹陰）点……（覆清、江、山城屋
② 大森欽録……清呉存楷　天保五序刊
→大森欽（快庵）録……清呉存楷撰　市川行校　天保五序刊
③ 同　同（後印、京、聖華房山田茂助）　中　二

④ 陳碧城絶句二巻……桜井藍編
→陳碧城絶句〔抄〕二巻……桜井藍（春沙）編
⑤ 白岩龍平編　明治三六刊（活版、今田主税）→白岩龍平編　今田主税校
明治三六刊（活版、東、楽善堂今田主税）
⑥ （削除）○総集（二〇八頁）ニ記載。
⑦ 原田隆編→原田隆（西疇）編
190 ① 坂口仁一郎編→坂口〔恭（五峯）〕編
② （木活）→（木活、聖華房）
③ 宋→六朝
④ 同　同（後印、江、出雲寺金吾）　大　七
191 ① 龍粛明点→龍粛明（南谷）点
② 同　同（嘉永五印）　大　一
③ 同　同（明治印）　半　一
④ ○「三体詩」ハ末ニ改稿。（三八〇頁）
⑤ 同　同　同　同　寛永二一刊　大　一
同　同　錦繡段合刻本　同　寛永八刊（西村又左衛門）　特小　一
192 ① （井筒屋六兵衛）→（書生堂井筒屋六兵衛）
193 ① （京、川勝五郎右衛門）→（京、英松軒川勝五郎右衛門）
② （万屋清兵衛）→（江、万屋清兵衛）
③ （明誠堂・含英堂）→（京、明誠堂・含英堂）　大　五
④ 同　同（明治印）　大　三
⑤ 同　同（後印）　大　三
⑥ 同　同（後印）　特小　二

193 ⑦ 銭朝鼒・王俊臣校註→銭長鼒・王俊臣校註

194 ① 同 同 同 安永三刊 大 七

同 同(後印) 半 四

② 刊(覆明、京、田原仁左衛門)大 五→刊(覆明)大 八

③ 同 同(後印、京、田原仁左衛門) 大 四

④ 同 同 同 刊(京、田原勘兵衛) 大 四

⑤ 明李攀編→明李攀龍編

⑥ ○「唐詩選」ニツイテ補訂スベキモ、未了。

⑦ (小林新兵衛)→(江、嵩山房小林新兵衛)

⑧ (嵩山房小林新兵衛)→(江、嵩山房小林新兵衛)

⑨ (小林新兵衛)→(嵩山房小林新兵衛)

⑩ 万延二刊→万延二刊(再刻、江、嵩山房小林新兵衛等)

⑪ (嵩山房)→(嵩山房小林新兵衛)

⑫ 文化一四刊→文化四刊

⑬ (小林新兵衛)再刻→(再刻、江、小林新兵衛)

⑭ 同 同(後印) 小 一

195 ① (小林新兵衛)未見→(江、嵩山房小林新兵衛) 中 三

② (小林新兵衛)→(江、嵩山房小林新兵衛)

③ 同 同 同 明治一五刊(名、伊東政四郎) 半 三

④ (大佛久遠)→(大佛久遠斎)

⑤ (素読)唐詩選 同 嘉永四、冬刊カ 中 三

196 ① 享和元跋刊→享和二刊(嵩山房小林新兵衛)

② 明治一七刊→明治一八刊

③ (削除) ○二二四頁ト重複。

④ (木活)→(木活、彦根藩清遠堂)

⑤ (影印、→(石印、

⑥ (箋註)唐賢詩集三巻 清王士禛編 呉煊・胡棠輯註 黄培芳
批評 近藤元粋増評 明治三一刊(活、大、青木嵩山堂) 小 六

同 同(明治三三印、再版、大、青木嵩山堂) 小 六

同 同(明治三八印、三版、大、青木嵩山堂) 小 六

同 同(明治三一印、大、青木嵩山堂) 小 六

○本書ノ各印本ニハ、並製六冊ト上製(帙入)三冊ガアル。

⑦ 同 同(後印、江、山城屋佐兵衛等) 小 四

⑧ 古唐詩合解 (古詩)四巻唐詩一二巻 清王堯衢撰 李模・
李桓校 明和元刊(京、田原勘兵衛等) 半 八

⑨ 三隠詩集三巻→三隠詩集版心三巻

⑩ 大 一→大 三

197 ① 明楊斉賢集注 蕭士贇補注(杜)
→宋楊斉賢集注 元蕭士贇補注 明許自昌校(杜)

② 土居光華点……(正栄堂→土居光華(淡山)点……(江、正栄堂

③ 明蒋之翹注 万治三・寛文四刊(後印、京、中江久四郎)
→明蒋之翹注 鵜飼信之点 万治三・寛文四刊(後印、京、
文栄堂中江久四郎)

④ 韋柳詩集見返 韋蘇州集一〇巻詩話一巻柳州集四巻詩話一巻
附弘簡録文翰伝 唐韋応物撰(柳)唐柳宗元撰 近藤元粋評訂
明治三三刊(活、大、青木嵩山堂) 小 三

197
同　同（明治三八印、再版、大、青木嵩山堂）　小　三
同　同（明治四二印、三版、大、青木嵩山堂）　小　三
同　同　同　同　明治四二刊（活版、異植字版、大、青木嵩山堂）　小　六
○本書ノ各印本ニハ、並製六冊ト上製（帙入）三冊ガアル。
王孟詩集　王右丞集四巻附録・詩話各一巻孟襄陽集二巻詩話
一巻　唐王維撰（孟）唐孟浩然撰　近藤元粋評訂　明治三三
刊（活版、大、青木嵩山堂）　小　三
同　同（明治三五印、再版、大、青木嵩山堂）　小　三
同　同（明治四一印、三版、大、青木嵩山堂）　小　三
同　同（明治四二印、四版、大、青木嵩山堂）　小　五
○本書ノ各印本ニハ、並製五冊ト上製（帙入）三冊ガアル。
⑤ 宋詩合璧二巻雅続二巻　清王〔士禎〕・袁〔枚〕編　村瀬褧
（藤城）校（雅）村瀬褧編　嘉永二刊　半　四
⑥ 山本謹（緑陰）校→山本〔信〕謹（緑陰）校
198
① 同　同（大正印）　中　二
② 宋僧詩選全四巻……半　二
→宋僧詩選全四巻　明曽学佺編　刊　半　二
同　同（後印、藤屋古川三郎兵衛）　半　二
③ （角丸屋甚助・大和田安兵衛）
→（衆星閣角丸屋甚助・端玉堂大和田安兵衛）
④ 同（後印）→同（後修）
○巻下第二丁、二行ヲ補フ。

⑤ 佐羽槐等校→山藤清（苛亭）等校
⑥ 中　一→中　五
⑦ 中　二→中　五
⑧ （河内屋茂兵衛等）→（大、河内屋茂兵衛等）
⑨ 同　一〇巻楽府一巻　金元好門編　近藤元粋点　明治四一刊
（活版、大、青木嵩山堂）　小　二
同　同（同）　小　七
199
① 元釈仲銘編　刊→元釈克新編　余俌校　刊
② 同　同（明治印）　大一〇
③ ⑤ニ移ス。
④ （削除）
⑤ ③ヲ挿入。
⑥ 大内忠太夫点→大内〔承祐〕（熊耳）点
⑦ 首一巻……瀬尾維賢点　享保一一刊（京、
→序目一冊……瀬尾維賢（拙斎）点　享保一五刊（覆明、京、
⑧ 明汪万頃注　貞享二刊（京、
→明汪万頃注　瀧川昌楽〔楽水〕点　貞享二刊（覆明、京、
200
① （寛保二印、風月堂）→（寛保二印、京、風月壮佐衛門）
② 同　四巻　同　元文四刊（江、西村源六・京、西村市郎右衛門）
③ 川上顯校→川上顯〔東山〕校　小　一
④ ⑤本ヲ移ス。
⑤ ④ニ移ス。

200 ⑥ 坂倉通貫選　片岡正英校→坂倉通貫〔澹翠〕選　片岡正英〔穆斎〕校

⑦ 国朝四大家詩鈔→国朝四大家詩

⑧ 清六大家絶句鈔　清李敬編　桑原忱校……半

→清六大家絶句鈔見返　桑原忱校……半　二

⑨ 半→半　二

⑩ 一八八頁④ヨリ移ス。清陸燿→清陸燿編

⑪ 清名家文粋三巻……大　三

→清名家文粋三巻　同（後修・外題換）　大　三

⑫ 同　同（弘化五印、大、積玉圃）　大　三

同　同（後印、名、永楽屋東四郎）　大　三

201 ① 大、河内屋茂兵衛等）→大、群玉堂河内屋岡田茂兵衛等）

同　同（明治印、大、柳原喜兵衛）　半　五

② 清名家古文書見集　清陳兆麟撰　斎藤鑾江編　天保一二刊

（大、藤屋喜七）　半　二

③ 斎藤正謙校→斎藤〔正〕謙校

④ 清名家文鈔→清名家文鈔四巻

⑤ 同　同（明治二五印、東、大草常章・山中孝之助）　半　二

⑥ 三魏文鈔……大　三

→三魏文集　魏伯子文集・魏叔子文集・魏季子文集各一巻

大熊〔寅（秦川）〕編　安政五刊（木活、南林堂）　大　三

⑦ 炭屋徹三郎等）→炭屋轍三郎等）

⑧ （標註）国朝六家詩鈔　（清六家詩鈔）　八巻　清劉執玉編　近藤

元粋増評　近藤元精校　明治四〇刊（活版、大、青木嵩山堂）　小　八

同　同（明治四一印、再版、大、青木恒三郎）　小　八

同　同（大正一五印、大、田中宋栄堂）　小　八

○本書ノ各印本ニハ、並製八冊、上製（帙入）四冊ガアル。

⑨ 同　同（後印）　大一三

⑩ （京……大一二→（再刻、京……大一三

⑪ 同　同（後印、象牙屋治郎兵衛等）　大一三

⑫ （京、風月庄左衛門・尾、風月孫助）→（三刻、尾、風月孫助・京、風月庄

左衛門）

⑬ 同　同（明治二以後印、東、須原屋茂兵衛）　大一三

○明治天皇・皇后ノ肖像（砂目石版・手彩色）ヲ首ニ附ス。

同　同（明治三印、大、大野木市兵衛）　大一三

202 ① 同……大一二→同　音釈訓点本　同　梁蕭統編　近藤元粋点

明治一五刊（大、梅原亀七等）　大一二

同　同（後印、大、中川勘助等）　大一二

② 同　同（正徳六印、江、万屋清兵衛）　大一三

③ 同　同（天保二跋修、三好覃校）　大一三

○巻頭書名ニ「増訂」ヲ冠シ、附訓モ訂正修補スル。

④ 同　同（後印、風月荘左衛門）　大一〇

⑤ 風月庄左衛門）→風月勝左衛門）

⑥ 同　同（後印）　大一〇

⑦ （文臣註）→（六臣註）

⑧ 八尾勘兵衛・野田庄右衛門）→八尾勘兵衛友久・野田庄右衛門重周）

203 ① 文政三刊→文政元刊
② ○古文真宝俟後考→古文真宝ハ末ニ改稿。（二八三頁）
204 ① 10 20 未見→9 17
② （三刻、勝村治右衛門等）→（三刻、京、勝村治右衛門等）
205 ① 元禄四刊（大、磯野三郎衛門）→元禄四刊
② （後……大 一一→（後印、大、磯野三郎右衛門） 大 一
③ 同 元文五年刊本 同 天明七刊（京、銭屋長兵衛・銭屋
庄兵衛） 9 19 大 二
206 ① 延宝七刊→延宝七刊（京、弘華堂山本長兵衛）
② 大一〇→大一五
③ 楽府明辯 五巻→楽府明辯 （文体明辯抽印本）
④ 同……大八〇
→文体明辯 六一巻首一巻目六巻附一四巻目二巻 明徐
師曾編 嘉永五刊（京、謙謙舎） 大六〇
⑤ 同 同（後印、大、伊丹屋中尾新助） 半四〇
⑥ 刊→寛永一九跋刊 白文
⑦ 同 同 刊 返点・送仮名・縦点附 大 二
207 ① 佩文斎詠物詩選 初編 清汪霦等奉勅編 文化五刊 横 一
② 同 同 同 嘉永三刊（再版、江、金生堂玉屋久五郎） 横 二
③ （林伊兵衛等）→（京、武村嘉兵衛
④ （後印、京、武村嘉兵衛等）→（後印、林伊兵衛
208 ① 同 同（後印、江、須原屋茂兵衛・須原屋伊八） 大 二
② →別集類→（削除

③ 註釈七巻 明李延機→註釈七巻 明万暦三十四年刊本 明李延機
④ 同 同 同 寛政四刊（天游館塾） 大 六
⑤ 同 同（文政九印、江、大阪屋茂四郎等） 大 六
⑥ 正文章軌範評林註釈七巻 明李延機撰（続）明鄒守益撰
明焦竑校 伊東亀年（藍田）補注 明治九以後刊（鹿児島県、
高橋種春） 中 六
同 同（明治一四修・平田東城増注） 大 六
同 同（後印、大、田中九兵衛） 大 六
続続文章軌範四巻 明張鼐編 大竹政正（青山）点 明治
一二刊（山梨、内藤伝右衛門） 半 四
（増纂標註）文章軌範正編続編各七巻 明鄒守益編 〔松井〕
暉辰（羅州）校 寛政六刊 大 四
同 同（後印、大、河内屋源七郎等） 大 四
（精選）文章軌範評林七巻 近藤元粋編 明治一四刊（大、
森本太助） 大 六
（増補）文章軌範評林正編続編各七巻 宋謝枋得編 明李延
機注（続）明鄒守益編 伊東亀年補注 高見猪之助増補
近藤元粋校 明治一六刊 大 六
同 同 同 同 明治二八刊（再版、大、岡本明玉堂・
青木嵩山堂） 大 六
⑦ 同 同（明治印） 大 二
⑧ 大 四→大一〇
⑨ 同 同 同 貞享二刊（中村孫兵衛・田中庄兵衛） 小 二

208
同　同(後印)　小　二
⑩ 文化元刊→文化元刊(江、山崎屋清七等) 1021
209
① 同　同(明治印、東、求古堂)　大　五
② 同　同(明治印、大、青木嵩山堂)　中　二
③ (後印)→(後印、東、須原屋茂兵衛)
④ 同　同(明治印、大、群玉堂河内屋茂兵衛)　大　五
⑤ 内山屋牧山校→内山〔良国〕(牧山)校
⑥ (須原屋茂兵衛)→(三刻、須原屋茂兵衛)
⑦ 同　同(後印、京、出雲寺文次郎等)　横小　二
⑧ 根津全孝編→根津全孝校
⑨ 元禄五刊→元禄五刊(銭屋庄兵衛)
210
① 同　同(後印、京、朝倉儀助等)　横半　三
② 唐宋四大家文選八巻附本伝　明帰有光編　顧錦疇増評　宍戸
逸郎点　明治一二刊(東、小林新造)　半　五
③ 同　同(嘉永五印、江、出雲寺万次郎)　大　八
④ 同　同(後印、和泉屋荘次郎)　半　一六
同　同(後印、図書局)　半　一六
⑤ (同、明治印)→(明治印、東、玉巌堂和泉屋金右衛門)
⑥ 同　同　明治一一刊(甲府、温故会)　半　九
(纂評)唐宋八家文読本三〇巻続三〇巻　清沈徳潜撰　井上
癸纂評　明治一二刊(甲府、内藤伝右衛門)　半　一六
同　同(明治一八修　梅巌堂)　半　一六
唐宋八大家文格五巻　明唐順之撰　川西潜(士龍)編　天保

一〇刊　半　五
⑦ 嘉永四・文久二刊→嘉永四・五・文久二刊
⑧ ○李　白　嘉永四刊(大、河内屋善兵衛等)
○隴西李白　嘉永五刊(大、河内屋茂兵衛等)
○杜　甫　文久二刊(大、伊丹屋善兵衛等)
⑨ 宋元明詩選三百首　(箋註)(箋註宋元明詩選)　四巻首一巻
清革黼臣撰　近藤元粋校　明治三一刊(活版、大、青木嵩山堂)
小　四
同　同(明治三四印、再版、大、青木嵩山堂)　小　四
同　同(大正一五印、大、田中宋栄堂)　小　二
○本書ノ各印本ニハ、並製四冊、上製(帙入)二冊ガアル。
211
① (英文蔵等)……横　四→(万笈書房英文蔵等)……横一二
② ⑥ヲ②ニ移ス。(木活)→(木活、学古館)
③ 清呉応和馬洵編→清呉応和編
④ 同　同(後印)　大半　六
⑤ 大、河内屋茂兵衛等)→大、群玉堂河内屋茂兵衛
⑥ ②ノ位置ニ移ス。(木活)→(木活、学古館)
⑦ 後藤機点→後藤機〔松陰〕点
⑧ (評訂)浙西六家詩鈔六巻　清呉応和等編　近藤元粋評訂
明治三六刊(活版、大、青木嵩山堂)　小　六
同　同(明治三九印、大、青木嵩山堂)　小　六
○本書ノ各印本ニハ、並製六冊、上製(帙入)三冊ガアル。
⑨ 横山巻鈔　嘉永→横山巻〔湖山〕鈔　高津濤・中邨正校　嘉永
⑩ 同　同(元治元印、江、万屋忠蔵)　大　三

211
⑪ ○東坡尺牘・大蘇手簡ニ関スル記述ヲ左ノ如ク改ム。
大蘇手簡四巻　清黄始編　岡本行敏（竹坪）校　明治一三刊
（東、耕文書行星野松蔵）　中　四
東坡尺牘　同（後印、千鐘房北畠茂兵衛）　中　四
同　同（明治一五印）　中　四
⑫ 田中武助校→田中良暢（蘭陵）校
⑬ 同　同（後印）　大　一

212
① 弇州尺牘紀要二巻　明道斉編　宝暦六刊（植村藤右衛門）　大　二
② （後印、→（天明四印、
③ 田〔中〕良輔編→田〔中〕良輔点　菊池忠充校
④ （後印、植村藤三郎等）→（後印、京、植村藤右衛門等）
⑤ ○⑤以下四本ノ記述ヲ左ノ如ク改ム。
同　同　吉松某（潤甫）編　天明元刊（京、吉村新右衛門等）　大　二
同　同（明治印、京、尚徳堂堺屋儀兵衛・尚書堂堺屋仁兵衛）　大　二
同　後編二巻　松本慎（愚山）編　安永九序刊（京、めときや
宗八）　大　二
同　四巻続編二巻　吉松潤甫・松本慎編　天明元・安永
九序刊（寛政九印、京、楠見甚左衛門等）　大　四
同　同（明治印、東、和漢堂島林専次郎・博文堂島林専助）　大　二

213
① 李之藻校→李之藻校　三浦衛興（瓶山）再校
② （大、関原利助）→（套印、大、関原利助）
③ 島田均校→島田均選校
④ 一二巻→一二巻首一巻
⑤ 重複ニツキ補入セズ。
⑥ 雲箋東四巻　明陳翊九編→雲箋東（朝墨琅瑘）四巻　明陳翊九編　中　四
⑦ 同　同（後印、京、上坂勘兵衛）　中　四
⑧ 大、河内屋八兵衛・河内屋甚兵衛）
→大、河内屋甚兵衛・嵩高堂河内屋八兵衛）
⑨ 同　同（後印）　大　一

214
① 同　同（寛延元印、結城市郎兵衛）　大　二
② 賀向陵校→〔多〕賀〔谷瑛之〕（向陵）校
③ 明毛普編　〔中西維寧〕（淡淵）校→津逮秘書本　中西維寧（淡淵）校
④ 周釈皎然　明和三刊
→題釈皎然撰　那波師曾（魯堂）点　明和三刊
⑤ 猪□維嶽校→猪〔狩〕維嶽校

215
① 伊藤一藺・羽淵文仲（青城）校→伊藤元啓（南昌）・羽淵〔太玄〕（青城）
校
② （後印、嵩山房→（後印、江、嵩山房
③ 同　同（後印、江、出雲寺万次郎）　大　一
④ 宋明仔　刊→宋胡仔撰　近藤元粋点　刊
⑤ ○本書以下二項ヲ合ワセ、左ノ記述トスル。
全唐詩話六巻　津逮秘書本　題宋尤袤撰　北條士伸（蠖堂）校
享和元刊（江、久田治左衛門等）　大　六
⑥ 同　同（文化一三印、江、山城屋佐兵衛等）　大　一
⑦ 同　同（天保四以後印、江、山城屋佐兵衛等）　大　一

215 ⑧ 宋魏慶之撰　釈玄恵点　〔寛永〕刊→宋魏慶之　〔寛永〕刊

216 ① 宋蔡正孫編　鵜飼真昌等点……一二→宋蔡正孫編（前）〔宇都宮〕由的（守拙斎）点（後）鵜飼真昌〔錬斎〕等点……大一二

② 同　同（寛文八印）　大一二

③ 文章欧治……大三→文章欧治　（原題・文筌）　元陳繹曾撰　朝鮮尹春年注　伊藤長胤（東涯）点　元禄元刊（京、永原屋孫兵衛・唐本屋又兵衛）　大　三

④ （削除）○前項ト合ワス。

⑤ 小嶋弥兵次→小嶋弥平次

217 ① 鵜飼真昌点→鵜飼真昌〔錬斎〕点

○本書ノ本文中ニ「藝苑巵言」ヲ引クニヨリ⑥ニ移ス。

② ○本書以下三項ノ記述ヲ左トスル。

藝苑巵言四巻（巻一―四）　明王世貞編　平瀬又吉校　延享元刊（京、唐本屋吉左衛門等）　大　二

同　同　頼煥校　同（後修、京、植村藤右衛門等）　大　二

同（巻五―八）　同　〔平瀬又吉〕校　延享三刊（京、唐本屋吉左衛門等）　大　二

同　八巻　同　平瀬又吉　頼煥校　延享元・三刊（延享八以後印、京、唐本屋吉佐衛門等）　大　四

同　同（後印）　大　八

③ 明王世貞　享保一七刊

→明王世貞撰　瀧〔長愷〕（鶴臺）点　享保一七刊

④ 明王世貞　元文二跋刊（大、丹波屋理兵衛）→明世貞撰　高志養浩（穆斎）・反□懋績点　元文二跋刊（大、文林堂丹波屋理兵衛）

⑤ 第一集本　同　明治一三刊→第一集本　明王世貞撰　村田直常校（拾）村田直景編　明治一三刊

⑥ ①ヲココニ移ス。

⑦ 内篇・外篇・雑篇→内編・外編・雑編

⑧ 同　同（明和元印、武村新兵衛）　大　六

同　同（後印）　無刊記　大　六

⑨ 明王守謙　享保→明王守謙撰　〔平〕君郤（萍隠）校　享保

⑩ 中野興→中野〔正〕興

⑪ （削除）○準漢籍

⑫ 明馮班撰　西□常道編→清馮班撰　西□常道（丹臺山人）編

○撰者、清人ニツキ⑬ニ移ス。

⑬ ⑫ヨリ移ル。

218 ① （後印、藤屋→（後印、京、藤井

② 松井暉辰点→松井暉辰〔羅州〕点

③ 後印、柳原喜兵衛）→後印、積玉圃柳原喜兵衛）

④ 詩法纂論一〇巻→詩法纂論　（千金譜録要）一〇巻

⑤ 森大来校→森〔公泰（塊南）〕校

⑥ 漁洋詩話→漁洋詩話鍥

⑦ 清劉大勤問……（大、文魁堂等）

→清劉大勤問……（大、文魁堂名倉又兵衛等）

219 ① 二巻　清陳延敬撰→二巻　午亭文編抄出本　清陳延敬撰

② （江、須原伊八）→（江、須原屋伊八等）

219 ③ （官版）→（覆清、官版）
④ （文政六印）→（文政六印、江、堀野屋儀助）
⑤ 同　同（後印、江、尚友堂岡村庄助）　大　三
同　同（後印、大、河内屋宇助）　大　三
⑥ 清陳元輔　元文元刊→清陳元輔撰　奥田士亨（蘭汀）点　元文
⑦ 京、英華堂）→　京、英華堂・大窪行（詩佛）校
⑧ （大、北尾禹三郎）→（套印、大、北尾禹三郎）
⑨ 加藤淵点→加藤淵（広洲）校
⑩ 同　同（明治印、京、山田茂助）　小　四
⑪ 神谷謙編　文化元刊→神谷謙〔東溪〕編　柏〔木〕昶〔如亭〕校　文化
元刊（江、大和屋安兵衛・大、河内屋太助）
⑫ （文化五印）→（文化五印、江、前川源兵衛等）
⑬ 大窪〔行〕……（勝村治右衛門）
→〔大窪行〕……（江、和泉屋金右衛門等
⑭ （後印、江、和泉屋金右衛門等）→（後印）
⑮ 宝文閣、小林新造）→宝文閣小林新造
220 ① 横山巻編→横山巻〔湖山〕編
② 石川之清編……（嵩山房→石川之清（大凡）編……（江、嵩山房
③ 間□欣栄→間野欣栄
④ 村田真景編　明治一三刊
→村田真景〔廉窩〕編　明治一三刊（東、河井源蔵）
⑤ （活版）　一→（活版、東、斯文会）　半　一
⑥ 三二齣　〔明許自昌〕……（影明万暦
→三二齣　帯図本　〔明許自昌〕……（影明万暦、京、九皇会）
⑦ 同　同（合印、第一―二〇回、京、林権兵衛）　大　四
221 ① 日本忠臣庫　（海外奇談・海外奇譚）　一〇回　清（鴻蒙陳人）訳
□□（懶所）点　文化一三刊　半　三
同　同（明治印、東、河内屋文助等）　半　三
② （本書以下三項削除）○一五一頁①ト重複。
③ 服部誠一点→服部誠一〔撫松〕点
④ （削除）○一五一頁ト重複。
⑤ 燕山外史二巻　清陳球撰　大郷穆（学橋）点　酒井三治校
明治一一刊（東、河井源蔵）　中　二
⑥ 他山之石→（七二頁⑥）ヨリ移ル。

版種目録「三體詩法」

○無注一巻巻七絶本

江戸初刊　8 2句　大　一

●刊　8 2句　白文　大　一

●刊　8 2句　附訓　大　一

●寛永一一、六刊(京、風月宗知)　錦繍段合刻　9 15　特小　一

●寛永一六、六刊(覆寛永一一)　同　特小　一

●寛永一八、正刊(京、風月宗智)　9 2句　大　一

寛永二一、九刊　大　一

●〔化政間〕刊(江、和泉屋吉兵衛)　8 2句　白　特小　一

○無注三巻本

寛文一一、一二刊(中尾市良兵衛)　8 15　大　一

●寛文九、二刊(八尾清兵衛・山本五兵衛)　10 2句　平假名旁訓　大　三

●元祿八、六刊(大、秋田屋大野木市兵衛)　10 2句　片假名旁訓　半　三

●享保八、正印(大、大野木市兵衛)　8 15　片假名旁訓　小　一

●享保一一、一一刊(大、澄口太兵衛 秋田屋市兵衛)　唐音三體詩譯讀岡島璞　半　三

○特小本或横本

●文政一〇、一二刊(大、前川源七郎等)　田浦晉(脩堂)校(袖珍)三體詩　特小　三

●同(弘化二印、大、文會堂敦賀屋九兵衛等)　特小　三

●天保一二、一二刊(英文藏・英大助)　館機儁校　横　一

同(後印、岡田屋嘉七・山城屋佐兵衛)　横　一

●同(明治二六、一〇印、東、大矢書店纐纈房太郎)　横　一

●明治一三序刊(銅版)　中野了隨点　片假名旁訓本　横　一

○箋註二〇巻本

文政四刊(官版)　大　三

●同(文政六印、堀野屋儀助・岡田屋嘉七)　大　三

○增註三巻本

〔寛永中〕　覆明應刊本　10 22　大　三

●寛永七、二刊(又左衛門)　9 22　小黒双无　大　三

●寛永二〇、七刊(京、林甚右衛門)　10 20　大　三

●正保三、二刊　10 20　大　三

●慶安二、正刊(覆正保三)　大　三

●承應二、七刊(覆慶安二)　大　三

●同(萬治二、八印、京、西村又左衛門)　大　三

延寶二　大　三

●天和二、二刊(書生堂)　題簽「大字改正」　刊語唐賢三體云々　四行　大　三

●同(後印、井筒屋六兵衛)　題簽・見返同　刊語末加刻刊者　大　三

●同(元禄九、二印、書華堂)　題簽「改正新版」　大　三

貞享二、八刊?(求古堂)　未見　刊語「伯弜之云々」五行　大　三

●同(貞享二、一一印、禎照軒)　題簽「(重校正)」　大　三

内同(享保一〇、一一印、文華堂)　同　大　三

貞享五、正刊(覆貞享二、大、鹽屋七郎兵衛)　刊語「伯弜之…」　大　三

刊(覆貞享二)　未見　同　大　三

同(元祿一六、二印、旣康堂) 題簽「重校正」 同 大 三

○上記各版ニツイテハ「伯弜之云々」ノ刊語ノ末ノ「見者應知于石之有辨者也」ノ「石」字ガ「𠮥」トナレルモノアルニヨリテ辨別シウルコトアリ。貞享二刊・貞享五刊ハ「𠮥」ニシテ、元祿一六印ハ「石」ナリ

天和四、正刊(敦賀屋三右衛門) 題簽「大字校正」 刊語「唐賢云々」四行 大 三

同(後印) 大 三

●同(元祿八、一〇印、京、西村善兵衛) 大 三

同(後印、吉野屋權兵衛河内屋茂兵衛) 大 三

●元祿五、正刊(京、英松軒川勝五郎右衛門) 題簽「羅山訓點」 刊語「唐賢云々」 三行 大 三

元祿六、 刊 未詳調 大 三

元祿七、八刊(江、萬屋淸兵衛) 大 三

享保三、四刊(京、明誠堂・含英堂) 題簽「羅山訓點」カ 大 三

元祿七、九刊(京、山本八左衛門・伊藤五郎兵衛)

世良柳安(順齋)標註 同年世良跋 大 三

承應二、二・明暦三、二刊(京、田原仁左衛門) 松永昌易首書 大 六

○後藤機(松陰)點本二〇巻

安政三刊(山城屋佐兵衛) 題簽「新増箋註」 大 三

同(後印、江、山城屋佐兵衛等) 大 三

同(後印、大、敦賀屋九兵衛等) 大 三

同(明治印、嵩山堂) 大 三

同(明治印、京、山田茂助) 大 三

版種目錄「古文眞寶」

○無注本ルビ付

●萬治3 1 木村次良兵衛	後10	魁△箋○△尓		大二	9 18 黒大単無		真宝巻一	山田 規
●	後10	圖畫古文眞寶	圖畫 古文後集	半三	8-12 白単無		古○巻之一	
●貞享5 3 南松堂	後2	魁○○△○○					古文上	
右ノ覆刻	後2		繪入 古文後集片カナ附	半二	8 17 白単無	送假名郭ニ入リ込ム		規
	後2	魁○○◑○○	繪入 古文後集片カナ附	半二	8 17 白単無	未見	古文上	
後印 額田正三郎 田中市兵衛 井上忠兵衛	後2			半二	8 17 白単無			規
貞享覆刻	後2	魁○○◑○○		半二	8 17 白単無	未見		
寛政9 3修 北尾善七	後2		繪入 古文眞寶カタカナ附	半二	8 17 白単無	挿繪少シ	古文上	規
●ナシ	後10	魁○○△○○	古文眞寶後集素本	半二	7 15 白単無		古○一	
	前10	魁△○◑稾尓						
天和3 2印	前10		古文眞寶前集素本	半三	7 15 白単無		古文前集巻一	佐日 野加 規
●ナシ	後10	魁△○△○○	古文眞寶後集	半二	9 19 白単無		古文一	
●享保8 1 求板 大野木市兵衛	後2	魁△○○○○		小二	8 18 白単無		古文上	
元文5 9再 同	後2	魁△○○○○	○欠 古文眞寶後集	小二	8 18 白単無		古文後集上	神 規
ナシ 河内屋藤四郎	前2	△○害	古文前集片假名附	小横 四	10 10 白単界		古文前集	
河内屋茂兵衛 (↔9)	後2	△△尓					古文後集	
文政10 10 後 屋東平 屋又兵衛	後2			中二	7 18			
文政 自伊丹屋善兵衛 至椀屋善兵衛 13	後2	||||正文	||||片假名附	中二	7 18 白単界			日 加賀

○帶注本

年月	集巻	刊地	刊行者	行字口辺界	諸○箋○文○眞○寶○	大冊	鄭本序行字	題簽	所在
寛永1 4	後（白ヌキ）10			9 18黒双無	魁△箋 △尓	大二	9 18		閣
3 4	後〃〃	京	伊藤助兵衛	8 15大黒単無	魁○箋 △尓	大二			宮神慧
●4 11	後〃〃		道伴	9 18黒双無	魁△箋○△尓	大二	9 18	古文○尓	規規
●19	後〃〃		治右衛門	9 18黒双無	魁△箋○△尓	大二	9 18		神規
●〔寛永〕	前（白ヌキ）10	京	敦賀屋九兵衛	9 17小黒単無	魁△○○△尓	大二	……		規
正保3 10	後 10印		ナシ		箋 尓	大二			秋陽
慶安2 5	前（白ヌキ）10	京	山屋治右衛門	10 17花単無	魁△○○△尓	大	……		三小原浜
2 月令	後（陽）10		中村長兵衛	9 18花双無	魁△箋○△尓	大二	9 18	古文△尓	規
4 8	後（白ヌキ）10		豊興堂	9 18黒双無	魁△箋○△尓	大二	9 18		規
明暦1 5印	後 2	京	武村市兵衛	9 18黒双無	魁△箋 ○尓	大二			
● 1 9印	〃（白ヌキ）10	京	野田弥兵衛	9 18黒単無	魁△箋○△尓	大二	6 13	古文眞○	規
●寛文9 10	後（白ヌキ）2	京	上村次郎右衛門	8 17白単無	魁○○○○尓	大二	6 8		規 B1 A
10 1	〃〃 2		山田市郎兵衛（ウメ木?）	8 16白双無	魁○○○○尓	大二			愛大学 神
10	後	〔安政四年、京、文昌堂永田調兵衛刊本奥附ニ「寛文十庚戌歳 元版」トアリ〕							
延寶3 2	後 2		吉田四郎右衛門（ウメ木）	8 17白単無	魁○○△○尓	大二		新板□□————	加日
4	後 10								静
5 4	後（白ヌキ）10（2版心）		村上勘兵衛	8 17白単無	魁○○○○尓	大二	6 8	新板?大字———○○	（陽）神規 B2 B

5 6	後	10	京	林傳右衞門	8 17	白単無	乢△箋○△尓	大			新
貞享2 2	後（白ヌキ）	10		前川茂右衞門	9 18	黒小双無	乢△箋△△尓	大二		ーーーー 覆古活（白文）	加日
4 2 （文化2 10修アリ）	前	3			10 20						
4 2	後	2			9 17	単無		大二			
4 2	後（陽ワク）	10	江	須原茂兵衞	9 17	白双無	魁○○○○○	大二	7 12		閣
〔下缺〕	後（陽ワク）	2			8 17	白単無	乢○○○○尓	大二	6 8 書行		規 B3
元禄2 4印	後（陽ワク）	2	梅村		9 18	白単無	魁△△○○○（首下）	大二			規 下豊 B5
3 5	後（陽ワク）	2	京	（洛陽銅駝坊）	9 18	白双無	魁○○○○○	大二	7 12		規
4 7印	前（陽ワク）	3	大	礒野三郎右衞門	10 20（下黒）	白単無	魁○○○○○	大			三愛茨 原日大 豊 日 井上 閣
7 1	後	2		梅村彌白 柳田氏	8 17	白単無	魁○○○○○	半二		新版改正 古文眞寶○	竜瑞
15 5	後	2	江	須原屋四郎兵衞	9 17	白双無	魁△○○○○	大二			竜瑞
寶永4 1	前	10（版心）	京	瀬尾源兵衞	9 17	白単無	○△○○眞尓	大	9 17	古文前集△	規
	後（陽）	10（各2）			9 17	白単無	○△○○○○	大	ー	古文後集△ 首葉八行	
正徳2 1	後	10	京江	林久次郎 同源兵衞	8 17	白単無		大二		中島浮山校	
享保1 7印	前	10	京江	同	8 17	白単無		大二		改正古文前集 同	

3 1	後 陽ワク	2	京	北村四良兵衛	9又 10 19	白単無	魁〇〇△〇〇	大二	6 12 行	改正大字 | | | |	規 C1
後印										大字□□ | | | |	規
4 8	後 白ヌキ	2		杉生五郎左衛門 荒川源兵衛	8 17	白単無	魁《サキカケ》〇〇〇尓	大二	6 8	新大字改正版 | | | 〇〇〇	浦松 規 B4 B
5 1	前 陽ワク	3	江	須原治右衛門	10 20	白単無	魁〇〇〇〇	大三		新板校正 古文前集〇	規
元文 1 5印	後 白ヌキ	2	京	野田弥兵衛	8 17	白単無	魁〇〇〇〇尓	大二		新版改正 | | | |	康三
5 11印	後 白ヌキ	2	京	長村半兵衛 河南四郎右衛門	8 20	白単無	魁〇〇〇〇尓	大二	6 9	元文新版大字改正 | | | 〇〇 尓	規 B8
寶暦 3 春	前	3	京	勝村治右衛門							陽
	前 陽	3	京	秋田屋平左衛門	10 21	白単無	魁〇〇〇〇〇	大三	7 11		懐 浦松 規
4 6再	後	2	京	山田三良兵衛 梅村三良兵衛 中村宗左衛門	8 20	白単無	魁〇〇 〇〇	大二			
5 1再 覆元文5 11	後	2	京	長村半兵衛 河南四郎右衛門	8 20	単無	魁〇〇〇〇尓	大二	6 9	寶暦新板—〇〇〇	懐神 B9
5	前	3	江	須原治右衛門				大三			大和井福
?	後 陽ワク	2			9 17	白双無	魁〇〇〇〇〇	大二	5 10		規 C4
9 求修	後 陽ワク	2	大	柏原屋清右衛門	9 17	白双無		大二	7 12	新版改正 | | | 〇〇〇	規 C4′
12 1 覆元禄4 7	前 白ヌキ	3	京	河南四良衛門 長村半兵衛 河南四良兵衛	10 20	白単無	魁〇〇〇〇寚	大三	…暦	寶暦新刻 | | 〇 前集	鎌 日小室 規

天明1秋印	後白ヌキ	2	京	北村四郎兵衛	8 17	白単無	魁○○○○尓	大二	6 8	享保48トハ異版	規 B4
天明	後陽ワク	2	京	出雲寺松栢堂	9 19	白単無	魁○○○眞尓	大二	6 9	天明再刻大字改正｜｜｜○○尓	規
寛政9 1求印	後陽	2	京	鈖屋安兵衛	首9 10 17	白単無	魁△○○○○	大二	7 12	新鐫大字｜｜△○尓	規
12 4	後白ヌキ	2	京	鉛屋安兵衛	8 17	白単無	魁○○○○尓	大二	6 8 7 12 複	新鐫大字古文○○○	規
文化2 10修 (享保51の修)	前白ワク	3	大 〃 江	秋田屋太右衛門 大野木市兵衛 須原茂兵衛	10 20	白単無	魁○○○○○	大三		新板校正古文○前集	文理 規
9冬印	後	2	京	山本善兵衛	8 19	白単無	魁△○○○尓	小一		｜｜｜○○○後集新校正	小浜
文政3 1	後	10									
6 5	後	2	大	加賀屋善藏 今津屋辰三郎 河内屋儀助	9 15	黒単界	魁○○○○尓			標註補正｜｜｜○○○改正訓點	豊濱
10修 (寶暦5)	後	2									
10 1修			京	吉野屋仁兵衛				大			鎌
天保12 4修 (享保31の修)	後陽ワク	2	大	河内屋善兵衛	9 14	白単無	魁○○△眞○	大二	6 12		規 C1′
15 1 (貞享42刊文化2修の後印)	前	2		自須原屋茂兵衛 至秋田屋太右衛門 8肆				大二			日市村
天保 印	後	10		自河内屋藤四郎 至河内屋茂兵衛 11肆	8 17	白単無	魁△箋○△尓	大二	7 11	天保補刻魁本大字古文眞宀 後集	新潟 規

（覆延寶5）

見返ニ「天保補刻」トアリ。

弘化3　前白《ワク》　3　自須原屋茂兵衛 至勝村治右衛門 7肆　8 17白単界　魁〇〇△〇尓　中三　弘化改正―｜前集　懐陽 日坂本

後印　大谷吉野屋仁兵衛

嘉永11　前陽《ワク》　3　京　吉野屋仁兵衛　8 18白単無　魁〇〇〇〇寶　大一　文政新刻古文前集　佐太賀宰大神

嘉永5秋印　後白《ヌキ》　2　自須原屋茂兵衛 至萬屋東平 5肆　8 19白単無　魁△〇〇〇尓　大一　6 8　新刻校正―｜―寶　規B6″C

コノ本ノ早印本ニハ「名、本屋久兵衛」ノ奥附アリ　〃　寶異　規B6″C

安政2　前陽　3　大宋榮堂　秋田屋太右衛門　10 18黒単界　魁△〇〇〇尓　大一　標註補正古文前集改正訓點

見返上方ニ「安政乙卯新鐫」ト横ニアリ。奥附ニ須原屋茂兵衛至秋田屋太右衛門ノ十肆列名。

安政34三刻　前陽　3　京 勝村治右衛門 江 須原屋茂兵衛 江 山城屋佐兵衛　10 19白単界　魁〇〇△〇〇　大三　校本―｜―集

奥附ニ、寛延四、九原刻、寶暦三、二再刻、安政三、四三刻トアリ。但シ、コレニ三種アリ。其一ハ「安政」ノ二字ノ下墨丁、次ニ三肆ノ名アリ。奥附ハ、須原屋茂兵衛ヨリ勝村治右衛門版、勝村伊兵衛ニ至ル九肆ヲ陳ネ、「安政二年乙卯三月刻成」トアリ。其二ハ、須原屋山城屋勝村ノ三名ナク、奥附ハ其一ト同ジモノ。其三ハ巻末ニハ三名ノ名アリテ、奥附ニ刻成ノ年ナク、須原屋ヨリ勝村ニ至ル十一肆ヲ陳ネタルモノアリ。三者何レモ、見返ニハ「安政乙卯歳晩春新雕」トアリ、刊年ハ見返ニヨレバ、安政二年三月トナルナリ。

安政4　後ナシ　2　京　文昌堂　永田調兵衛　8 20白単無　魁〇〇〇〇〇　大一　7 15　安政新刻―｜―｜　規

奥附ニハ、寛文一〇　元版、寶暦四　再版、安政一　求版、安政四　三版トアリ。

安政57　後陽　2　大　伊丹屋善兵衛等　9 15黒単界　魁〇〇〇〇尓　大一　6 12　標註補正―｜―｜―

奥附ニハ、文政六、五原刻、安政五、七再刻トアリテ、秋田屋太右衛門・堺屋新兵衛・加賀屋善藏・伊丹屋善兵衛ノ四肆ノ列名アリ。

後印本　須原屋茂兵衛ヨリ秋田屋太右衛門ニ至ル一〇肆（伊丹屋ナシ）ノ奥附ヲ加ヘタルモノ。コレハ　規秋田屋發賣ニ係ルモノナルベシ。

須原屋茂兵衛ヨリ伊丹屋善兵衛ニ至ル一〇肆ヲ列シタルモノ　規 神大天

明治印本　原刊記ナク　須原屋ヨリ伊丹屋ニ至ル一二肆ヲ列シタルモノ　規

文久2印（安政34の後印）　前33　規

元治1印（安政2の後印）　前陽3　自須原屋茂兵衛至秋田屋太右衛門9肆　10　黒単界　魁△〇〇〇尓　標註——前集改正訓口　規

無刊記　前白ヌキ10　10 17 白双無　魁△〇〇亠〇　大三　新板——〇前集　新潟神規

赤栗表紙、江戸前期。誤刻多シ。

後陽ワク2　浪華書林中　8 18扁平 白単無　魁△〇〇〇〇　大二　6 8　新鐫大字——〇〇〇　規

〇鼇頭（首書）本

慶安元跋　田原仁左衛門　8 18 黒単無　魁△箋△貴尓　大二　8 18　天無

後印　後シナ10　京　上村次郎右衛門　規

寛文58　前10　武村三郎兵行　9 13 黒大単無　魁△〇〇〇〇　大五　⋮　鼇頭註古文前集　無無愛 オダ天カン 福 豊

61　後10　京　山本長兵衛　7 13 白単無　魁△〇〇貴寶　大一〇　新刊評註古文眞〇尓　愛カン

134　後10　寺田與平治入本カ　8 14 白単無　大五　鼇頭評註——△尓　愛大学 神

延寶8 1印 後陽10　山本長兵衛　8 14白単無　大七　6 9　新増評註――△尓　闇神規

元禄10 1印 前 10　京 武村新兵衛 三郎兵衛　8 14白単無　魁〇〇〇眞尓　大四　鼇頭 新増 古文前集　愛島 カン根

校点者索引

長澤規矩也編

和刻本では、加点者の方が校訂者よりもはるかに重要であるが、加点者は原書に記されていないことがある。編者や校訂者が記載されていても、それが加点者であるか、どうかはっきりしないことも少なくない。カードを作成する時に、序跋などで、編校者中から、訓点を加えた人を知りうるときには、加点者として目録をとるが、編者と校者とが併記されている場合には、特にそのいずれか判明しない。白文本の校訂者も、校合に当たったことでは相当の業績と認めざるを得ない。そこで、今回は、編纂者・校訂者・加点者のいずれをもこの索引中に含めることにした。ただ、加点者が明らかである場合の校者はこれを省略し、編者・校者が併記されている場合は校者を省略したことが多い。

〇

この表は三段から成る。

最上段には、まず校点者の姓名を記し、その下の（　）内に号を附記した。二字の名の人で、伝本には修して一字のみ記されている人は、知り得る限り、修しない前の二字を記載した。号は、伝本には見えないものをも加え、二種以上の号は必ずしも併記せず、ことに伝本に見えないものは省いたものが多い。

第二段の数字は校点者の見えるページ数及び上下段の別を記す。書名が前ページの末にあり、校点者の名が目録上次ページに見えるものは、次ページを記した。第三段には、第一段に掲げた人が校点した書の名を列記し、続いて校点の別を記す。白文本には「校」、断句本には「句」、返り点・送り仮名が加えられたことが分るものには「点」と記したが、この区別は上述のごとく明確ではなく、「編」又は「注」としたものもある。

なお、前項と同じ位置で重複する文字は一々再起せず「―」で代用した。

（補記）本索引は、最初編者の自筆原稿を影印する形で刊行されたが、今回はそれを翻印した。翻印に際し、若干の訂正以外は、原稿を出来るだけ尊重するため、使用する字体については、原則として最上段の校点者名は旧字体、第三段の書名は新字体を用いた。

ア

安積　信(艮齋)　72上　明朝紀事本末　校
180下　梅花百詠　校
―代良輔　143上　博物新編　頭書
―達忠貫　179上　指南録　点
―部井裴(帽山)　26上　孝経大義　点
99下　近思録　校
102下　小学　点
阿部喜任(櫟齋)　130下　梅菊両譜　校
――弘國　76下　二十二史略　校
151上　伊蘇普譚　点
――修助　76下　二十二史略　注
青木敦書(昆陽)　94上　賈子新書　点
赤川　坤　91上①　李忠足公集鈔　補
赤川次郎　174下　李忠定公奏議選　編
―澤太一郎　43下　〔四書章句集註〕　点
―松　榮(鳩峯)　152上　小学紺珠　点
――　勳(蘭室)　7下　書儀　校
172下　東坡文抄　編
――連城　106下　鳴道集説　点
明石九鼎　50下　逸雅　校
秋岡寅之輔　94下　忠経　点
―月胤水　69上④　資治通鑑　点
―山　儀(玉山)　131上　墨子　校
――四郎　70上　通鑑綱目鈔　編
芥川　煥(丹邱)　116上　韓非子　校
164上　王勃集　点
185上　弇州山人四部稿選　点
――徽卿(徂山)　203上　古楽苑抄　編
――元澄(思堂)　6下　尚書註疏　点
淺野　陵　22下　孝経　点
――安正(絅齋)　12下　大戴礼記　点
13下　家礼　点
98下　四箴附考　著
―見文次郎　107上　童子習　点
朝川　鼐(同齋)　116上　韓非子識誤　校
――　鼎(善庵)　59上　四字経　校
93下　荀子　校
173上　東坡先生詩鈔　校
210上　瀛奎律髓　校
東　敬治(正堂)　133下②　(標註)菜根譚　注
荒井公履　29上　五経音註　編
138下　酒中趣　校
143下　重学浅説　点
―――廉(鳴門)(名、一ニ豹)　53下　隷続　句
92上　――　点

147下　虞初新志　点
200下　清詩別裁選　編
—木榮直　195下　唐詩選　訓
——賽之進　86上　嘆咭唎紀略　点
——祐進　112上　三略　校
新井祐登(白蛾)　148下　梅雪争奇　点
有井範平　64下　史記評林　点
159下　南華真経　点
安堵逸郎　161上　太上感応篇　点
—東守正(省菴)　109上　学蔀通弁　点
—藤　俊　76下　廿二史纂略撮要　編
——　宜(龍淵)　54下　隷弁　補

イ

五十嵐師曾(三省)　177下　白石道人詩集　校
——川左武郎(訒堂)　95上　忠経集註　注
104上　小学纂註校本　校
井伊　萬(四娟)　139上　読書十六観　校
——友直(仁山)　185下　詠物詩　点
—田　讓　137上　集古偶録　点
—上　撰　36下⑨　(増補)蘇批孟子　評
210下⑥　(纂評)唐宋八家文読本　纂評
——主殿(鶴洲)　120上　選択叢書集要　校
——重實　70下　歴代通鑑輯覧　点

——(楢原)陳政　190上　曲園自述詩　点
——通熙(蘭臺)　1下　周易　点
8下　詩経　点
93下　新語　点
——　某(春洋)　85下　瀛環志略　点
生駒　登(雲菴)　206上　古文真宝　注
衣關敬鱗　20上　孝経　校
伊地知貞馨　64下　史記評林　点
—東龜年(藍田)　36上　論語筆解　点
208下　文章軌範百家評林注釈　補注
—⑥　(増補)文章軌範評林　補注
伊藤維楨(仁齋)　32上　大学定本　編
106下　許魯齋先生心法　点
——清民圭介　201上　表忠詩鈔　編
——　馨(鳳山)　21下　孝経　注
——　元。元基ナラ號ハ龍洲　211上　晋安風雅　点
——元啓(南昌)　215上　楽府古題要解　点・校
——之幹　76上　盾鼻随聞録　点
——善詔(東所)　34上　論語正文　点
37下③　論語白文・孟子白文　校
——長胤(東涯)　16上①　(呂東萊先生)左氏博議　点
28下　五経正文　点
35上　論語集解　点

36下　孟子白文　点
94上　塩鉄論　点
216上　文章欧治　点
――③　――――　―
16上①　左氏博議　点
猪狩維嶽　20上　孝経　校
214下　本事詩　校
―飼彦博(敬所)　139上　智嚢　点
飯島耿介　111上　醒世格言　点
――有年　190上　日本雑事詩　点
―村　孫(岳麓)　215下　放翁詩話　点
家里　衡(松疇)　181上　高青邱絶句　点
爽鳩　允　92上　四庫全書簡明目録　点
幾阪世達(煙崖)　178下　後村詩鈔　校
池内奉時(陶所)　17下　左繡　点
65上　読史管見　点
133下　酔古堂剣掃　点
――④　―――――　校
―田　観　126下　庚子消夏録碑帖考　句
―原雲洞　63上　史記扁鵲倉公列伝　句
―　龍子　196上　(頭書)唐詩選　校
石川英輔(鴻齋)　57上　康熙字典　音釈
64下　史記評林　校

67下　五代史　校
122上　書法正伝　点
141上①　(纂評箋註)蒙求校本　評注
154下　円機活法　点
155下⑥　佩文韻府　校
190上　蘅華館詩録　点
195下　(増補)唐詩選　点
201上　光緒名臣文粋　点
石川之駿(竹厓)　69上　資治通鑑　句
178上　陸放翁詩選　点
――①　(増続)陸放翁詩選　校
―――清(大凡)　220上　詩話三種
――　貞(金谷)　164下　李巨山詠物詩　校
―坂宗哲(竽齋)　81下　読史論略詳註　点
――文和　92上　四庫全書総目　点
―村貞一(桐陰)　80下　居士伝　点
泉澤　充(履齋)　178下　真山民詩集　点
板倉勝明(節山)　110上　備忘　点
市川央坡　143下　化学初階　点
―――匡(鶴鳴)　115下　弟子職　点
――　行　189上　江郷節物詩　点
――②　蔡雪呉歙鈔　校
―河三亥(米庵)　122 123　清三家書論　点

――世寧（寛齋） 188下 隨園詩鈔 点
―村水香 189上 頤道堂詩鈔 句
今田主税 189下⑤ 曾公全集鈔録 校
入江兼通（若水） 164下 駱賓王集 点
―― 某（石泉） 138下 快楽原 編
――忠囿（南溟） 160上 文子 校
巖垣彦明（龍溪） 73上 十八史略 標記
――松苗（東園） 73上 ―――― 補
―谷 修（一六） 75上 靖康伝信録 点
155上 佩文韻府 校
―⑨ ――――― |

ウ

宇佐美恵（灊水） 115上 武経射学正宗指迷集 校
157上 老子道徳真経 点
――善 78下 東坡先生年譜 句
97上 省心録 点
―津木益夫（昆臺） 160上⑤ 荘子集釈 校
183上 朝鮮賦 点
―都宮三的（圭齋） 29下 五経白文 点
95上 忠経集註詳解 点
―――由的（遯庵）（通称三近） 100下 近思録集解 点
100下 童蒙須知 点
107上 正俗篇 点

166下 杜律集解 点
―⑦ ―――― 評註
202上 文選音註 点
216上 詩林広記 点
―① ―――― |
宇野成之（東山） 9上 詩経古注標記 点
132上 淮南鴻烈解 点
鵜飼信之（石齋） 4下 周易伝義大全 点
47上 四書大全 点
48上 四書存疑 点
55上① （増補）草書韻会 点
70上 歴史大方綱鑑補 点
104上 朱子語類 点
105上 学的 点
114下 武備志 点
132上 鴻南鴻烈解 点
134上 白虎通徳論 点
151下 事物紀原 点
167上 杜少陵先生詩分類集註 点
167下 唐柳河東集 点
197上③ 韓柳全集 点
―――昌（錬齋） 69下 資治通鑑綱目 点
180上 魯齋全書 点

180上⑤ 魯斎全書 点
——眞昌 216上 詩林広記 点
217上 名賢詩評 点
———泰（稱齋） 79下 名臣言行録 点
81上 万姓統譜 点
上田元冲（生生） 188下 隨園絶句抄 点
—野 某（圭庵） 189上 船山詩草 点
—村幸次 148下 笑海叢珠 校
碓井 歡 188下 甌北詩選 点
201上 隨園女弟子詩選 選
内田嘉一 143下 西薬略繹 点
—村 篤 179下 文文山先生集杜詩 点
——篤棐 或ハ同一人 186下 壮悔堂文集 点
——④———————
—山良國（牧山） 209上 聯珠詩格 点
浦野庄三郎 102上 小学 点
瓜生 寅 213下 尺牘双魚 校

エ

江川 龍 106上 性理字訓 校
—田益英 137下 天工開物 点
海老名恒 205上 古文真宝 校

オ

小河 鼎 156上⑨ 詩韻含英 校
—田誠一郎 130上 煎茶訣 点
—野職博（蘭山） 117上 救荒本草 校
117上 植物名物図考 重修
———慤 155下 佩文韻府 校
——長愿（湖山） 216下 文章綱領 編
52上 説文解字 点
88上 福恵全書 点
—畑行簡（詩山） 158下 老子弁 点
117上 授時通考 点
—幡玉斧（龍埜） 110下 朱子家訓 点
織田完之 199下 四先生文範 点
——⑥———————
——權（道齋） 26下 韻字孝経 点
大内承祐（熊耳） 49下 小爾雅 点
207下 咏物詩選 点
—江資衡（玄圃） 213上 歴朝名媛尺牘 点
5上 易論 点
176下 石湖先生詩鈔 点
—岡 譲 177下 楊誠斎詩鈔 点
—久保奎（英輔） 178下 秋崖詩鈔 点
—窪 行（詩佛） 187下 花暦百詠 点
197下 宋詩鈔 点
201上 隨園女弟子詩選 選

219上⑦ 枕山楼課児詩話 校
208下 聯珠詩格 点
219下 甌北詩話 点
—熊 寅(秦川) 200上⑥ 清詩選選 編
201下 三魏文鈔 編
—藏永綏 89上 大明令 点
—鄕 穆(學橋) 64下 史記評林 点
207上 文体明弁纂要 点
221下⑤ 燕山外史 点
—澤・弘(南康) 86下 熙朝楽事 点
——道安 20下 孝経 点
—島桃年 78下 柳先生年譜 点
——文 146上 太平清話 点
—闞惟孝(忍齋) 78上 晏子春秋音義 点
—竹政正(青山) 208下⑥ 続々文章軌範 点
—谷孝藏 212上 弢園尺牘鈔 点
—冢 弘(雲渦) 196上 唐三体詩絶句 解法
——孝綽 145上 世説逸 点
—塚嘉兵衛 32下 大学 点
—槻修二 128上 西清古鑑 補
——清二 94下 忠経 注
———準(平泉) 4上 易学啓蒙 点
24下 孝経刋誤 点

97下 太極図 点
98上 通書 点
98上 西銘 点
——誠之 86上 乗槎筆記 点
142上 古今万国綱鑑録 点
——東陽○或ハ同人カ 65下 漢書評林 点
—橋壽作 32下 大学 校
——正順(訥庵) 5上 周易述義 点
176上 龍川先生文鈔 点
—畠 行(九皐) 51上 虚字啓蒙 点
—森 欽(快庵) 189上 蔡雲呉歈鈔 録
——⑥ ——————
太神貫道 146下 漢武帝内伝 句
—田大俊 217上 文章体則 点
岡 千仭(鹿門) 69上 資治通鑑 点
82上 万国通鑑 点
— 白駒(龍洲) 111下 (魏武帝註)孫子 点
214上 文心雕竜 点
—井孝先(嵰洲) 145上 世説逸 点
—崎元軌(鵠亭) 140下 十七史蒙求 点
——信好(盧門) 141下 筆叢 点
—島 璞(冠山) 90上 康熙帝遺詔 点
192上 唐音三体詩訳読 撰

岡田権兵衛（維愼）　157上　老子道徳経　点
―― 恕（寒泉）　37下　読論語孟子法　句
――挺之（新川）　23下　孝経鄭註　校
162上　列仙伝　点
―松 辰（甕谷）　37上　孟子要略　校
69上　資治通鑑　点
117上　植物名実図考　点
岡本行敏（竹坪）　104上④　（標点）小学定本　校
211下　大蘇手簡　点
―⑪　―――――　校
荻生 觀（溪北・北溪）　89上　大明律　点
――天祐（鳳鳴）　67上　南斉書　点
67上　梁書　点
――茂卿（徂徠）　115上　武経射学正宗　点
――――――指迷集　点
奥田元繼（尚齋・仙樓）　16下　左伝句読直解　点
17上　春秋左氏捷覧　点
95下　潜夫論　点
187下　外国竹枝詞　点
―④　――――――　―
――士亨（三角）　219上⑥　枕山楼課児詩話　点
―― 遵　64上　史記評林　点
―平神錫　111下　孫子評説　編

―野 純（小山）　182上　劉誠意文鈔　点
――昌綱　143下　格物探原　校
―村脊猷（茶山）　16下　左伝付注　点
93上　孔子集語　点
恩田仲任（蕙樓）　168下　唐王建詩集　点

カ

上總 繁　153下　日記故事大全　注
加島信成　125下　冶梅蘭竹譜　校
―藤 淵（廣洲）　219下　蓮坡詩話　点
―― 熙（櫻老）　65下　漢書評林　校
――秉彝　169下　白詩集　校
何禮之助　143下　格物入門　点
葛西 質（因是）　128下　陶説　点
賀島矩直　6上　尚書　点
12上　礼記　点
貝原篤信（益軒）　25下　孝経大義　点
28下　五経白文　点
103上　小学句読　点
―③　――――　―
177上　朱子文範　点
垣内保定（溪琹）　179下　遺山先生詩鈔　点
182上　誠意伯詩鈔　点
角 有則　28上　五経　点

笠原　玟　56上　字彙　注
柏木常雄　152下　書言故事大全　刪補
――　昶(如亭)　124下　芥子園画伝　点
219下　随園詩話　校
――⑪――――
春日仲襄(潜庵)　184上　王心斎先生全集　点
片岡正英(穆斎)　200上　清詩選選　校
片山　格(述堂)　116上　韓非子識誤　句
――④――――　校
――　信　99下　世範校本　点
――世璠(兼山)　5下　古文尚書正文　点
8下　毛詩正文　点
22上①　古文孝経　標注
34上　論語正文　点
36下　孟子正文　点
96下　女学孝経　点
139下　蒙求標題　校
201下　文選正文　点
兼子　鼎(天來)　20上　孝経　点
―阪光貞　190上　使東雑詠　点
鎌田　禎(環斎)　54下　隷弁　校
153下　日記故事大全　校
神谷　謙(東溪)　219下　随園詩話　編

神谷重縄(雲潭)　169下　白詩集　校
―山　述(鳳陽)　40上　四書白文　点
龜井　魯(南溟)　20上　孝経　点
95下　女誡　点
―田長興(鵬斎)　140上　蒙求　校
―谷　行(省軒)　218上　魏叔子論文　点
―山雲平(節宇)　141上　純正蒙求校本　注
狩谷望之(棭斎)　24上　孝経　校
川上　顒(東山)　200上　列朝詩鈔　校
――由藏　104上　小学纂註校本　点
―口　恭　187下　高江邨集鈔　点
―島敬孝(楳坪 同人カ)　200下　湖海詩伝鈔　点
――　浩　217上　評林文章指南　校
―西　潜(士龍)　210下⑥　唐宋八家文格　編
―□有斐　163上　楚辞　点
河合孝衡(春川)　177下　厳滄浪先生詩集　点
――直敬　94下　忠経　点
―野玉鉉　156下　陰符経諸賢集解　点
――子龍(恕斎)　11下　儀礼　点
―村益根(乾堂)　23下　孝経　句
菅　敬勝　148上　古今諺補　編
―野　→　スガノ
韓　珏　→　山本　珏(凹庵)

キ

木澤文龍 138上 読書法 点
138下 ——楽 点
—下 彪 124上② 十竹斎書画譜 解
8上 尚書大伝 点
—村孔恭(巽斎) 9下 毛詩指説 点
22上 古文孝経序跋 点
50下 匡謬正俗 点
79上 鄭成功伝 点
121上 画塵 点
130上 茶史 校
—山 斐 178上 頤菴居士集 点
——鳰吉 157下 (蘇註)老子道徳経 点
—□房祥 165下 唐王右丞詩集 点
菊地忠充 212上③ 謀野集刪 校
菊池東匀(耕斎) 154上 円機活法 点
155上 五車韻瑞 点
163下 陶靖節集 点
——武愼(南陽) 13上 三礼図 点
16下 春秋左伝属事 点
127下 七国象棋図国字解 撰
岸田 櫻 148上 雑纂 校
——國華(吟香) 30上 五経揭要 校
89下 公法会通 点
135上 日知録集釈 校
142下 富国策 点
156上 錦字箋 校
189下 鳴原堂論文 校
218上 詩法幕論 点
北村可昌(篤所) 48下 四書緒言 点
165上 孟浩然詩集 点
清原宣條 6上 尚書 点
21下 古文孝経 点

ク

久田 梨(湖山) 164下 曲江張先生詩集 点
—保 謙 8下 毛詩正文 訂
201下 文選正文 訂
日下部東作(鳴鶴) 126下 滎陽鄭氏碑 校
草場謹三郎 153上 幼学故事瓊林 点
楠木孚嘉(碩水) 136下 康濟先生日録 点
——④ ——————
楠 施 177上 牧斎浄稿 校
葛山長壽(葵岡) 1上 周易正文 点
12上 礼記正文 点
窪木 俊 83下 桂海虞衡志 点
—田清音 112上 孫子 点

熊谷　維（竹堂）　165下　崔常詩集　点
――立閑（茘墩）　97下　太極図　首書
106上　性理字義　首書
210上　千家詩　首書
―野　與　143下　格物探原　点
雲川弘毅（春庵）　28上　五経　点
栗本瑞見（鋤雲）　85上　扶桑遊記　点
黒川玄通　75下　明季遺聞　点
―崎貞孝（璞齋）　215下　放翁詩話　点
―田　善（梁洲）　84下　遊名山記　点
桑原　忱（鷲峰）　91下　王陽明奏議選　点
175下　陸象山先生文抄　点
183上　陳白沙文抄　点
186上　劉蕺山文抄　点
――①―――――　編
187上　魏叔子文選要　点
187上　汪堯峰文選要　点
200下　清六大家絶句鈔　点
―□孝寛　97上　勧孝篇　点
149下　板橋雑記　点

ケ

芥子川律治　101上　白鹿洞書院掲示　点

コ

小池　桓（崐岡）　68上　明史朝鮮伝　点
――　―（南齋）　185上　弇園詠物詩　点
209下　聯珠詩格　標記
―石祿郎　4下　周易句解　点
―出立庭（永菴）　107上　性理大全　点
107下　五倫書　点
158上　老荘翼　点
―島祐馬　110下　輶軒語　点
―林　虎（病翁）　142下　徳国学校論略　点
――⑧―――――
――珠淵（龍山）　1上　周易卜子夏伝　点
―松直之進（冬嶺）　180上　元遺山詩選　点
―室誠一　143上　博物新編　頭書
兒玉少介　163下　集古梅花詩　校
後藤　機（松陰）　112下⑪　小学句読　点
192上　三体詩法　点
211上　湖西六家詩鈔　点
○外ニ明治刊本本目外ニアリ
――世鈞（芝山）　1上　周易　点
17上　左伝音釈　点
28下　五経　点
39上　四書正文　点
40下　四書　点

後藤世鈞(芝山)　44下　四書集註　点
73下　元明史略　訂補
――⑨　――――　――
103上　小学句読　点
――⑪　――――　―
――元太郎　197下　宋詩抄　纂評
高知　某(平山)　221上　水滸伝　点
鄕　成文　218下　漁洋詩話　点
近衞家熙　87上　大唐六典　校
―藤元粹(南州)　73上⑤　十八史略　注
103下⑬　小学句読　点
127下　篆刻鍼度　点
133下①　菜根譚　点
141上②　(箋註)純正蒙求校本　箋註
154下⑨　(校正増補)円機活法全書　編
156下⑪　詩韻含英異同辨　訂
157下③　(王註)老子道徳経　校注
164下　陶淵明集　点
165上　孟襄陽集　点
165下　王右丞集　点
166上　李太白詩醇　点
――②　――――　―
167上　杜工部詩醇　点
――②　――――　編
168上　柳柳州詩集　点
168上　韓昌黎詩集　点
――①　――――　―
168下　韋蘇州集　点
169下　白楽天詩集　点
170上　杜樊川詩集　点
――⑤　――――　―
171下　六一居士詩集　点
――⑥　――――　―
173下　蘇東坡詩醇　点
――⑥　――――　―
178上　陸放翁詩醇　点
――④　――――　編
179上　真山民詩集　点
――⑤　――――　評訂
181下　青邱高李迪先生詩集　点
――⑤　――――――　編
181下　高青邱詩醇　点
184上　王陽明詩集　点
――①　――――　―
196上⑥　(箋註)唐賢詩集　増評
197下④　韋柳詩集　評訂

近藤元粋(南州) 197下④ 王孟詩集 評訂
198下 中州集 点
—⑨ ———
200下⑧ 評註国朝六家詩鈔 増評
201上 ——————— 点
202上 文選正文 点
202上① ————
208下⑥ (増補)文章軌範評林 校
(精選)——————— 編
210下⑨ 宋元明詩選三百首 校
211下⑧ (評訂)浙西六象詩鈔 評訂
215上④ 漁隠叢話 点
———精 168上① 韓昌黎詩集 校
171下⑥ 六一居士詩集 校
178上④ 陸放翁詩醇 校
200下⑧ (評註)国朝六家詩鈔 校
——養元 106下 許魯齋先生心法 点
—— 韡 175下 経筵玉音問答 点

サ

佐佐原遠父 176上 龍川先生集要 点
—②————— 校
—藤益民 94下 忠経 点
—— 坦(一齋) 29上 五経 点
33上① 大学古本〔傍釈〕 補校
45上 四書集註 点
—④———
101上 白鹿洞書院掲示 点
102上 小学 点
8上 洪範 校
——平格 96上 文中子中説 校
—野 憲(山陰) 178下 秋崖詩鈔 点
—羽 芳(渓齋) 79下 皇朝名臣言行続録 点
齋藤五郎象(鑾江) 122上 執筆図 点
184下 唐荊川先生文集 点
200上① 清名家古文所見集 編
—— 弘(嚴城) 209下 聯珠詩格 点
——實穎 195下 (増補)唐詩選 抄録
——正謙(拙堂) 181下 高青邱詩醇 点
201上 経世文編抄 校
——得衆 96上 女誡 注
—— 蠡(南溟) 75下 揚州十日記 点
坂口 恭(五峯) 190上 舟江雑詩 点
—倉通貫(澹翠) 200上 清詩選選 選
—田文平 70上 綱鑑精采 点
酒井三治 221下⑤ 燕山外史 校
—見五郎一郎 137下 物類相感志 校

櫻井　監（春沙）　189下　陳碧城絶句抄　点
―田　廸（濟美）　111上　孫子　点
澤井居敬（穿石）　121上　玄抄類摘　点
―田重淵　31上　孝經・論語音義　句
―　―　鱗（東江）　126上②　十七帖釈文　撰
三條西公條　24上　孝経　点

シ

志村楨幹　66下　晋書　点
　66下　宋書　点
清水玄迪　166下　杜律集解　標注
―　―正德（赤城）　114下　神器譜　点
鹽野　轍（適齋）　58下　三字経　点
―谷世弘（宕陰）　85下　海国図志　点
　208上　古今文致　点
重野葆光（櫟軒）　11下　周礼正文　点
宍戸逸郎　188下　王夢楼絶句　点
　210上②　唐宋四大家文選　点
信夫　粲（恕軒）　219下　初月楼文話　点
篠崎　槩（竹陰）　70下　綱鑑易知録　点
　189上　船山詩草　点
―　―　弼（畏堂・小竹）　48上　四書翼註　点
　48下　松楊講義　点
―原允文（謙齋）　67下　宋史岳飛伝　点

澁井大室　22上①　標語古文孝経　標注
―川佑賢　117下　崇禎暦書暦引　点
島　惟英　17下　左伝比事　校
―村孝司　45下　四書章句集註　点
白井眞純　158下　文始真経　点
―岩龍平　189下　曾公全集鈔録　編
城井國綱　179上　文文山詩選　点
神野世猶（松篁軒）　22上　孝経司馬温公指解　点
　29上　五経正文　点
　195上　唐詩選　点
―保長致　143上　代数術　点

ス

須賀安貞（亮齋）　102上　小学　点
菅野　侗　11上　詩経正解　校
菅沼攀髯（玉屋・西陵）　185上　弇園詩集　点
―野　某（竹軒）　45下　四書集註　点
―原爲德　24上　孝経御註　点
杉　魁　51上　虚字註釈備考　点
―原直養（心齋）　7上　書集伝　校
　171上　李旴江先生文抄　点
―　―　某（夷山）　133下　続菜根譚　標註
―山雞兒　79下　昭代名人尺牘小伝　点
　138上　鑑定新書　点

鈴木令吉(三郊) 65下 漢書評林 点
——義宗 74下 戦国策譚椒 点
——④ ————————
——善教(益軒) 204下 古文真宝 点
206上 ———— 点
——定寛 23上 孝経 点
23下 —— 点
——魯(蓼處) 189上 大雲山房文鈔 編

セ

世良柳安(順齋) 193上 三体詩法 標正
瀬尾維賢(拙齋) 199下 明詩正声 点
清田絢(儋叟) 171下 欧陽文忠公文集 点
——嘿《モク》 176下 范石湖四時園詩鈔 点
關 盈文 35下 論語註疏解経 点
—龜齡 57下 叙古千文 点
—脩齡(松窻) 30下 経典釈文 校
—世美(南嶺) 68上 明史文苑伝 点
184下 滄溟先生集 点
—先民 126上 十七帖述 点
—根 柔(凝堂) 85上 朝鮮国志 点
仙田謹一郎 89下 支那古代万国公法 点

ソ

曾我部元寛(容所) 12上 学記 点
32下 大学 点
95下 女誡 点
96上 帝範 点
114下 紀效新書定本 点
相馬 肇(九方) 186下 魏叔子文鈔 校
201下 清二大家詩鈔 編

タ

田浦 晉(周堂) 192上 三体詩 校
—口孝太郎 161下 陰隲文 点
——文之(江村) 90上 陸宣公奏議 校
151上 太平御覧 校
—島象二 149下 秦淮艶品 点
—中 參(竹所) 188下 隨園文鈔 点
——重信 125上 山水画譜 編
——正彜 151上 情史抄 点
—— 清(江南) 128上① 投壷新格 補
214上 時俗通用書柬 点
——良暢(蘭陵) 211下 滄溟先生尺牘 校
212上 謀野集刪 点
—邊匡勅(樂齋) 14上 春秋経伝集解 点
29上 五経 点
—能村孝憲(竹田) 150下 風竹簾前読 点
173上 蘇東坡絶句 点

田結荘《タビノソウ》齊治　123上　芥州学画編　点
ーーー邦光（千里）　110下　身世準縄　点
ー宮玄廣　125下　紉斎画賸　校
多賀瑛之（向陵）（谷）　214上　金声巧聯　点
ーー　漸　12上③　礼記　点
63上　史記　点
太宰　純（春臺）　11上　韓詩外伝　句
ーー③ーーーー
19下　孝経　点
20下④　古文孝経　点
22上①　孝経　点
93上①　孔子家語　増注
平　君舒（萍隠）　217下⑨　古今文評　校
高木　穀（越橋）　91上　王陽明奏議選　点
⑤ーーーーーー校
ーー壽穎　129上　筆史　点
ーー熊三郎　188下　随園文粋　点
ー澤　達（菊磵）　110下　聴訓斉語　点
185下　田園雑興　点
ー志養浩（穆齋）　217上　文章九命　点
ーー④ーーーーー
ー階　彝（暘谷）　200下　七子詩選　点
ー田　識　195下　唐詩選唐音　訂

ーー　雍　181上　詠物詩　点
ー津　濤　211下⑨　乍浦集詠鈔　校
ー橋至時（東岡）　117下　崇禎暦書暦引　点
ーー③ーーーーーー
ーー閔慎（女護島）　131上　尹文子　点
ー松千里　51上　文字籔　点
高見　岱（昭陽）（幼名、猪之助）　76上　金陵癸甲摭談　点
143下　化学初階　点
208上⑥　（増評）文章軌範評林　増補
鷹尾季村　184下　聯錦詩集　点
瀧　長愷（鶴臺）　217上　明詩評　点
ー川昌樂（恕水）　199下　皇明千家詩　点
竹内孚休　156下　陰符経正義　点
ー添光鴻（井井）　179下　元遺山先生文選　点
180上　ーーーーー詩選　点
207上　古文辞類纂　編
ーー利謙　17下　左伝文法挙要　点
207上　古文辞類纂　注
ー山　亨　193上　唐詩合選　点
武田欽繇（梅龍）　115下　管子　点
立田　誦　193上　唐詩合選　点
ー野胤政　57上　康熙字典　校
ーー春節　169上①　白氏長慶集　点

辰見 興(泰齋) 160下 抱朴子 訂
巽 世大(遜齋) 198下 文謝文鈔 点
館 機(柳彎) 170上 樊川詩集 点
170下 香奩集 点
172上 王荊公絶句 点
175下 茶山集 点
192上 唐詩三体家法 校
196下 晩唐詩選 点
196下 晩唐詩鈔 点
197下 四詠唱和 点
198下 金詩選 点
207上 佩文斎詠物詩選鈔録 点
207下 同 第二編 点
谷 操(繹齋) 109下 人譜 点
溪 世尊(百年) 113上 七書 点
反□懋績 217上④ 文章九命 点

チ

千葉玄之(芸閣) 74上 国語 点
―― 要(逸齋) 93上① 孔子家語 訂
96上① 傅子 重校
長 允文(梅外) 210下 唐宋詩醇抄 評
―光太郎 92下 竹雲題跋 点
―(本姓長谷) 茨(三洲) 175下 経莚玉音問答 点

ツ

津阪 達(拙脩) 61上③ 頭字韻 鈔
196上 唐詩題苑 編
都賀庭鐘(大江) 56下 康熙字典 点
82下 南産志 点
冢田 虎(大峰) 8上 毛詩 点
14上 春秋経伝 点
93上 荀子 点
175上 李伯紀忠義編 点
塚 達 91下 曾文正公奏議鈔 点
189下 ―――文鈔 点
―原 某(苔園) 184上 王陽明先生詩鈔 点
築山 穣(樂山) 124下 芥子園画伝 点
土田 泰 94下 忠経 点
―橋 荘 146上 咫聞録鈔 点
―屋 弘(鳳洲) 218上 文家金丹 点
――正修(東河) 172上 淮海集鈔 校
筒井政憲(鑾溪) 20上 孝経 点
塘 公愷(它山) 79上 四王合伝 点
219下 甌北詩話 点
椿 正卿 183下 六如居士全集 点

テ

寺田 諒 79上 四王合伝 句

寺西養藏（易堂） 123上 桐陰論画 点

ト

十時 賜（梅厓） 122下 国朝画徴録 点
戸崎允明（淡淵） 145上 世説新語補 点
都澤 徹 179下 一百二十図詩集 点
土井有恪（聱牙） 110上 格言讃録 校
173下 東坡百絶 校
―居光華（淡山） 197上 李孫文集 点
東條永胤 201上 清名家文鈔 点
――信耕（琴臺） 57上 千字文 点
156下 詩韻珠璣 点
――哲（方庵）（名、一に喆） 1上 周易 点
29上 五経句読 点
51上 経伝釈詞 点
―― 保（淡齋） 160上 荘子因 注
―井潔全（靜窟） 63上 貨殖伝正文 点
藤堂良駿 84上 上海繁昌記 点
―――道（龍山） 130下 羅浮幻質 句
達山圓陀（荷塘） 149上 笑林広記 点
徳田萬壽（渤海） 75下 楊州十日記 校
―倉昌賢 158上 老子鬳斎口義 首書
富岡百錬（鐵齋） 90下 陸宣公奏議 点
112上 孫呉約説 点

豊島 毅（洞齋） 155上 対類正宗 点
―田 亮（松岡） 184上 楊椒山先生集 校
鳥山宗成（岳崧） 11上 韓詩外伝 点

ナ

那波師曾（魯堂） 14下 春秋左伝集解 点
214下 詩式 点
内藤恥叟（碧海） 198上 三蘇文範 点
苗村元長 118下 黄帝宅経 点
中井兼之（敬所） 127上 印談 句
――積善（竹山） 103下 小学 注
――豊民（乾齋） 156上 韻府一隅 点
―川 昇 173上 東坡策 点
―澤 警（思方） 179上⑥ 文文山詩選 校
―島嘉通 73下 明史稿 点
――義方（訥所） 153上 故事必読成語考 点
204上 古文真宝 校
――徳規（樓隱） 181上 青邱高季迪先生絶句集 点
―西維寧（淡淵） 214下 二家詩品 点
――忠藏 9下 詩輯伝 校
―沼之舜（葵園） 6下 書経集伝 校
―根 貞 23下 孝経 校
―野正興（素堂） 217下 秋星閣詩話 点
――了隨 192上 三体詩 点

中村　廣　193下　唐詩品彙　校
——之欽(惕齋)　28上④　五経　点
44下　四書集註　点
49上　律呂新書　点
103上　小学　点
—村　修　75上　靖康伝信録　点
——明遠(蘭林)　99上　上蔡先生語録　点
—山盛履(菁莪)　86上　海国図志　点
—郁　正　211下⑨　乍浦集詠鈔　校
仲子由基(岐陽)　12下　檀弓　点
永根奕孫(文峯)　55上　草聖彙弁　点
——　鉉(氷齋)　71下　清三朝実録採要　点
長戸　讓(得齋)　71上　通鑑擥要　点
夏川元朴　52上　説文解字五音韻譜　点
南宮　岳(大湫)　49下　小爾雅　点
—部保城　33上①　大学古本傍釈　校

ニ

仁科　幹(白谷)　181下　高太史詩鈔　点
丹羽正濟　90下　蘇長公論策　点
西　周　142下　利学　点
—尾壽閑　29上②　(言訓図説)五経　校・点
—川正休　117下　天経或問　点
—坂　衷(成庵)　111上　女四書　点

—島長孫(蘭溪)　210下　歴代題画詩類絶句抄　点

ヌ

貫名　苞(海屋)　17下　左繡　点
156下⑫　初学検韻袖珍　校
219上　詩法纂要　点
布川通璞(菱潭)　172下　蘇長公小品　点

ネ

根津全孝　209下　聯珠詩格　校

ノ

野賀邵平　103下　小学　標註
—崎正文(假名垣魯文)　149下　白門新柳記　点
—原　衡　170下　韓幹林集　点
—村　煥(藤陰)　16下　春秋左伝詳節句解校本　点
野呂公鱗(深處)　59上④　三字経　校
179下⑪　遺山先生詩鈔　点
埜村忠貞　2上　易童子問　点

ハ

羽山尚德　96下　臣軌校本　点
—淵太玄(青城)　215上　楽府古題要解　点
長谷　苀《コウ》　↓　長　苀
——川良察　56上①　字考　補正
馬場春海　164上　陶靖節集　校
——直職　102下　小学句読　校

萩原萬世(大麓)　1上　周易正文　点
　12上　礼記正文　点
——裕(西疇)　51上　虚字註釈備考　点
畑　道雲(金雞)　84下　西域聞見録　点
秦　駘《タイ》　55下　集古印篆　校
—　鼎(滄浪)　14下　春秋左氏伝校本　点
　145上　世説箋本　点
　156上⑨　詩韻含英　校
　160上　荘子因　点
　163下　楚辞燈　点
　168上　韓文起　補標
　202下　(李善註)文選　点
　203上　詩紀　点
服部惟恭　140下　蒙求　標註
——元喬(南郭)　140上　蒙求　校
　159上　荘子南華真経　点
　159下　荘子音義　点
　160上⑪　(標註)荘子因　校
　193下　唐詩品彙　点
　194上　唐詩選　点
——誠一(撫松)　221下　二橋春話　点
——棟隆　85下⑨　海国図志　校
——　轍(擔風)　188上　海珊詩鈔　点

　217下　秋星閣詩話　校
——天游(蘇門)　85上　中山伝信録　点
濱田世憲(杏堂)　122上　江邨鎖夏録　句
—野貞助　57下　両点千字文　点
林　維源　189下　愛吾廬題跋　校
—　義郷　213上　尺牘清裁　点
—　鈞　90下　東坡策　校
—　衡(述齋)　174下　予章羅先生文集　点
—　恕(鵞峯)　3下　周易本義　点
—　信敬(錦峯)　28上②　(新点)五経　点
—　—勝(道春・羅山)　18上　公穀白文　点
　25上　孝經大義　点
　27下　五経　点
　30上　五経大全　点
　39上　四書正文　点
　40上　四書　旁訓本　点
　42上　四書集註　点
　74上　国語　点
　77上①　歴代叙畧抄　撰
　113上　七書　点
　157下　老子鬳斎口義　点
林　靖(讀耕齋)(名、一ニ守勝)　129下　茶集　点
—　丑人　86上　歴代地理沿革図　点

林　戇《トウ》(鳳岡)　170上　温飛卿詩集　点
｜　茂雄　71上　通鑑擥要　校
原　簡(優所)　184上　文衡山先生詩鈔　点
｜田　愼　72上　通鑑紀事本末　句
｜｜　隆(西疇)　189下　味梅華館詩鈔　点
春木　麟(南華)　123上　絵事発微　点

ヒ

日尾　瑜(荊山)　45上　四書〔集註〕　点
｜治天球　75上　貞観政要　句
｜比　文(東湖)　18下　春秋五論　点
｜柳やなぎ《くさ》政愬　187下　清華録絶句鈔　句
216上　詩人玉屑　校
平井　翰　188上　忠雅堂詩鈔　点
｜岡龍城　153下　雅俗故事読本　点
｜賀　某　130上　秘伝花鏡　点
｜住専安　83下　南方草木状　点
｜瀬又吉　217上　藝苑巵言　点
｜田宗敬(虚舟)　142　致富新書　点
173上　蘇文忠公詩集択粋　点
｜｜銕胤　52上　説文解字序　点
｜｜東城　208下⑥　正文章軌範百家評林註釈　増注
｜｜豊愛(誠齋)　202上　文選正文音訓　点
｜野玄仲(金華)　94上　新序　点

｜松正愨(樂齋)　22下　孝経　校
｜山　濳　114上　紀効新書　点
114下　(西洋火攻)神器説　点
廣瀬　建(淡憲)　181下　高青邱詩鈔　批点
｜｜　謙(旭荘)　182上　｜｜｜｜｜　編
｜｜範治(青村)　17下　左伝経世鈔正文　点
157上　老子正文　点
｜部　精　142上　中西関係論　点

フ

深井鑑一郎　99下　世範　点
｜河　龍　49上　爾雅　点
｜田正純(厚齋)　96上　文中子中説　点
福井　軏(衣笠・小車)　105下　大学衍義補　点
｜田敬業　143上　博物新編　点
｜｜廷芳　201上　随園女弟子詩選選　点
｜｜　泉　143下　談天　点
藤井　籛　207下　古文観止　点
｜｜　穆　39下　四書　点
｜江　浩(養齋)　155上　淵鑑類函纂要　点
｜川　憲　114下　練兵実紀　点
｜澤　恆(南岳)　36下　蘇批孟子　点
64下　史記評林　点
97上　迂書　点

—森 逊 177下 白石道人詩集 句
——大雅（天山・弘庵） 69上 宋元通鑑 句
90下 東坡策 点
170上 温飛卿詩集 点
175下 龍川文集 校
176上 龍川文鈔 編
178上 頤菴居士集 点
180下 欧陽論範 点
—原 憲 23上 孝経 点
24下 孝経 校
—— 肅（惺窩） 12下 礼記集説 点
27下 五経 点
舟□維駿 187上 咸悦堂詩文集 点
古田梵仙 217上 文章体則 点

ホ

帆足萬里（愚亭） 46上 四書集註 標註
北條 鉉→永根 鉉
——士伸（蠖堂） 11上 毛詩名物図説 点
215下 全唐詩話 点
—— 讓（霞亭） 104上 小学纂註 校
細井知愼（廣澤） 128上 詩牌譜 点
——德民（平洲） 141下 群書治要 句
—— 庸（竹岡） 120下 書譜 点

—谷方明 140上 蒙求 点
堀 正意（杏菴） 14下 春秋経伝集解 点
— —脩（南湖） 67上 唐書 点
67下 五代史 点
—道太郎 84上 滬游雑記 点
—有之助 40下 四書 点
—越善重郎 110下 斉家遺範 点
—中徹藏 195下 唐詩選 点
本多 懋 102上③ 小学 校

マ

眞下 穆（晩菘） 183上 李西涯古楽府 校
馬山醫佛 32下 大学章句 校
間野欣榮（可亭） 220上 宋三家詩話 点
蒔田忠貞（雁門） 5下 古文尚書正読 点
前田時棟（東溪）（本姓、一色氏） 127上 古今印史 点
128上 泉志 点
160上 抱朴子 点
221下 書録蟫雋 点
牧 正篤 156上 韻府一隅 点
—野古愚（黙庵） 67上 隋書 点
巻 大任（菱湖） 170下 香奩集 点
211上 歴代題画詩類 点
正木正太郎 101下 小学 点

増田　貢（岳陽）　71上　通鑑擥要　補
73下　十八史略後編　頭書
―山正賢（雪斎）　59上　三字経　標註
松井暉辰（羅州）　208下⑥　（増纂標註）文章軌範　校
218上　読書作文譜　点
――元輔（松屋）　173上　東坡先生詩鈔　点
―浦則武（篤所）　177上　菊磵遺稿　点
―岡玄達（恕庵）　116下　救荒本草　点
219上　杜律詩話　点
――守信　89下　清律彙纂　点
――崎　復（慊堂）　49下　爾雅　校
53下　五経文字　校
151下　海録砕事　校
163下　陶淵明文集　点
松下見林（西峰）諱ハ秀明　9下　詩経集註　校
――　辰（烏石）　199下　七才子詩　点
―平　龔　21上　古文孝経　点
―永昌易（寸雲）　3上　周易伝義　頭書
6下　書経集伝　頭書
10上　詩経集註　頭書
12下　礼記集説　頭書
16下　左伝句読直解　点
18下　春秋四伝　頭書

松室熙載（松峡）（一ニ畑・秦ト姓ス）　30上　五経集註　頭書
132下　郁離子　点
―本幸彦（月痴）　83上　洛陽名園記　句
――　愼（愚山）　176下　蜀中詩　点
212下　欧蘇手簡　点
212下⑤　翰苑玄英　編
――荻江　81上②　（参訂劉向）列女伝　校
――　某　45下　四書集註　点
――萬年　81上②　（参訂劉向）列女伝　標註
―山　某（麻山）　153下　日記故事大全　標記

ミ

三浦衛興（瓶山）　68下　竹書紀年　句
131下　子華子　点
135下　論衡　点
213上　盛明七子尺牘註解　点・再校
――源藏　7下　尚書解　句
―國直準（幽民）　22下　孝経　句
37上　学庸定本　点
―雲義正　154下　卓氏藻林　点
―田　道（花農）　125上　小山画譜　点
―谷　樸　117下　歩天歌　点
―宅可參　69下　資治通鑑綱目　点
――芳隆（嘯山）　145下　塵余　点

三輪布賢（執齋）　108下　伝習録　点
　　183下　王文成公全書　点
水都次官（源公困）　8上　東逸洪範正文　校
箕作阮甫（紫川）　85下　海国図志　点
　　141下　地球説略　点
　　142上　大美聯邦志略　点
―輪　醇　69上④　資治通鑑　点
水原　芝　50下　連文釈義　点
皆川　愿（淇園）　131上　鬼谷子　点
　　132上　劉子　点
　　171下　欧陽文忠公文集　点
宮城隆哲　5上　易経直解　点
―澤正甫（雲山樵人）　185下　鼇峰絶句鈔　点
―原　煥（蒼雪）　186下　侯朝宗文雋　校

ム

宗像　洋（蘆屋）　138上　聯瑾　点
村岡良弼　93下　荀子箋釈　点
―上信忠　141上　純正蒙求校本　標註
―杉惟時（下總）　29上②　五経　点
　　152上　小学紺珠　点
―瀬誨輔（石庵）（本姓ハ田邊氏）　182上　宋学士文粋　点
　　182下　方正学文粋　点
　　183下　王陽明文粋　点
　　184下　王遵巌文粋　点
　　184下　唐荊川文粋　点
　　185上　帰震川文粋　点
　　187下　朱竹坨文粋　点
――綱（藤城）（名、一ニ裴）　122上　漢溪書法通解　点
　　197下⑤　宋詩合璧　校・編
――之熙（栲亭）　67下　五代史　校
　　178上　陸放翁詩選　点
　　179上　真山民詩集　点
――　修（石齋）　173上　蘇東坡絶句　編
―田常道　207下　古文析義鈔　点
――直景（廉窩）　217上⑤　文章九命　編
　　220上　温故叢書　編
―――常　217上⑤　文書九命　校
―山　緯（芝塢）　71下　清三朝実録採要　点
――義行　141上　純正蒙求校本　標注
室田義方　4下　啓蒙意見　点

モ

茂木房五郎　140下　蒙求　点
望月義想　129上　瓶史　点
本山漸吉　143下　格物入門　点
森　公泰（槐南）字ハ大來　218下　古詩平仄論　校
―　重勝　119下　璇璣経集註　点

―　魯直(春濤)　150上　文章遊戯抄本　点
―川次郎　173下　東坡詩粋　点
――世寅(竹窓)　53下　隷続　校
92上③　――　―
諸葛　彝　59上　三字経　注

ヤ

矢上勝之(錦山)　79下　廿二史言行略　点
123上　述筆法　句
―部保恵　32上　大学　点
藥袋濟美　122上　執筆図　点
安井眞祐　104上　朱子語類　点
―原　寛(方齋)　86下　清嘉錄　点
柳川春三　142上　智環啓蒙塾課初歩　点
梁川孟緯(星巖)　181下　青邱高季迪先生律詩集　点
218下　而菴詩話　点
―瀬昆滿　115下　弟子職　点
柳澤祐嗣　95上　忠経定本　増注
――里恭(淇園)　185下　白雪斎詩集　点
藪内信熊　2上　周易音義　校
山井幹六　88上　文献通考鈔　句
――　鼎(崑崙)　215上　文則　点
―内元春　83下　荊楚歳時記　点
―縣半藏　175上　岳忠武王集　校

――魯彦(洙川)　134下　古今注　点
―口景德(剛齋)　22下　孝経　点
101上　白鹿洞書院掲示　点
――　潛(字子龍)　108上　忠箴　点
51上　虚字啓蒙　点
―崎長卿(蘭臺)　149下　板橋雑記　訳
――保春(雲菴)　206上　古文真宝　注
――　嘉(闇齋)　3下　周易本義　点
4下　著卦考誤　点
22下　孝経　点
28下　五経　題点
37上　孟子要略　点
39下　四書白文　点
44上　四書　点
98上　周子書　点
98上　周書抄略　点
98上　張書抄略　点
98下　程書抄略　点
98下　責沈　点
99下　近思録　点
101下　小学　点
104上　朱子抄略　点
104下　敬斎箴　点

山崎　嘉（闇斎）　104下　朱子訓子帖　点
　104下　行宮便殿奏箚　点
　104下　朱子読書之要　点
　118下⑤　洪範皇極内篇　編
―田安榮　141下　諸子彙函　点
――寛（廓亭）　39下　四書正文　点
――好之（蘿谷）　116下　斉民要術　点
　127上　学古編　点
　184下　李滄溟先生文選　点
――政徳　116上　韓非子　校
――徴（吸霞）　187下　二十七松堂集　点
――迪（松堂）　51下　方言藻　点
――鈍　164上　彭沢詩鈔　句
――文静　20下　古文孝経　校
―名善譲　69上　資治通鑑　点
―中幸武　103下　小学合璧　点
――信古（松窓）　72上　聖武記抜萃　点
―藤　清（苛亭）　198上⑤　四霊詩鈔　校
―村良行（勉齋）　173下　蘇詩一斑　編
　177上　朱詩一班《ママ》　編
―本惟孝（樂所）　75上　貞観政要　点
――玨《カク》（凹庵）　187下　王阮亭詩選　点
――公輿（南陽）　211下　韓文公書牘　点

――時亮（北皐）　212上　袁中郎尺牘　点
――信義（復齋）　44下　四書集註　点
――信謹（緣陰）　176下　石湖先生詩鈔　点
　178上　放翁先生詩鈔　点
　197下　（今体）宋詩選　点
――泰順（三徑）　173上　蘇東坡絶句　点
　174上　黄山谷絶句　点
――龍（南陽）　21上　古文孝経　点
―家博信　87下　八面鋒　点
―脇重顯（道圓）　106上　字義詳講　点
　166上　李太白詩　点
　171上　撃壌集　点
　218上　詩法指南　点

ユ

湯淺元禎　19上①　左逸　校

ヨ

横關　剛（天籟）　219上　枕山楼詩話　点
―山　巻（湖山）　211上　乍浦集詠鈔　点
　220上　二家詩品　点
――正邵　179上　文文山文鈔　校
吉田漢宦（篁墩）　29下　上五経正義表　校
　34下　論語〔集解〕　校
吉田漢宦（篁墩）　131上　墨子　校

——庫三　90下　東坡策　校
——敏成　17下　春秋左伝補註　点
—野　晉（秋陽）　183下⑤　王学提要　編
—松　某（潤甫）　212下⑤　翰・苑玄英　編
—見經綸　186下　魏伯子文抄　点
—村　晉（秋陽）　47上　四書集註大全　点
——　遷（柳亭）　110上　寒松堂庸言　点
—川　逸（波山）　72下　東都事略　点
72下　南宋書　点

ラ

頼　醇（鴨涯）　85下　海国図志　点
—　襄（山陽）　91上　李忠定公奏議選　編
91上　————集鈔　編
174下③　（宋）李忠定公奏議選　選
175上　李忠定公集鈔　編

リ

龍　公美（草廬）　145上　唐国史補　点
185上　謝茂秦山人詩集　点
—　粛明（南谷）　191上　唐人万首絶句選　点

ワ

若山　拯（勿堂）　116下　祥刑要覧　点
鷲　雄左衛門（裕齋）　102上　小学　標注
—津　監（毅堂）　72上　聖武記採要　点

渡邉　溫　57上　康熙字典　校
——是保　114上　紀効新書　訂
——　通（竹堂）　151上　歳華紀麗　点

釋

英肇（天章）　91上　千慮策　点
81下　東宮勧読録　点
敬雄（金龍道人）　106下　百忍図　点
207下　古文析義雋　編
玄昌　2下　周易経伝　点
41下　〔大魁〕四書集註　点
112下　素書　点
—朴　65下　漢書評林　点
周哲　11下　周礼・儀礼　点
潭龍　55下　六書精藴　点
白華　121下④　佩文斎画説輯要　編

修姓（修姓前ノ姓未詳ノモノ）

永　洵美（華陽）　164下　孟浩然詩集　点
葛　淵　214下　二十四品　点
高　峻（葛陂）　168下　復性書　点
霍《コク》　韜　44下　四書集註　点
山　如山（崌崍）　26下　孝経宗旨　点

ー藤清(荷亭) 198下 四霊詩鈔 点
篠 亮 131下 於陵子 句
瀬 觀(櫟岡) 212上 徐天目先生尺牘 注
田 癡 130上① 枕山樓茶略 点
西 常道(丹臺) 217下 鈍吟老人雑録 点
鹿 又常 111下 (魏武帝註)孫子 点
淀上菊隠 志村弘強(石溪)ニコノ別號アリ 165下 王昌齢詩集 点
167上 岑嘉州詩 点
□ 正美(松樓) 33上 中庸〔鄭註〕 点
(立庵) 立庵ト號セシ人 掘正美 152下 君臣故事 点

本姓

紀 邦基 66上 班馬異同略〔抄〕 句
平 遠明(蘭皐) 97下 迃書史剡 点
ー 光胤 光胤ノ名ノ人 小栗十洲 177下 誠斎題跋 編
橘 直道 99上 胡子知言 点
藤 一督 33下 論語 校
源 世昭 169下 白詩選 編
ー 美忠 112下 素書 校
ー 與叔 147下 続斉諧記 校
ー 良恭(松臺) 136下 櫝記 点

補

杏《キョウ》 立 富山藩儒 29上 五経 点
45下 四書章句集註 点

書 名 索 引

（１） 書名には長いものがあり，又，頭２，３字や冠称に共通字が使われているものも少なくないので，頭数字が共通するものは，共通部分のみを標目に，以下を…で表記したため，本目を検索するに当たっては，見落とさぬよう注意をしてほしい。

なお，見出し或いは前項と同じ位置で重複する文字は，一々再起せず「－」で代用した。

（２） 五十音順ではあるが，同一漢字はまとめ，同音の漢字は，清音字を前に，濁音字を後にし，そのおのおのについては，これを総画順にし，同画内の順序は，長澤編修の漢和字典の排列順にした。

（３） 標出の漢字の字形は当用漢字にしたが，古書の巻頭によく使われる字形も加えた。例えば，唐（新字形）・唐（旧字形）の外に，‘唐’を併記したごとくで，これによって書名を巻頭通りの字形でとる習慣を養成したいと考えたのである。

（４） 数字は本目のページ数であるが，①等の記号を附した数字は，「補正」の位置を示す。

ア 鴉 鴉

－片戒 144

アイ 愛

－吾廬題跋 189

アツ 遏 遏

－淫篇 162

アン 安

－南雑記 82

－－志略 82

－陽集 171

アン 行

－宮《アングウ》便殿奏箚 91

アン 晏

－子春秋 78

イ 夷

－匪犯境… 76

イ 伊 伊

－川易伝 98

（－－先生）四箴 98

－蘇普《イソップ》譚 151

－洛淵源録 80

イ 韋

－蘇州集 168，197④

一柳詩集 197④

イ 咉

－咉咧《イギリス》紀略 86

イ 惟

（－有蘇斎…）… 78

イ 異 異

－端辨正 108

イ 彙 彙 彙

－刻書目 92

イ 遺 遺

－山先生詩鈔 179

イ 頤

－菴居士詩 178

－道堂詩鈔 189

イク 郁

－離子　132
イツ　一
－帆風　198
－百二十図詩集　179
イツ　逸　逸
－雅　50
－周書　72
イン　尹
－文子　131
イン　印
－章綺語　127
－正附説　127
－談　127
－譜　127
イン　寅
（－幾熊先生）…　213
イン　陰　陰
－隲文　161，162
－－録　161
－符経　156
－陽五要奇書　118～120
－－諏吉便覧　120
イン　韻　韻
－会玉篇　53②
－鏡　59，60
－字孝経解　26
－石斎筆談　138
－府一隅　156
－－群玉　152
－－古篆彙選　54
ウ　迂　迂
（－斎先生標註）…　203
－書　97
ウツ　尉
－繚子　112，113
ウン　雲
－谷記　83
－箋東　213
エ　淮↔ワイ
－南子《エナンジ》　132
－－鴻烈…　132
エイ　永
（－嘉先生）八面鋒　87
－覚和尚禅余外集　186
－楽大典　153
エイ　咏→詠
エイ　英
－国志　142
エイ　詠　詠　詠←咏
－物詩　181，185，211
－－－選　207
－－新題詩集　182
エイ　穎
－浜策　91
エイ　瀛
－環志略　85
－奎律髄　210
エキ　易
易　2，4，5
－経　2，5
エツ　粤　粤
－匪大略　76
エツ　閲
－古随筆　138
－史約書　73
エン　円　圓　圓
－機活法　154
エン　延　延

（－平李先生）… 99
エン 弇
－園詠物詩 185
－－詩集 185
－－摘芳 185
－州山人四部稿選 185
－－－－尺牘選 212
－－－－読書後 185
－－尺牘紀要 212①
－－文選 185①
－中郎先生尺牘 212
－－－全集 185
（－了凡先生）四則 109
エン 袁
（一柳荘先生）… 120①
エン 淵 渕 渊
－鑑類函纂要 155
エン 塩
－鉄論 94
エン 煙 烟
－草録 130
－筩《トウ》雑著 130
－譜 130
エン 演
（－禽斗数）三世相 119
－読書十六観 139
エン 燕
－山外史 221①
エン 鴛
－鴦牒 149
エン 轅
－門十詠 211
エン 艶 艷 豔 豓
－情奇観 149，150
オ 於 扵 抙
－陵子 131
オウ 王
－維詩集 165
（－逸庵）正俗篇 110
（－弇《エン》州）明詩評 217
－学提要 182⑤
－香園近世叢書 214
－荊公絶句 172
（－－－）唐百家詩選 190
－－文公詩 172
－阮亭詩選 187
－氏印譜 127
－－詩教 207
－－書苑補益 121
－昌齢詩集 165
－遵巌文粋 184
－心斎先生全集 184
（－先生）十七史蒙求 140
－註老子道徳経 157③
－－－－評釈 157③
－父子論韻文稿 59
－文公全書 183
－勃集 164
－夢楼絶句 188
－孟詩集 197④
－右丞集 31，197④
－陽明詩集 184②
－－－集抄 182⑤
－－－先生詩鈔 184
－－－－－出身靖乱録 146
－－－－－文録抄 183
－－－奏議選 91
－－－文粋 183，184

オウ　汪
－堯峰文選要　187
オウ　欧　歐
－蘇手簡　211，212
－北五国志　85
（－陽文忠公）…　2
－－－－－文集　171
－－論範　180
オウ　甌　瓯
－北詩選　188，189
－－－話　219
オウ　鷗　鸥
－夢吟社叢書　221
オン　音　音
（－訓）…　29
（－註）…　16，29
（－点）…　16，28
オン　温　溫
－故叢書　220
－公詩話　215，220
－－七国象戯図説　127
－飛卿詩集　170
オンナ　女　女
－孝経　96
－四書　111，13
カ　化　化
－学初階　143
－書　132
カ　何
－博士備論　115
カ　花　花
－鳥春秋　148
－暦百詠　187，188
カ　河
－岳英霊集　190
カ　夏
－侯陽算経　118
カ　家
－範　97
－宝聯璉　138
－礼　13，14
カ　華　華
－胥詩放言　186
カ　貨　貨
－殖伝…　63
カ　賈　賈
－誼新書　94
－子新書　94
－長沙集　163
（－浪仙）長江集　168
カ　嘉
－藤簃論泉截句　128
－定都城紀略　75
カ　稼
（－圃）台岳真帖　83
ガ　画　画　畫　畫　畫
－訣　122
－塵　121
－禅随筆　137
ガ（フ）　楽－府
－－古題要解　215
－－明辯　206
ガ　雅　雅
－俗故事読本　153
カイ　芥　芥
－子園画伝　124，125
－舟学画編　122，123
カイ　快

－書　221
－楽印　138
－－－言　138
－－原　138
カイ　怪　恠
－石録　128
カイ　海　海
－外奇譚　221①
－－－談　221①
－国位置録　86
－－図志　85，86
－珊詩鈔　188
－島逸誌　85
－－算経　118
－峰文集　188
－録砕事　151
カイ　晦　晦
（－庵朱先生）心学録　105
（－－－－－）牧斎浄稿　177
（－－先生）…　4，104，177
カイ　裓
－庵黛史　149
カイ　絵　繪
－事発微　123
カイ　開
－巻一笑　148
－元天宝遺事　145
カイ　楷
－行薈編　92
－法溯原　123
カイ　解　觧　解　觧
－人頤広集雋　149
－荘　160⑤
カイ　魁　魁　魁
（魁本大字…　203～206
ガイ　外
－国竹枝詞　187
カク　客
－枕日記　84
カク　格
－言僅録　110
－物入門　143
カク　郝
（－京山）尚書解　7
カク　鶴　鶴
－塾叢書　163
－林玉露　136
ガク　岳
－忠武王集　175
ガク　学　學
－画浅説　122
－記　12
－規　101②
－古編　126，127
－書邇言　123
－的　105
－堂講話　133
－範　138
－蔀通弁　109
－夢篇　161
－問士風二種　175，187
－庸　37
ガク　楽　樂
－毅論　164
カツ　葛　葛　葛
（－氏評点）陸宣公奏議　90
カン　干
－禄字書　53

カン　官
－箴　87
カン　看
－命一掌金　119
カン　咸
－悦堂詩集　187
－豊上諭　90①
カン　寒　寒
－山詩　165
－－－集　165
－松堂庸言　110
カン　閑
－居編　170
－闢録　109
カン　勧　勸
－学篇　134
－－編抄　110
－孝歌　97
－－文　161
－－篇　97
－善書抜書　107
－懲故事　154
カン　漢　漢
－官旧儀　88
－魏詩集広序　207
－宮秋　220
－渓書法通解　122
－雋　76
－書…　65
－石経　31
－武帝内伝　146
－隷字源　53
カン　感
－興詩　177⑤
－天動地竇娥冤　220
カン　管
－子　115
カン　関　關　関
－尹子　158
－聖帝君訓孝諭　161
カン　館
－本十七帖　126②
カン　翰　翰
－苑玄英　213
－海　212
－墨指南　213
－－全書　213
－林学士集　190
カン　簡　簡
－斎詩集　174
カン　韓
－翰林集　170
－魏王遺事　171
－－－君臣相遇家伝　171
－－－別録　171
－－公遺事　78
－－－別録　78
－－－集　171
－詩…　11
－昌黎詩集　168①
（－忠献王）安陽集　171
（－内翰）香奩集　170
－非子…　116
－文　168
－－起　168
－－公書牘　211
－－－年譜　168
（－－－）論語筆解　36

－柳全集　197
－－文粋　197
カン　鑑　鑑
－定新書　138
ガン　雁　鴈
－魚錦箋　213
－山雑記　84
ガン　顔　顔　顏
－淵全書　93
－子疏解　93
－氏家訓　133
キ　希
－通録　136，221
キ　紀
－効新書　114
キ　鬼
－谷子　131
キ　帰　歸
（－震川先生）文章体則　217
－－－文粋　185
キ　熙　煕
－朝楽事　86
キ　器　器　噐
－象顕真　143
ギ　疑　疑
－孟　37
ギ　儀
－礼…　11，13
ギ　擬
－寒山詩　186
ギ　魏　魏
－季子文集　201⑥
－－－－鈔　201
－志　66
－叔子文集　201⑥
－－－－鈔　186，187，201
－－－－選要　187
－－－論文　218
－鄭公諫続録　78
－－－－録　78
－伯子文集　201⑥
－－－－抄　186
－－－－鈔　201
キク　菊　菊
－花詩絶　186
－－百詠　188
－磵遺藁　177
キツ　吉
－斎漫録　110
キツ　橘
－洲文集　177
－浦記　220
キュウ　九
－経字様　53
－－補韻　60
－相詩　173
キュウ　丘
（－瓊山）故事必読成語考　153
キュウ　旧　舊　舊
－註蒙求　140
キュウ　匡
－謬正俗　50
キュウ　求
－是編　109
キュウ　急　急
－就章　51
－－篇　51
キュウ　宮

—閨組韻　185
—中詞　168
キュウ　救
—荒活民補遺書　88
——本草　116
——野譜　116
キョ　居　居↔コ
—家必用事類全集　137
—業録　108
—東集　186
キョ　虚　虚
—斎蔡先生文集　183
—字…　51
キョ　許
—魯斎先生心法　106
ギョ　御
（—纂）…　5
—覧詩　190
ギョ　漁
—隠叢話　215
—樵対問　97
——問答　97
（—洋山人）菁華録…　187
——詩話　218
キョウ　狂
—夫之言　133
キョウ　教　敎
—女遺規　133
—養篇　161
キョウ　嬌
—紅記　220
キョウ　篋
—中集　190
ギョウ　行→アン
キョク　曲
—園自述詩　190
—江長先生詩集　164
—————文—　164
—礼…　12
キョク　極
—玄集　190
キョク　玉
—荷隠語　128
—燭宝典　86
—台新詠　202
—堂尺牘　213
—篇　52
キン　巾
—箱小品　123，128，183
キン　近↔コン
（—渓子）明道録　132
—思雑問　100
——続録　100
——別録　100
——録　99，100
キン　金
—玉編　199
—壺記　120
—氏画譜　124
—詩選　198
—声巧聯　214
—石例　92
（—童玉女）嬌紅記　220
—璧故事　153
—陵癸甲摭談　76
キン　琴　琴
—操　126
—譜　163④

キン　錦
ー字箋　155
ー繍策　91
ー帯補註　174
ク　孔↔コウ
ー《ク》叢《ゾウ》子　93
グ　虞
ー初新志　147
クン　君　君
ー学　182
ー臣故事　152，153
ー臣図像　79
クン　訓
ー俗遺規　133
グン　軍
ー政集　114
ー林兵人宝鑑　114
グン　群　羣
ー砕録　139，221
ー書拾唾　153
ーー治要　141
（ーー類要）事林広記　152
ケイ　荊
ー楚歳時記　83
ケイ　桂
ー海虞衡志　83
ーー草木志　83
ケイ　啓　啓　㪅
ー蒙意見　4
ーー同声字音註釈捷經　61
ケイ　経　經
ー筵玉音問答　175
ー解入門　110
ー学玄談　109
ーー歴史　31
ー史正音切韻指南　60
ー世文編抄　201
ー典釈文　30
ー伝釈詞　51
ケイ　敬　敬
ー業堂詩鈔　188
ー斎箴　104
ケイ　滎
ー陽鄭氏碑　126
ケイ　慶
（ー元府…）…　171
ケイ　稽　稽
ー古録　71
ケイ　瓊　瓊
ー琯白先生集　175
ゲイ　芸　藝
ー苑卮《シ》言　217
ーー名言　219
ー林伐山故事　154
ゲイ　埶→藝
ー圃擷余　220
ゲキ　擊　擊
ー壌集　171
ケツ　決　决
ー科要語　161
ケツ　闕
ー里志　77
ケツ　譎
ー觚十事　135
ゲツ　月　冈　冃
ー泉吟社　134
ケン　兼　兼
ー明書　134

ケン　硯
－箋　128, 129
ゲン　元
－遺山詩選　180
－－－先生詩選　180
－－－－－文－　179
－経　118, 120
－史　68
－詩自攜　199
－－鈔　199
－次山集　167
－明史略　73
ゲン　玄　玄
－玄碁経　127
－抄類摘　121
ゲン　厳　嚴
－滄浪先生詩集　177
コ　古
－音複字　55
－楽苑抄　203
－今印史　127
－－韻会挙要　60
－－－略　61
－－詠物詩選　207
－－官制沿革図　87
－－偽書考　92
－－諺…　148
－－雑劇三十種　220
－－詩刪　207
－－事文類聚　151, 152
－－－類全書　152
－－書抄　139
－－人物事跡　86
－－尺牘集要　212
－－注　134
－－帝王創制原始　77
－－万国綱鑑録　142
－－万姓統譜　81
－－秘苑　138
－－文章精義　216
－－－致　208
－－－評　217, 220
－－名詩選　207
－－類書纂要　155
－詩選　207
－－平仄論　218
－唐詩合解　196⑧
－夫于亭詩問　218
－文関鍵　208
－－観止　207
－－孝経　19～22
－－辞類纂　207
－－尚書　5, 6
－－真宝　203～206
－－析義雋鈔　207
－本玉篇　52③
－列女伝　80
コ　居　居↔キヨ
－士伝　80
コ　故
－事雕竜　153
－－必読成語考　153
－唐律疏義　88, 89
コ　胡
（－元瑞）筆叢　141
－子知言　99
－蜨秋斎臧冊　125
－曾詩鈔　170

コ　湖
－海詩伝鈔　200
コ　鼓　皷
－山志　82
コ　滬
－遊雑記　84
ゴ　五
－経　27～30
－－算術　118
上－－正義表　29
五経文字　53
－行大義　120
－雑組　136
－子近思録　100
－色石　221
－車韻瑞　155
－種遺規　133
－曹算経　118
－代史…　67
－友詩　183
－倫書　107
－老集　212
ゴ　呉　吳
－子　112，113
－氏遺書　31
－－二記　135⑤
－舩録　84
ゴ　後
－漢書　66
－出師表　163④
ゴ　語
－録類要　104
コウ　公
－穀　16
－法会通　89
コウ　孔↔ク
－子家《ケ》語　93
－－集語　93
－－聖跡之図　77
－聖全書　77
－夫子三計図　110
コウ　弘
－文館蔵帖　126②
コウ　功
－過格款　161
コウ　広　廣　廣
－韻　59
－雅　50
－金石韻府　54
－輿古今鈔　82
コウ　后
－山詩註　173
コウ　交
－友論　139
コウ　光
－緒名臣交粋　201
コウ　好
－古堂蔵書画記　122
コウ　行→アン
コウ　江
－郷節物詩　189
－湖詩鈔　177
（－湖歴覧）杜騙新書　149
－邨銷夏録　122
コウ　攷→考
コウ　考　攷
－古質疑　135
－註百忍図　106

－亭淵源録　80
－槃余事　137
コウ　孝
－経　19～26，30
－－列伝　107
－箴　108
コウ　庚　庚
－子消夏録碑帖考　126
コウ　侯
－朝宗文雋　186
コウ　荒　荒
－政要覧　88
コウ　後
－村居士集　178，
－－詩鈔　178
コウ　恒　恆
－言録　51
コウ　洪
－範　8
－－皇極内篇　118
－武正韻　155
－－－－彙編　61
コウ　皇
－元風雅　199
（－氏）論語義疏参訂　35
－清詩選鈔　200
－朝道学名臣言行外録　80
－－編年…　71
－－名臣言行続録　79
－明世説新語　146
－－千家詩　199
（－－大儒）王陽明…　146
－－通紀　75
－－輿地之図　86
コウ　香
－奩集　170
コウ　紅
－楼夢図詠　125
コウ　高　髙
－季迪先生大全集　181
－江邨集鈔　187
－士伝　80
－青邱詩醇　181
－－－－鈔　181
－－－絶句　181
－－－全集　181⑤
－太史詩鈔　181
コウ　浩
－然斎雅談　216
コウ　耕
－織図　116，117
コウ　康
－熙字典　56，57
－－帝遺詔　90
－済先生日録　136
－－錄　88
コウ　航
－海金針　142
－－述記　86②
コウ　黄　黃
－山谷絶句　174
－－領要録　83
（－石公）三略　112
（－－－）素書　112
－帝陰符経…　156
－－宅経　118
コウ　綱
－鑑易《イ》知録　70，71

――精采　70
コウ　講　講　講
―周易…　2
コウ　蘅　蘅
―華館詩録　190
ゴウ　鼇
―峰絶句鈔　185
コク　国　國　圀
―語　73, 74
―史経籍志　91
―秀集　140
―朝画徴録　122
――古文所見集　200
――四大家詩　200
――七子詩集註解　199
――名公詩選　199
――六家詩鈔　201⑧
コツ　骨　骨
―董秘訣鑑定新書　138
コン　今↔キン
―世説　146
コン　困
―学紀聞　135
―知記　109
コン　坤
―輿万国全図　86
コン　昆
―虫草木略　72
コン　閫
―娯情伝　151
サ　左　左
―逸　19①
―国腴詞新補　76
―氏…　16
――蒙求　141
―繡　17
―伝…　14～18
サ　乍
―浦集詠鈔　211
サ　茶　茶
―山集　175
サイ　才
―調集　190
サイ　西↔セイ
―域聞見録　84
―京雑記　144
―遊記　220
――録　84
サイ　斉　齊
―民要術　116
サイ　崔
―顥詩集　165
―常侍集　165
サイ　菜　菜
―根譚　133
サイ　蔡　蔡
―雲呉歈鈔　189
サイ　歳　歳　才
―華紀麗　151
サク　刪
―笑府　149
サツ　薩　薩
―天錫雑詩妙選藁　180
ザツ　雑　雑
―記五種　84
―纂　147, 148
サン　三
―隠詩集　196

――集　196
―韻通考　61
―家詩話　220
―雅摭言　122
―魏文鈔　201
―経…　30
―国志　66
―字経　58，59
―事忠告　87
―謝詩　163，190
―種図賛　129
―書　61
――正文　61
―世相　119
―――書　119
―蘇文苑　198
―体詩　191～193
―余偶筆　135
―礼…　13
―略　112，113
―録故事　221
サン　山↔セン
―居詩艸　186
―――〔注〕170
―谷詩集　174
――――注　174
――題跋　174
―舟書論　123
―水画譜　125
―草堂集　31
―中読書印　109
―北紀行　177
サン　参　參
―同契…　160
サン　蚕　蠶
―書　116
サン　算　筭
―学啓蒙　118
―経　118
―法　118④
――統宗　118
サン　賛　贊
（―廷李先生）…　213
サン　纂
―得確　138
ザン　残　殘
―儀兵的　114
シ　子
―華子　131
シ　氏
―族大全　152
シ　支
―那古代万国公法　89
シ　仕
―学規範　138
シ　四
―詠唱和　197
―王合伝　79
―家宮詞　210
―経　26
―庫全書総目　91，92
―字経　59
―述奇…　86②
―書…　30，33，37～49
―箴　98
―先生文範　199
―則　109
―体千字文　57

－朝名臣言行録　79
－溟詩話　216
－訳館則　87
－霊詩鈔　198
－六彙書　213
シ　司
（－馬温公経進）稽古録　71
（－－氏）書儀　13
（－－太師温国公…）…　97
（－－文正公）伝家集　172
－－法　112，113
シ　史　史
－記…　63～65
－－明倫抄　76
シ　芝　芝
－園集　172
シ　使
－東雑詠　190
－－述略　85
シ　咫
－聞録抄　146
シ　指
－月集　186
－南録　179
－微韻鑑　59，60
シ　紙
－説　129
－譜　129
シ　紫
－栢老人詩集　186
シ　詞
－林合璧　155
シ　著
－卦考証　4
シ　獅
－子巌志　83
シ　詩
－　9～11
－韻押韻　156①
－－合璧《ガッペキ》　156⑮
－－含英　156
－－珠璣　156
－－集成　156
－－輯要　155③
－－寸珠　156
－家指要　216
－紀　202
－経…　8～11
－式　165，214
－書　8，26
－人玉屑　215，216
－藪　217
－対押韻　156①
－牌譜　128
－評集解　217
－品　214，220
－法源流　216
－－纂要　219
－－－論　218
－－指南　218
－－入門　197，218
－本草　218
－林広記　216
－話三種　220
シ　資
－暇録　134，221
－治通鑑　68～70
－－－－綱目　69，70

ジ　而
－庵詩話　218
ジ　自
－警編　134
－号録　81
－知録　161，162
ジ　字
－彙　56
－学七種　56
－函　56
－貫　57
－義詳講　106
－考　56
ジ　事　事
－物異名　154
－－－－録　155
－－紀原　151
－林広記　152
ジ　時
－俗通用書柬　214
ジ　爾　爾　尓
－雅　49
シチ　七
－音韻鑑　72
－経　30
－国象棋局　127
－－－－図　127
－才子詩　199
－子詩選　200
－書…　112，113
－－義解宗評訂議　113
－－講義　113
－徳舞　169
シツ　悉
－曇《タン》字記　61
シツ　執
－筆図　122
ジツ　拾↔シュウ
－得詩　165
－－録　165
シャ　謝
－畳山文鈔　179
－茂秦山人詩集　185
シャク　釈　釋
－名　50
シャン　上　上↔ジョウ
－海繁昌記　84
シュ　主　主
－津新集　137
シュ　朱
－子－班　177
－－家訓　110
－－儀礼釈宮　12
－－訓子帖　104
－－－蒙詩　177
－－荅呉晦叔知行書　104
－－語類　104
－－参同契考異　160
－－実紀　78
－－抄略　104
－－静坐説　104
－－奏箚　91
（－－増損）呂氏郷約　99
－－読書之要　104
－－年譜　78，79
－－文語纂編　105
－－－集　177
－－－範　177

――読余隠之尊孟弁　104
―詩―班　177
―竹坨文粋　187
（―夫子）治家格言　110
（―文公）童蒙須和　100，101
―――文集　177
シュ　酒
―中趣　138
シュ　塵
―余　145，146
ジュ　授　授
―時通考　117
ジュ　儒
―門語要　110
シュウ　州
―県提綱　87
シュウ　舟
―江雑詩　190
シュウ　周　周　周
―易　1～5
（―会魁校正）…　46⑦
―官　11
（―憲王）救荒本草　116
―子書　98
――全書　98
―書抄略　98
―張二子書　98
―髀算経　117
―礼　11
シュウ　拾↔ジツ
―遺記　146
シュウ　秋
―崖詩鈔　178
―星閣詩話　217
シュウ　衆
―妙集　191
シュウ　集
―韻　59
―句閨情百詠　186
―古印篆　55
――偶録　137
――梅花詩　163
（―南北諢砌）…　148
シュウ　蕺
（―山先生）人譜　109
ジュウ　十↔ジュツ
―九史略　73
―三経考義　135
―七史蒙求　140
――帖釈文　126②
―――述　126
―八史略　73
―眉謠　149
―友図賛　129
ジュウ　重
―学浅説　143
―広会史　152
ジュウ　従　従
―政遺規　133
――名言　107，108
――録　107
ジュウ　拾→ジツ・シュウ
ジュク　塾　塾
―課初歩　142
―講規約　110
シュツ　出
―身靖乱録　146
ジュツ　十↔ジュウ

－髫謠　149
－体千字文　58
－竹斎書画譜　124
ジュツ　述　逑
－異記　147
－筆法　123
シュク　宿
－曜経　118
シュン　春
－秋　14～18
（－窓聯偶巧対）…　214
ジュン　荀　荀
－子　93
ジュン　純
－正蒙求　140，141
ジュン　淳　湻
－熙薦士録　91
ジュン　順
－渠先生文録　184
ジュン　遵　遵
－生宝訓　137
ショ　処　處
－女戒　95，96
ショ　初
－学検韻袖珍　156
－－集詩註　186
－－文式　217
－月楼文話　219
ショ　所　所
（－南翁）一百二十詩集　179
ショ　書
－　5，7
－苑補益　121
－槩　123
－学捷要　123
－画同珍　125
－－譜略　122
－－舫　125
－儀　13
－経　6，7
－言故事大全　152
－式　121，217
－叙指南　151
－譜　120
－文式　121
－法正伝　122
－－約言　122
－簾緒論　87
－簏蟫雋　134，136，139，221
－論五種　120
ショ　蔗
（－塘外集）蓮坡詩話　219
ショ　諸　諸　諸　諸　諸　諸
（－葛孔明異伝）…　115
－－丞相集　163
－子彙函　141
－碑別体字考　92
ジョ　女　女
－誡　95
－学孝経　96
－訓　107
ジョ　助
－語辞　50
ジョ　叙　敍
－古千文　57
ジョ　杼
－山集　165
ジョ　徐

－天目先生尺牘　212
ショウ　小
－学　101～4
－－紺珠　152
－山画譜　125
－四書　141
－爾雅　49
－草斎詩話　217
－窓別紀　148
ショウ　尚　尙
－書　5～8
ショウ　邵
（－康節先生）心易卦数　119
－青門文鈔　187⑥
ショウ　昌
－黎先生年譜　168
－－－－詩集注　168
ショウ　松
（－蔭先生批評）…　90
－陽講義　48
ショウ　昭
－代選屑　155
－忠逸詠　181
ショウ　省→セイ
ショウ　祥　祥
－刑要覧　116
ショウ　笑　咲　咲
－苑千金　148
－海叢珠　148
－府　149
－林広記　149
ショウ　商　啇
－子　115
ショウ　渉　涉
－史随筆　81
ショウ　証　證　證
－道歌　126
ショウ　鈔
－幣論　88
ショウ　焦
－氏易林　119
－－筆乗　137
ショウ　瀟
－湘八景詩　183
ジョウ　上　上↔シャン
－五経正義表　29
－蔡先生語録　99
ジョウ　乗　乘
－槎筆記　86
ジョウ　貞　貞
－観《ガン》政要　74，75
ジョウ　城　城
－南雑詠　175
ジョウ　情　情
－史抄　151
ジョウ　畳　疊　曡
（－山先生批点）…　208
ショク　蜀
－牋譜　129
－中詩　176
ショク　植　植
－物学　143
－－名物図考　117
シン　心
－易卦数　119
－学録　105
－経附註　105
－史　179

—書　112
シン　申
—鑒　95
シン　岑　岺
—嘉州詩　167
シン　身
—世準縄　110
シン　臣
—軌　96
シン　沈　沉
（—氏）左伝小疏　18
シン　呻
—吟語疑　109
シン　神　神
—異経　146
—器説　114
—譜　114
—相全編　119
シン　晋　晉
—安風雅　211
—書　66
シン　真　眞
—山民詩集　178
シン　秦
—漢瓦瑠図　128
—淮艶品　149
シン　清　淸↔セイ
—国光緒名臣文粋　201
—三朝易知録　71
———実録採要　71
—詩選　200
———絶句抄　200
———選　200
——別裁選　200
—僧詩選　200
—二大家詩鈔　201
—名家古文所見集　201①
———文鈔　201
————粋　200
———論画集　123
—律彙纂　89
—六家詩鈔　201⑧
——大家絶句抄　200
シン　深　深
—慮論　182
シン　新
—楽府《ガフ》　169
（—鍥）…　160②
—語　93
—菜根譚　133
—序　94
—書　94
—帝登極詔　90
—蒙求　140
ジン　人
用—材以激士風箚子　175
人譜　109
——類記　109
ジン　壬
—癸集　190
ジン　仁
—説　104
ジン　紉　紉
—斎先生画賸　125
ス　須
（—溪先生校本）…　168
（————評点）…　174
ズ　図　圖　圗　圖

ー絵宗彝　123, 124
ーー宝鑑　121
スイ　水
ー滸伝　120, 121
ー曹清暇録　131
スイ　酔　醉
（ー翁滑稽樽俎）…　148
ーー談録　145
ー古堂剣掃　133
スイ　遂　遂
（ー初堂）易論　5
スイ　翠　翠　翠
（ー娯斎評選）…　185
ズイ　隋
ー書　67
ズイ　随　隨
ー園詩鈔　188
ーーー話　219
ーー女弟子詩選　201
ーー絶句抄　188
ーー文鈔　188
ーーー粋　188
スウ　崇
ー古文訣　203
ー正書院…　109⑤
ー禎暦書　117
スウ　鄒
ー魯故事　48
スウ　数　數
ー学啓蒙　143
セ　世
ー説逸　145
ーー新語　144
ーーーー補　144, 145
ーー箋本　145
ー範　99
セイ　正
ー韻字体弁微　61
ー俗篇　107
ー文章軌範　308
セイ　西↔サイ
ー医略論　144
ー河合集　31
ー清古鑑　128
ー廂会真記　160, 182
ーー記酒令　128
ー銘　98
ー薬略釈　143
ー洋火攻神器説　114
セイ　声
ー画集　208
セイ　性
（ー学李先生）…　210, 216
ー理紀聞　109
ーー羣書句解　106
ーー字義　109
ーーー訓　106
ーー千字文　108
ーー大全　107
セイ　斉　齊
ー家遺範　110
ーー宝要　14
ーー要術　116
セイ　青　靑
（ー邱高季迪先生）…　181
ー宮勉学詩　108
ー門賸稿　187, △21, △32
ー蓮舫琴雅　126

セイ　省
　−心雑言　99
　−−銓要　97
　−−録　97
セイ　菁　菁
　−華録絶句鈔　187
セイ　清　淸↔シン
　−嘉録　86
　−秘蔵　138
セイ　盛　盛
　−明七子尺牘註解　213
セイ　靖　靖
　−康伝信録　75
セイ　聖　聖
　−賢像賛　78
　−師録　147
　−蹟図　77
　−宋高僧詩選　197
　−武記　72
　−諭　90
　−−広訓　90
セイ　誠　誠　誠
　−意伯詩鈔　182
（−斎先生）錦繡策　91
　−−題跋　177
セイ　醒　醒
　−世格言　111
ゼイ　説　說　説↔セツ
　−苑　94
セキ　尺
　−牘奇賞　212
　−−青銭広編　214
　−−清裁　213
　−−双魚　213
セキ　石
　−経　31
　−湖詩集　176
　−−先生詩鈔　176
（−−−−）蜀中詩　176
　−堂先生字義　106
　−譜　128
（−門洪覚範）天厨禁臠　215
セキ　析
　−理編　48
セキ　責
　−沈　98
セキ　摭　摭
　−古遺文　54
セツ　切
　−韻指掌図　60
　−問斎文鈔　188，200⑩
セツ　浙
　−西六家詩集　211，△25
セツ　雪　雪
　−岑和尚続集　178
（−竇明覚大師）祖英集　171
　−廬稿　180
セツ　説　說　説↔ゼイ
　−詩晬語　219
　−文解字　51，52
セツ　薛
（−文清公）…　107
セン　千
　−家詩　209，210
　−−−選　210
　−−姓　126
　−字文　57，58
　−百年眼　136

－慮策　91
セン　山↔サン
－海経　146
セン　泉
－志　128
セン　剪
－燈新話句解　150
－－余話　150
セン　船　鉛
－山詩草　189
セン　戦　戰
－国策…　74
セン　煎
－茶訣　130
セン　潜　潛
－夫論　95
セン　選　選　選
－詩補註　208
－択叢書集要　120
セン　箋
－註宋元明詩選　210⑨
セン　璇
－璣経　120
－－－集註　119
ゼン　全　全
（－－道人）勧懲故事　154
－室外集　182
－相平話三国志　220
－－－－四種　220
－体新論　144
－唐詩聯選　214
－－－話　215
ゼン　前　前
－出師表　163④
－定易数女命　119
ゼン　善
－悪慶殃篇　161①
ゼン　禅　禪
－月集　170
（－－大師）山居詩　170
ソ　祖　祖
－英集　171
ソ　素
－園石譜　128
－書　112
ソ　曾→ソウ
ソ　楚
－辞　163
－騒綺語　154
ソ　蔬　蔬
－果争奇　148
ソ　蘇　蘓
－黄題跋　198
－斎筆記　135
（－氏）…　2
－氏印略　127
－－演義　134
－詩一斑　173
－長公小品　172
－－－論策　90
－東坡詩諄　173
－－－絶句　173
－－－先生上神宗皇帝書　172
－批…　36
－文公文抄　171
－－忠公詩集択粋　173
－老泉先生全集　171
ソウ　壮　壯

－悔堂文集　186
ソウ　宋
－学士全集　182
－－－文粋　182
－元通鑑　69
－－明詩選三百首　210⑨
（－洪魏公進）万首唐人絶句　191
－三家詩話　215，220
－史　67
－－紀事本末　72
－－新編　72
－詩合璧　197⑤
－－鈔　197
－－選　197
－－百一鈔　197
－－別裁集　197
（－謝畳山）唐詩合選　193
（－朱晦庵先生）名臣言行録　79
－十五家詩選　198
－書　66
－僧詩選　198
（－大家）欧陽文忠公文抄　171
（－－－）蘇文公文抄　171
（－－－）－－忠公文抄　172
（－－－）－－定公文抄　174
（－－－）曾文定公文抄　172
（－鄭所南先生）心史　179
－明四先生語録　108
－名家詩選　197
－楊斉賢集注　197①
－李盱江文抄　171
（－）－忠定公奏議選　91，174
（－）－－－－文集選　174
ソウ　宗
－忠簡文鈔　174
ソウ　草　艸
－字彙　55
－－千家詩　126
－書韻会　55
－－要領　120
－聖彝弁　55
－木子　136
－－春秋演義　221
ソウ　荘　莊
－子《ジ》　159
－－鬳斎口義　159，160
－－南華真経　159
ソウ　曹
－氏金石図　128
－州牡丹譜　130
（－大家）女誡　95，96
ソウ　曾　曽
－公全集鈔録　189
－文正公奏議鈔　91
－－－－文鈔　189
ソウ　捜　搜
－玉小集　190
－神記　147
－－後記　147
ソウ　滄
－溟先生尺牘　211
－浪詩話　220
－－先生集　184
ソウ　操　操
－觚十六観　218
ソウ　聰
－訓斉語　110
ゾウ　造　造

－化経綸図　107
ゾウ　増　增
－註蒙求　140
ゾウ　蔵　藏
－海詩話　215
－叟摘稿　178
ゾク　続　續　續
－皇明詩選　199
－斉諧記　147
－菜根譚　133
－資治通鑑綱目　70
－字彙補　56
－収書画奇物記　122
－書譜　120
－世説　145
－滄溟先生尺牘　212
－続文章軌範　208④
－博物志　147
－文献通考鈔　88
－文章軌範　208
ソン　孫
－過庭書譜　120
－呉約説　112
－子　111～113
－－算経　118
－忠靖公文抄　186
－武子　112
タ　他
－山之石　72，221⑥
ダ　大↔ダイ
－戴《ダタイ》礼記　12，13
タイ　太
－極図　97
－－－説　97
－湖蘭山䄙禅師…　186
－史華句　76
－上感応篇　160～162
－－老子道徳経述註　158
－平御覧　151
－－清話　146
タイ　台　臺↔ダイ
－灣雑記　84
タイ　対　對
－相四言　59
－類正宗　155
ダイ　大↔ダ
－雲山房文鈔　189
－易通変　119
－越史記全書　82
－学　32，33，37
－－衍義　105
－－－－補　105
－古遺音　126
－広益会玉篇　52
－清三朝事略　71
－－文典　61
－蘇手簡　221
－唐西域記　84
－－六典　86，87
－美聯邦志略　142
－明一統志　82
－－九辺万国人跡…　86
－－軍記　75
－－京師八景詩　82
（－－）晋安風雅　211
（－－仁孝皇后）勧善書　107
（－－－－－－）内則　107
－－律　89

――令　89
ダイ　代
―数学　143
――術　143
ダイ　台
―岳真帖　83
タク　卓
―氏藻林　154
タン　丹　丹
―桂籍　161
タン　端
―石擬　129
タン　澹
―居稿　180
タン　鐔
―津文集　171
ダン　断　斷
―易天機　119
ダン　談　談　談
―藝録　220
―天　143
ダン　檀
―弓《グウ》　12
チ　地
―球説略　141
―理全志　141, 142
チ　治
―家格言　110
チ　致　致
(―堂先生) 崇正弁　99
―富新書　142
チ　智
―環啓蒙　142
―嚢　139
――補　139
チ　癡
―婆子伝　221
チク　竹　竹
―雲題跋　92
―斎梅譜　124
―書紀年　68
―譜詳録　123
チク　畜
―徳録　134
チャ　茶　茶
―具図賛　129
―経　129
―史　130
―集　129
―董　129
―譜　129
チュウ　中
―外雑誌　144
――新報　144
―興偉略　75
――間気集　190
――禅林風月　198
―山詩話　215, 220
――伝信録　85
―州集　198
―書楷訣　121
―西関係論　142
―説　96
―東通語捷経　61
―庸　33, 37
チュウ　沖
―虚至《シイ》徳真経　158
チュウ　忠

ー雅堂詩鈔　188
ー義水滸伝　220, 221
ーー編　175
ー経　94, 95
（ー献）韓魏王遺事　171
（ーー）ーーー君臣相過家伝　171
（ーー）ーーー別録　171
（ーー）ーー公遺事　78
（ーー）ーーー別録　78
ー箴　108
ー正徳文集　175
チョウ　丁→テイ
チョウ　長
ー慶集警悟選　169
ー江集　168
ー恨歌　150
ーーー伝　150
チョウ　晁
ー氏客語　98, 136
ーー儒言　98
チョウ　張
ー子全書　98
ー書抄略　98
（ー太史手授）初学文式　217
チョウ　鳥
ー鳥歌　179
チョウ　琱　琱
ー玉集　138
チョウ　朝　朝
ー鮮国志　85
ーー史略　81
ーー賦　183
チョウ　趙　趙
ー氏印譜　127
チョウ　聴→テイ
チョク　直
（ー音傍訓）周易句解　4
ー指算法　118④
（ー指）算法統宗　118
チン　枕
ー山楼課児詩話　219
ーーー詩話　219
ーーー茶畧　130
チン　沈→シン
チン　珍
ー聞漢文　148
チン　陳
（ー学士）吟窓雑詠　215
ー書　67
ー白沙文抄　183
（ー眉公攷正）国朝七子…　199
（ーーー重訂）野客叢書　134
（ーーー訂正）遊名山記　84
ー碧城絶句〔抄〕　181
ー了翁責沈文　98
ツ　通　通↔ツウ
ー《ツ》鑑《ガン》…　70〜72
ーー紀事本末　72
ーー集要　69
ーー答問　81
ツウ　通　通↔ツ
ー雅　135
ー叶集覧　61
ー志略　72
ー書　97, 98
テイ　丁
ー卯集　170
テイ　弟　弟

－子職《シキ》　115
テイ　帝　帝
－鑑図説　81
－範　96
テイ　貞→ジョウ
テイ　訂　訂　訂
－譌《カ》雑録　135
テイ　程　程
（－勿斎先生）性理字訓　106
（－氏家塾）読書分年…　106
－書抄略　98
－董二先生学則　105
テイ　鄭　鄭
－氏印譜　127
（－－）周易　1
－志　30
－成功伝　79
テイ　聴　聴
－雨紀談　136
－松堂語鏡　139
テツ　輟
－畊録　145
テン　天　天
－隠子　160
－経或問　117
－原発微　118
－工開物　137，138
－罡《コウ》地煞図　125
－天台山国清禅寺三隠集記　165③
－地陰陽交歓…　168
－－万物造化論　106
－厨禁臠　215
－目先生集　212
テン　篆
－学入門　127
－刻鍼度　127
－隷字源　53
－－文体　53
デン　田
－園雑興　176，185
デン　伝　傳
－家集選　172
－－宝　138
－習録　108
ト　杜
－家立《リツ》成雑書要略　213
－工部…　166，167
－詩偶評　219
－－註解　167
－－評鈔　167
－少陵先生詩…　167
－－－－－－集註絶句　196
－樊川詩集　170
－騙新書　149
－律詩話　219
－－集解　166
－－集解大全　166
－－大全　166⑨
－陵詩律五十一格　216
ト　屠　屠
－赤水先生小品　185
トウ　冬　冬
－心斎研譜　129
－－先生画記　123
トウ　投
－壺新格　128①
トウ　東
－逸洪範　8

－華録　71
－宮観読録　81
－京夢華録　83
－都事略　72
－坡紀年録　173
－－策　90
－－詩粋　173
－－集　173
－－尺牘　211
－－先生志林　136
－－－－詩　173
－－－－－集　172
－－－－－鈔　173
－－－－年譜　78
－－禅喜集　172
－－百絶　173
－－文抄　172
（－萊先生）古文関鍵　208
（－－－－音註）唐鑑　81
－－博議　16
（－－呂氏）周易音訓　4
トウ　弢
－園尺牘鈔　212
トウ　唐　唐　唐
－音　193
－王建詩集　168
（－－中書剛）勧孝篇　97
－－右丞集　165
－韓昌黎集　168
－鑑　81
－荊川先生文集　184
－－－文粋　184
－賢三昧集　196
－－詩集　196⑥
（－－絶句）三体詩法　191～193
－国史補　145
－才子伝　80
－三高僧詩集　197
－－体詩　196
－－－－絶句　196
－詩合《ガッ》選　193
－－金粉　155
－－訓解　194
－－鼓吹　193
－－式　214
－－帖　126
－－正声　193，194
－－絶句　191
－－－－精選　191
－－選　194～196
－－題苑　196
－－註解　193，196
－－品彙　193
－－名花集　196
－十二家律詩　197
－書　67
（－丞相）曲江張先生文集　164
－人万首絶句選　191
－世説《セセツ》新語　145
－石経　31
－絶句選　191
－－類奇　196
－先生画譜　121
－宋四大家文選　210②
－－詩醇　210
－－時賢千家詩選　208
（－－千家）聯珠詩格　208，209
－－八大家文読本　210

－－－家文　210
－－－－－格　210⑥
－僧弘秀集　209
－－詩選　196
－孫過庭書　126
－太宗李衛公問対　112, 113
－土年中行事　86
－－名妓伝　149
－白虎集　183
－皮日休文藪　170
－百家詩選　190
－李長吉詩　167
－六如先生才子文　183
－陸宣公奏議　90
－柳河東集　167
－－先生新編外集　78
－盧綸詩集　168
トウ　桃
－花扇伝奇　220
トウ　桐
－陰画訣　123
－－論画　123
トウ　陶
－淵明集　164
－－－文集　163
－靖節集　163
－説　128
トウ　董
－程二先生学則　110
－文敏公画禅随筆　137
トウ　棠
－陰比事　116
トウ　頭
－字韻　61③
トウ　竇
－娥冤　220
ドウ　洞
－天清禄集　137
ドウ　道　道
－蔵七籤　162
ドウ　童
－子習　107
－－摭訣　133⑥
－－問　10
－蒙訓　98, 99
－－須知　101, 101
ドウ　銅
－僊伝　129
トク　読　讀
－画録　122
－韓集叙説　168
－史管見　65
－－論略　81
－朱随筆　105
－書作文譜　218
－－十六観　139
－－分年日程　106
－－法　138
－－録　107
－通《ツ》鑑《ガン》綱目條規　70
－柳集叙説　167
－論語孟子法　37
トク　徳　德
－国学校論略　142
トク　櫝　犢
－記　136, 137
ドク　独　獨
－断　134

ドク　読→トク
トン　盾
　－鼻随聞録　76
ドン　鈍
　－吟老人雑録　217
ナイ　内　内
　－科新説　144
　－閣秘伝字府　121
　－訓　107
ナン　南
　－華真経…　159
　－軒先生文集　175
　－濠詩話　216
　－産志　82，^10
　－史　67
　－斉書　67
　－宋書　72
　－方草木状　83
　－北史続世説　145
　－－両京十三図考　86
ニ　二
　－家詩話　214，220
　－橋春話　221
　－十四孝詩選　181
　－－－－註　180
　－－－詩品　214
　－－－章孝行録　109
　－－二史略　73⑧
　－－－－反尓録　68
　－程先生類話　98
　－－全書　98
　－李唱和集　198
ニ　貳
　－臣伝　80
ニク　肉　肉
　－蒲団　221
ニジュウ　廿　卄
　－二史言行録　79
　－－－箚記　68
　－－－纂略　76
ニツ　入
　－蜀記　84
ニツ　日
　－記故事大全　153
　－講四書解義　48
　－知録　135
　－－－集釈　135
　－本雑事詩　190
　－－忠臣庫　221①
ニュウ　入→ニツ
ニン　人
　－相編　120
ノウ　農
　－具記　117
　－書　116
　－政全書　117
ハ　破
　－邪集　133
　－幽夢孤雁漢宮秋　220
ハイ　佩
　－文韻府　155
　－－斎詠物詩選　207①
　－－－画説輯要　121
　－－－古今詠物詩選　20
　－－詩韻箋注　156
バイ　梅　梅
　－花喜神譜　130
　－－心易　119

－－百詠　172，180
－菊両譜　130
－雪争奇　148
－竹蘭菊四譜　124
－譜　130
ハク　白↔ビャク
－雲集　180
－猿奇書兵法雑占彖詞　115
－氏五妃曲　170③
－－長慶集　169
－－文集《モンシュウ》　169
－詩集　169，△31
－－鈔定本　169
－－選　169
－少傅詩鈔　169
－石道人詩　177
－雪斎詩集　185
－門新柳記　149
－－－－補記　149
－－衰柳付記　149
－楽天詩集　169
－鹿洞学規　101②
－－－書院掲示　101
（－麓蔵書）鄭成功伝　79
ハク　博
－物志　147
－－新編　142，143
バク　曝
－書亭文集　187
ハチ　八　八↔ハツ
－十四法　121
－面鋒　87
ハツ　八　八↔ハチ
－史経籍志　68
－種画譜　124
ハツ　発　發
－音録　61
ハン　范
（－石湖）田園雑興　176
ハン　板
－橋雑記　149
－－詩鈔　188
－－論画　123
ハン　班
－馬異同　66
ハン　樊
－川詩集　170
ハン　攀
－古小廬文　189
バン　万　萬　萬
－国公法　89
－－通鑑　82
－首唐人絶句　191
－姓統譜　81
バン　晩　晩
－香園梅詩　187
－笑堂画伝　125
（－邨先生）八家古文精選　210
－唐詩鈔　196
－－－選　196
ヒ　批
－点唐音　193
ヒ　飛
－燕外伝　146
ヒ　秘　祕
－伝花鏡　130
－－相法　120①
ヒ　費

－氏山水画式　125
ビ　美
－人譜　150
ビ　毘
－陵集　167
ビ　琵
－琶行　150
ヒツ　筆　筆
－史　129
－葳　141
－疇　132
ヒャク　百
－家詩話抄　218
－－姓　126
－戦奇法　114
－忍図　106
－体千字文　58
ビョク　白↔ハク
－虎通徳論　134
－蓮集　170
ヒョウ　氷　氷
－川詩式　216
ヒョウ　表
－忠詩鈔　201
－－崇義集　201
ヒョウ　馮→フ
ヒョウ　評　評
（－註）東萊博議　16
－林文章指南　217
ヒョウ　標
－註文選　202
ビョウ　廟　庿
－堂忠告　87
ヒン　賓　賓
－告　138
ビン　閩
－書　82
フ　父
－師善誘法　110，218
フ　不
－自棄文　104
フ　扶
－桑遊記　85
フ　傅
－子　96
フ　婦　婦
－嬰新説　144
－人寤寐艶簡集　211
フ　馮
（－貞白先生）求是編　109
フ　富　冨
－国策　142
フ　普
－法戦紀　82
フ　賦
－譜　215
ブ　武　武
－経…　113～115
－侯琴譜　163④
－備志　114
ブ　豊
－干禅師詩　165
フウ　風　風
－憲忠告　87
－騒詩格　214
－俗通義　135
－竹簾前読　150
－流珍聞漢文　148

フク　復
－性書　168
フク　福　褔
－恵全書　88
－戦実録　76
ブツ　物
－類相感志　137
ブン　文　文↔モン
－家金丹　218
－海披沙　136
－館詞林　207, 208
－献通考鈔　88
（－公朱先生）感興詩　177⑤
－衡山先生詩鈔　184
－子　100
－始真経　158
－式　121, 217
－謝文鈔　179, 198
－集　169
（－昌帝君）陰隲文　161
－章一貫　216
－－縁起註　214
－－欧冶　216
－－軌範　208
－－九命　217, 220
－－綱領　216
－－精義　210
－－体則　217
－－遊戯　150
－心雕竜　214
－信公紀年録　179
（－石堂刊）曹氏吉全図　128
－則　215
－体明弁　206, 207
－中子中説　96
－文山詩選　179
－－－集杜詩　179
－－－文鈔　179
－筆要訣　215
－房四譜　129
－－図賛　129
ブン　分　分
－類二十四章…　109
ペキン　北－京
－－皇城図　86
ヘイ　平　平
－山堂図志　83
ヘイ　兵
－法註解評林　115
－録　114
ヘイ　屏　屛
（－山季先生）鳴道集説　106
ヘイ　洴　洴
－澼百金方　114
ヘイ　瓶　甁
－史　129
ヘキ　辟
（－疆園）唐詩註解　196
ヘキ　癖
－顚小史　148
ヘン　砭
－蔡編　7
ヘン　篇　篇
－海類篇　55
ヘン　編　編
－次諸家文集　198
－珠　151
ベン　弁　辨

－諢筆録　75
ベン　便　便
－蒙鑑略　77
－－指南鑑略　77
－－類篇　214
ホ　歩　步
－天歌　117
ホ　補
－注蒙求　140
ホ　蒲
－室集　180
－東崖張珠玉詩集　182
ホウ　方
－言　50
－－藻　51
－秋崖詩鈔　178
－正学文粋　182
ホウ　宝　寶　寳
（－顔堂訂正）省心録　97
ホウ　抱
－朴子　160
ホウ　法
－帖刊誤　126
ホウ　放
－翁詩話　215
－－先生詩鈔　178
ホウ　彭
－沢詩鈔　164
ホウ　豊→ブ
ボウ　牟
－子理惑論　160
ボウ　坊
－記　14
ボウ　謀
－野集刪　212
ホク　北　北
－磵和尚外集　178
－－詩集　178
－－文集　178
（－渓先生）字義詳講　106
（－－－－）性理字義　105
ボク　牧
（－斎）初学集詩註　186
－－浄稿　177
（－－）有学集詩註　186
－潜集　180
－民心鑑　87，88
－－忠告　87
ボク　墨　墨
－経　128
－子　131
－池瑣録　121
ボク　穆
－天子伝　146
ホン　本
－事詩　214
ホンコン　香－港
－－新聞　144
ボン　梵　梵
－語雑名　61
－－千字文　61
－唐消息　61
マン　万→バン
マン　満
－清紀事　76
ミ　未
－灰斎文集　189
ミ　味

－梅華館詩鈔　189
ミン　明　明↔メイ
－画録　122
－季遺聞　75
－九大家詩選　200
－史…　68
－－稿　73
－詩雑詠　188
－－正声　199
－－選　199，200
－－評　217
－－別裁集　200
－七才女詩集　200
（－）徐天目先生尺牘　212
－太祖功臣図　125
－朝紀事本末　72
（－－）破邪集　133
（－李慹庵先生）八十四法　121
ム　夢
－鷗囈語　146
－渓筆談　136
メイ　名　名
－賢詩評　217
－山勝概図　83
－臣言行録　79
メイ　明↔ミン
－夷待訪録　110
－心宝鑑　139
－道録　132
－倫抄　76，△29
メイ　冥
－報記　147
メイ　鳴
－原堂論文　189
モウ　毛
毛詩…　8～11
モウ　孟
－浩然集　164，165
－子…　36～47，49
－－故事　77
－－全書　77
－襄陽集　165，197④
モウ　莽
－蒼園文稿　186
モウ　蒙　㦽
－求　139～141
－養書　140
モク　木
－天禁語　216
モン　文　文↔ブン
－字竅　51
－珠師利菩薩…　118
－集《ジュウ》　169
－選…　201，202
－－錦字錄　154
－－心訣　210
モン　問
－刑條例刑律　89
ヤ　冶
－梅蘭竹譜　125
ヤ　野
－客叢書　134
ユ　俞　兪
－寧世文集　188
ユウ　又　㕛
－玄集　190
ユウ　友
与－人論学書　187

ユウ　右
－軍書記　126
ユウ　有　有
－学集詩註　186
－正味斎詩集　189
ユウ　酉
－陽雑俎　147
ユウ　幽
破－夢孤雁漢宮秋　220
（－蘭居士）東京夢華録　83
ユウ　遊　遊　遊
－仙窟　150
－名山記　84
ユウ　熊
（－寅幾）尺牘双魚　213
ユウ　輶
－軒語　110
ヨ　与　與
－友人論学書　187
ヨ　予　豫　豫
－章羅先生文集　174
ヨ　輿
－国備考全書　82
ヨウ　幼　㓜
－学故事瓊林　153
ヨウ　用
－人材…　175
ヨウ　容
－斎随筆　134
ヨウ　陽
－明先生詠学詩　108
－－－－語録　183
－－－－全書　183
－－－－則言　108
－－－－年譜　183
ヨウ　揚
－子法言　94
－州十日記　75
ヨウ　楊
－椒山先生集　184
（－状元彙選）藝林伐山…　154
－誠斎詩鈔　177
－仲宏詩集　180
（－東莱先生批評）西遊記　220
ヨウ　養
－正遺規　133
ヨウ　甕
－記　136，137
ヨン　四
－字経　59
ラ　羅
－浮幻質　130
ライ　礼　禮　禮↔レイ
－記…　12
ライ　耒
－耜幽記　127
ラク　洛
－陽名園記　83
ラク　駱
－王集　164
ラン　蘭　蘭
－花百詠　186
リ　李
－盱江文抄　171
（－袁二先生精選）唐詩訓解　194
－巨山詠物詩　164
－嶠雑詠　164
－－－－集　164

ー空同尺牘　211
ー氏孝経注輯本　26
ーー蒙求　140
ー詩補註　166
ー西涯擬古楽府　183
ー善註文選　202
ー滄溟先生文選　184
ー孫文集　197
ー太白詩　164，△31
ーーーー集　166①
ーーーー醇　166①
ーーー絶句　196，△22
（ー卓吾先生増補批点）…　75
（ーーーーー批点）忠義…　220
（ーーー批点）世説新語補　144
ー忠定公雑文詩　175
ーーーー詩選　91
ーーーー集鈔　91，175
ーーーー奏議　175
ーーーーーーー選　91
ーーーー文選　91
ー杜詩法精選　197
ーー諸体詩法　197
ー伯紀忠義編　175
ー文　168
ーー忠公事略　79
リ　利
ー学　142
ー器解　115
リ　梨
（ー雲館類定）袁中郎全集　185
リ　理
ー学類編　107
リク　六
ーー居士詩集　171⑥
ーー詩話　215，220
ー経正誤　30
ー合叢談　143，144
ー書…　55
ーー七音略　72
ー如居士全集　183
ーー唐先生画譜　121
ー臣註文選　202
ー韜　111～113
ー諭衍義　90
リク　陸
（ー稼書先生）読朱随筆小注　105
ー象山先生集要　175
ーーーーー文抄　175
ー宣公奏議　90
ー放翁詩集　178
ーーーー醇　178
ーーーー選　178
リツ　律
ー呂新書　49
リツ　笠
ー翁偶集　138
ーー詩韻　61
リュウ　柳
ー先生年譜　78
ー文　167
ー柳州集　197④
リュウ　竜　龍　龍
ー龕手鑑　54
ー渓語録　109
ー谿王先生全集　109
（ー川先生）酌古論　176
ーーーー集要　176

――――文鈔　176
――文集　175, 176
―――鈔　176
リュウ　琉　琉
―球国志略　85
リュウ　劉　刘
―向新序　94
――説苑　94
―子　132
―蕺山文抄　186
―誠意文鈔　182
――――粋　182
リョ　呂
―氏家塾読詩記　10
――郷約　99
――春秋　131, 132
―新吾先生語録　109
（―東莱先生）左氏傳議　16
リョ　旅　旅
―伯菴稿　187
リョウ　両　兩
―漢刊誤補遺　66
―京《ケイ》新記　83
―点千字文　57
リョウ　凌
―烟閣功臣図　126①
リョウ　梁
―書　67
リン　鄰
―蘇老人年譜　123
リン　臨　臨
―池心解　123
――真蹟　126
レイ　礼　禮　禮↔ライ
―書　13
―部韻略　60
レイ　冷　冷
―斎夜話　145
レイ　霊　靈
―芬館詩　189
レイ　隷
―続　53
―篇　54
―弁　54
―法彙纂　54
レイ　嶺
―南雑記　84
レイ　麗
―藻　154
レイ　蠡　蠡
―海集　136
レキ　歴　歷　厂
―史綱鑑補　70
――大方綱鑑補　70
―代画史彙伝　80
――鑑略　77
――君鑑　79
―――臣図像　79
――事跡図　77
――叙略　77
――題画詩類　211
―――――――絶句抄　210
――地理沿革図　86
――通鑑輯覧　70
――帝王紹運図　76
――――編年互見之図　77
――分野之図古今人物事跡　86
――名媛尺牘　213

－－－公画譜　125
－－－－真蹟　126
－－－臣奏議　91
－－－人尺牘小伝　79
－－要覧　77
－朝帝王典制記事　77
－－名媛尺牘　213
レキ　暦　曆
－引図経　117
－学疑問　117
レツ　列
－子鬳斎口義　159
－女伝　80
－仙全伝　162
－－伝　162
－朝詩鈔　200
レン　連　連
－珠印譜　127
－文釈義　50
レン　蓮　蓮
－坡詩話　219
レン　練　練
－兵実紀　114
レン　濂
－洛風雅　210
レン　聯　聨
－瑾　138
－錦詩集　184
－珠詩格　208，209
ロ　呂→リヨ
ロ　魯
－斎心法附録　106
－－全書　180
ロ　廬
－山外集　180
－－記　82
ロウ　老
老子…　157，158
－－経《キョウ》　157
－－－音義　157
－－－通考　157
－－鬳斎口義　157，158
－－守庚申求長生経　160
－－道徳経　157
－－－－真経　157
－－評釈　157③
－荘翼　158
ロウ　弄
（－石庵）唐詩名花集　196
ロウ　琅
－邪代酔編　138，139
ロク　六→リク
ロン　論　論　論
－画賸語　122
－語　33～37
－衡　135
－性説　97
－泉截句　128
－文　219
ワ　和
－靖先生詩集　171
ワイ　淮↔エ
－海外集　178
－－集鈔　172
－－絜音　178

（終）

あとがき

「和刻本漢籍分類目録補正」を刊行してからでも、もう二十五年が経過している。目録本体の有効性については、多くの人々から支持を得てきたし、実際に採目作業を実施する場合には、必要不可欠の存在ともなっている。

しかし、本目録刊行の当時から、本目録の記述形式（「同」字の多用）及び手書きのままの付印については、利用くださる方々から変更を求める声が少なくなかった。

これには、本目録が、「稿」を附していることからも明らかなように、「定稿」とは考えていなかったこと、昭和五十年代当初では、反復する情報の組みが、現在ほど容易でなかったこと等の事情はあったものの、採録の対象となる書物の情報を出来るだけ正確に反映するため、活字では対応しきれない字形を表現するための手段として手書きの方法を採用したもので、決して安易な方法を選んだ訳ではない。

今回の再刊に際しては、編者が手書きした「補正」はすべて活字化した。これは、索引にはその後の補正もあり、原稿のままの対応が困難であったことに加え、「正編」と「補正」を合本したのとともにその他の部分も活字化した方が利用され易いだろうとの出版社の配慮によるものである。しかし、実際に原稿との対校を実施すると、活字では対応仕切れない字形の変化があり、組版者に大変なご苦労をお掛けしてしまう結果となり、改めて、活字化の困難さを痛感している。

目録の再補正の要望とともに、何人かの方からは、データベース化のための目録情報の入力等の協力を申し出られた。いずれその方向に向かうことは自然の成り行きとは思うものの、今回は、旧来の補正と同様、目録本体の形を残す方向で実施することとした。ただ、目録に補正があるか否かの区別が不明確であったので、目録本体に符号を附すこととした。これによって、利用の利便性は向上したものと思われる。

編者長澤規矩也は、晩年、採目に際し、出版の月の附記を提唱していたが、原カードの不備をもって本目録には記載できなかった。

筆者は、自ら実施する調査においても、特にその面に意を用いてきたが、なお全体として不備は免れ得ず、本補正に際しても、目録刊行時から要望のあった所蔵者の附記とともに、後日に譲ることとなったのは残念である。

また、四書・五経・孝経・十八史略・小学・三体詩・唐選詩・古文真宝・唐宋八家文など版種の多いものは、前回の補正でも若干の試みを実施しているし、その後の調査でも新しい資料を持つものの、不完全な情報のために、却って先後を定め難く、明治以降のものを含めるとさらに複雑となる上に、別に各分野において専門に調査を進めている方も居られるので、それらの方々に協力をお願いし、より完全な目録とするため、今回の補正では、その多くを割愛することとした。

なお、本補正の原稿を作成するに際し、嵯峨弘氏（元汲古書院）から提供いただいていた補正の内容を目録本体に書き込まれたものを使用させていただいた。

いずれにせよ、今回の補正もまた不十分なものとなっているが、今後も、さらに完全なものにしたいと考えているので、皆様の御批正、御教示を切望いたします。

長澤孝三

平成十七年九月

和刻本漢籍分類目録　増補補正版

昭和五一年一〇月　初版発行
同　五五年　一月　補正版発行
平成一八年　三月　増補補正版発行

著　者　長澤規矩也
編　者　長澤孝三
発行者　石坂叡志
印刷所　富士リプロ株式会社
発行所　汲古書院
〒102-0072　東京都千代田区飯田橋二-五-四
電話〇三（三二六五）九七六四　FAX〇三（三二二二）一八四五

ISBN4-7629-1167-4　C3000